航天科技图书出版基金资助出版

模型驱动的复杂产品研制系统工程

——理论方法与创新实践

侯俊杰 等 著

中国宇航出版社

·北京·

图书在版编目（CIP）数据

模型驱动的复杂产品研制系统工程 ： 理论方法与创新实践 / 侯俊杰等著. -- 北京 ： 中国宇航出版社, 2024. 11. -- ISBN 978-7-5159-2459-5

Ⅰ. F406.2

中国国家版本馆CIP数据核字第2024H733J5号

责任编辑　马　喆　　**封面设计**　王晓武

出　版 发　行　中国宇航出版社

社　址　北京市阜成路 8 号　**邮　编**　100830

(010)68768548

网　址　www.caphbook.com

经　销　新华书店

发行部　(010)68767386　(010)68371900

(010)68767382　(010)88100613 (传真)

零售店　读者服务部　(010)68371105

承　印　北京厚诚则铭印刷科技有限公司

版　次　2024 年 11 月第 1 版

2024 年 11 月第 1 次印刷

规　格　787 × 1092

开　本　1/16

印　张　17.25　**彩　插**　1 面

字　数　421 千字

书　号　ISBN 978 - 7 - 5159 - 2459 - 5

定　价　128.00 元

航天科技图书出版基金简介

航天科技图书出版基金是由中国航天科技集团公司于2007年设立的，旨在鼓励航天科技人员著书立说，不断积累和传承航天科技知识，为航天事业提供知识储备和技术支持，繁荣航天科技图书出版工作，促进航天事业又好又快地发展。基金资助项目由航天科技图书出版基金评审委员会审定，由中国宇航出版社出版。

申请出版基金资助的项目包括航天基础理论著作，航天工程技术著作，航天科技工具书，航天型号管理经验与管理思想集萃，世界航天各学科前沿技术发展译著以及有代表性的科研生产、经营管理译著，向社会公众普及航天知识、宣传航天文化的优秀读物等。出版基金每年评审2次，资助30～40项。

欢迎广大作者积极申请航天科技图书出版基金。可以登录中国航天科技国际交流中心网站，点击“通知公告”专栏查询详情并下载基金申请表；也可以通过电话、信函索取申报指南和基金申请表。

网址：http：//www. ccastic. spacechina. com

电话：(010) 68767205，68767805

序

系统工程这一概念最早因美国阿波罗工程的成功实践而受到广泛关注，它通过对复杂系统的科学管理和资源优化，为重大工程成功实施提供了重要支撑。我国系统工程的发展，同样承载着航天事业的光辉历程，从“东方红一号”升空到实现载人航天、探月探火等壮举一系列瞩目成就得益于系统工程方法的全面技术支持与组织保障。系统工程围绕型号研制总体最优目标，对产品研制全过程及管理要素进行科学组织，钱学森等人40年前提出的《组织管理的技术——系统工程》，标志着我国系统工程理论的系统化凝练，为航天工程的组织与管理提供了重要理论支撑，系统工程作为技术与管理变革的核心助力，是我国航天事业成功的关键法宝，为我国从航天大国迈向航天强国奠定强有力基础，系统工程是我们工程实践中思想的利器，行动的指南，其深远影响将在全球科技竞争与协作中不断彰显。

系统工程是系统科学的工程应用，是一门多学科融合的整体技术、综合集成的系统技术、全局优化的完备技术。运用系统工程方法把握系统整体，统筹协调资源推动综合提升，谋划全局最优，能够助推复杂产品各领域、各环节、各要素的良性交互和协同配合，实现系统功能与性能的良性涌现，以此有力地保障各类复杂装备产品或系统的成功实施。

复杂装备产品与现代工业休戚相关，是一个国家的综合国力和核心竞争力的体现。今天的大型装备产品，多是复杂系统，单装系统也往往在更广泛的系统或体系中运行，并与许多其他相关系统进行交互。随着客户需求的不断变化，未来大型复杂装备产品在系统规模、复杂程度、交付标准、质量保证成本可控等方面，都面临更高的要求，研制的难度大幅度提高，系统工程实施的挑战极大。面向未来，适应新一代信息技术发展及用户需求不断定制变化的新形势，大力推动复杂装备研制的数字化转型和系统工程发展，正在成为当前制造企业提高复杂装备产品创新能力和竞争能力的关键。从某种程度上说，推进系统工程与数字化的融合，比以往任何时候都显得更为迫切、更为必要、更为复杂。

基于模型的系统工程（Model Based Systems Engineering，MBSE）是建模方法的形式化应用，以支持系统从概念设计阶段开始一直持续到开发阶段和后续生命周期阶段的需求、设计、分析、验证和确认活动。MBSE的兴起，是系统工程和新一代信息技术融合发展的体现，要求并促进形成复杂产品研制创新科研生产新体系。在这样的体系中，更易于实现物理域的研制活动和数字域的数据模型相互映射与融合，有助于将现有的研制流程转变为并行、以模型和数据为中心的数字工程研制流程，实现设计、制造、验证等过程的快速迭代，形成规划论证设计-虚拟仿真分析-物理生产制造-模型驱动的服务保障新模式，大幅度推进复杂产品研制数字化转型进程。

复杂产品研制系统工程核心在于系统思维，在于以模型驱动的方式推动产品研制工作。系统思维是一种整体方法，重点用于分析和理解系统的组成、行为和元素如何相互关联、如何随时间变化以及如何适应更大系统的环境。系统思维的实现也必须要通过一组正确的数据模型、工具、流程和底层平台来实现。模型驱动的系统工程，核心在于从模型和全生命周期角度出发，支撑复杂产品的系统开发与集成，实现产品全生命周期过程可追溯；通过构建系统模型，支撑装备研制多层级的、动态的、闭环的领域模型集成，通过对设计空间自动寻优和虚拟验证、系统设计方案的快速迭代和权衡优化、系统早期的集成验证和功能确认，实现业务的高效协同。

在这一背景下，《模型驱动的复杂产品研制系统工程——理论方法与创新实践》适逢其时，书中详细阐述了基于模型的系统工程在复杂产品研制过程中理论方法的凝练，列举了基于模型的系统工程在复杂产品研制过程中的落地案例，丰富了数字时代系统工程理论方法，可为复杂产品研制人员提供参考借鉴。

复杂产品研制方面正在呈现出数字化深度融合、虚拟化仿真验证、多学科协同推进、智能化赋能提升等新的特征。未来，系统工程将进一步融合以人工智能为代表的新一代信息技术，促使系统工程技术方法不断丰富，系统工程内涵不断深化。模型驱动的复杂产品研制系统工程正成为也将成为复杂产品研制工程成功实施的重要手段，必将有力支撑科技进步、强国建设。

王国庆

前　言

进入21世纪以来，经济全球化不断发展，工业信息化进程不断加快。新一代信息技术的出现，引发了以物联网、大数据、机器人及人工智能等技术为主导的第四次工业革命，数字化、网络化和智能化成为当今工业领域发展的主要趋势，数字经济已经成为当今世界最活跃的经济形式。在这个从工业经济向数字经济转型过渡的大变革时代，数字化转型无疑成为新经济时代即数字经济时代政府及产业界关注的重大课题，成为当今世界复杂产品研制能力加强、创新能力形成、竞争能力提升最重要的手段之一。

数字化转型就是以数据为核心驱动要素，强调新一代信息技术的深入应用，与工业技术和管理技术相融合，推进科技创新和管理升级，从而形成新的产品、业务和商业模式。复杂装备研制的数字化转型，更加强调在装备产品全周期、科研生产全过程、组织管理全要素、产业协作全链条中深化应用新一代信息技术，通过模型贯通、虚实融合、系统集成、数据赋能、过程协同等方式，实现装备研制数字空间和物理空间深度融合，进而打造数字化、网络化、智能化的新型科研生产模式。深入推进系统工程与数字化工程的融合应用，是深化推动企业数字化转型的重要抓手，也是提升未来装备制造能力的根本保障。

当今复杂装备产品而言，产品呈现出结构更复杂、专业融合多、性能更完善、功能更多样化的特点，产品的复杂性大为增加。以火星探测器为例，其任务复杂性、系统复杂性远远超出以往的航天器，从探测器进入火星大气到完成着陆，整个过程共计8分钟，就在这短短8分钟时间内需要完成1 000多个动作，而且多个环节相互耦合，任何环节出现问题，就会失败。美国专门针对复杂系统科学研究的圣菲研究所，曾对系统复杂性历史发展做了描述，指出从2010年起，整个世界中人造系统的组件数量、功能数量和交互数量进入了指数增长的阶段。系统复杂性的增加对产品研制及系统工程的推进带来了巨大挑战。

和以前的系统相比，客户要求越来越高，要求以更低的成本，提供更高的性能和可靠性、可用性、可维护性和安全性（RAMS，Reliability、Availability、Maintainability、Safety）等，这些对研制模式提出更高的要求。2000年启动的空客A380计划，2003年启动的空客 A400M 军用运输机计划等，计划延迟多年，经费超过预算十亿美元以上，这样的延迟也同样困扰着在 2004 年启动的波音 787 梦想飞机。因此大型复杂装备产品的研制，越来越需要通过“重新设计”当前产品，将制造“向左”移动，要求在设计中，不仅要充分考虑用户的需求，还要更多地考虑后续生产环节的需求，允许在系统、单机、部件上严格执行需求分析、概念设计、初步设计、详细设计、测试和评估，从而不断优化研制生产模式，提高产品的抗风险能力和可承受能力。

现代复杂产品的研制，需要以模型驱动的系统工程方法来推动数字化转型。模型驱动的系统工程，就是要促使模型作为技术基线，驱动基于模型的技术在系统总体论证、设计分析、建造和运行全链条的业务协同中得以实现。通过建模和仿真技术，构建装备研制的系统级模型和专业级模型，实现在以系统为中心的模型中捕获设计意图、探索设计空间、预测系统行为和优化系统参数；通过模型驱动的系统工程，增加模型闭环验证的回路范围，实现从功能逻辑验证延展到性能参数验证。模型驱动的系统工程与产品全生命周期的融合，实现数据可追溯和统一管理，支持传统研制模式向设计→虚拟综合→数字制造→物理制造的新模式转变。

模型驱动的复杂产品研制系统工程，是在现代工业复杂产品研制背景下数字技术与系统工程技术融合的具体体现，是基于模型的系统工程（MBSE）支持数字工程的重要实践，也是从系统思维角度运用数字化技术推动科研生产模式变革重要抓手。

本书是作者在复杂产品研制领域深耕数十年期间，对数字化转型背景下复杂产品研制系统工程的理论技术方法和工程实践经验的总结，从系统全生命周期角度，紧密结合需求驱动、模型驱动等核心思想，对需求分析、功能分析、架构设计与权衡、系统验证与确认等系统工程过程及相应的管理技术进行了详细介绍，并通过实际工程案例得以体现。本书对于前期系统论证和产品设计开发过程中的系统工程方法运用和实践具有较高的借鉴和参考价值，相信该书对于国内从事相关领域研究的学者及系统工程实践者均有重要的指导价值。

本书由侯俊杰负责整体策划，刘继红（北京航空航天大学）、刘霞（中国空间技术研究院）负责总体指导，侯俊杰、王文跃负责全书统稿。第 1 章、第 3 章、第 9 章由侯俊杰、孙璞、李堂训等撰写，第 2 章由张仁杰、刘宇豪、朱钰婷等撰写，第 4 章、第 7 章由王文跃、侯俊杰、李丹敏等撰写，第 5 章、第 6 章由刘继红、毛寅轩、张强（北京航空航天大学）等撰写，第 8 章由刘霞、王文跃、范海涛（中国空间技术研究院）、梁鲁（中国空间技术研究院）撰写，封面图片设计由朱子琦（中国空间技术研究院）提供，全书由王海宁、王海南、张明可校稿。感谢中国航天系统科学与工程研究院、中国空间技术研究院、北京航空航天大学相关人员对本书撰写工作的支持，以及提供的宝贵意见，感谢中国宇航出版社在本书撰写和出版过程中给予的大力支持。

在撰写本书过程中，力求做到概念精准、阐述明确、逻辑清晰，使之具有较强的适用性。由于书中涉及的学科专业知识广泛、工程历史背景繁杂，加之撰写时间仓促，水平有限，书中难免有疏漏和不妥之处，敬请专家和读者批评指正。

目　录

第 1 章　复杂产品及其研制

放眼世界，高科技复杂产品和高端武器装备层出不穷。中国运载火箭经历了从串联到捆绑，一箭一星到一箭多星，发射卫星到发射载人飞船、月球探测器和火星探测器的重大跨越；波音 777 飞机零件数多达 10 余万，研制团队包括 238 个综合设计制造小组，8 000 余人，使用了 2 200 个 CATIA 软件的 IBM RISC6000 工作站；2015 年 5 月，中国高铁 CRH380A 亮相米兰世博会，该车曾在京沪高铁先导段创造 486.1 km/h 的世界高铁运营试验最高速纪录；2020 年，嫦娥五号历经 11 个阶段 20 余天的在轨飞行，采集了 1 731 g 月壤重返地面，这标志着我国首次地外天体采样返回任务圆满完成（见图 1－1）。

图 1－1　“嫦娥五号”月球探测器月球采样

惊叹之余，不可否认，飞机、导弹、火箭、卫星、飞船、高速列车等产品结构复杂，零部件数量巨大，研制难度与日俱增，是多学科和多领域高、精、尖技术的交叉与集成。

过去和现有的许多研究都集中在传统大规模制造产品，关注产品的生产、研发、营销、制造等领域。然而，随着用户对产品或系统的任务、功能等需求的不断增加，产品复杂程度极大提高，传统大规模制造产品已经难以满足复杂产品研制的需要。面临产品复杂度和技术进步程度的提高，基于模型的复杂产品研制难度骤增，在设计、制造和管理各个环节对模型、数据、知识的需求迫切。特别是 21 世纪以来，人类社会进入了一个崭新的知识经济时代，信息通信技术高度发达，复杂产品研制正在悄然向智能化转型升级，复杂产品研制知识正以几何级指数飞速递增且不断更新，复杂产品研制创新面临着更加巨大的挑战。

1.1 复杂产品

1.1.1 复杂产品内涵

复杂产品的概念，由美国大型技术系统、高价值资本产品和军事系统产品等概念综合演化而来，于 20 世纪 90 年代中期由英国 Sussex 大学科技政策研究所与 Brighton 大学创新管理研究中心合办的“复杂产品系统创新中心”研究机构的 Mike Hobday、Howard Rush 等知名教授首次较为全面、系统地提出。他们将复杂产品系统（Complex Product Systems，CoPS）定义为研发成本高、技术含量高、小批量定制化、集成度高的大型产品、系统或基础设施。复杂产品与现代工业休戚相关，在当今的经济社会中扮演着越来越重要的角色，甚至影响到一国的综合国力和产品的国际竞争力。经过长期研究发现，英国之所以能够维持其在世界经济中的地位，复杂产品系统的创新功不可没。正因如此，复杂产品系统从 20 世纪末开始就成为欧洲技术创新研究领域的一大热点。

关于复杂产品系统的概念定义，国内外研究学者各有说辞，目前尚没有统一定论。复杂产品系统的国内外典型研究见表 1－1 和表 1－2。

表 1－1 复杂产品系统国外典型研究

代表学者	提出时间	概念定义
Hobday	1998	研发成本高、技术含量高、小批量定制化、集成度高的大型产品、系统或基础设施
Gann，Salter	2000	高风险、高技术、高附加值的大型产品或系统，以项目管理为主的系统工程与系统集成
Davies，Hobday	2005	高技术、高附加值的资本货物，高成本、工程和软件密集型产品、系统、网络、基础设施、工程构造和服务
Bloebaum，McGowan	2010	具有紧密耦合交互以及十种不可预测和新兴行为的系统
Kiamehr，Hobday，Hamedi	2015	小批量、高技术、高价值的资本货物，高成本、工程和软件密集型产品、系统、网络、基础设施、工程构造和服务
Eckert，Claudia，Jankovic	2016	通常由大量人员设计，位于不同地点，分布在大型供应链中，具有难以预测、使用寿命长、只有少数竞争对手特点的产品
Naghizadeh，Manteghi，Ranga	2017	具有高价值和技术的工程密集型产品、服务和基础设施资产
Chen，Lin，Woodside	2019	具有满足用户需求功能的产品或系统的交付
Kwak，Yoon	2020	社会技术系统，是非常昂贵和技术密集型的大型项目的可交付成果

国外，Hobday 等人对复杂产品系统的定义，主要是从产品系统的研发特性及工程价值出发。从系统的技术结构特性来看，复杂产品系统就是指涉及的技术领域广，且各领域技术应用的复杂性程度高，是由许多部件组成的大型产品、系统或基础设施，同时与现代工业休戚相关。此外，Hobday 专门针对适合复杂产品系统创新的组织形式还进行了深入的案例研究，在与跨职能的矩阵式组织结构进行比较的基础上，提出了在复杂产品系统创新上的适用性。

表 1－2　复杂产品系统国内典型研究

代表学者	提出时间	概念定义
李伯虎	2002	产品组成复杂、客户需求复杂、产品技术复杂、项目管理复杂、制造过程复杂的一类产品
陈劲	2003	研发成本较高、子系统（或模块）较多、界面复杂、涉及多种知识和技能、产品架构具有层级性特征、用户定制化需求的大型产品或系统
邹树梁	2005	规模大、系统复杂、项目周期长、沉淀成本高的大型资本型产品系统
陈占夺	2007	多学科知识集成、多企业参与管理、涉及多种知识和技能的大型产品、系统或基础设施
滕晓燕	2011	研发成本较高、研发周期较长、具有较多子系统（或模块）、涉及多个原理技术领域、架构具有明显的层级特性、能够满足用户定制化需求的大型产品或系统
刘海兵	2021	含有十分密集的高技术，分布技术领域广泛且技术处于同行业前沿的高研发成本、大规模的大型产品或系统

国内，以陈劲为代表的学者对复杂产品系统进行了一系列的研究。李伯虎院士将复杂产品定义为产品组成复杂、客户需求复杂、产品技术复杂、项目管理复杂、制造过程复杂的一类产品，如航天器、汽车、飞机、武器系统、大型船舶、高速列车、智能大厦等。陈劲指出复杂产品系统是指研发成本较高、子系统（或模块）较多、界面复杂、涉及多种知识和技能、产品架构具有层级性特征、用户定制化需求的大型产品或系统，并在对复杂产品系统典型案例研究的基础上，提出了基于项目层面复杂产品系统创新的六阶段模型和基于公司层面的模型，开展了对创新过程的风险、组织、能力以及评价标准等体系的研究。清华大学的熊光楞认为，复杂产品指的是结构组成复杂、功能复杂、行为复杂的一类产品。邹树梁等人将复杂产品定义为规模大、系统复杂、项目周期长、沉淀成本高的大型资本型产品系统。陈占夺等人从知识管理角度指出复杂产品系统是一类具有多学科知识集成、多企业参与管理、涉及多种知识和技能的大型产品、系统或基础设施。在早期研究基础上，滕晓燕等人从用户需求角度认为，复杂产品系统是研发成本较高、研发周期较长、具有较多子系统（或模块）、涉及多个原理技术领域、架构具有明显的层级特性、能够满足用户定制化需求的大型产品或系统。刘海兵等人将复杂产品系统描述为含有十分密集的高技术，分布技术领域广泛且技术处于同行业前沿的高研发成本、大规模的大型产品或系统。

从 20 世纪 90 年代开始，国内就开展了计算机集成制造系统技术的攻关研究与应用实施，取得了显著成就，并进一步发展了计算机集成制造技术的概念，提出了现代集成制造技术的新概念，其中的一个重点是复杂产品集成制造系统技术。钱学森、王寿云、戴汝为等人认为，根据子系统数量和种类的多少及子系统之间关联关系的复杂程度，系统可分为简单系统和巨系统两类。简单系统的子系统数量和种类较少，而且子系统之间的关系也比较单纯。简单系统又分为小系统和大系统，两者的区别在于子系统数量的多少。巨系统的子系统种类较多，数量庞大（成千上万甚至上亿），而且子系统之间的关系复杂。如果巨系统中子系统的种类不多（几种或十几种），且它们之间的关联关系相对简单，则称为简单巨系统。复杂巨系统是指子系统的种类繁多（几十甚至成百上千种），相互间的关联关系复杂的巨系统，如生物系统、人体系统、人脑系统、地理系统、生态系统、社会系统等。

综上所述，研究人员立场和目的不同，复杂产品的内涵也不尽相同。复杂产品的组成部分相互关联、互相作用、互相影响，共同构成具有某些功能的整体，其本质上是一个复杂系统，因此复杂产品又称为复杂产品系统或复杂工程系统。所谓复杂产品系统是指高成本、大规模、定制的、技术与工程密集型的产品、子系统和系统或设施，亦称为大型技术系统。确定一个产品是否是复杂产品系统，主要考虑其成本、项目周期、复杂程度、技术不确定性、系统层次、定制化程度、风险、零部件种类、知识和技能含量、软件应用范围等因素。

1.1.2 复杂产品特性

复杂产品系统是一个由“复杂的要素集”“复杂的交互关系”“复杂的准则”和“复杂的特性”等多因素组成的复杂系统，具有复杂化、结构化、层次化、交互接口等多方面特性。复杂产品构成关系之所以复杂，主要是因为不同的子系统和零部件不是独立实现某种功能，而是必须发生密切的相互作用才能实现预期的功能。而且由于复杂产品的功能多样性，不同的子系统和零部件又同时与多个功能相关，更增加子系统和零部件之间耦合关系的复杂程度。

为了实现从定性向定量进行描述，也可以用“构型”（Configuration Item，CI）来表达系统的复杂性。例如，从构型视角对网络信息体系这一对象进行研究分析，对它所表现的空间、接口、准则等显性外部特征进行各种不同组合，则会发现，系统将呈现出不同构型特征。由于系统不断向着复杂化方向发展演进，则构型也会呈现变化，经初步研究分析，可认为复杂系统构型呈指数级增长。如果将一般机械工业时代的系统的构型假定为 10^3 等级，则随着复杂系统发展演进，将直接导致系统构型呈现指数增长的发展趋势，呈现高阶指数发展态势，如图 1-2 所示。

一般地，复杂产品往往具有以下特性。

1）功能多样性：功能的多样性源于用户需求和环境的多样性。例如，对于轿车，用户不仅要求车速范围适当，而且要求启动的平缓性、行驶的平稳性、乘坐的舒适性、视野的开阔性，还有安全性等。除此之外，还要考虑应对不同的路况、不同的气候等。复杂产品的功能多样性还源于产品性能的高度化。比如，航天器、航空器等超越正常物理条件约束的控制性能、可靠性、可维护性等，要求都非常高。同时，复杂产品的功能本身具备多层次性的特点，即总功能由许多子功能完成，而子功能又各自由许多功能点完成，直至由元器件完成的单元功能。

2）结构层次性：与功能的多样性和层次性相对应，复杂产品的结构具有明显的多层次性。虽然功能层次与结构层次并不一定一一对应，但是功能在很大程度上决定结构。复杂产品的结构层次性一方面强调组成子系统的零部件数量庞大，通常拥有成千上万的零部

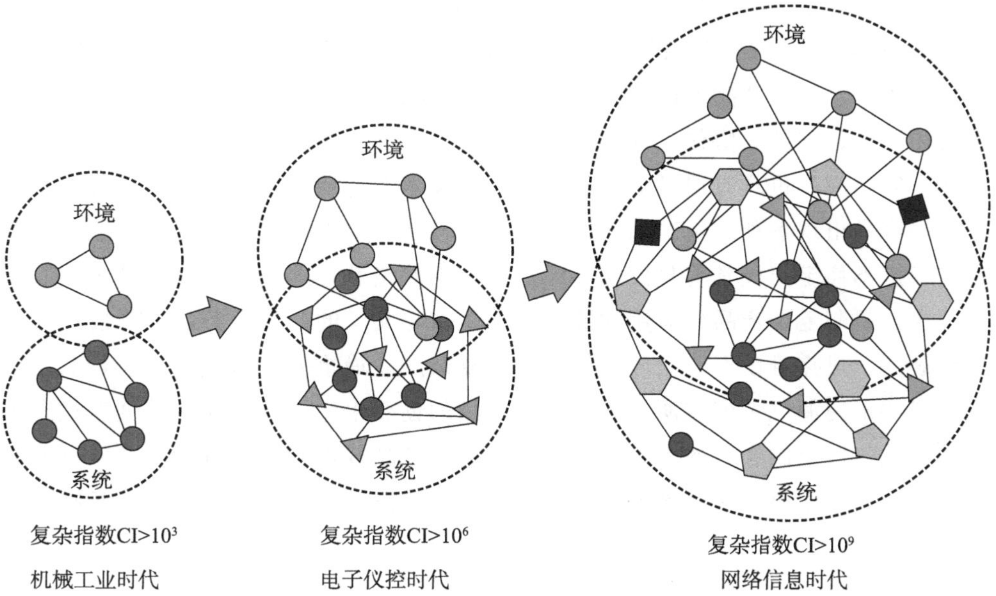

图 1－2　复杂指数 CI 变化趋势

件，至少数百，多则高达数百万。例如，轿车的零部件数目为 2 万～3 万，战斗机的零部件数目一般为 20 万～50 万，船舶的零部件数目约为 150 万，而波音 777 客机的零部件总数则达到 300 多万。另一方面指产品构成关系复杂，复杂产品由子系统、部件和零件组成，而且子系统和部件往往也是复杂的技术系统，同样由更多的零部件组成。例如，汽车构成包括发动机、驱动装置、电气装置、仪器仪表和车身等，这些子系统又由许多复杂零部件构成。

3）技术复合性：技术复合性源于复杂产品的功能多样性和结构层次性，代表知识和技能含量的深度及新知识和新技能的广度。复杂产品本身结构复杂、技术要求高，需要综合运用物理学、工程科学以及管理科学等学科的知识，考虑不同学科或系统之间的影响，从全局角度进行复杂产品设计优化。因此，复杂产品的设计是一个跨越多学科的、复杂且高度迭代的过程，涉及多专业信息的集成、多学科团队的协同设计，以实现复杂产品多学科模型及其研制过程的一体化集成。例如，飞机包括机械、液压、气动、控制、电子、软件等不同领域学科的子系统。同样，复杂产品多学科多领域的特征更要求不同领域前沿技术的综合集成。复杂产品的技术复合性决定了复杂产品的研制生产难度，因此，复杂产品往往能够标志一个企业、一个国家的科技水平。

4）管理综合性：复杂产品的研制生产大多属于单台套的或者小批量的项目形式，如空间探测器、飞机、舰船等。当然，也有一些复杂产品是大批量生产的产物，如汽车等，不论是单件小批量，还是大批量，复杂产品的研制生产必须处于综合管理之下。这种管理的综合性体现在产品全生命周期的综合管理和协作企业管理上。复杂产品一般不仅研制周期长，而且使用寿命长，例如，飞机起落次数的寿命是 3 万～8 万次，飞行时长是 4 万～8 万小时，机龄大约是 25 年；中国发射的第一颗卫星东方红一号的寿命仅仅只有 20 天，而北斗卫星寿命一般是10年左右，实际上卫星使用寿命会稍微长一些，有些甚至可以达到12年左右。因此，全生命周期的综合管理是保障复杂产品质量，最大限度发挥复杂产品效用的必要手段。复杂产品的研制往往由多个企业临时组成的联合体来完成，参与企业之间必须密切协作，因此，协作企业的组织管理是复杂产品研制生产的重要课题。

当然，复杂产品也具有典型的不确定性、高技术性和创新性等特征。首先，复杂产品研发过程中容易出现各种技术缺陷问题，产品的各功能部件出现各种技术问题，使得所研发的产品状态不稳定，极其容易失败，因此具有不确定性，这是由复杂产品的固有特性决定的。其次，研制复杂产品所运用的技术所属领域是交叉的，复杂产品在开发过程中所需的技术等级高、攻克难度大，因此高技术性是复杂产品最重要的特点之一。最后，复杂产品系统创新并不遵循厄特巴克所描述的一般产品的创新生命周期规律，其创新过程需要用户的高度介入，以定制客户的需求为出发点，明确产品技术的研究方向后，通过开展技术创新活动，运用多学科、多领域的知识，创造出适合需求的复杂产品，满足客户需要。

1.2　复杂产品研制

1.2.1　复杂产品研制阶段

复杂产品研制通常包括如下阶段：前期探索、需求分析、初步设计、详细设计、生产制造、验证与确认。

前期探索阶段，进行早期研究，初步理解用户需求，创建参考架构和设计，探索技术风险和评估项目技术成熟度，在不进行具体设计工作的情况下为全面的开发提供成本和进度的可行性分析及预测。

需求分析阶段，是前期探索阶段的细化和拓展，根据利益相关者需求进行分析与分解，确定任务目标、场景、工作模式，提出分析策略、技术指标等初步要求。

初步设计阶段，工程师根据需求目标以及掌握的现有相关技术知识，进行可行性论证，从逻辑上确定出系统的组成与关联关系，提出可行性方案进行选择，并证明其合理性。

详细设计阶段，将设计的逻辑系统逐步细化为物理实体系统，综合考虑人力、资金、技术、时间等的统筹安排，确定产品及其接口的详细规定。

生产制造阶段，通过具体的硬软件制造，产生物理实体系统。

验证与确认阶段，将物理系统与需求和设计进行比对，检验其是否在功能与性能方面符合需求与设计，验证通过后系统投入运行，未通过则需要返回需求，进入下一个迭代循环。

航空航天领域的项目是典型的巨型复杂系统，投入巨大、周期漫长，且由于国情、体制的不同，为满足型号研制的需求，具体的研发过程细节略有不同。下面以飞机为例说明复杂产品研制过程，飞机的研制过程可分为以下四个阶段。

方案论证阶段：明确飞机的功能需求和设计要求，根据飞机的设计要求进行全面的构思，形成粗略的飞机设计方案的基本概念。论证将形成初步飞机设计方案，并组织专家和同行进行评审和论证，选定最合理的方案，经主管部门批准后，进行下一阶段的设计工作。

设计定型阶段：包括初步设计和详细设计以及试飞验证等。初步设计的任务是对前面草拟的飞机设计方案进行修改和补充，使其进一步明确和具体化，最终给出飞机总体设计方案。设计定型阶段需要各有关专业部门的参加和配合，协调解决设计中的问题，需经过多次迭代，最终给出完整的总体方案。该阶段也是飞机研制过程中信息分布和信息交互最为密集的阶段，涉及大量的 CAD、CAPP、CAM、PDM、CAE 等计算机系统，其本质就是一个对飞机各种设计要求和各专业进行综合与协调的过程。

生产定型阶段：确定飞机的详细制造工艺和最佳生产方式。制造工艺是飞机制造的基础，飞机制造过程遵循制造工艺文件来完成。最佳生产方式的确定是依据工艺文件安排作业计划和组织生产的，要求做到工作程序化和业务规范化，改变以往的管理脱节、各自为战、重复劳动、扯皮内耗的被动局面，需要考虑各制造流程单元的分工、协调、重组以及工装选择、资源配置、质量控制和费用控制等因素。

批生产阶段：协调客户需求与生产制造以及内部财务、库存、采购活动之间关系。首先，客户可以通过构型管理系统确定飞机的配置需求；然后，设计人员根据用户特选方案确定生产计划，通过计划进度系统、订单管理系统以及 MRPⅡ系统进行库存和采购订单管理；最后，通过车间管理系统控制车间进行生产或通过供应链管理系统进行外协件的采购和加工，直至飞机装配完成，提交客户。

1.2.2　复杂产品研制特点

随着市场对产品设计要求的不断提高，产品表现出结构复杂、功能强大、技术含量高等特性，复杂产品的开发过程呈现出以下特点。

(1) 需求多样化、技术复杂度日益增加，质量可靠性不断提高

复杂产品多为个性化定制产品，产品质量要求高，生产过程较为复杂，且多为典型的离散制造，订单多属于单件小批量生产。随着技术的不断发展和客户需求的多样化，产品上市时间也越来越短。以航空航天领域为例，传统飞机研制需 30～40 年才能完成，而现在开发一架新型飞机时间缩短到 5～8 年；CZ-3A 的研制周期是 9 年，CZ-5 的研制周期则缩短为 6 年半，而到 2030 年，航天运输系统需要达到年出厂各型运载火箭 30～35 发的研制生产能力。

任务的技术复杂度、质量可靠性要求越来越高。例如，未来武器装备要实现从机械化向智能化的跃升，必须同时具有高毁伤效果、高生存能力、高突防能力、高作战使用性等实战能力；新一代宇航系统要实现导航、探月、空间交会对接等应用任务，其技术指标要求高、研制生产技术难度大、采用新技术多、地面大型试验多、靶场飞行试验多、质量及可靠性高，这些在航天发展历史上都是前所未有的。

（2）产品设计的多领域多专业集成要求越来越高，集成优化设计力度不断加强

由于复杂产品多为性能指标高、技术含量高的智能产品，因此复杂产品研制过程需要通过多学科和多领域高、精、尖技术的交叉与集成才能完成。研制中涉及的领域知识多，知识交叉融合，制造生产工艺流程复杂，物料和信息交互频繁，研制过程中需要密集化的知识和信息模型的统一性。同时，复杂产品往往会包括体系（System of Systems）、系统（System）、组件、部件、构件、零件等不同层级的组成部分，数量巨大。各组成部分涉及的研制过程也复杂多变，不可能由单独一个厂所完成。在分布式协同研制的过程中，需要将各学科、各专业的信息综合集成管理，实现信息的集成、知识的共享，以满足不断发展的市场需求，寻求设计方法的不断创新。

复杂产品系统研制的多学科、多领域的特性，要求研发活动的进行需要不同学科的研发工程师协同合作，从而消除不一致性问题的生成，提高复杂产品质量。将复杂产品研制进行知识化表达，有利于研制活动的有效管理，提升复杂产品研制效率。

（3）产品研发全周期、全过程综合集成与协同力度不断扩大

复杂产品系统组成复杂，与外界交互关系复杂，产品技术、制造过程、项目管理等都较为复杂。传统串行研制模式已不能满足多任务需求，参与的厂所、部门多，研制过程需要分布式并行进行，企业不容易完成其研制过程的全面管理，需要对复杂产品的关键设计、工艺技术进行研究，而将其他技术研发进行外放。

为加快复杂产品研发过程，必须在考虑下游活动的同时进行并行设计，从而缩短产品开发时间，降低研发成本。考虑到并行协同研制方法更适用于小批量、涉及多领域的高新技术产品，同时复杂产品大多具备这些特点，因此并行协同研制更适合复杂产品的研制。

研发过程考虑的方面很多，控制的难度也非常大。从空间上分析，一个系统的设计要考虑到同其他系统之间的配合问题，尽量避免出现冲突现象，在资源等方面都要进行协调；从时间上分析，在系统的设计阶段，设计失误需要制造出来之后才能发现，这样将出现大规模返工现象，造成资源时间浪费，这都是传统过程管理所不能解决的问题。

（4）复杂产品研制模式不断创新，数字化转型正在重构制造模式

近年来，随着研制生产任务的快速增长，各制造企业引进了大批高精尖的加工、检测和试验设备。虽然使用了先进的工艺设备，但生产组织、布局和流程仍采用传统的方法，没有对生产制造流程进行重构和优化，造成大量高精尖设备开工不足，不能在任务重、周期紧的生产过程中更充分地发挥作用。

与此同时，产品种类繁多、批量变化大、生产周期紧；产品结构复杂、加工精度高、材料加工难度大；材料种类多、来源广泛、来料时间不确定等各种需求导向，也对更先进的工艺过程、加工方法、设备选择等工艺方法有了更为迫切的需要，以此提升产品制造的加工效率和加工质量。

因此，针对当前产品种类多、批量变化大、周期紧的生产任务，需要对现有生产制造流程进行改造升级，利用新一代信息技术，促进数字化转型赋能研制生产，从而形成先进

的智能制造体系，提升产品的生产制造能力。

（5）大规模企业以及专业化部门，对基于网络的产业链协作要求不断提高

复杂产品具有多层级、复杂组织结构的特点，不再依赖于单一企业进行研发，通常采用多企业基于共同项目的联盟形式。

复杂产品的研制过程是将工业技术研发和产品生产制造集成在一起而构成的庞大的系统工程过程，涉及的供应链上下游利益相关者众多，需要耗费供应链各个主体大量的研发生产成本和物质资源。因此，以往的制造商与供应商简单的生产供应关系已经难以满足复杂产品的发展需要。为了降低研发成本，提高技术创新速度，同时缩短研制周期，主制造商越来越多地采用外包模式，选择将非核心的生产环节分摊给各级供应商，而将有限的资源集中投入核心的生产环节中。随着复杂产品的订单方式由单一产品的采购模式逐渐转变为系统完整的交付方式，主制造商承担越来越少的生产制造单元，而各级供应商更多地集成到研制系统中来共同完成研发任务，“主制造商—供应商”协同研制模式由此而生，并已逐渐成为复杂产品研制的主要制造模式。

复杂产品是典型的层级结构，每一层包含许多子系统和功能部件。从开发过程的协作看，企业需要在供应商、集成商、研发机构和用户之间建立起完整可靠的信息交流机制，以协调复杂产品的开发过程。复杂产品的竞争策略不再像普通大规模产品那样关注生产的规模效应，通常更注重设计、开发等活动的有效性。而且复杂产品制造商在整个产品生产过程通常也充当集成商的角色，他们通常具有成熟的大型项目管理技巧，并且掌握众多技术领域中的核心技术。

1.2.3　典型的产品研制模式

（1）并行工程

1988 年，美国国家防御分析研究所（Institute of Defense Analyze，IDA）完整地提出了并行工程（Concurrent Engineering，CE）的概念，即“并行工程是集成地、并行地设计产品及其相关过程（包括制造过程和支持过程）的系统方法”。这种方法要求产品开发人员在一开始就考虑产品整个生命周期中从概念形成到产品报废的所有因素，包括质量、成本、进度计划和用户要求。并行工程的目标为提高质量、降低成本、缩短产品开发周期和产品上市时间。并行工程的具体做法是：在产品开发初期，组织多种职能协同工作的项目组，使有关人员从一开始就获得对新产品需求的要求和信息，积极研究涉及本部门的工作业务，并将所需要求提供给设计人员，使许多问题在开发早期就得到解决，从而保证了设计的质量，避免了大量的返工浪费。

并行工程具有以下五个方面的特点：1）基于集成制造的并行性；2）并行有序；3）群组协同；4）面向工程的设计；5）计算机仿真技术。

面向产品生命周期的设计（Design For X，DFX）是并行工程中最重要的核心技术。其中，X 是指产品生命周期中某一环节，如装配、制造、使用、维修、回收、报废等，同时包括产品竞争力因素：时间、成本、质量等。其中最受重视的是 DFMA，即面向制造和

装配的产品设计。面向制造和装配的产品设计是指在产品设计阶段充分考虑产品的可制造性和可装配性，从而以更短的产品开发周期、更低的产品开发成本和更高的产品开发质量进行产品开发。

并行工程已从理论向实用化方向发展，越来越多的涉及航空、航天、汽车、电子、机械等领域的国际知名企业，通过实施并行工程取得了显著效益。如美国洛马空间系统公司（LMSC）于 1992 年 10 月接受了美国国防部用于“末段高空区域防御”（THAAD）的新型号导弹开发项目，该公司的导弹开发一般需要 5 年时间，而采用并行工程的方法，最终将产品开发周期缩短 60%，大大缩短了设计评审与检查的时间（一般情况下仅需 3 h），并且提高了检查和设计的质量。另外，雷诺（Renauld）、通用电力（GE）等著名企业也通过实施并行工程取得了显著效益。

（2）敏捷制造

敏捷制造（Agile Manufacturing），是指制造企业采用现代通信手段，通过快速配置各种资源（包括技术、管理和人员），以有效和协调的方式响应用户需求，实现制造的敏捷性。

敏捷制造是美国国防部为了 21 世纪制造业发展而支持的一项研究计划。其目的可概括为“将柔性生产技术，有技术、有知识的劳动力与能够促进企业内部和企业之间合作的灵活管理（三要素）集成在一起，通过所建立的共同基础结构，对迅速改变的市场需求和市场实际做出快速响应”。从这一目标可以看出，敏捷制造实际上主要包括三个要素：生产技术、人力资源和管理技术。

1）生产技术。敏捷性是通过将技术、管理和人员三种资源集成为一个协调的、相互关联的系统来实现的。首先，具有高度柔性的生产设备是创建敏捷制造企业的必要条件。其次，在产品开发和制造过程中，能运用数字计算方法可靠地模拟产品的特性和状态，精确地模拟产品制造过程。再者，敏捷制造企业是一种高度集成的组织。信息不仅在各部门之间连续地流动，而且还要在敏捷制造企业与其供应厂家之间连续流动。最后，把企业中分散的各个部门集中在一起，靠的是严密的通用数据交换标准、坚固的“组件”、宽带通信信道。把所有这些技术综合到现有的企业集成软件和硬件中去，这标志着敏捷制造时代的开始。

2）人力资源。敏捷制造在人力资源上的基本思想是，在动态竞争的环境中，关键的因素是人员。柔性生产技术和柔性管理要使敏捷制造企业的人员能够实现他们自己提出的发明和合理化建议。唯一可行的长期指导原则是提供必要的物质资源和组织资源，支持人员的创造性和主动性。在敏捷制造时代，产品和服务的不断创新和发展制造过程的不断改进，是竞争优势的同义语。敏捷制造企业能够最大限度地发挥人的主动性。

3）管理技术。首先，敏捷制造在管理上所提出的创新思想之一是“虚拟公司”。敏捷制造认为，新产品投放市场的速度是当今最重要的竞争优势。推出新产品最快的办法是利用不同公司的资源，使分布在不同公司内的人力资源和物资资源能随意互换，然后把它们综合成单一的靠电子手段联系的经营实体——虚拟公司，以完成特定的任务。其次，敏捷制造企业应具有组织上的柔性。越来越多的产品要投入瞬息万变的世界市场去参与竞争，产品的设计、制造、分配、服务将利用分布在世界各地的资源（公司、人才、设备、物料等）来完成。有效地运用这些手段，就能充分利用公司的资源，以满足各个地区的客观需求。

因此，可以看出，敏捷制造的核心思想是：要提高企业对市场变化的快速反应能力，满足顾客的要求。除了充分利用企业内部资源外，还可以充分利用其他企业乃至社会的资源来组织生产。相比其他制造方式，敏捷制造具有更灵敏、更快捷的反应能力，具体包括以下几方面的特征优势。

1）从产品开发到生产周期的全过程满足要求。采用柔性化、模块化的产品设计方法和可重组的工艺设备，使产品的功能和性能可根据用户的具体需要进行改变，并借助仿真技术让用户很方便地参与设计，从而很快地生产出满足用户需要的产品。

2）采用多变的动态组织结构。灵活的经营实体，即虚拟公司，是一种利用信息技术打破时空阻隔的新型企业组织形式。这种动态组织结构，大大缩短了产品上市时间，加速产品的改进发展，使产品质量不断提高，也能大大降低公司开支，增加收益。

3）战略着眼点在于长期获取经济效益。采用先进制造技术和具有高度柔性的设备进行生产，不需要像大批量生产那样要求在短期内回收专用设备及工本等费用，使生产成本与批量无关，充分把握市场中的每一个获利时机，使企业长期获取经济效益。

4）建立新型的标准基础结构。充分集中并利用分布在各地的各种资源，以及把企业中的生产技术、管理和人员集成到一个相互协调的系统中。为此，必须建立新的标准结构来支持这一集成。这些标准结构包括大范围的通信基础结构、信息交换标准等的硬件和软件。

5）最大限度地调动、发挥人的作用，倡导以“人”为中心的管理。强调用分散决策代替集中控制，用协商机制代替递阶控制机制。把权力下放到项目组，提倡“基于统观全局的管理”模式，要求各个项目组都能了解全局的远景，明确工作目标和任务的时间要求，但完成任务的中间过程则由项目组自主决定，以此来发挥人的主动性和积极性。

显然，敏捷制造方式把企业的生产与管理的集成提高到一个更高的发展阶段。它把有关生产过程的各种功能和信息集成扩展到企业与企业之间不同系统的集成。当然，这种集成将在很大程度上依赖于国家和全球信息基础设施。

（3）智能制造

智能制造（Intelligent Manufacturing，IM）源于人工智能的研究。先进的制造设备离开了信息的输入就无法运转，柔性制造系统（FMS）一旦被切断信息来源就会立刻停止工作。第一，制造系统正在由原先的能量驱动型转变为信息驱动型，这就要求制造系统不但要具备柔性，而且还要表现出智能，否则难以处理如此大量而复杂的信息工作量。第二，瞬息万变的市场需求和激烈竞争的复杂环境也要求制造系统表现出更高的灵活、敏捷和智能。因此，智能制造越来越受到高度的重视。

智能制造是一种由智能机器和人类专家共同组成的人机一体化智能系统，它在制造过程中能进行智能活动，诸如分析、推理、判断、构思和决策等。通过人与智能机器的合作共事，去扩大、延伸和部分地取代人类专家在制造过程中的脑力劳动。它把制造自动化的概念更新，扩展到柔性化、智能化和高度集成化。

智能制造技术是一门综合技术，由制造技术、自动化技术、系统工程与人工智能等学科互相交叉而形成。它力争最大限度地以机器智能取代人的部分脑力劳动，加强整个企业生产经营过程大范围的自组织能力，实现制造过程的全面智能化。

智能制造主要有以下特点：

1）具有集成性、自组织能力、自律能力、自学习和自维护能力。智能制造致力于人的智能与机器智能的有效结合。

2）具有个性化定制能力，智能制造强调柔性、可控、自适应的生产能力。智能制造为武器装备多品种、变批量的个性化研制需求提供了保障，模块化、基于模型和知识的智能化设计是实现产品个性化定制的基础。

3）具有柔性化生产能力。智能制造系统是可满足装备多品种混线生产的柔性化生产系统，生产过程能根据需要进行自适应调整。基于赛博物理系统（Cyber - Physical System，CPS）技术，系统具备智能感知、实时分析、优化决策、精准管控与执行等能力。

4）具有运行的安全可控能力。智能制造要求具有较高的智能制造装备应用深度和系统集成能力，必须确保软硬件装备的安全可控。

智能制造中的关键技术主要集中在对知识的积累、学习、利用和决策等方面，主要归结为人工智能技术、智能诊断技术、自适应功能和智能管理四个方面。目前，智能制造正在大范围兴起，它是制造技术发展，特别是制造信息技术发展的必然，是自动化和集成技术向纵深发展的结果。

1.3 复杂产品研制的系统性

1.3.1 本质要求——复杂性

先进产品研制具有较高的复杂度。如何将产品做到正向与领先，增强产品创新能力？如何确保遵循市场需求和规定，缩短上市时间并降低研制成本？如何解决越来越难以管理且日益增加的复杂度问题？如何加速复杂系统和产品的开发和验证，提升产品的市场竞争力？能否提前验证跨多个工程学科的复杂产品和系统的行为？如何在统一的场景环境中进行协同创新研制，提高协作效率？这些问题给先进复杂产品研发都带来一系列挑战。

复杂产品系统的研制过程面临成本攀升的困扰，包括经济、时间、管理等方面的成本。随着研发生产能力和成熟度发展，复杂产品的研制周期在缩短，需求量也在不断增加。以航天为例，近 20 年来，航天事业迅猛发展，航天产品的研制周期普遍缩短了一半以上，多型号并举已成为常态。由于工作量陡增，应用传统的系统工程方法解决问题时，大部分的研制工作都存在超流程研制、文件签署不及时、校对不充分等情况，其根本的原因可能是现行的管理体系和系统工程方法的成本（包括时间成本）超过了任务所能接受的范围。

在传统的系统工程方法中，为了保证技术、质量、经费、进度等多维度目标的实现，人们创造出了复杂的方法、流程和规则体系，其根本目的就是“控制”，包括控制质量、控制风险、控制进度，其实质就是通过更多的“控制”，减小不确定性的行为逻辑。

随着科学技术的不断创新和深入应用，现代各种产品系统与装备已由过去比较单纯的“机械系统”发展为由“机械＋电子＋液压＋控制＋软件”组成的复杂系统；“软件定义”使得嵌入式软件、智能型嵌入式系统、智能系统等在复杂产品和系统中的比重迅速增长；移动互联网、物联网、大数据、机器互联突破了系统的传统边界，更多系统一起形成系统的系统（体系），并进而形成赛博物理系统。系统工程师一直利用多种模型，包括用于支持需求开发的功能模型，用于分析系统行为的仿真模型，以及用于分析系统各个方面的其他分析模型，例如可靠性、安全性、质量特性、功耗和成本。但是，传统研制模式难以准确地预知复杂装备系统内各子系统之间的相互影响和作用，只能进行“样机—试验—缺陷—设计—样机—试验”的往复返工，导致系统研制周期不断拉长，成本超预算；各学科仍然严重依赖基于文档的交付物来捕获许多系统规范和设计信息，例如需求、接口控制文档和系统体系结构设计说明。此信息通常散布在许多不同的文档中，包括文本、非正式图纸和电子表格。

1.3.2　内在要求——可承受性

随着产品复杂性不断提高，和以前的系统相比，客户要求也越来越高，往往希望以更低的成本，提供更高的可靠性、可用性、可维护性和安全性（Reliability，Availability，Maintainability，and Safety，RAMS）等。因此，在早期系统工程活动中，在解决这些相互矛盾的要求的过程中，支持低成本满足产品可承受能力的设计和制造模式，也不断促进各种新的设计方法和工具开发，以满足整体制造成本的降低。INCOSE 研究发现，几乎 70％的生命周期成本被锁定在由概念设计阶段完成的阶段。因此，改善产品可承受能力的关键阶段，也就体现在设计过程的“模糊前端”。这也导致研究人员更多关注于早期的设计决策，以优化成本，通过不断开发下一代系统工程方法和分析工具，并在早期设计活动中进行深度的空间探索，从而帮助提高系统的经济性，降低设计和制造风险。

2000 年启动的空客 A380 计划，2003 年启动的空客 A400M 军用运输机计划等，这些计划都因故延迟多年，经费超过预算十亿美元以上，空客公司将这些归因于抵御无法定价“风险”的能力不足。这样的延迟也同样困扰着在 2004 年启动的波音 787 梦想飞机计划，该型号飞机期望变革飞机制造模式，尤其是使用了最新的先进材料和全球制造网络，但是，该飞机首飞依然晚了近 2 年。

成本不是一个真正独立的变量，而是系统工程过程的输出，它依赖于众多的相互依赖的设计要求和设计特性。诸如这些可负担能力问题，已经成为航空航天领域产品研发特别关注的问题，大家都希望改进“应该花费的成本”和“将花费的成本”的分析，以帮助在早期开发活动中处理航空航天产品可负担能力的挑战。

据研究，单位产品成本（Unit Product Cost，UPC）不依赖于期望的生产批量，而主要受5个系统设计特性直接影响，分别为尺寸和重量、性能和效率、设计余量、生产力、简单性/复杂性。这5个相互矛盾的系统设计特性是高度相互依存的，它们直接由设计和制造需求驱动，并受限于早期系统工程过程中所作出的决策，这些决策一定是相互平衡、互相依赖的，只有这样才能真正优化UPC。

在这样的要求下，在20世纪80年代初之后，各种针对装配、制造、测试、维护等的设计方法不断出现，如面向装配的设计（DFA）使用基于定量分析的方法来帮助识别和设计出装配约束。这些设计方法，逐步采用建模和仿真等方法，并给予定性定量结合的手段，支撑复杂产品的研制模式的发展。但是几乎所有这些DFX方法都是基于规则的，可以解决相对简单产品的可生产能力，但在复杂的装备产品和系统上，不能解决可生产性的基本机制问题。

1.3.3 发展要求——创新性

复杂产品需求的变更带来创新方面的挑战。生产力的发展，对产品系统的创新水平提出更多要求，如需求量的不断提升、设计多样性需求、产品个性化定制等。频繁地变更迭代需求，带来了创新的源动力。现代设计手段和仿真技术的方法为研发模式的转型准备了条件，在信息技术高度发达的现代工业背景下，计算机辅助设计（Computer Aided Design，CAD）、计算机辅助工程（Computer Aided Engineering，CAE）工具日益强大，通过建立系统模型，将信息捕获为模型中的元素和关系，并跨多个视图重用元素，可以增强系统规范和设计的质量。

通过大力推进数字化制造关键技术攻关和应用研究，数字化研制生产能力和水平大幅提升，基于三维模型的并行协同研制及集成应用不断深化，初步实现了从“刚性、粗放、低效”到“柔性、精益、高效”的制造与管理模式转变。在汽车、飞机等复杂产品的设计过程中，基本取消了二维图纸，实现了基于数字样机的设计，关键零部件全三维模型的设计、工艺、仿真和数字化加工装配，初步实现了基于三维模型的数字化设计与制造。在协同方式上，通过数字化技术的应用，构建了异地多厂所协同的数字化平台，形成了并行协同模式，支撑了多系列型号产品的异地协同研制，实现了异地厂所间协调沟通，信息快速准确传递与反馈。

近年来，科学技术的进步拉动复杂产品研制的转型升级。除了计算机辅助设计、仿真建模技术、计算机辅助工程等工业数字化技术，基于传感器的物联网技术、基于大样本的大数据分析技术、机器学习、人工智能、虚拟现实、数字孪生、元宇宙等概念和技术迅速发展和崛起，已在科学领域和民生领域取得重大突破或应用，也逐渐深入工业制造领域。这些技术为复杂产品研制模式打开了新的发展维度。

如，“仿真建模＋数字化设计技术＋SysML语言”等帮助工程师充分理解产品系统需求，进行可行性验证；“数字化辅助设计技术＋物联网感知体系＋信息化技术＋海量产品数据＋人工智能算法”等帮助系统设计者简化设计流程，为设计师的方案权衡提供最优方案建议；“数字孪生＋仿真建模＋人工智能”等帮助系统设计者进行设计模拟和产品验证；“大数据＋人工智能＋高速5G网络”等帮助工程师和用户探索更多产品应用可能等。

新兴技术的引领能够大大拓展人类对复杂产品系统的认知能力、设计能力、验证能力、应用能力，对基于模型的复杂产品研制模式升级变更将产生巨大的牵引作用。

1.4　本章小结

本章重点介绍复杂产品及其研制的相关知识。首先，对比国内外复杂产品的典型研究状况，总结复杂产品内涵，并使用构型从定性向定量描述系统复杂性的发展演进，指出复杂产品具有功能多样性、结构层次性、技术复合性和管理综合性等特性。其次，给出复杂产品研制过程典型阶段，具体阐述需求多样性、多学科专业集成、全过程协同等复杂产品研制特点，并行工程、敏捷制造、智能制造等典型的产品研制模式。最后，指出复杂产品研制与系统工程的密切关联，分别从复杂性、可承受性、数字化角度描述复杂产品研制系统工程的本质要求、内在要求和发展要求。

参 考 文 献

[1] HOBDAY M. Product complexity, innovation and industrial organisation [J]. Research policy, 1998, 26 (6): 689 - 710.

[2] 陈劲，周子范，周永庆 . 复杂产品系统创新的过程模型研究 [J]. 科研管理，2005 (2): 61 - 67.

[3] DAVIES A, HOBDAY M. The business of projects: managing innovation in complex products and systems [M]. New York: Cambridge University, 2005.

[4] TUMER IY, LEWIS K. Design of complex engineered systems [J]. Artificial intelligence for engineering design, analysis and manufacturing. 2014, 28 (4): 307 - 309.

[5] BONNIE J, ALEJANDRO H. Exploring engineered complex adaptive systems of systems [J]. Procedia computer science, 2016 (95): 58 - 65.

[6] KIAMEHR M, HOBDAY M, HAMEDI M. Latecomer firm strategies in complex product systems (CoPS): The case of Iran's thermal electricity generation systems [J]. Research policy, 2015, 44 (6):1240 - 1251.

[7] JANKOVIC M, ECKERT C. Architecture decisions in different product classes for complex products [J]. Artificial intelligence for engineering design, analysis and manufacturing, 2016, 30 (3): 217 - 234.

[8] NAGHIZADEH M, MANTEGHI M, RANGA M, et al. Managing integration in complex product systems: The experience of the IR - 150 aircraft design program [J]. Technological forecasting and social change, 2017 (122): 253 - 261.

[9] ZHOU J H, ZHU J J, WANG HE H. Dual - sourcing and technology cooperation strategies for developing competitive supplier in complex product systems [J]. Computers & industrial engineering, 2021 (159): 107482.

[10] CHEN S, LIN N. The effect of inter - and intra - organizational distances on success of offshored outsourced innovation: A configurational approach [J]. Journal of business research, 2019 (103): 519 - 529.

[11] GALATI F, BIGLIARDI B, GALATI R, et al. Managing structural inter - organizational tensions in complex product systems projects: Lessons from the Metis case [J]. Journal of business research, 2021 (129): 723 - 735.

[12] KWAK K, YOON H D. Unpacking transnational industry legitimacy dynamics, windows of opportunity, and latecomers' catch - up in complex product systems [J]. Research policy, 2020, 49 (4): 103954.

[13] 陈劲 . 复杂产品系统创新管理 [M]. 北京：科学出版社，2008.

[14] 童亮，陈劲 . 复杂产品系统创新过程中跨组织知识管理的障碍因素 [J]. 管理学报，2007, 17 (2): 204 - 210.

[15] 熊光楞，陈晓波，郭斌 . 复杂产品设计的仿真现状与发展趋势 [J]. 计算机集成制造系统-CIMS,

2002 (9): 673 - 677.

[16] 李伯虎，柴旭东．复杂产品虚拟样机工程 [J]. 计算机集成制造系统 - CIMS，2002 (9): 678 - 683.

[17] 邹树梁，陈甲华，刘兵．面向复杂产品系统的虚拟企业建模研究：以核电站项目为例 [J]. 南华大学学报（社会科学版），2005 (1): 20 - 25.

[18] 陈占夺．基于知识管理的制造业复杂产品研发团队研究 [J]. 科学学研究，2006 (5): 763 - 768.

[19] 陈占夺，汪克夷．复杂产品系统的复杂性对知识管理的影响探讨 [J]. 科学学与科学技术管理，2007 (5): 101 - 105.

[20] 刘海兵，阙玉月，许庆瑞．后发复杂产品系统核心技术突破机制：基于中国中车的纵向案例研究（1986 — 2019 年）[J]. 中国科技论坛，2021 (8): 48 - 58.

[21] 钱学森，于景元，戴汝为．一个科学新领域：开放的复杂巨系统及其方法论 [J]. 自然杂志，1990 (1): 3 - 10，64.

[22] 李伯虎．复杂产品制造信息化的重要技术：复杂产品集成制造系统 [J]. 中国制造业信息化，2006 (14): 19 - 23.

[23] 陈竹梅．系统思维视角下网络信息体系发展演进及时代特征探讨 [J]. 中国电子科学研究院学报，2021，16 (8): 746 - 755.

[24] HOLT R，BARNES C. Towards an integrated approach to "Design for X": An agenda for decision - based DFX research [J]. Research in engineering design，2010，21 (2): 123 - 136.

[25] 李献斌，冶元菲，周益，等．基于 DFx 方法的宇航单机产品开发流程优化与实践 [J]. 航天工业管理，2017 (11): 18 - 23.

[26] GUNASEKARAN A. Agile manufacturing: A framework for research and development [J]. International journal of production economics，1999，62 (1 - 2): 87 - 105.

[27] YUSUF Y Y，SARHADI M，GUNASEKARAN A. Agile manufacturing: The drivers，concepts and attributes [J]. International journal of production economics，1999，62 (1 - 2): 33 - 43.

[28] 曾德麟，欧阳桃花，周宁，等．基于信息处理的复杂产品制造敏捷性研究：以沈飞公司为案例 [J]. 管理科学学报，2017，20 (6): 1 - 17.

[29] ZHONG R Y，XU X，KLOTZ E，et al. Intelligent manufacturing in the context of industry 4.0: A review [J]. Engineering，2017，3 (5): 616 - 630.

[30] 臧冀原，刘宇飞，王柏村，等．面向 2035 的智能制造技术预见和路线图研究 [J]. 机械工程学报，2022，58 (4): 285 - 308.

[31] 范文慧，刘博元．复杂产品数字化协同设计技术发展 [J]. 航空制造技术，2013 (3): 44 - 46.

[32] 王文跃，侯俊杰，毛寅轩，等．面向复杂产品研制的 MBSE 体系架构及其发展趋势研究 [J]. 控制与决策，2022，37 (12): 3073 - 3082.

[33] 唐辉，侯俊杰．先进复杂产品研制体系的分析 [J]. 航空制造技术，2010 (1): 70 - 73.

[34] 闫喜强，刘宗政，杨毅晟．复杂产品多学科概念设计建模方法研究 [J]. 机械设计，2021，38 (S1): 104 - 108.

[35] 司马珂，阮文华，仇理宽．基于模型的理念：认知提升与研发模式转型 [J]. 科技导报，2019，37 (7): 30 - 35.

[36] 何强，刘喜莹．夯实系统工程基础，推进 MBSE 实践 [J]. 科技导报，2019，37 (7): 22 - 29.

第 2 章　系统工程与数字化的技术基础

复杂产品研制过程的复杂性、长期性、协同性，决定了必须有一套规范化、标准化的工具方法作为指导，从系统的角度，采用系统工程的理论方法开展产品的研制生产。所谓系统是指有组织的或被组织化的整体，是以有规律的相互联系、相互作用、相互制约、相互依存形式结合起来的要素或对象（子系统）的集合。系统工程的出现，在极大程度上改变了人们的思考方式，逐渐形成以“系统为中心”的求解思维，即系统工程方法论。

2.1　系统与系统工程

2.1.1　系统及其特性

系统的概念和思想来源于人类的长期社会实践，对现实世界认识的不断深化。系统思想经历了从经验到哲学再到科学，从思辨到定性再到定量的发展过程，最终形成了当今的一门总体上研究各类系统共性规律的系统科学。用系统的一般理论来认识系统，也就是以系统为对象，研究系统的要素、结构、层次、功能、特性及分类等，并在时间和空间上研究系统的动态发展——了解系统的概念和范畴。思维方式不同，研究专业角度不同，侧重点不同，对系统的定义和内涵也有不同的理解。

我国著名学者汪应洛认为，系统是具有特点功能的、相互间具有有机联系的许多要素所构成的整体；英国韦氏大辞典表明，系统是有组织的或被组织化的整体，结合整体所形成的各种概念和原理的结合，由有规则的相互作用、相互依存的形式组成的诸要素集合；日本 JIS 标准指出，系统是由许多要素保持有机的秩序，向同一目的行动的集合体；美国著名学者阿柯夫认为，系统是由两个或两个以上相互联系的任何种类的要素所构成的集合；美籍奥地利生物学家贝塔朗菲对系统的定义是相互作用的多元素的复合体。

中国航天事业奠基人钱学森对系统的定义提出了新的理解：把极其复杂的研究对象称为系统，即由相互作用和相互依赖的若干组成部分结合成具有特定功能的有机整体，而这个系统本身又是其所从属的更大系统的组成部分。系统往往具有以下特性：

1）系统的集合性。集合性是系统的最基本属性。系统是全部要素的集合，而集合是指具有某种属性的事物的全体。系统的集合性表明，系统由两个或两个以上具有共同属性又可以互相区别的元素组成。

2）系统的相关性。组成系统的要素是相互联系、相互作用、相互影响的，系统的相关性说明这些联系之间的特定关系，系统内每一要素（子系统）相互依存、相互制约、相互作用而形成了一个相互关联的整体。

3）系统的层次性。系统作为一个相互作用的诸要素总体，可以分解为一系列的子系统，并存在一定的层次结构，这就是系统空间结构的特定形式。系统的层次结构表述了系统中不同层次子系统之间的从属关系或相互作用关系。

4）系统的整体性。整体性是系统最基本的特征。在一个系统中，系统整体的特性与功能在原则上不能归结为组成它的要素特征和功能的总和，系统作为整体存在时会涌现出各子系统不曾出现的特征和功能。

5）系统的目的性。通常系统都具有某种目的，要达到既定目的，系统就必须具有一定的功能。不同系统有不同的目的。系统的目的一般通过更具体的目标来实现，复杂系统通常不止具有一个目标，而是具有多个目标。

6）系统的环境适应性。任何系统都存在于一定的物质环境中，并与环境进行物质、能量和信息的交换，外部环境的变化必然引起系统内部各要素之间的变化，系统必须适应外部环境的变化，否则不具备生命力，不能生存和发展。经常与外界环境保持最优适应状态的系统，才是理想的系统。

2.1.2　从系统到系统工程

系统工程作为一门科学技术形成于 20 世纪中叶。第二次工业革命后，工业生产开始步入“电气时代”，人类社会生产力再一次实现重大飞跃。交通与通信系统大规模扩建，物质生产持续多样化，市场需求成为制约工业生产的关键因素，如何协调生产与经营之间的关系开始受到人们的广泛关注，即开始运用系统思想解决这些问题。从系统思想到系统工程的发展大致经历了系统思想萌芽期、系统工程发展期、系统工程成熟期三个阶段（见图 2-1）。

（1）系统思想萌芽期

排队论：1910 年，丹麦数学家 A. K. 埃尔朗受热力学统计平衡理论的启发而建立了电话系统统计平衡模型。1925 年，美国电话电报公司成立贝尔电话实验室，设立了系统开发部，并发展了埃尔朗的电话系统模型，得出了最佳通话服务方式。20 世纪 30 年代，瑞典数学家巴尔姆和苏联数学家欣钦提出呼叫过程的普遍性、平稳性、有限性和无后效性 4 个特征，奠定了关于系统中随机聚散现象的基本理论——排队论的理论基础。

运筹学：美国管理学家 F. W. 泰勒从系统的角度来研究提高劳动生产率，发现减轻劳动强度能使生产量成倍增长以及计件工资和超产奖励的优点，并在此基础上制定劳动定额、合理安排工序。1911 年，泰勒发表《科学管理》一书，创立了著名的泰勒制。

经济系统建模：19 世纪的埃杰维斯合同曲线和瓦尔拉经济系统平衡模型，是运用数学研究经济的早期尝试；20 世纪 30 年代初，荷兰物理学家 J. 廷伯赫等人建立了计量经济学；1936 年，W. 列昂捷夫提出了投入产出模型。此后投入产出模型成为系统工程应用于经济分析和经济预测的重要工具。冯・诺伊曼和瓦尔德在瓦尔拉模型的基础上，发展并演变出数理经济学。

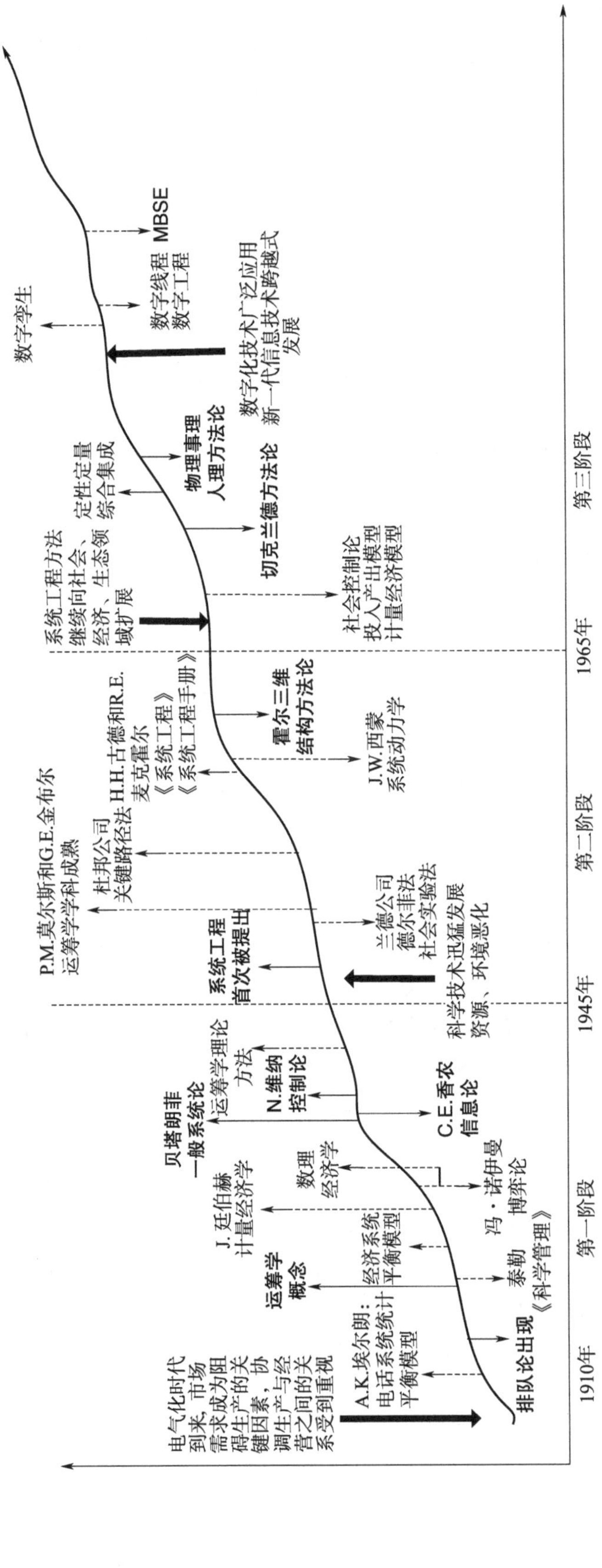

图 2－1　系统工程发展历程

博弈论：1928 年，数学家冯·诺伊曼在与维也纳经济学家讨论经济问题中竞争现象的博弈对策时，完成了对策论（又称博弈论）的奠基性工作。

一般系统论：1937 年，贝塔朗菲首先提出一般系统论的原理，并于 1945 年发表《关于一般系统论》。他指出这个理论属于逻辑和数学的领域，任务是建立适用于系统的一般原则。

信息论：20 世纪 20 年代，奈奎斯特和哈特莱最早研究了通信系统传输信息的能力，并试图度量系统的信道容量，标志着现代信息论开始出现；1948 年克劳德·香农发表的论文《通信的数学理论》是世界上首次将通信过程建立了数学模型的论文，奠定了现代信息论的基础。

控制论：1948 年，N. 维纳的奠基性著作《控制论——关于在动物和机器中控制与通信的科学》出版，成为控制论诞生的一个标志。这本书的副标题为控制论在当时研究现状下提供了一个科学的定义。

排队论、运筹学、经济系统建模、博弈论等方法的出现旨在实现系统的最优化，信息论、控制论、一般系统论以及耗散结构等理论的产生体现了对系统基本原理的探索。同时，经典物理学的发展使得人们认识到只有通过客观事物的数学描述才能深入分析事物的本质、了解其构成机理和各种变异。于是，人们开始用数学模型和分析的方法去研究工程、经济、生物、军事和社会等方面的复杂系统。

（2）系统工程发展期

二战以后，科学技术迅猛发展，社会经济空前发展，人们面临着越来越复杂的大系统的组织、管理、协调、规划、计划、预测和控制等问题。这些问题的特点是在空间活动规模上越来越大，时间变化上越来越快，层次结构上越来越复杂，后果和影响上越来越深远和广泛。此时，信息科学和计算机的发展大大提高了信息的收集、存储、传递和处理的能力，为实现科学的组织和管理提供了强有力的手段。系统工程正是在这样的情况下，从军事和大型工程系统的研制中产生和不断发展起来的。

美国微波中继通信网：美国贝尔电话实验室于 1940 年开始建立横跨美国东西部的微波中继通信网，并分别于 1947 年和 1951 年完成该网的 TD-X 和 TD-2 系统，且投入使用。在建成美国微波中继通信网后，美国贝尔电话实验室于 1951 年正式提出系统工程这个名词。

兰德公司和系统分析：1947 年，在福特基金会的支持下，美国国防部和科学研究开发署与道格拉斯飞机公司成立了兰德公司，继续为战后美国空军的发展战略和规划提供咨询服务。兰德公司在多年积累的研究经验的基础上创立了系统分析。兰德公司创造的系统分析以及规划计划预算编制法、德尔菲法、社会实验法等方法丰富了系统工程方法论。

阿波罗工程：1961 年美国开始进行的阿波罗工程，由地面、空间和登月三部分组成，于 1972 年成功结束。为完成这项庞大和复杂的计划，NASA 成立了总体设计部以及系统和分系统的型号办公室，以对整个计划进行组织、协调和管理。在执行计划过程中自始至终采用了系统分析、网络技术和计算机仿真技术，并把计划协调技术发展成随机协调技术。

1957 年，美国的 H. H. 古德和 R. E. 麦克霍尔合作出版了第一本完整的系统工程教科书——《系统工程》。麦克霍尔又于 1965 年出版了《系统工程手册》一书。这两本书以丰富的军事素材论述了系统工程的原理和方法。1962 年，A. D. 霍尔出版的《系统工程方法论》一书反映了作者长期从事通信系统工程的成果，内容涉及系统环境、系统要素、系统理论、系统技术、系统数学等方面。A. D. 霍尔还于 1969 年提出著名的霍尔三维结构，即系统工程形态图。20 世纪 60 年代末，关于军事和工程等硬系统的系统工程方法论已臻于完善。

（3） 系统工程成熟期

1972 年，在一些国家科学院的倡议下，在维也纳成立了国际应用系统分析研究所。它是一个用系统工程方法研究复杂的社会、经济、生态等问题的国际性研究机构，在推动系统工程的发展和应用方面产生了重要影响。

系统工程与建模仿真作为一门定量技术，可概括为系统建模、系统仿真、系统分析和系统优化 4 个方面。系统建模是将一个实际系统的结构、输入输出关系和系统功能用数学模型加以描述。系统仿真是在计算机上对系统模型进行实验和研究。系统仿真便于改变模型参数以获得各种方案，以便选择最优方案和设计最合理的系统。随着系统工程应用领域的扩展，首先需要发展系统建模和系统仿真，这项工作需要融合多学科的知识和不同领域的专家通力合作。20 世纪 60 年代提出的模糊子集合理论，20 世纪 70 年代出现的大系统理论、队决策理论和以前建立的运筹学、对策论、控制论、现代控制理论、信息论以及有关应用领域的学科都可为系统建模提供素材、方法和原理。

在社会、经济、管理等有人参与的复杂系统中，人的行为受心理、经验等因素偶然变化的影响，使系统有很大的不确定性。人的思维本身也具有模糊性，需要用模糊子集合描述。在现代社会中，人类活动范围日益广阔，制定完善策略所需知识和信息迅速增加，已经达到任何一个决策人或机构无法完全收集和处理的程度。信息和决策功能的分散化势在必行。社会系统是迄今为止最复杂的系统。对策论与决策论和行为科学等结合起来在主从对策（又称斯塔克尔贝格对策）和激励对策方面的研究，提供了一种适用于社会、经济和管理系统的建模方法。这种建模方法反映了系统中的层次结构，可用于宏观控制政策的制定。对策论就理论框架而言，是研究社会系统的理想工具。但是，对策论把人的社会性、复杂性、心理和行为的不确定性大大简化了，目前尚不能处理社会系统的复杂性问题。对于社会系统，需要采用定性和定量相结合的系统研究方法。

2.1.3　系统工程的内涵

系统工程方法在航天和国防工业领域已被广泛接受，它针对技术挑战和关键任务问题提供了系统解决方案。这些解决方案涵盖了硬件、软件、数据、人员和设备等。系统工程作为一种多学科的研究方法，能够针对不同利益相关者的需要，提供综合解决方案。

系统工程包括管理和技术过程的应用，以实现权衡，并降低可能对项目成功有影响的风险。系统工程管理过程的目的是确保开发成本、计划进度和技术性能指标满足要求。系统工程技术过程包括分析、规范、设计、验证系统，确保这些工作达到整体目标。系统工程的实践活动不是静态的，需要不断发展、演变，以应对日益增长的需求。

系统工程技术过程如图 2－2 所示。在满足利益相关者需求的前提下，系统规范和设计过程用以确定系统需求，并将这些需求分解、分配至组件。然后对组件进行设计、实现和测试，以确保满足需求。系统集成和测试过程包括将组件集成到系统中的活动，并验证系统需求是否得到满足。这些过程在整个系统开发过程中迭代应用，不同过程之间不断反馈。在更复杂的应用中，有从企业或体系级开始的多层级系统分解，在设计的每个中间层级对该过程多次迭代，直到组件采购或建造的层级。

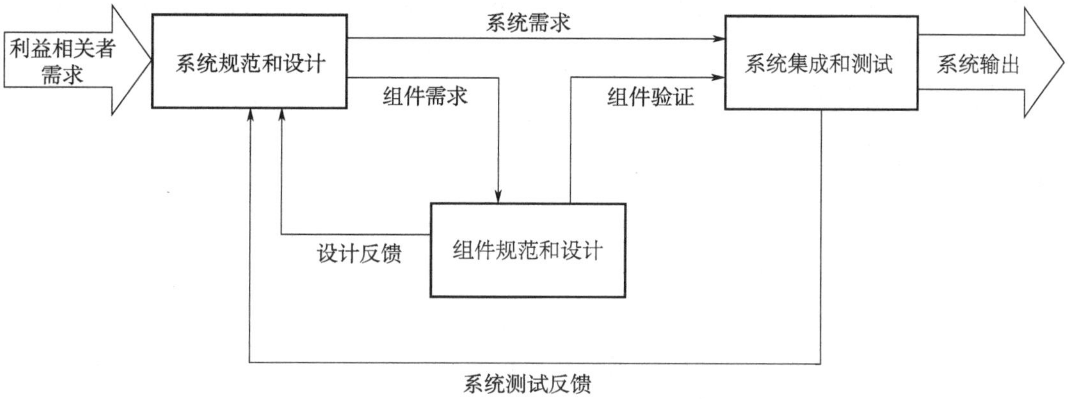

图 2－2　系统工程技术过程

系统规范和设计过程用于提供一个经权衡的系统解决方案，以及特定的系统需求，并分配至组件需求，以满足利益相关者需求。它主要包括以下活动：

1）获取并分析利益相关者需要，理解待解决的问题、系统目标，以及用于评估系统实现目标和满足利益相关者需要的有效性度量；

2）规范系统功能、接口、物理和性能特征，以及支撑系统实现目标和有效性度量的其他特征；

3）通过将系统划分为能够满足系统需求的组件，综合可选择的系统解决方案；

4）开展权衡分析，评估和选择一种最佳的解决方案，以满足系统需求、提供优化平衡，使得有效性度量最大化；

5）维持从系统目标至系统/组件需求和验证结果的可追溯性，以确保系统需求和利益相关者需求得以满足。

同时，系统工程还必须考虑系统功能之间、系统功能与环境之间的“连接”或交互。在许多情况下，这包括物理、逻辑上的相互关系和环境。系统工程师必须考虑到这些相互关系，并以合理的方式加以设计，以便为最佳平衡系统使用提供可靠的、预期的结果。系统在其功能、环境和交互方面是独一无二的。因此，系统工程师必须清楚地了解系统应用的场景和系统的定义集成关系。

系统工程的一项关键原则是解决其他利益相关者的需要，这些利益相关者是指可能在整个系统生命周期中产生影响的人或团体。利益相关者的每项需要都应当予以考虑，以确保获得综合平衡的全生命周期解决方案。

为解决利益相关者的需要和实现相关的有效性度量，需要规范系统需求，对许多不同种类的需求做出规范，包括功能、性能、接口、物理和其他量化特征等。通过分析为实现目标系统所需完成的工作，可以规范待设计系统的功能需求。针对每项功能需求，通过功能分析识别出输入与输出，并确定功能的顺序。同时，还必须评估功能需求，以确定每项功能所需的性能层级。系统需求必须能够可追溯且可验证，确保满足利益相关者需要。在这个过程中典型利益相关者应尽早并持续参与，这对于整个项目开发非常关键。

设计约束经常会对解决方案产生影响。系统工程师应当对物理约束的假设予以确认，并通过分析了解这些约束对设计的影响。为了在多个相互矛盾的需求中获得一个综合平衡的系统设计，需要对系统设计的可选方案进行评估，确定优化解决方案。此外，还需要在整个开发过程中进行多次迭代，而系统/组件设计的评估和需求的重分配也是迭代过程的一部分。

为了验证系统满足需求，还需定义系统测试用例。作为系统集成和测试过程的一部分，在已经验证的组件集成至系统后，执行系统测试用例以验证系统需求得到满足。在系统复杂程度显著提高后，充分考虑不同利益相关者需要、开发综合系统解决方案的系统化过程愈加重要。系统工程的有效应用需要在聚焦系统总体目标与各利益相关者需要的基础上保持宽广的系统视野，同时关注细节和严密性，保证系统设计的完整性。

2.2 通用系统工程方法论

2.2.1 系统分析

（1）系统分析的内涵

系统分析（System Analysis）最早由美国兰德（RAND）公司在二战结束前后提出并加以使用。系统分析方法来源于系统科学。系统科学是 20 世纪 40 年代以后迅速发展起来的一个横跨各个学科的新的科学，它从系统的着眼点或角度去考察和研究整个客观世界，为人类认识和改造世界提供了科学的理论和方法。它的产生和发展标志着人类的科学思维由主要以“实物为中心”逐渐过渡到以“系统为中心”，是科学思维的一个划时代突破。

系统分析是咨询研究的最基本的方法，我们可以把一个复杂的咨询项目看成系统工程，通过系统目标分析、系统要素分析、系统环境分析、系统资源分析和系统管理分析，可以准确地诊断问题，深刻地揭示问题起因，有效地提出解决方案和满足客户的需求。

系统分析的宗旨在于提供重大的研究与发展计划和相应的科学依据，提供实现目标的各种方案并给出评价，提供复杂问题的分析方法和解决途径。

综上所述，系统分析就是利用科学的分析工具和方法，分析和确定系统的目的、功能、环境、费用与效益等问题，抓住系统中需要决策的若干关键问题，根据其性质和要求，在充分调查研究和掌握可靠信息资料的基础上，确定系统目标，提出实现目标的若干可行方案，通过模型进行仿真实验，优化分析和综合评价，整理出完整、正确、可行的综合资料，从而为决策提供充分的依据。

（2）系统分析方法基本要素

系统分析的基本要素包括以下几项。

1）目的。目的是决策的出发点，为了正确获得决定最优化系统方案所需的各种有关信息，系统分析人员的首要任务就是充分了解建立系统的目的和要求，同时应确定系统的构成和范围。

2）替代方案。一般情况下，为实现某一目的，总会有几种可采取的方案或手段。这些方案彼此之间可以替换，故称作替代方案或可行方案。究竟选择哪一种方案最合理？这就是系统分析研究和解决的问题。

3）模型。模型是对实体系统抽象的描述，它可以将复杂的问题转化为易于处理的形式。即使在尚未建立实体系统的情况下，也可以借助一定的模型来有效地求得系统设计所需要的参数，并据此确定各种制约条件，同时还可以利用模型来预测各替代方案的性能、费用和效益，有利于各种替代方案的分析和比较。

4）费用和效益。费用和效益是分析和比较抉择方案的重要标志。用于方案实施的实际支出就是费用，达到目的所取得的成果就是效益。

（3）系统分析方法步骤

任何问题的研究与分析均有一定的逻辑推理步骤，根据系统分析各要素相互之间的制约关系，系统分析方法的具体步骤可概括如下。

1）问题构成与目标确定。当某个研究分析的问题确定以后，要将问题进行系统化与合乎逻辑的叙述，其目的在于确定目标，说明问题的重点与范围，以便进行分析研究。

2）建立模型（模型化）。为便于分析，可建立各种模型，利用模型预测每个方案可能产生的结果，并根据其结果定量说明各方案的优劣与价值。

3）分析方案指标与综合评价。利用模型和其他资料所获得的结果，分析方案指标，显示出每一项方案的利弊得失和成本效益，同时考虑到各种有关的无形因素，所有因素加以合并考虑并研究，获得综合结论，以指示行动方针。

4）检验与核实。以实验、抽样、试行等方式鉴定所得结论，提出应采取的最佳方案。

5）重新考虑新目标与引进新的可行方案。如果经检验与核实后，前述方案不可行，则需要重新考虑设定新的目标，并引入新的可行方案。

2.2.2　霍尔三维结构

霍尔三维结构的出现，为解决大型复杂系统的规划、组织、管理问题提供了一种统一的思想方法，因而在世界各国得到了广泛应用。霍尔三维结构，是将系统工程整个活动过程分为前后紧密衔接的 7 个阶段和 7 个步骤，同时还考虑了为完成这些阶段和步骤所需要的各种专业知识和技能。这样，就形成了由时间维、逻辑维和知识维所组成的三维空间结构。其中，时间维表示系统工程活动从开始到结束按时间顺序排列的全过程，逻辑维是指时间维的每一个阶段内所要进行的工作内容和应该遵循的思维程序，知识维则列举需要运用的工程、医学、建筑、商业、法律、管理、社会科学、艺术等各种知识和技能。

三维结构体系形象地描述了系统工程研究的框架，对其中任一阶段和每一个步骤，又可进一步展开，形成了分层次的树状体系，如图 2-3 所示。

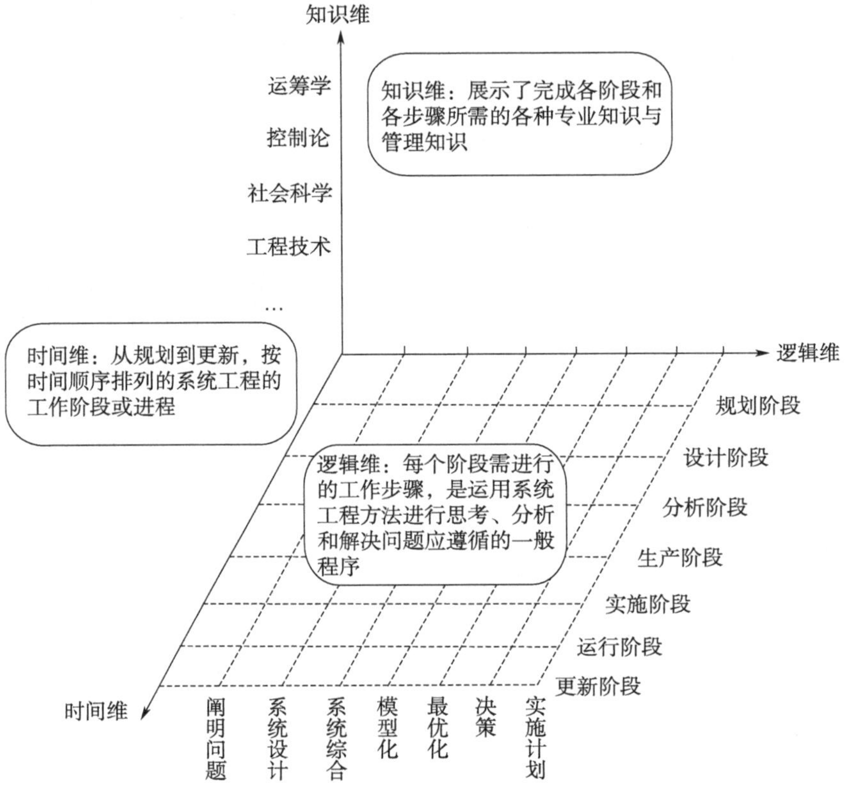

图 2-3 霍尔三维结构

(1) 逻辑维

下面将逻辑维的 7 个步骤逐项展开讨论，这些内容覆盖了系统工程理论方法的各个方面。

1) 阐明问题。阐明问题是指明确所要解决的问题及其确切需求。在阐明问题过程中，需要收集各种有关的资料和数据，搞清楚要研究的是什么性质的问题，以便正确地设定问题，并对问题的实质和要害着重加以说明。

2) 系统设计。系统设计是指确定系统要达到的目标并设计系统评价指标体系。目标关系到整个任务的方向、规模、投资、工作周期、人员配备等，因而是十分重要的环节。目标需要细分为具体指标。系统问题往往具有多个目标（或多个指标），在阐明问题的前提下，应该建立明确的目标体系（或指标体系），作为衡量各个备选方案的评价标准。

3) 系统综合。系统综合是在给定条件下，找出达到预期目标的手段或系统结构。系统综合往往是按照问题的性质、目标、环境、条件拟定若干可行备选方案。这一步骤是建立在阐明问题与确定目标的分析基础之上的，同时又为后面的系统分析提供基础。系统综合的过程常常需要有人的参与，CAD 和系统仿真可用于系统综合，将人的经验知识与系统结合起来，使系统具有推理和联想的功能。近年来，知识工程和模糊理论已成为系统综合的有力工具。

4）模型化。模型化是指对不同的系统方案建立分析模型，分析各种方案的性能、特点，结合系统目标和评价指标体系对各方案进行排序。对难以用数学模型表达的社会系统和生物系统等，也常用定性和定量相结合的方法来描述。

5）最优化。最优化是指根据方案对于系统目标的满足程度，结合模型的分析结果对各方案进行评价、筛选、改进和优化，保证方案尽可能达到最优或合理。实践中要根据问题的特点选用适当的最优化方法，目前应用最广的仍是线性规划和动态规划，非线性规划的研究很多，但实用性尚有待改进，大系统优化已开发了分解协调的算法。组合优化适用于离散变量，整数规划中的分支定界法、逐次逼近法等的应用也很广泛。多目标优化问题的最优解处于目标空间的非劣解集上，可采用人机交互的方法处理所得的解，最终得到满意解。

6）决策。决策是指决策者根据上述步骤的分析和评价结果，权衡各方面的利益与需求，选定行动方案。决策有个人决策和团体决策、定性决策和定量决策、单目标决策和多目标决策之分。决策的本质反映了人的主观认识能力，因此，就必然受到人的主观认识能力的限制。在真实的决策中，被决策对象往往包含许多不确定因素和难以描述的现象。

7）实施计划。实施计划是指将决策者选定的方案付诸实施。

（2）时间维

对于一个具体的项目，从制定规划直到更新为止，全部过程可分为七个阶段。

1）规划阶段。制定系统的规划和战略，包括调查研究、明确目标，提出系统的设计思想和初步方案，制定系统工程活动的方针、政策和规划。

2）设计阶段。根据规划提出具体的工作计划方案，包括从社会、经济、技术可行性等方面进行综合分析，提出具体计划方案并进行优选。

3）分析阶段。对系统进行研究、开发、试制，并分析制订出具体的生产计划。

4）生产阶段。运筹各类资源，生产出系统的全部构件（软硬件），并提出具体的实施或安装计划。

5）实施阶段。进行系统安装和调试，提出系统的运行计划。

6）运行阶段。按预期目标进行系统运营与管理。

7）更新阶段。进行系统评价，在现有系统运行的基础上，改进和更新系统。

（3）知识维

系统工程除了要求为完成上述各步骤、各阶段所需的某些共性知识外，还需要其他学科的知识和各种专业技术，霍尔把这些知识分为工程、医药、建筑、商业、法律、管理、社会科学和艺术等。各类系统工程，如军事系统工程、经济系统工程、信息系统工程等，都需要使用其他相应的专业基础知识。

2.2.3 综合集成

1990 年，钱学森正式提出开放的复杂巨系统理论及其方法论，是定性定量相结合的综合集成方法，这成为系统科学发展的里程碑，开辟了系统科学新的发展方向和研究领域。开放的复杂巨系统理论及其方法论研究不断深化，并开始与系统工程实践相结合。钱学森提出的从定性到定量综合集成研讨厅体系、大成智慧工程、大成智慧学等实践形式在此阶段得以公开发表，于景元等学者将综合集成法应用于社会主义经济建设并取得成效。

21 世纪初，互联网的发展与知识经济时代的到来，不仅为从定性到定量综合集成研究提供了技术支持，同时促进了综合集成方法深入实际应用。互联网系统具有的开放性、复杂性、自组织性、巨量性属性，被纳入开放复杂巨系统理论及其方法论的研究对象，也为综合集成方法开辟了新的应用场景。数字城市、Web 2.0 及创新的时代背景推进综合集成新概念的提出及群体思考新工具的研发，如综合集成研讨厅人工社会进一步突出了对人的社会性的关注。人工设计智能系统、综合集成研讨厅人工社会的设计、社会智能概念的提出，推动了综合集成方法应用场景向数字城市建设和城市管理领域的扩展。

近年来，开放的复杂巨系统及综合集成方法视野下的科学 2.0、技术 2.0、管理与制度 2.0 共同推动了创新 2.0 的发展，又反过来推动了综合集成方法的发展。多元主体协同创新成为综合集成、大成智慧理论创新的新发展。在智慧地球、智慧城市、创新 2.0 等新的时代背景下，面向创新 2.0 的大成智慧工程突出以人的联网、物的联网、思想的联网实现专家、计算机、数据体系的综合集成。综合集成、大成智慧成为此类开放的复杂巨系统求解的方法指导，基于大成智慧推进智慧城市的探索与实践取得新的进展和成效。

从定性到定量综合集成法是把专家体系、数据和信息体系以及计算机有机地结合起来，构成一个高度智能化的人-机结合，人-网结合的体系。从定性到定量综合集成法的特点主要体现在以下两个方面。

1）统一性：从定性到定量综合集成法是一种全新的方法论，既不同于东西方传统的整体论，又不同于西方近代以来的还原论，而是实现了整体论与还原论、东西方思维方式的辩证统一。而且，实现了经验知识与科学理论、宏观研究与微观研究、定性思维与定量思维、形象思维与抽象思维以及各种学科的有机综合与辩证统一。

2）结合性：从定性到定量综合集成法表现的是人-机结合。其中，“人”不是指个人，而是具有优良综合素质的专家体系，即是从定性到定量综合集成法的实施主体；“机”是指高性能的计算机，它是专家体系的重要工具，能够快速处理信息，帮助专家按照民主集中制原则统一各方意见，建立仿真模型，进行仿真实验。

从定性到定量综合集成法的具体使用是通过从定性到定量综合集成研讨厅体系实现的，可以分为以下三个步骤。

（1）定性的综合集成

由不同学科、不同领域的专家组成专家体系，这个专家体系具有研究复杂巨系统所需要的合理知识结构。每个专家都有自己的科学理论知识、经验知识，这些知识都是对客观世界规律的认识，能从某个方面或角度去研究复杂巨系统问题，把这些专家和专家们的科学理论、经验知识结合起来，通过结合、磨合以至融合，从不同层次、不同方面、不同角度去研究同一个复杂巨系统，以获得全面的认识。这一过程体现了不同学科、不同领域知识的交叉研究。

（2）定性定量相结合的综合集成

为了用严谨科学方式去证明经验性判断的正确与否，需要拥有系统的有关数据和信息资料，建立数据和信息体系以及指标体系，包括描述性指标（如系统状态变量、观测变量、环境变量、调控变量）以及评价指标体系。

用模型和模型体系来描述系统是系统定量研究的有效方式。在系统科学中，对简单系统、大系统、简单巨系统等的研究，几乎完全是基于数学模型的。但对复杂系统，特别是复杂巨系统，期望完全靠数学模型来描述，目前还有相当大的困难，一方面需要新的建模方法，另一方面也需要发展新的数学理论。但计算机技术、知识工程、软件技术、算法等的发展，使基于规则的计算机建模得到了迅速发展，这类计算机模型所能描述的系统更为广泛，也更为逼真。

在数据与信息体系、指标体系、模型体系的支持下，对专家体系提出的经验性判断进行系统仿真和实验，从系统环境、系统结构、系统功能之间的输入-输出关系，进行系统分析与综合，这相当于用系统实验来验证经验性判断的正确与否，不过这个系统实验不是系统实体实验，而是在计算机上进行的仿真实验，这样的计算机仿真实验有时比实体实验更有优越性，例如系统未来发展趋势，对系统实体来讲是难以定量预测的，但在计算机仿真实验中却是可行的。通过系统仿真和实验，运用评价指标体系对经验性假设正确与否给出定量描述，这就增加了新的信息，这个过程可能要反复进行多次，以便把专家的经验及他们所想到的各种因素都能反映到仿真和实验之中，从而观察到可能的定量结果，增强对问题的定量认识。

（3）从定性到定量综合集成

由专家体系对前一次系统仿真和实验的结果进行综合集成。这一次信息、知识的综合集成，较开始提出的经验性判断来说，增加了新的信息，而且是定量的，这是把原始的经验性判断上升到定量结论非常关键的一步。综合集成的结果一般有两种，即定量结论是可信的，或者是不可信的。如果是后者，那么需要进行一些改进，如调整模型或者调整参数等，再重复上述过程，通过人-机交互、反复对比、逐次逼近，直到专家们都认为定量结果是可信的，也就完成了从定性到定量综合集成，这时的结论已不再是经验性判断，而是经过严谨论证的科学结论了。如果定量结果否定了原来的经验性判断，那也是一种新的认识，又会提出新的经验性判断。

2.2.4 集成产品开发

集成产品开发（Integrated Product Development，IPD）是一套产品及研发管理的体系，是从产品投资与开发的角度来审视产品与研发管理的思想和架构，通过构建优秀的管理体系来达到提升产品管理与研发绩效的目的。

IPD是基于市场和客户需求驱动的规划和开发管理体系。其核心是由来自市场、研发、制造、服务、采购等方面的人员组成的跨部门团队共同管理整个规划和开发过程，即从客户需求、产品规划、任务书开发、概念形成、产品开发、上市，直到生命周期结束的完整过程。通过IPD管理体系，使产品开发更加关注客户需求，加快市场响应速度，缩短产品开发周期，减少报废项目，降低开发成本，提高产品的稳定性、可生产性、可服务性等。

IPD涵盖了产品从概念到生命周期结束全过程的管理，而这一过程正是技术创新的过程。因此，通过实施IPD可以提高产品开发的效率和成功率，降低成本，提高企业效益，能够达到提升产品开发能力的作用，同时也达到了提高企业自主创新能力的作用。

IPD整体框架如图2-4所示。

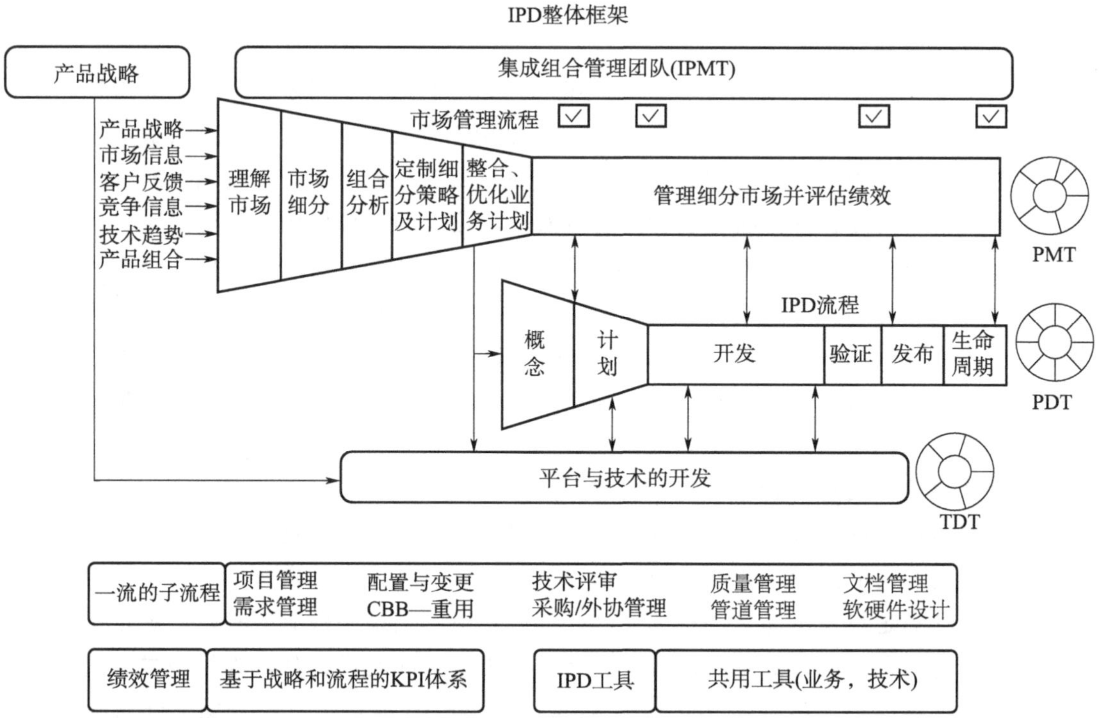

图2-4 IPD整体框架

(1) IPD业务流程

在IPD中，它主要关注结构化流程、跨部门团队和管道管理。在结构化流程中的每一阶段以及决策点，由跨部门团队来协同工作，完成产品开发战略的决策和产品设计开发，上层领导通过项目管理和管道管理来保证项目顺利开发。

IPD 的管理模式包括相互关联和支撑的 4 个核心流程、4 个支撑体系和 4 个跨部门团队。实施 IPD 就是实施 4 个核心流程，即产品战略流程、市场管理流程、产品开发流程、技术及平台开发流程，以保证做正确的事（产品战略和市场管理）和正确地做事（产品和产品平台的开发）。4 个支撑体系包括质量管理、项目管理、绩效管理和成本管理，通过一系列结构化流程（6 个阶段+4 个决策评审点+6 个技术评审点）和其子流程得以体现。4 个跨部门团队是指集成组合管理团队（Integrated Porfolio Management Team，IPMT）、组合管理团队（Porfolio Management Team，PMT）、产品开发团队（Product Development Team，PDT）、技术开发团队（Technology Development Team，TDT）。不同团队是实施不同流程的主体，有人和相应的组织才能做事，其有别于传统的组织结构。

1）战略管理流程：产品开发要有战略指导，从公司战略出发进行产品开发，主要输出是产品线和产品平台战略；

2）市场管理流程：公司战略指导下的市场管理活动，最终指导产品开发流程，主要输出是产品线规划；

3）产品开发流程：IPD 主流程，阶段、决策评审和技术评审的综合运行过程，核心是 6 阶段、4 决策检查点和 6 技术评审，以及各个评审都在何阶段介入；

4）技术及平台开发流程：核心目标是提高产品开发的重用度。

（2）IPD 产品开发

在 IPD 流程中，产品开发一般包括以下六个阶段：概念阶段、计划阶段、开发阶段、验证阶段、生产阶段、生命周期阶段。

概念阶段是对产品的基本功能、外观、价格、服务、市场销售方式、制造等基本需求进行定义的阶段，这个阶段主要产生新产品的需求说明书；计划阶段制定产品规格说明书，确定产品的系统结构方案，明确产品开发后续阶段的人力资源需求和时间进度计划；开发阶段是根据产品系统结构方案进行产品详细设计，并实现系统集成，同期还要完成与新产品制造有关的制造工艺开发；验证阶段进行批量试制，验证产品是否符合规格说明书的各项要求，包括验证新产品制造工艺是否符合批量生产要求，后期还要向市场和企业生产部门发布新产品，并经历新产品产量逐渐放大的过程；生产阶段对完成开发的新产品进行批量销售和生产；生命周期阶段则对即将退出市场的产品进行各种收尾工作。

2.2.5　航空航天系统工程

航空航天系统工程（Aerospace Systems Engineering）是航空工程和航天工程的组织管理技术。按照系统科学的思想，应用运筹学、信息论和控制论的理论并以信息技术为工具，组织和管理航空航天系统的规划、研究、设计、制造、试验和应用。航空航天系统工程的根本出发点在于以最少的代价（人力、物力、财力和时间）、最有效地利用最新科学技术成就、获得最高的经济效益并达到航空航天预期的目的。

航空航天系统工程是最早得到发展的系统工程。美国、苏联都已将系统工程原理用于航空航天工程。中国的航空航天工程在钱学森的指导下也已按系统工程的原则进行组织和管理。航空航天系统是现代比较典型的复杂大系统，例如，航天器发射时的大系统包括：航天器、运载器、航天器发射场、航天测控系统（包括测控站、测量船、测量飞机）、航天器回收设施、用户台站（网）等。这些系统或设备本身也是复杂的体系，各由一些分系统和许多装置组成。像这样复杂的大系统，每一个组成部分的设计、制造、试验和应用都需要有统一协调的技术要求，才能使全系统协调一致地运转；对所有承担研制的单位以统一的计划和协调的程序进行高度集中的调度，才能使研制工作处于最优的管理状态，使研制费用最少，时间最短。试验发射也是在同一个信息控制中心的统一指挥之下进行的，各个台、站要统一行动，各项工作要协调一致。完成这些艰巨而复杂的总体协调工作最科学的方法就是系统工程的方法。

航空航天系统工程方法主要体现在以下几方面。

1）用指挥信息系统对航空航天工程实行科学的计划管理。由电子计算机形成一个高效的数据库，不断将各项工作的历史情况和最新进度显示出来，对经常变动的计划进展情况进行快速处理，使计划管理人员及时掌握整个计划的全面动态，发现薄弱环节。对所采取的措施用网络模型和电子计算机进行模拟，预测措施的效果，为决策提供依据，选择最佳人力、物力和财力的调度方案。

2）建立总设计师制度，由总体设计机构——总体设计部对航空航天工程这种大规模社会劳动进行科学的技术管理（又称技术协调）。这个设计部由熟悉大系统各方面专业的技术人员组成，在总设计师的领导下，根据任务的要求用运筹学的方法进行系统的指标论证、总体方案设想；进行方案（包括技术途径、经济性和可行性）论证、流程设计和系统环境分析，以确定总体方案；选择总体参数和外形，确定系统的组成、功能和指标分配，将各分系统结合成一个有机的整体，从整个大系统的要求出发提出各分系统的设计参数和技术要求。与此同时，拟定试验方案，进行试验工作和使用方法的总体设计，提出各种试验和使用设施的技术要求，或对现有试验和使用设施提出采用或改造的建议。在整个航空航天工程中，总体设计机构协调各个分系统之间的矛盾和大系统试验的各项工作，并选择解决的途径。

3）采用仿真模拟技术，包括数字仿真和实物模拟。为了使系统方案最优化和系统各组成部分协调一致，在方案论证和系统设计时需要进行全系统的分析和综合，利用计算机仿真和模拟技术来合理地选择系统的参数和方案，对系统进行工程分析、可靠性分析和预测。

2.3 产品开发数字化技术基础

2.3.1 MBx

数字化技术促进制造业发生重大变化。美国国家技术和标准化研究院提出从 MBD（基于模型的定义）到 MBE（基于模型的企业）的跃升，其要义是模型驱动贯穿系统生命周期的各个方面和领域，一次创建，并为制造、服务等下游各个环节所重用。

（1）MBD

基于模型的定义（Model - Based Definition，MBD）是一种超越二维工程图实现产品数字化定义的全新方法，是将产品的所有相关设计、工艺、制造属性以及管理等信息附着在产品三维模型中的产品数字化定义方法，以实现对产品的全面描述，并使三维实体模型作为生产制造过程的唯一依据。MBD 的目标是用三维数字化定义工具定义出能够为下游各应用环节所使用的准确、完善、规范和有效的产品信息，实现产品数字化定义信息的完整性和准确性。因此，MBD 技术是实现数字化产品定义的手段，也是实现产品研制体系转变的技术基础。

MBD 数据涵盖了产品后续加工、装配、检测等环节的所有几何信息与非几何信息。综合 3D 数字化设计过程，3D MBD 模型应体现以下两点：

1）产品模型，是对 3D 实体、产品结构关系、相关产品信息以及结构控制信息进行收集，形成一个完整的、集成的产品表现形式。

2）对包含有规程制定、成本分析、可制造性分析、工艺流程规划、装配仿真、采办、制造、质量保障、标准确认等专有下游操作的数据模型进行组合、详细说明和注释。

MBD 技术实现了全三维模型集成设计、制造和检验等信息，保证一致关联性，实现了各角色人员可利用轻量级工具进行 MBD 标注模型的浏览，查看到准确有效的数据，对 MBD 标注模型中信息进行批注，支持超大装配模型的查看浏览。此外，3D MBD 技术在成本、原材料采购、营销、培训等方面也拥有众多优势。

（2）MBM

基于模型的制造（Model - Based Manufacture，MBM）使用 MBD 过程中创建的模型，不仅重用在 MBD 中所包含的产品几何表示，还重用很多的文本或存储在 MBD 模型中的“元数据”。

MBM 模型用于虚拟制造环境内部进行工艺规划、设计、优化和管理，直至提供给生产现场。事实上，如果使用得当，MBM 允许在建造任何实物之前都能进行制造和装配过程仿真。反过来说，这使得制造工程师可以向设计团队提供反馈以创建一个可制造性更好的设计。

作为 MBM 中重要组成部分的基于模型的作业指导书（Model - Based Instruction，MBI），是连接虚拟和生产现场的关键环节。MBI 是在 MBM 过程系统中生成和管理的，并由 3D 设计模型生成的车间工作指导书，在车间现场消除了纸质的二维作业文档，还可以在车间现场直接使用 MBD 的相关 3D 数据和基于三维的工艺信息。MBI 和现场的制造执行系统 MES 集成在一起，在 MBI 的主屏幕上，设置人机交互功能，可以及时采集发生的问题，并加入数字模型中以进行未来的改进和版本管理。

可以看出，MBM 减少了产品定义转换为可用进程定义所需的时间，通过限制或消除用于重新创建模型的需要减少了出错的机会，允许虚拟制造工艺产品创建之前验证。

（3）MBE

美国“下一代制造技术计划”（NGMTI）是美国军方和重要制造企业合作发展制造技术的计划，旨在加速制造技术突破性发展，以加强国防工业的基础和改善美国制造企业在全球经济竞争中的地位。NGMTI 定义的美国下一代制造技术共有 6 个目标，其中第一个就是“基于模型的企业”（Model Based Enterprise，MBE）。

NGMTI 提出的“基于模型的企业”是一种制造实体，它采用建模与仿真技术对设计、制造、产品支持的全部技术和业务的流程进行彻底的改进、无缝的集成以及战略的管理；利用产品和过程模型来定义、执行、控制和管理企业的全部过程；采用科学的模拟与分析工具，在产品生命周期的每一步做出最佳决策，从根本上减少产品创新、开发、制造和支持的时间和成本。

从工程应用角度，美国国防部提出“数字化工程”，目标是通过新方式实现构思、建立、测试、实战和维护美军新一代武器系统，它包括组合基于模型的技术、数字化应用和计算架构，确保为武器系统提供可交付和高回报的解决方案，业务实践重点在于数字化企业将连接人、过程、数据和能力，基于真实数据源和数字工件改进技术、合同与业务实践。

MBE 的效益在创建 MBD 应用于整个企业时就已经开始了，对大型装备的原始制造商和供应商来说，整个 MBE 的企业方案设计、产品设计、验证、制造、维护等各个环节都会带来潜在的效益，具体体现在以下方面：

1）缩短新订/经修订的产品的交付时间，并缩短了工程设计的返工周期。

2）整合并精简设计和制造流程，降低成本。

3）生产规划时间减少，减小生产延误的风险。

4）提高生产过程的设计质量，缩短制造交货时间。

5）减少工程变更，减少产品缺陷，提高首次质量。

6）改善与利益相关者的合作、协同，缩减产品开发管理生命周期中所有要素的周期和整体项目的成本。

7）提高备件的采购效率。

8）改进作业指导书和技术出版物的质量。

9）在维修过程中提供互动的能力，以缩短时间和维护产品。

2.3.2 数字化仿真

在产品数字化设计与研制领域，数字化仿真占据重要位置，主要包括多学科设计优化（Multidiscipline Design Optimization，MDO）、计算机辅助工程（Computer Aided Engineering，CAE）等技术，具体介绍如下。

（1）多学科设计优化

1982 年，美国国家航空航天局（NASA）高级研究员 Sobieszczanski - Sobieski J 第一次提出了多学科设计优化的概念，指出 MDO 是一种通过充分探索和利用工程系统中相互作用的协同机制来设计复杂系统和子系统的方法论。其主要思想是在复杂系统设计的整个过程中利用分布式计算机网络技术来集成各个学科（子系统）的知识，应用有效的设计优化策略，组织和管理设计过程。其目的是通过充分利用各个学科（子系统）之间的相互作用所产生的协同效应，获得系统的整体最优解，通过实现并行设计，来缩短设计周期，从而使研制出的产品更具有竞争力。因此，MDO 宗旨与现代制造技术中的并行工程思想不谋而合，它实际上是用优化原理为产品的全生命周期设计提供一个理论基础和实施方法。

MDO 研究内容包括三大方面：面向设计的各门学科分析方法和软件的集成；探索有效的 MDO 算法，实现多学科（子系统）并行设计，获得系统整体最优解；MDO 分布式计算机网络环境。

MDO 技术的主要作用有二：一是将设计过程系统化，即让参与整个系统设计的全部学科的人员都了解到其他学科的约束要求和优化目标，使设计从一开始起就有全局观，避免设计过程中由于互相之间不了解而造成设计冗余，从而导致设计更改，浪费时间与经费的现象发生；二是使性能特性设计的过程中贯穿专门特性的设计，即让传统的机、电、控制等设计专业在实现设计的过程中把可靠性、维修性、保障性、安全性、测试性这些专业结合起来，贯穿到整个系统设计过程中，从而改变以往未把这些专门特性放在设计过程中进行考虑的现象。利用 MDO 的意义主要表现在：通过充分利用各个学科之间的相互作用所产生的协同效应，获得系统的整体最优解；通过实现并行计算和设计，缩短设计周期；采用高精度的分析模型，提高设计结果的可信度。

（2）计算机辅助工程

计算机辅助工程，即 CAE，是包括产品设计、工程分析、数据管理、试验、仿真和制造的一个综合过程，是用计算机辅助求解复杂工程和产品力学性能的分析计算以及结构性能的优化设计等问题的一种近似数值分析方法。CAE 系统的核心思想是结构的离散化，就是将实际结构离散为有限数目的规则单元组合体，实际结构的物理性能可以通过对离散体进行分析，得出满足工程精度的近似结果来替代对实际结构的分析。

仿真是模型在计算机上的运行，是 CAE 技术的进一步深化。在产品研制中涉及的模型大致可以分为三类，即产品模型、制造系统模型和开发过程（包括设计、加工、装配、测试等）模型，因此数字化仿真技术的应用以这三类模型为中心展开，包括以产品模型为中心的设计仿真、以制造系统模型为中心的制造过程仿真和以产品开发过程模型为中心的仿真等三个方面，这三方面的应用随着制造企业信息化进程的发展而发展，总的趋势是由局部到全局，由分散到集成，并更加注重可视化技术的应用及与用户之间的交互。

以产品模型为中心的设计仿真包括产品的静态和动态性能分析、产品的可制造性分析、产品的可装配性分析。在进行产品开发时，要考虑的不只局限于与功能需求有关的方面，如形状、尺寸、结构及各种物理特性，还要综合考虑诸如制造、装配、维护、成本等各方面的因素。因此，产品本身的仿真，如 CAE、DFA 等，是仿真技术在制造业应用的基本方面。

以制造系统模型为中心的制造过程仿真包括对于复杂制造装备（如加工中心、机器人等）的仿真、对于复杂制造系统（柔性制造车间的设计和运行）的仿真。仿真的目的在于，确定设备能力和运行情况，包括加工路线、资源的分配、物料的供应等。

以开发过程模型为中心的仿真包括设计过程的仿真和制造过程的仿真。在设计阶段，产品的性能和成本就基本上确定了，而正是因为设计阶段的重要性，以及设计过程中多学科协作和反复设计、试验带来的复杂性，设计过程的建模和仿真越来越受到人们的重视。

2.3.3 全生命周期管理

全生命周期管理（Product Lifecycle Management，PLM）是对产品从提出到退出市场这一过程中产生的数据和过程实现统筹管理的一种技术，能够集成与产品相关的人力资源、流程、应用系统和信息。PLM 涵盖企业产品从需求分析、概念设计、产品设计、工艺规划、生产测试、交付、维护和维修到产品回收再利用的全过程。

PLM 涵盖图文档管理、物料管理、产品管理、流程管理、项目管理等系统功能，支持产品全生命周期各个阶段的信息创建、协同、应用和管理，整合并高效应用现有资源。CAD、CAPP、CAM、ERP、SCM 等产品全生命周期各阶段的解决方案，通过 PLM 进行连接与集成。PLM 可以集成来自企业内外的信息资源，如销售、市场、维护和维修服务、客户、质量保证、制造加工、部件供应商伙伴等的信息，从而建立起规范的产品信息来源。

PLM 系统的主要应用目标是整合以产品数据管理为核心的产品数据平台和以 ERP 为核心的产供销服资源管理平台，减少中间环节，使所开发出来的产品更符合市场的需求。一方面缩短产品从研发到投产的周期；另一方面可以从系统中及时获取其他部门提供的相关信息，为产品研发和改善提供依据。总之，面向制造以产品全生命周期为主线，为企业提供设计、生产、销售、服务的一体化应用是 PLM 的发展趋势。

PLM 正在为企业带来以下几个方面的改进。

1）建立产品生命周期管理体系。通过产品全生命周期管理体系建设，将梳理各单位现有研发管理过程，优化研发管理体系，并在此技术上进行深入与扩展研究，形成企业统一的产品研发、设计、生产制造和运维管理体系，实现企业的统一管控。

2）建立规范产品资源库，提高知识重用率。通过整理规范产品数据管理标准，逐渐建立起跨产品全生命周期的产品资源库，实现图文档管理、研发数据管理、产品结构管理、工作流程管理等管理的目标，提高数据管理与重用的效率，进而提高设计与研发效率，改善产品质量。

3）建立协同设计研发环境，提高研发效率。建立电子化的协同设计研发环境，实现电子资源的快速浏览和安全访问；实现协同研发项目管理，提高项目管理的质量与效率；实现设计与工艺的协同，缩短研发时间，提高研发效率。

4）实现数字化产品设计、数字化制造、提高产品质量。在数字化环境下，通过产品设计、仿真分析与虚拟制造的手段，对产品性能及制造过程进行分析优化，减少现实环境中可能发生的问题，提高产品制造一次成功率，降低研发与制造成本。

随着 PLM 系统在企业内部的深入应用，PLM 系统将为企业业务过程和管理过程提供有利的协同环境，从而为企业带来可观的直接或间接的经济效益和社会效益，并为企业制定未来可持续发展战略提供必要的技术保障和辅助决策。PLM 系统主要应用于制造业企业，尤其是产品结构复杂、设计周期长、设计工作量大、按订单设计的企业，是企业重要的创新管理平台。同时，PLM 系统对于企业提高研发效率，实现研发过程的协同工作，缩短产品上市周期，降低产品成本起到了重要作用。

2.4　本章小结

本章从系统概念出发，首先，介绍了系统及其特性，基于系统思想的系统工程由来，以此引述系统工程概念内涵。其次，总结并阐述了在工程实践中所遵循的系统分析方法、霍尔三维结构模式、综合集成方法、集成产品开发方法及航空航天系统工程方法等通用系统工程方法论。最后，从复杂产品研制系统工程演进角度梳理了 MBx、数字化仿真及全生命周期管理等产品开发数字化技术基础，为系统工程在复杂产品研制过程中的应用提供理论与方法支撑。

参考文献

［1］ 周德群．系统工程概论［M］．北京：科学出版社，2020.

［2］ 汪应洛．系统工程［M］．北京：机械工业出版社，2016.

［3］ 钱学森，等．论系统工程［M］．长沙：湖南科技出版社，1982.

［4］ 孙东川．系统工程引论［M］．北京：清华大学出版社，2019.

［5］ 周惠暖，陈见标，刘心如，等．排队论在我国的应用学术研究综述［J］．中国储运，2020（4）：121－124.

［6］ 胡晓东，袁亚湘，章祥荪．运筹学发展的回顾与展望［J］．中国科学院院刊，2012，27（2）：145－160.

［7］ 华立，赵纯均．复杂性与社会经济系统建模［J］．清华大学学报（哲学社会科学版），2001（3）：43－48.

［8］ 魏宏森．钱学森构建系统论的基本设想［J］．系统科学学报，2013，21（1）：1－8.

［9］ 朱一凡．NASA 系统工程手册［M］．北京：电子工业出版社，2021.

［10］ 袁家军．中国航天系统工程与项目管理的要素与关键环节研究［J］．宇航学报，2009，30（2）：428－431.

［11］ 郭宝柱．“系统工程”辨析［J］．航天器工程，2013，22（4）：1－6.

［12］ HALL A D. Three－Dimensional Morphology of Systems Engineering［J］．IEEE Trans，1969（5）：156－160.

［13］ BRUCE POWEL DOUGLASS. 敏捷系统工程［M］．张新国，等译．北京：清华大学出版社，2018.

［14］ 彭成荣．航天器总体设计［M］．北京：中国科学技术出版社，2011.

［15］ 段海波．从霍尔模型技术系统的发展进化看传统系统工程到现代系统工程的演变［J］．智能制造，2016（Z1）：88－95.

［16］ 操龙兵，戴汝为．综合集成与决策［J］．计算机研究与发展，2003（4）：531－537.

［17］ 翟丽．集成产品开发过程及其概念模型［J］．科研管理，1999（1）：101－108.

［18］ 贾晓亮．关于 MBD 技术在我国航空制造企业应用的几点思考［J］．航空制造技术，2013（3）：50－54.

［19］ 张荣霞，张树生，周竞涛，等．基于 MBD 的零件制造模型管理［J］．制造业自动化，2011，33（16）：6－9.

［20］ WAKITANI S，YAMAMOTO T，MORISHIGE C，et al. Practice and Evaluation of Model Based Development（MBD）Education［J］．IFAC－PapersOnLine，2019，52（9）：206－211.

［21］ 赵亮，骆晶妍，夏晓理，等．基于 MBE 技术的航空产品研制模式研究［J］．制造业自动化，2014，36（14）：153－156.

［22］ GRIEVES M，VICKERS J. Digital Twin：Mitigating Unpredictable，Undesirable Emergent Behavior in Complex Systems［C］．Switzerland：Springer，2017：85－113.

[23] THOMAS H-J U, CHRISTOPH S, CHRISTIAN L, et al. The Digital Twin: Demonstrating the Potential of Real Time Data Acquisition in Production Systems [J]. Procedia Manufacturing, 2017 (9): 113-120.

[24] 陶飞，刘蔚然，刘检华，等．数字孪生及其应用探索 [J]. 计算机集成制造系统，2018，24 (1): 1-18.

[25] VANDERPLAATS G N. Multidiscipline Design Optimization [J]. The American Society of Mechanical Engineers, 1988, 41 (6): 257-262.

[26] WANG Z, HUANG W, YAN L. Multidisciplinary Design Optimization Approach and Its Application to Aerospace Engineering [J]. Chinese Science Bulletin, 2014 (59): 5338-5353.

[27] CERVELLERA P. The Evolving Role of Computer - Aided Engineering: A Case Study in the Aeronautical Structural Design [C]. London: Springer, 2011: 97-115.

[28] MILLER R E, DUBE R P. Computer Aided Engineering [C]. Japan: Springer, 1986: 283-306.

[29] 杨昕霖．浅谈 PLM 产品生命周期管理在制造业企业中的应用 [J]. 中国新通信，2020，22 (1): 232.

[30] STARK J. Product Lifecycle Management [J]. Decision Engineering, 2015 (1): 1-29.

[31] PASTUKHOV A V, DOROZHKINA E A, LESKOVSKII I P. Product lifecycle management concept in modern industry [J]. IOP Conference Series: Materials Science and Engineering, 2019, 537 (4).

第 3 章　产品研制全生命周期系统工程模型

基于模型的系统工程作为新一代信息技术与系统工程方法融合的典型代表，在其研发模式下能够利用模型驱动系统工程流程活动，以此构建具有唯一权威真相源的系统模型，实现产品全生命周期内的信息共享、模型互连，不同利益相关者之间的协作交流，以及系统工程师在设计过程中的关键决策分析，助力传统制造业从工业经济向数字化经济转型升级的大趋势。

3.1　模型基础

3.1.1　模型的内涵

模型是出于特定目的，从特定视角对研究对象的抽象描述，是在物理世界中实现的一个或多个概念的表达，可以是抽象的数学和逻辑表示，也可以是更具体的物理原型。产品模型是产品的所有属性的数字表示，这些属性能够支持产品的设计、制造、使用和支持。有效的产品模型包含定义产品所需的所有元素，并且可以提供有关该产品的详细信息。

（1）模型是交互作用和结果的表示

模型在系统开发中起着至关重要的作用，特别是对于飞船等复杂的大型系统。从本质上讲，模型用于表示设计和分析阶段的结构、行为和各种操作特征。在制造过程中，模型模仿或“模拟”包括实体和参数的相互关系的过程。因此，该模型能够根据实体或过程变量的参数变化，来确定交互的结果。用更科学的语言来说，过程模型是对复杂现象或对象的数学描述，可用于定义产品、过程或系统如何响应各种输入。

（2）模型是使能器

产品模型可以提供支持下游流程的信息，可以探索变量选择，并量化每个选项的预期结果。这种能力即虚拟原型。模型能够评估所有参数及其对产品或过程的性能、成本和其他重要属性的影响。

（3）模型是集成器

将相关模型集合，聚集成元模型的能力，可以带来巨大的价值。基于前所未有的准确预测变更选项结果、集成复杂模型的能力，集成并建立产品系统元模型，实现模型可重用，为全新业务流程实施和企业文化重新设计提供可能性。

3.1.2　模型的特性

从上述概念定义中，可以看出模型具有以下 3 个特性。

1）目的性。模型一定是从某个特定视角出发，为了达到特定目的而对研究对象某一方面（或部分）的描述。只有这样，才能将复杂问题简单化，实现认知降维，再通过多个视角模型的结合，从而给出对复杂问题清晰、全面的描述。

2）抽象性。模型是对研究对象的抽象描述。通过抽象，可以忽略不重要的细节从而揭示问题的本质。同时，抽象将特殊问题一般化，从而可以使用通用的方法解决同一类问题，实现“举一反三”。

3）直观性。模型的直观性是指它能够将问题以更容易观察和理解的形式表述出来。无论是照片还是速写，人们一看到它就能想到它所描述的是什么，能够迅速获得形状、尺寸、颜色等信息，这就是直观性。

模型是指通过主观意识借助实体或虚拟表现构成客观阐述形态结构的一种表达目的的物件或形式。其本质是：模型在特定情形中的角色或用途直接或间接携带某一事物的某些特征，并基于这些“属性”而起到提升或表征该事物的作用，从而可以帮助研究者从模型获取属性，达成操作与该事物对应属性的相关性。模型的特征取决于其工作属性和携带方式，它是一个属性集合，由模型实体携带，但在起作用时，它们被作为模型的目标对象的属性或被关联到目标对象的对应属性。这是模型之所以是模型的根本。

实际上，在现实生活中，人们无时无刻不在利用模型来解决遇到的现实问题。可以说，模型是思维世界和现实世界沟通的桥梁：通过建立模型理解现实问题，并将想法转化为现实。可以通过模型从以下 2 个方面认识复杂系统。

1）模型为研究复杂系统提供了科学的认知方法。首先，通过建立模型，对问题进行定义，抓住问题的根本和关键；其次，利用研究问题得到的新信息和新认识不断维护和更新模型，使其不断逼近问题的真实存在；最后，在面对类似问题或新问题时，通过模型的重用和链接，可以重构出新的模型。

2）模型为研究复杂系统拓展了新的认知维度。模型不仅描述问题本身，同时描述了问题的边界、环境和内在联系。如果将观察问题的每一个视角理解为认知的一个“维度”，那么模型就拓展了一个新的认知维度——“联系维度”。这个维度让不同侧面的画面能够联系起来，从而构成了整个问题的全貌。

因此，认识和解决复杂系统问题的过程，实际上是一个降维-升维的过程，先把复杂的问题通过分解、简化和抽象形成“低维模型”，逐个解决后，再根据低维模型间的相互联系，将这些低维模型重构成更贴近现实问题的“高维模型”。完成了这个过程，就对系统有了更深刻的认识，就完成了一次认知升级。在这个过程中，模型就是认知系统的工具和载体，而模型的质量（定义是否准确、简化是否合理、逻辑是否自洽、关键信息是否完备以及是否直观可理解）对这个认知升级过程的效果和效率有着直接的、决定性的影响。

3.1.3　模型的分类

模型可以有各种不同的形式，不存在统一的分类原则。例如，按照模型的表现形式可以分为数学模型、物理模型、结构模型、仿真模型和思维模型等，见表 3 - 1。

表 3-1 模型的分类与用途

模型分类	模型用途
数学模型	用数学形式描述的一类模型
物理模型	也称为实体模型，可分为实物模型与类比模型
结构模型	用于反映系统的结构特点与因果关系
仿真模型	通过数字计算机、模拟计算机或混合计算机上运行的程序表达
思维模型	用简单易懂的图形、符号、结构化语言等表达人们思考和解决问题的形式

数学模型是指运用数值表达式来描述实际系统的组成部分、系统结构以及系统与环境的相互作用。原则上讲，现代数学所提供的一切表达形式，包括几何图形、代数结构、拓扑结构、序结构、分析表达式等，均可作为一定的数学模型。对物理模型最基本的理解，是与其目标实体具有某种相似性的物质的实体。根据相似性理论制造的按原系统比例缩小（也可以是放大或与原系统尺寸一样）的实物，例如风洞实验中的飞机模型、水力系统实验模型、建筑模型、船舶模型等。结构模型是反映系统结构特点与因果关系的模型，如机械结构模型表现出一个结构的元素与现象的相似程度。仿真模型是指为了研究仿真对象而制成的各种模型。如被仿真对象的物理模型或适于计算处理的数学模型。物理模型用于物理仿真，数学模型用于数学仿真（计算机仿真），二者的结合用于半实物仿真。在数学仿真中，系统的数学模型必须改写成仿真模型后，才能编写相应的计算机程序上机运行。数学模型是系统的一次近似模型，仿真模型则是二次近似模型。思维模型是人凭借外部活动逐步建立起来并不断完善的基本的概念框架和概念网络，是思维活动特征的总和或整体。它体现了主体能动地反映客体的一种符号性能力，是主体改造客体的某种规则。

按照系统构造模型的成分或表达形式分类，模型一般可粗略分为实体模型和符号模型两大类。实体模型由具体有形的实体材料构成，一般包括实物模型和模拟模型两种。实物模型是一个有形的几何等价物。符号模型也称抽象模型，是由纯信息而非实体材料构成的模型。其中包括概念模型、图表模型、计算机仿真模型和数学模型等。

按照模型的表达方式，可以将系统模型分为形式化模型和非形式化模型。形式化（Formal）模型是形式化方法的基础，模型必须有明确的、数学定义的语法和意义，才能成为形式化的模型。形式化方法对任何特定软件开发活动的适用性，受到构建适当的形式化模型能力的限制。非形式化（Informal）模型就是采用自然语言表达的规范风格的模型。这里的自然语言包括任何语义的普通口语沟通，非形式化的系统开发使用自然语言、图形或表格描述系统的行为和特性，然后基于这些描述进行系统设计和开发。

模型适用于广泛领域，如系统、软件、电气、机械、人类行为、物流、制造、商业、社会经济、监管等。按照模型的开发应用方式，也可分为计算机可解释的计算模型和人可解释的描述性模型。计算机可解释的计算模型包括时变模型（如性能仿真模型、结构动态分析模型）、静态的模型（如可靠性预测模型）、确定性的或随机性的模型（如蒙特卡罗模型）等。人可解释的描述性模型，包括架构/设计模型，如 UPDM、IDEF、电气原理图、3D CAD、DODAF 2.0 等。

3.2　传统系统工程模型

3.2.1　典型系统工程过程模型

系统工程过程的可视化表达有多种经典模型，包括：椭圆模型、瀑布模型、螺旋模型、V 模型等。

(1) 椭圆模型

美国军标 MIL－STD－499B《系统工程草案》中定义的椭圆形系统工程过程模型如图 3－1 所示。椭圆模型包括需求分析、功能分析和分配、设计综合三个步骤，通过这三个步骤串接技术过程，以及系统分析和控制构成的技术管理过程，用来支持、平衡技术过程。基于技术过程的需求回路、设计回路和验证回路，以及技术过程与技术管理过程的接口，形成自上而下、全面综合、反复迭代、循环递进的问题求解过程，来保证全部系统需求被完整定义、追踪和验证，并被迭代应用于系统生命期各阶段。椭圆模型的优点是以简洁的方法给出了经典系统工程的基本元素；缺点是没有详细描述技术管理活动中的系统分析和控制，验证回路未能强调测试计划、过程和结果评估作为产品开发过程的有机组成部分的重要性。

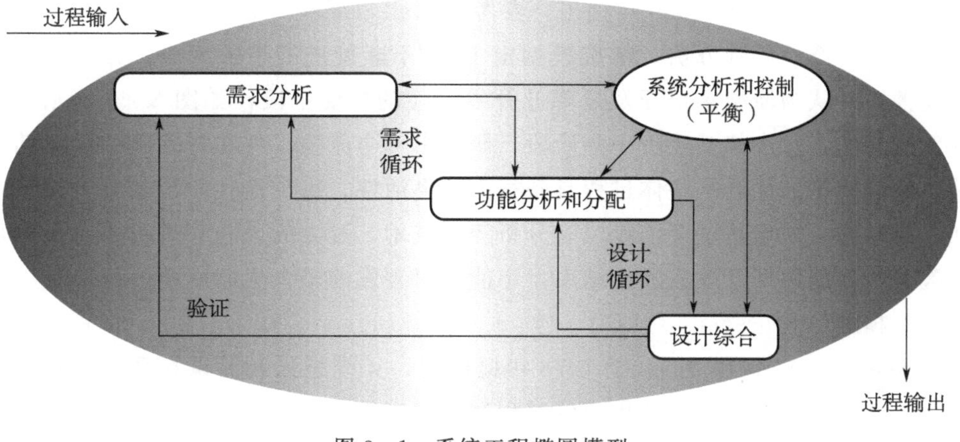

图 3－1　系统工程椭圆模型

(2) 瀑布模型

为解决软件危机中的问题，1970 年，Winston Royce 博士借鉴了其他工程领域的思想，提出了瀑布开发模型，指出开发应有完整的周期，并将开发过程分成了若干阶段。瀑布模型描述的开发过程像瀑布一样，自上而下，完成一个阶段继续下一个阶段。1981 年，Boehm 将瀑布模型拓展至 8 个步骤（见图 3－2），目前也在系统工程开发中有所应用。理想状态下，瀑布模型中每个阶段按顺序完成，直到产品交付。但在实际使用中，因开发过程总能发现缺陷而需要重复前一步骤，直至更正到完全正确。瀑布模型的优点是直观、快捷，工件质量有保障；缺点是没有关注系统架构开发的复杂性和风险管理，需求变更适应性不足，未展示系统的迭代扩展和需求逐步细化的过程。

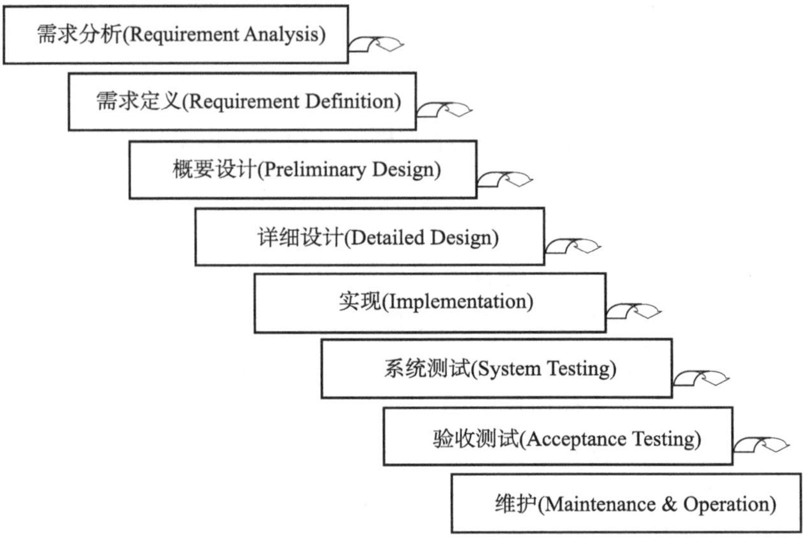

图 3－2　瀑布模型

（3）螺旋模型

螺旋模型由 Boehm 在 1986 年提出，参考了 Hall 在系统工程方面的成果，目的是引入一种风险驱动的产品研制方法。螺旋模型由 18 个不断旋进的步骤组成，在每个设计阶段都融入反馈，并认为原型系统开发是降低开发风险的重要手段，如图 3－3 所示。螺旋模型是反复进行的，每次都要经历一些阶段，研制出一个原型，并在进入下一阶段前进行风险评估。螺旋模型的优点是整体过程具备很高的灵活性，每个迭代阶段累计开发成本，使支出状况易掌握。缺点是过分依赖风险分析经验技术，过大的风险管理支出会影响最终收益，风险分析伴随原型开发完成而结束，不能贯穿开发的整个生命周期。

（4）V 模型

V 模型是 Forsberg 和 Mooz 于 1978 年提出的，V 模型强调测试在系统工程各个阶段中的作用，并将系统分解和系统集成的过程通过测试彼此关联。

V 模型的核心描述了从用户需求到系统概念识别再到系统架构元素定义（包括最终系统）的基线演化过程。用 V 模型表述项目周期中的技术方面，该模型从左上角用户需求出发，到右上角的用户确认结束（见图 3－4）。在左侧，分解和定义活动构成了系统体系结构，并做了详细设计；右侧紧跟着做集成与验证，从部件、子系统到整个系统的验证和确认。从部件级到系统级确认，在每一级的试验中，都要参考原始的规范体系和需求文档，以保证部件/子系统/系统能够满足所有的体系规范。V 模型用于可视化系统工程，特别是在概念和发展阶段。

V 模型研发中从左到右是基于时间和成熟度的，右侧验证必须对应有左侧相对应的定义。V 模型从左侧到右侧不是一个迭代的过程，即一旦经过验证，这一研发过程就确定，不能重新映射。V 模型从左到右的研发有一个基准线，它的迭代只能沿基准线向上或者向

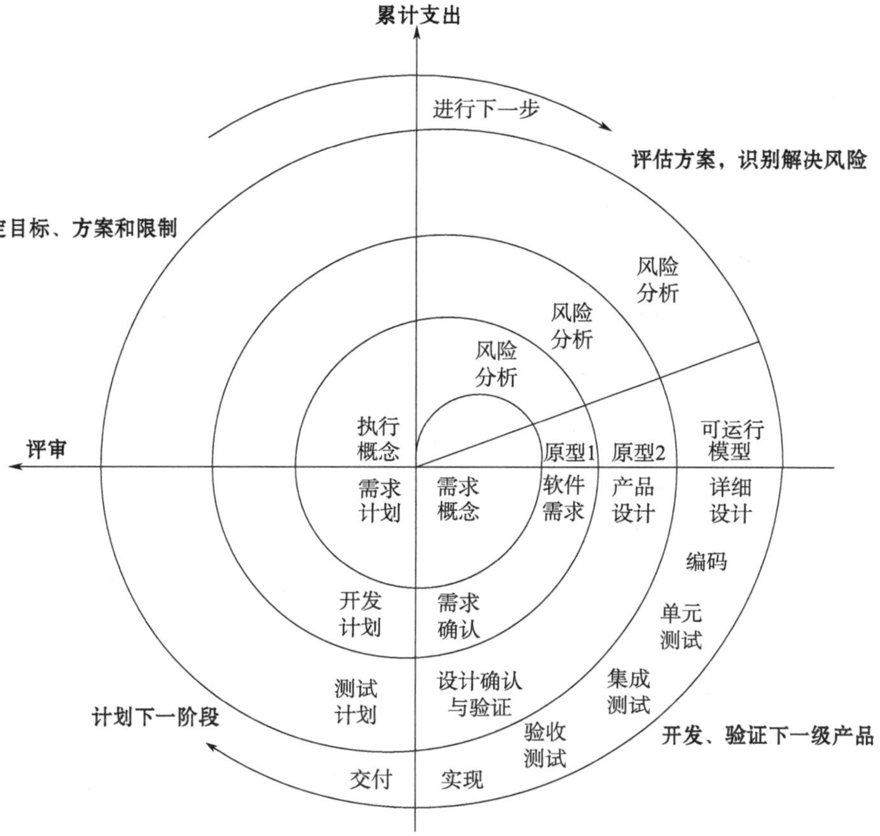

图 3-3　螺旋模型

下进行迭代。其具体过程如下。

1）分解：层次、功能、硬件装配体的物理组成、软件组成、操作活动等。

2）定义：定义每个实体功能上的、物理上的设计、构造、编码等内容。如系统设计，就是要依据需求清单，建立描述主要的物理和逻辑运行特性的跨领域的解决方案原则，并将系统整体功能分成若干个子功能，给每个子功能分配一个合适的工作原理或解决方案。

3）集成：一系列对系统硬件装配体、软件组成、操作者证实系统所有实体的性能和兼容性而执行的活动任务的结合和测试。如系统集成，就是综合的每个领域的结果。子功能间的相互作用及为保证结果的验证和确认过程需要被考虑。

4）校核：证明与规范说明相兼容。强调按规范创建的内容是否正确。

5）验证：证明满足用户需求。强调创建了正确的内容，即为用户所需。

V 模型突出在需求开发过程中定义验证计划的需要，连续验证满足利益相关者需要的重要性，并对连续风险和机会进行评估。V 的形状非常准确地表示了从系统分解到集成活动的系统演进过程，使系统工程过程变得可视化且易于管理。

V 模型提出后，不断地进行改进，进一步地考虑系统架构和系统元素实体的并行开发。1991 年，Forsberg 和 Mooz 在第一届 INCOSE 年会上提出系统工程双 V 模型（W 模

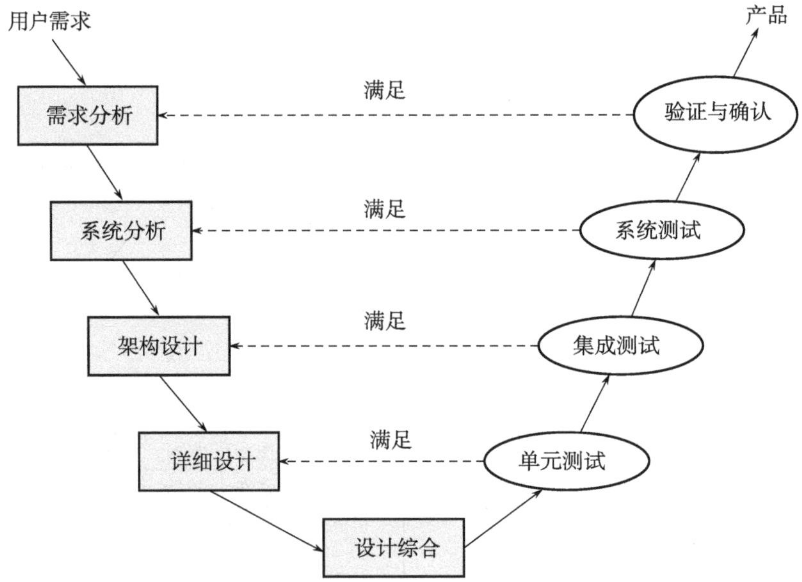

图 3-4　V 模型

型)，双 V 模型增加了一个维度，以一种立体的视角看待系统开发过程（见图 3-5）。双 V 模型强调并发机会与风险管理，重视用户在开发过程中的持续验证，强调集成、验证与确认规划，通过验证解决问题。系统工程双 V 模型提出后，系统工程过程的可视化模型已相当成熟和完善。

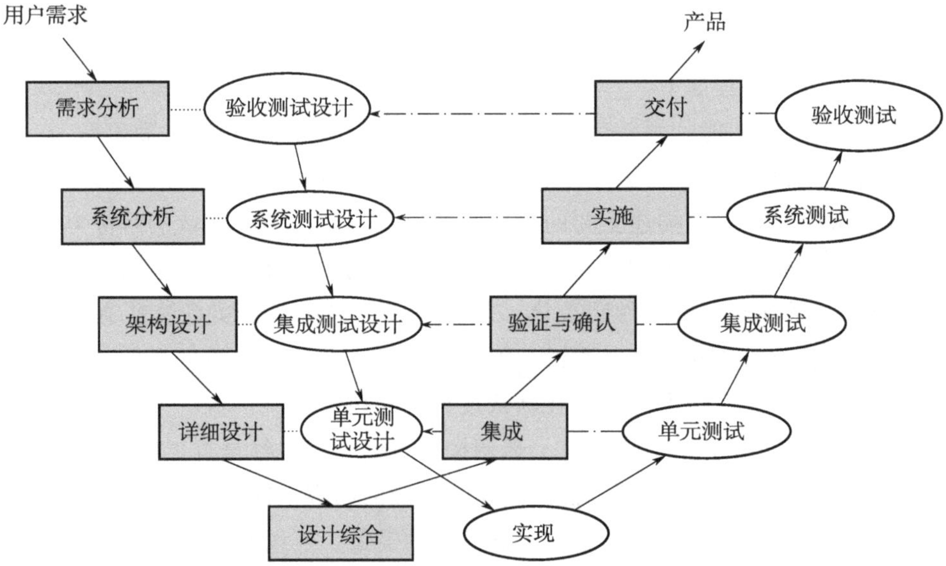

图 3-5　双 V 模型

双 V 模型包括架构 V 和实体 V，架构 V 模型关注系统架构的开发成熟，实体 V 模型关注组成架构的实体元素的开发实现。由于系统的复杂性，架构 V 模型的厚度向下逐渐增加，即每一分解级别（系统层次）上的实体数量不断增加。架构 V 模型的每个实体都有一个相应的实体 V 模型负责该实体的开发和实现。

系统工程过程的架构 V 模型和实体 V 模型可以应用在复杂产品和系统研发的各个层次、各个阶段、各种通用特性和专用特性上，即在全过程、全系统、全特性上的应用，在每个应用侧面都有对应的标准组合、标准或指南手册，为在该侧面应用系统工程 V 模型提供指导。

3.2.2　复杂系统工程过程模型

复杂产品系统是技术系统，而技术系统是实现一定功能的人工产物，包括输入、过程、输出、反馈和目标等 5 个要素。输入是技术系统使用的资源，包括人力资源、自然资源、资本资源、智力资源和能量资源；过程是技术系统实现输入和输出转换的行为；输出是技术系统行为的结果，包括期望的结果（功能的实现）和不期望的结果（如产生废弃物、污染环境等）；反馈是技术系统过程的调整或者控制；目标则是技术系统存在的原因，一是满足人类的需要，二是实现技术系统的生产企业的利益。

面向复杂产品研制的传统系统工程，以 V 模型作为其过程管理的基础模型，无论是 INCOSE 的《系统工程手册》还是 NASA 的系统工程手册，其技术过程都是按照 V 模型的过程模型来组织和管理，V 模型本质上是一种还原论的思路，将复杂的系统分解为更小部分，分别设计，然后集成为系统整体，再进行验证与确认，也是霍尔系统工程三维结构中时间维的体现。

(1) INCOSE 系统工程过程模型

系统工程的理念可以应用于复杂产品和系统的研发。系统工程有不同的定义方式，按照 INCOSE《系统工程手册》，系统工程是一种使系统能成功实现的跨学科的方法和手段，是一种自上而下的综合、开发和运行一个真实系统的迭代过程，是一门专注于整体（系统）设计和应用的学科。系统工程专注于：在开发周期的早期阶段定义客户需要与所要求的功能性，将需求文档化，然后再进行设计综合和系统确认；把所有学科和专业群体综合为一种团队的努力，形成从概念到生产再到运行的结构化开发流程；以提供满足用户需要的高质量产品为目的，同时考虑所有客户的业务和技术需求；考虑完整性问题，即运行、成本、进度、性能、培训、支持、试验、制造和报废等各个方面。因此，系统工程是各学科之间研究方法的综合，是为了合理地进行产品开发、设计和运行而采用的思想、步骤、组织和方法等的总称。

工程系统能否发挥预期的功效，还与系统的质量关系密切，因此系统工程在发展过程中吸收了质量管理的部分思想，与质量管理过程进行了融合。质量管理的发展经历了质量检验（Quality Testing，QT）、统计质量控制（Statistical Quality Control，SQC）与全面质量管理（Total Quality Management，TQM）三个阶段，逐步形成规范过程、定量控制、预防为主、持续改进等全面质量管理的思想。系统工程吸收了全面质量管理中的过程管理与定量控制等思想，形成了如 INCOSE《系统工程手册》第 4 版中包含 30 个标准过程的系统工程过程模型，如图 3－6 所示。

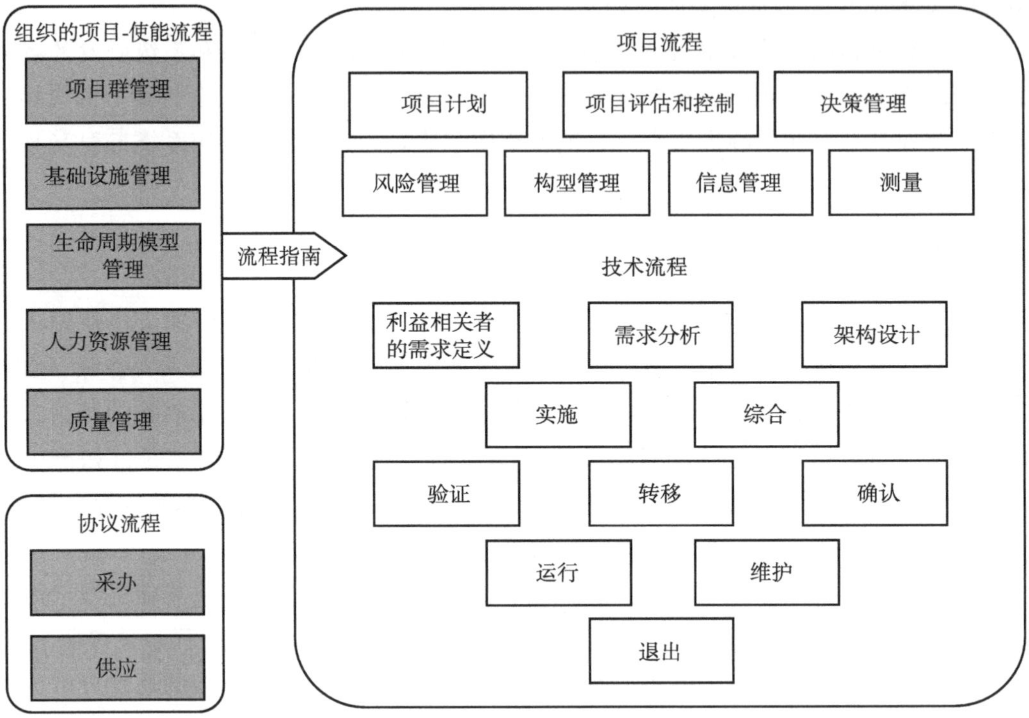

图 3－6　INCOSE 系统工程过程模型

技术流程：定义系统需求，并将需求转换成为有效的产品；技术流程的规范使项目功能收益最大化，并降低了因为技术决策和活动带来的风险，使项目可控。

项目流程：系统生命周期内，产品的创建、升级是通过项目的开展来管理的。项目流程用于建立核验、执行项目计划，按照计划评估实际成果和进度，并控制项目执行，直至项目完成。

协议流程：协议流程定义了两个组织间建立协议所必需的各类活动。如采办流程提供与供应商开展业务的手段。

组织的项目-使能流程：该流程用来规范并指导、实现、控制和支持系统生命周期。通过启动、支持和控制项目来获得并提供产品的组织能力。

（2）NASA 系统工程过程模型

NASA 的系统工程，包含技术流程（系统设计流程和产品实现流程）与技术管理流程两大类，其过程模型如图 3－7 所示。NASA 的系统工程技术流程包含利益相关者期望开发、技术需求开发、逻辑分解、设计方案开发、产品方案实施、产品集成、产品验证、产品确认和产品交付 9 个流程。这 9 个流程实质上是一个传统的 V 模型的过程，经过对系统需求的分解、实现与再集成的过程来实现系统产品。NASA 的系统工程技术管理流程包括技术规划、需求管理、接口管理、技术风险管理、技术状态管理、技术数据管理、技术评估和决策分析 8 个流程。

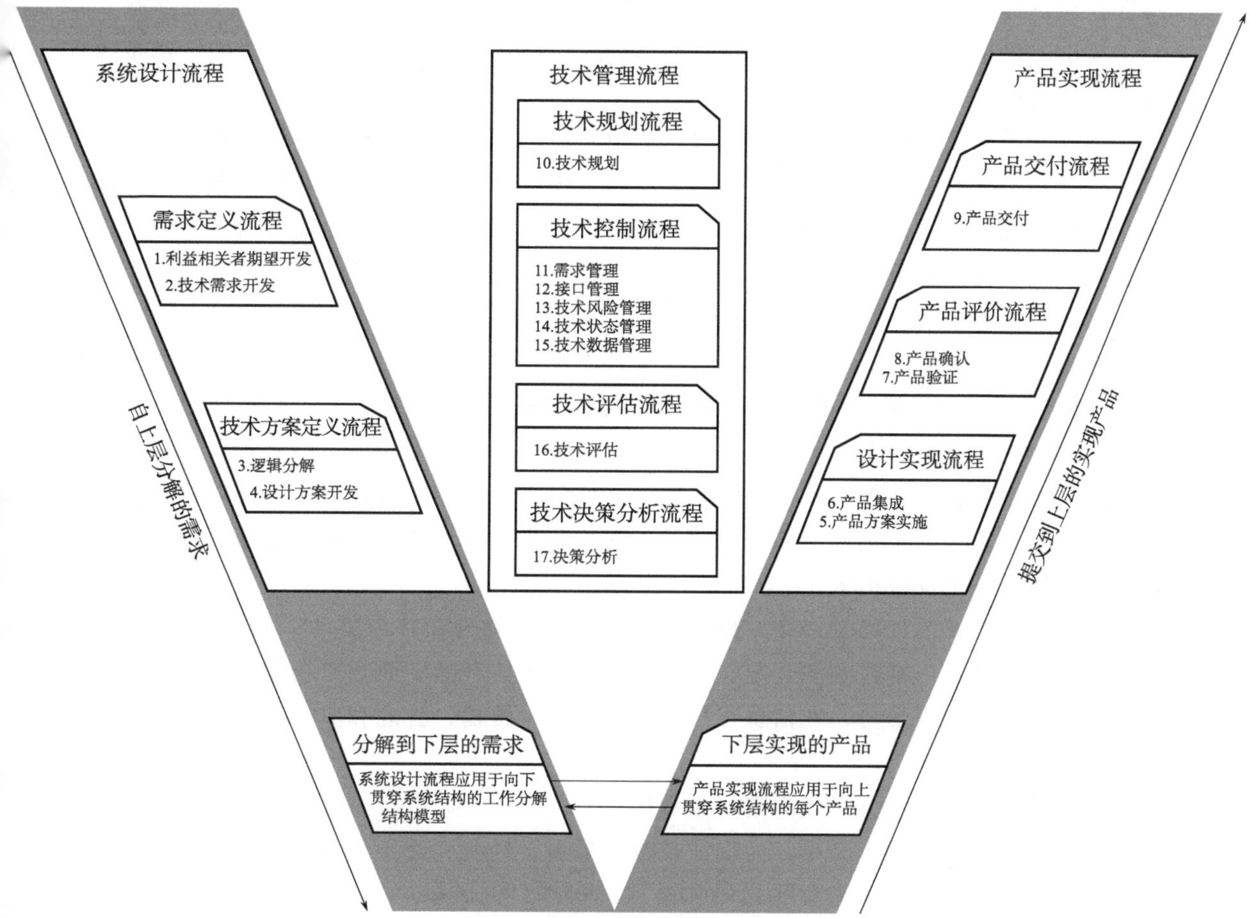

图 3－7　NASA 系统工程过程模型

技术管理流程应用于建立和调整/变更项目的技术规划，管理通过接口进行的内部交流和与其他系统的交流，根据计划和需求对系统产品和产品服务的进展做出评估，控制项目的技术实施过程及辅助决策过程直到项目的完成。

3.2.3　传统系统工程面临的挑战

从 20 世纪 60 年代发展而来的传统系统工程方法，不仅在中国航天事业的特定时期发挥了巨大的作用，而且也为国际系统工程的发展和标准制定做出了突出贡献。它通过制定流程、规则、方法等约束性文件，将系统工程的实践经验固化下来，通过在工程系统的全生命周期贯彻这套规则体系，保证系统目标和质量的实现。

传统的大型项目均采用基于文档的方法开展系统工程活动。这种方法的特点是以硬拷贝或电子文档的格式生成文本规格说明与设计文档，然后在利益相关者、用户、开发人员、测试人员之间传递。

基于文档的系统工程方法强调的是控制文档，确保文档和图形有效、完整与一致，并确保开发的系统符合文档要求。同时，通常依赖于运行文档，这些文档定义了系统如何支持任务和目标要求。该系统研发模式可以抽象为：每个人都利用自己所学的专业学科工具和“模型”（CAD/CAE 模型、程序代码、表格、文本等）开展设计研发活动，再将设计研发的结果以文档的形式表达出来。

系统需求和设计信息在这些文档和图形中表达。在分解系统功能时开展功能分析，并将其分配到系统各组件中。绘图工具用于捕获系统设计，如功能流图和原理图。这些图作为分散的系统设计文档被保存起来。通过多学科评估、优化可选设计方案与分配性能需求等手段开展工程权衡研究，并进行记录。通过具有独立的性能、可靠性、安全性、质量特性和其他方面的分析模型开展系统分析。

在基于文档的方法中，系统、分系统及其硬件和软件组件的规范，通常在一个称为规范树（Specification Tree）的层次结构树中描述。通过在规范层次结构的不同级别上跟踪规范之间的需求，可以在基于文档的方法中建立和维护需求跟踪性。需求管理工具用于解析规范文档中包含的需求，并将它们捕获到需求数据库中。需求和设计之间的可追溯性是通过识别满足需求的系统或子系统的部分，和/或用于验证需求的验证过程来维护的，然后在需求数据库中反映出来。

基于文档的系统工程是一个“以图纸为基础，以物理样件为驱动”的传统开发过程，所有技术内容都基于纸张的图文定义和依附于物理实体产品。面对市场竞争日益激烈和开发节奏日益加快的新形势，在信息（知识）的记录、传播、管理和应用等方面暴露出许多问题。

（1）传统系统工程方法成本高，效率低

在传统的系统工程方法中，为保证技术、质量、经费、进度等多维度目标的实现，人们创造出了复杂的方法、流程和规则体系，其根本目的就是“控制”，控制质量、控制风险、控制进度，实质上就是一种通过更多的“控制”减小不确定性的行为逻辑。对系统和产品设计的控制往往退化为对文件的控制，因此，在这种研制模式下，为了不断加强对文件正确性和有效性的控制，文件的签署和更改手续变得复杂而冗长。另外，任何控制都是有成本的，不断复杂化的控制系统本身让工作变得更加难以应对，直接结果就是响应速度的降低、工作效率的下降，以及管理成本的上升。

此外，伴随着复杂产品研制周期普遍缩短，任务强度的增加，大部分的研制工作都存在超流程研制、文件签署不及时、校对不充分等情况，这种现象根本的原因可能是现行的管理体系和系统工程方法的成本（包括时间成本）超过了任务所能接受的范围。

同时，由于签署完整的文件才是合法的有效文件，效率与合法性之间的矛盾凸显：为了保证研制合法，就必须等待上一层级签署设计输入文件再开展设计工作，这样研制程序就变成了串行的瀑布模型，而一旦输入文件需要更改，又必须重新履行复杂的审批程序，效率难以保证；若要求较短的研制周期，就必须并行开展各层级的设计工作，这样就会缺少设计依据合法性的保证，研制团队中传递的各种信息难以得到有效的管控。

（2）完整性，一致性，需求、设计、工程分析和测试信息之间的关系很难评估

需求等信息分散在不同文档中，需求变更无法及时响应、早期需求无法得到有效验证、数据无法有效重复利用。在客户市场调研、需求分析阶段，依据的是纸面文字反映出来的条目式文档，不能完整反映客户和市场的真实要求；在方案设计（含草图、初步设计、详细设计、试制、实验）阶段，还是依据蓝图、工艺卡片以及相关的纸质说明书/作业指导书来完成试制和试验；在批生产阶段，依据的也是这些纸质资料；产品交付给客户以后，仍然是依据蓝图和技术文档。这使得理解系统的特定方面以及执行必要的跟踪和变更影响评估变得困难，反过来也会导致系统级需求和设计以及较低级别的硬件和软件设计之间难以同步，进而使得维护或重用一个演进的或变化的系统设计需求和设计信息变得困难。

系统工程工作的进展是基于文档状态的，而文档状态可能无法充分反映系统需求和设计的质量。这些限制可能导致效率低下和潜在的质量问题经常出现在集成测试，甚至在系统交付给客户时。在这种研发模式下，设计师从文件管理系统中获取设计输入，系统中下一层级产品的开发以上一层级给出的设计输入文件为依据。而这种设计输入合法性是通过文件的逐级审签机制保证的，这实际上构成了一种自上而下的中心化、层级式的研制模式。

（3）基于文档的信息传递和知识管理能力不足

在传统的基于文档的系统工程环境中，由于信息通过文件的形式记录和传递，存在着严重的信息遗失，包括语义的歧义性、系统设计信息不一致、关联性差。

系统工程师一直利用多种模型，包括用于支持需求开发的功能模型，用于分析系统行为的仿真模型，以及用于分析系统各个方面的其他分析模型，例如可靠性、安全性、质量特性、功耗和成本。但是，该学科仍然严重依赖基于文档的工件来捕获许多系统规范和设计信息，例如需求、接口控制文档和系统体系结构设计说明。此信息通常散布在许多不同的文档中，包括文本、非正式图纸和电子表格。这种基于文档的系统工程方法缺乏精度，一个工件到另一个工件之间存在不一致。

信息的遗失表现出两种截然相反的形式：一方面，大量的过程信息、设计师当时的考虑和决策往往不能被记录下来，保存下来的只是最终结果，久而久之这些宝贵的知识信息就遗失了；另一方面，由于要遵循大量的行文规范，研制文件中的有用信息常常淹没在大量的低价值文字中，阅读者不仅需要从大量的文字内容中抽取有用信息，还需要努力理解编写者的思维逻辑，不仅费时费力还容易造成误解和曲解，这同样是一种信息遗失。

另外，近年来，基本上每个新型号都伴随着跨代性质的技术应用，随着专业领域的深度细分，总体设计师越来越感觉难以把握这些高度专业化的新技术。这反映出知识的爆发性增长和专业分工深入的趋势同个人认知能力之间的矛盾，靠总体设计师的经验和记忆去把握系统已经越来越不现实，紧张的研制进度也不允许总体设计师通过研究技术资料开展深入学习，传统的系统工程方法无法提供高效的知识管理和辅助决策能力。同时，复杂系统设计和开发工作面临认知层面知识捕获能力不足的问题。在这些方面，都需要依靠模型

来有效实现对知识的捕获和联系信息的维护。

3.3 基于模型的系统工程

3.3.1 模型驱动的系统研发

传统的系统工程在解决复杂产品开发的一系列问题上存在诸多不便。因此需要借助先进的系统工程方法并结合完善的需求开发和管理流程，来解决复杂产品开发过程中的资源、技术、软件、管理等一系列问题。相比于一般产品研制，复杂产品研制过程往往是通过迭代、渐进的方式逐步开展的，综合结构、电气、控制和机械等诸多领域研究成果，跨越需求管理、配置管理、质量管理、变更管理等多个工程领域。领域工程师通常使用各种先进的专业工具来分析和设计系统，但这些工具的研发往往是领域业务驱动以解决特定领域存在的问题，领域工具间的数据和工作流彼此割裂，很难在产品的全生命周期内实现数据共享和一致的工作流。因此，现代复杂产品研发过程，迫切需要有系统思维，用全局系统、整体地全面理解和分析系统行为和交互，加强产品研制模式和方法的创新，以实现在更短的时间内花更少的钱做出更好的系统。

生产关系变革的需求需要由生产力的发展来满足，而生产力的发展又依赖更高效的生产工具为其提供动力。基于模型的思想，在模型的基础上构建的系统工程活动的新工具的发展方向，就是要通过这种方法的应用，促进系统研发模式的深刻变革。一方面，随着新的需求和存在系统的不断增长，系统也变得越来越复杂，新系统的构建、旧系统的变更愈发困难，产品研发必须考虑需求驱动，实现系统工程的闭环；另一方面，数字化建模、虚拟仿真技术等迅猛发展，模型驱动的思想与方法被广泛应用于解决复杂系统问题。模型驱动的核心思想，就是让产品或系统的中心转移到高级别抽象中去，首先建立起业务运作的逻辑模型，然后通过模型或其他工件来驱动部分或全部的研发实现。

通过建立系统逻辑关系模型，将各个相关的专业模型联系起来，专业模型通过定义好的接口进行信息一致性的自动维护，设计师更加关注的是不断完善接口的定义和描述方法，而非接口间传递的信息本身。基于模型的系统研发模式如图 3-8 所示。

在这样的模式下，所有的设计师都围绕一个统一的、由个人负责的部分集成的整体模型工作，模型信息的变化通过定义好的接口实现同步。在这个过程中，所有的信息交互和状态变更都能实时地被利益相关方确认，也能够被信息系统记录下来。就像“区块链”一样，系统的每一次状态演进被所有相关节点确认，也就实现了其一致性、唯一性和不可伪造性，从而也就形成了一种不依赖权威的区域中心化的“合法性”。

模型驱动工程的优势在于，使用更接近于人的理解和认识的模型，尤其是可视化模型，有利于设计人员将注意力集中在和业务逻辑相关的信息上，而不用过早地考虑与平台相关的实现细节。此外，在面对不同应用领域时，模型驱动方法强调使用方便灵活的领域特定建模语言（Domain-Specific Modeling Language，DSML）构造系统的模型，基于领域知识实现领域专家、设计人员、系统工程师以及架构师等不同人员之间的良好沟通。

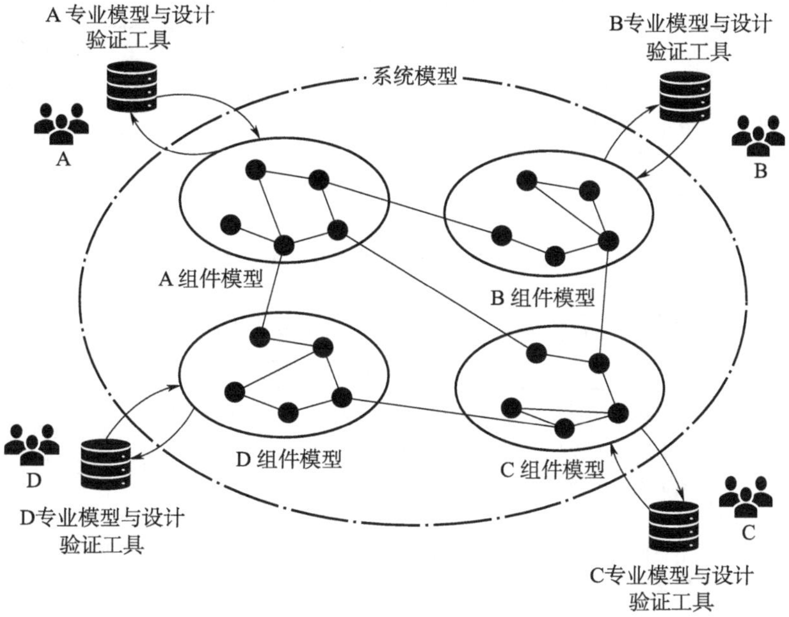

图 3-8　基于模型的系统研发模式

3.3.2　MBSE 的内涵特征

MBSE 一词由 Wayne Wymore 在他的书中使用，其名称提供了一种基于状态的形式主义，用于分析系统的输入/输出特性，以及评估技术独立性和技术依赖性的价值功能。价值功能、系统仿真已在整个行业中广泛使用，以提供复杂系统的高保真性能分析。

INCOSE 在 2006 年发起，2007 年发布的《SE Vision 2020》中定义：MBSE 是建模方法的形式化应用，以支持系统从概念设计阶段开始一直持续到开发阶段和后续生命周期阶段的需求、设计、分析、验证和确认活动。此定义逐渐被工业界普遍接受为 MBSE 标准定义。《SE Vision 2020》有如下解释：MBSE 是向以模型为中心的一系列方法转变这一长期趋势的一部分，这些方法被应用于机械、电子和软件等工程领域，以期望取代原来系统工程师们所擅长的以文档为中心的方法，并通过完全融入系统工程过程来影响未来系统工程的实践。之后，INCOSE 在《SE Vision 2025》中描述了 MBSE 的当时状态：MBSE 已作为一种解决基于文档的方法局限性的方式，而变得越来越流行，但仍在类似于 CAD/CAE 的早期成熟阶段。《SE Vision 2025》还描述了系统工程到基于模型的学科的持续过渡，其中正式系统建模是用于指定、分析、设计和验证系统的标准实践，并且与其他工程模型完全集成。系统模型适用于应用程序领域，并且包括用于代表系统所有方面的广泛模型。借助互联网驱动的知识表达和沉浸式技术，可以实现对虚拟环境中系统的高效共享的人类理解，其涵盖了从概念到开发、制造、运营和支持的整个生命周期。

MBSE 与相关术语之间的差异见表 3-2。

表 3-2　MBSE 与相关术语之间的差异

术语	定义	与 MBSE 的差别
数字工程	一种集成的数字方法，使用系统数据和模型的权威来源作为跨学科的连续体，以支持从概念到处置的生命周期活动。数字工程生态系统是一个相互关联的基础设施、环境和方法，可以实现来自权威真相来源的数字工件的交换	MBSE 是数字工程的子集，仅限于系统工程活动和工件
基于文档的系统工程	使用“基于文本的书面文档作为管理信息来源”的系统工程	传统方法是在开发 MBSE 方法之前进行基于文档的系统工程
基于模型的工程	在工程实践中，模型是整个产品生命周期中不可或缺的核心工件，包括概念、开发、部署、操作和维护	MBSE 是基于模型的工程的子集，处理系统工程活动和工件
模型驱动工程	在软件工程过程中系统地使用模型作为主要工件。模型驱动工程包括各种模型驱动的软件开发方法，包括模型驱动架构、特定领域建模和模型集成计算	专注于软件开发，而 MBSE 则可以处理任何类型的系统
模型驱动架构	一种软件开发框架，使用模型来描述在各个抽象级别构建的系统，每个级别都强调系统的某些方面或观点	模型驱动架构是模型驱动工程的一个子集

综合上述分析，这里定义如下：MBSE 是一种形式化的建模方法，是为了应对基于文档的传统系统工程工作模式在复杂产品和系统研发时面临的挑战，以逻辑连贯一致的多视角通用系统模型为桥梁和框架，实现跨领域模型的可追踪、可验证和全生命期内的动态关联，进而驱动贯穿于从概念方案、工程研制、使用维护到报废更新的系统全生命周期内，以及从体系往下到系统组件各个层级内的系统工程过程和活动（包括技术流程和技术管理流程）。

向基于模型的学科过渡并非没有挑战。这既需要实践上的进步，也需要在各个行业的组织中实现 MBSE 的广泛应用。推进实践需要改进建模语言、方法和工具。建模语言必须在表达性、准确性和可用性方面不断改进。MBSE 方法［例如，MBSE 方法论综述（Estefan 2008）中强调的方法论］虽然一直在不断发展，但需要进一步演进，以提供一种在整个系统生命周期中对系统进行建模的严格方法，而更适应各种应用领域。建模工具也必须继续发展以支持建模语言和方法，并与其他多学科的工程模型和工具集成，以支持更广泛的 MBSE 工作。

采用 MBSE 还要求具备熟练的 MBSE 应用人员。这就要求组织提供一个包含 MBSE 方法、工具和培训的基础架构，并承诺将这种功能部署到他们的组织程序中。

像其他工程学科一样，将系统工程过渡到基于模型的学科，被广泛认为是应对不断增加的系统复杂性以及实现生产率和质量改善相关的挑战所必不可少的。《系统工程手册》将继续反映不断增长的知识体系，以促进这一过渡。在《SE Vision 2020》中，INCOSE 还给出了未来 MBSE 的发展战略路线图（见图 3-9），并指出 MBSE 是未来系统工程的发展趋势。

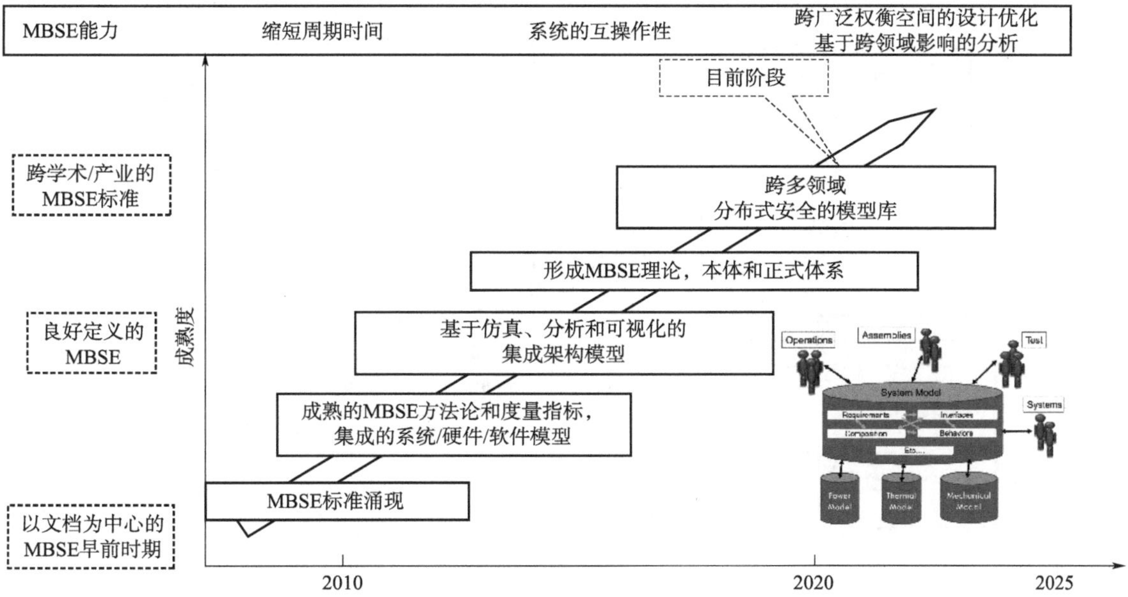

图 3-9　未来 MBSE 的发展战略路线图

3.3.3　MBSE 的系统模型

在系统工程中，重点在于生成和控制有关的系统文档。MBSE 则将系统建模作为系统工程过程的一部分，在系统研发过程中支持分析、规范、设计和验证。

MBSE 的一个显著特征是，模型是构成系统工程过程的主要工件。对开发、管理和控制系统模型的关注，是从传统基于文档的方法向基于模型的方法的转变。通过将系统模型作为主要工件，MBSE 提供了提高产品质量、增强系统建模工件的重用性以及改善系统开发团队之间的沟通的潜力。反过来，这提供了减少集成和测试系统的时间与成本的潜力，并显著降低了部署系统的成本、进度和风险。

MBSE 的主要产出物是与系统研发相一致的模型。MBSE 包括各种描述性和分析性模型集，可在整个生命周期中应用，从系统之系统（SoS）建模到组件建模。典型模型可能包括用于指定和设计系统的系统体系结构的描述性模型，以及用于分析系统性能、物理和其他质量特性（例如可靠性、可维护性、安全性和成本）的分析模型。

系统模型（System Model）是一个描述系统相互关联关系的模型，由表示需求、设计、测试用例、设计基本原理以及相互关系的模型元素组成。这些模型在应用基于模型的方法和工具后不断改进提高。系统模型通常由建模工具创建并保存在模型库中。图 3-10 将系统模型显示为一组相互连接的模型元素，它们表示了在 SysML（System Modeling Language，系统建模语言）中定义的关键系统方面，包括其结构、行为、参数和需求。模型库中包含的模型元素之间的多重交叉关系使得系统模型能够从多个不同的维度查看。这些视角聚焦于系统的不同方面，同时又能够维持不同视角之间的一致性。

系统模型主要用于确保系统设计能够满足初始需求和任务目标，并支持将需求分配给

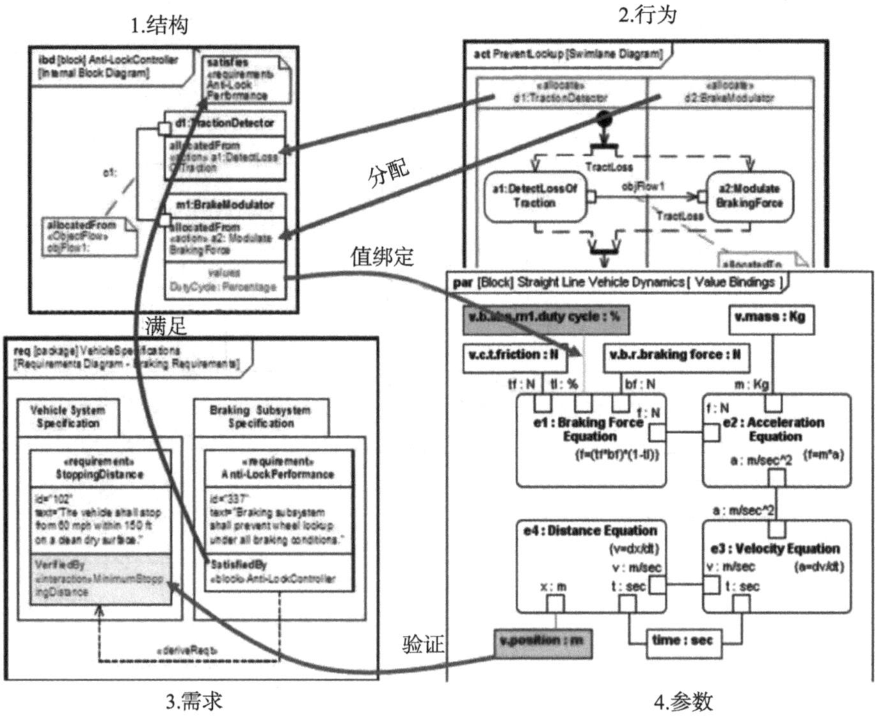

图 3-10　基于 SysML 的系统模型示例

系统的各部件。该模型是系统规范和设计过程的输出结果。系统模型包括部件互连关系，接口、部件交互和部件需要执行的相关功能、性能和物理特性等。同时，在模型中可建立文本形式的部件需求，并追溯系统需求。

系统模型规范了系统的部件组成。部件规范作为获取和/或设计部件的输入，部件设计模型可以用特定领域的建模语言来表达，如 UML 用于软件设计，计算机辅助设计（CAD）和计算机辅助工程（CAE）模型用于硬件设计。系统模型和部件设计模型之间的信息交互可以通过交换机制实现，也可以通过更传统的基于文档的格式自动从系统模型中生成部件规范。系统模型的应用提供了一种机制，该机制可规范分系统和部件，将其集成至系统中，并在系统与部件需求之间保持可追溯性。

系统模型也可通过工程分析、仿真模型集成进行计算和动态执行。如果系统建模环境使用运行环境来扩充，那么系统模型也可以直接执行。现在对系统模型越来越强调其为集成其他工程学科模型（包括硬件、软件、测试及可靠性、安全性等其他专业工程学科）所提供的共有系统描述角色。

3.3.4　MBSE 支持的典型开发活动

MBSE 是在系统工程领域发展的一种基于模型表示的方法，旨在通过一种形式化的建模手段来实现产品的研制过程。形式化建模是指运用某种规范性建模语言和建模工具，通过抽象、简化建立能近似刻画并“解决”实际问题的建模方式。基于模型的系统工程从原来的“基于文档”转向为“基于模型”，并由此带来整个工作模式、设计流程的变革，其与传统系统工程的根本区别不在于是否建模，而在于是否形式化建模，即建模过程和方法是否有规范标准，以保证跨领域模型间协同。

传统的系统工程实践倾向于依赖独立的/特定的学科模型，且这些模型的特征主要通过静态文档共享，而 MBSE 则以共享的系统模型为中心，其余的专业学科模型以严格的数学形式提供各自的特征参数信息，同时所有学科从不同视角访问一个完整、一致的系统模型提供的信息源。

MBSE 贯穿于整个产品研制全生命周期。系统工程技术活动，涵盖了系统定义、目标确定、需求分析、系统方案设计、产品制造、总装集成、测试验证、产品验收、评估交付、运行维护、系统处置等过程，这也就决定了 MBSE 并不是局限于产品研制的某一个阶段，而是贯穿于整个产品研制的全生命周期中的各个阶段。MBSE 定义中 Model - Based 是指基于“系统模型”，即描述系统的逻辑性模型，一般包括需求模型、功能模型、架构模型和物理模型，这些模型从不同视角描述同一个系统，并代表了贯穿全生命周期的系统设计技术，同时支持权衡分析、需求验证、设计确认等活动。因此，这里的“模型”并不是唯一的，在不同的设计阶段和领域，其“模型”具有不同的含义。例如，对于系统设计人员，“模型”指的是通过图形化的系统建模语言（如 SysML）而建立的描述模型；对于产品结构设计人员，“模型”指的是通过 CAD 软件建立的三维模型；对于仿真控制设计人员，其“模型”指的是通过 Matlab/Simulink 等工具构建的分析模型。

MBSE 建模方法可以支持的一组典型开发活动如图 3 - 11 所示，即需求的激发、细化和分解，接口定义，动态行为分析等。

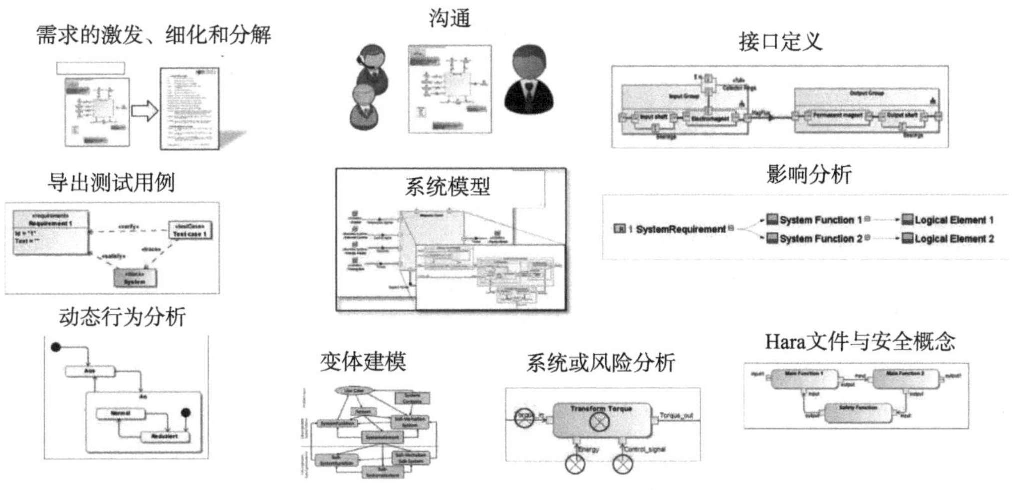

图 3 - 11　MBSE 支持的典型开发活动

进一步地，典型的开发活动包括：决策文档、配置管理、知识表示、系统成熟度跟踪或数字孪生模型基础定义等（见表 3 - 3）。开发团队通常从 MBSE 支持的“简单”开发活动开始，如跨学科交流或需求提取和分解。对于这些 MBSE 建模方法，可以使用系统模型元素的非正式视图。

表 3-3 典型的 MBSE 支持的开发活动

MBSE 支持的开发活动	描述	价值体现
成熟度级别的定义和跟踪	定义系统、功能和系统元素的成熟度级别；在开发过程中跟踪成熟度级别(需求的实现)	改善可追溯性；确定实施进度和范围
数字孪生模型的基础定义	基于数字孪生的用例，定义了具有相关行为和参数的必要信息模型(数字主线的基础)	一致和可理解的描述，减少错误，为后续的生命周期阶段的调整创造基础
需求的开发和分解	根据生命阶段、用例、场景以及定义的功能和逻辑体系架构(概念)，对需求进行系统的分解	严格按照需求进行开发过程；开发专注于重要的系统方面
故障分析	通过应用定义的分析方法对系统(或系统描述)中的故障进行系统识别和可追溯性分析	提高系统质量；预防和减少错误
特定领域的架构生成	基于逻辑或物理系统架构生成特定领域的架构	减少错误(单一和可追溯的来源)
影响分析(如变更管理)	基于不同系统级别的变更请求，系统地执行影响分析	提高影响分析的质量；缩短影响分析的时间；更短的变更和迭代周期
接口规范与协调	子系统之间的接口、流程和参数的系统和整体的描述	接口间一致性；高效的界面分析和文档编制；减少协调工作；减少开发人员之间协调时的错误
知识捕获	创建模块和知识库(例如概念、决策、分配方法、系统解决方案等)；总结经验教训	基于模型的知识表示减少了工作量，专家和经验知识透明，知识转移更优
参数管理	系统模型中必要的需求(必需的参数)、设计(定义的参数)和测试(初始参数)参数的表示	基于统一数据库和系统重用减少工作量，更有效的配置和变量计算
系统集成规划	系统集成的系统规划(集成策略)	系统架构备选方案的比较；明确系统元素上下文和接口定义；减少协调工作；减少错误和不兼容
合理的决策和文件编制	为系统决策创建一个基础，并为进一步的过程步骤记录决策	透明和可追溯的决策原理；减少决策过程中的错误；减少协调工作
安全性和可靠性的系统分析	使用已经定义的功能、逻辑或物理架构，以及在不同工具中的模型元素之间的分配，以确保安全性和可靠性	通过持续使用系统架构减少工作量和错误
体系分析	分析用例和所涉及系统的交互(技术的、社会的、生态的等)；一个主要挑战是将体系中各个系统的不同生命周期结合在一起	执行整体分析，一致和可理解的描述
系统理解、沟通和协作	基于一致的数据库，让所有相关的跨学科协作成员达成共识	更清晰的系统关系和交互；减少误解，减少协调工作
变量表示和实例生成	表示一个具体的系统模型，包括系统配置的需求、功能和逻辑/物理系统要素；不同变体的分析；解决方案的基础	系统元素和变量之间的一致性和可管理的关系；降低变体复杂度；减少错误(特别是在元素的接口上)
验证和确认(V&V)	系统定义验证/确认标准和度量，测试用例，例如集成测试和应用测试设计技术，状态分析	需求、标准和度量之间的可追溯性；更好地理解 V&V 范围；测试用例定义的改进(质量和完整性)

3.3.5　复杂产品研制 MBSE 框架

复杂产品研制以复杂产品生命周期（流程或者过程）及其各阶段（或环节）为研究对象，目的在于实现复杂产品全生命周期的管理和优化；复杂产品生命周期设计工程一方面注重产品相关过程的管理与优化，从而提高复杂产品研制效率，另一方面通过将产品过程因素与产品本身予以综合考虑，实现产品本身的设计优化。

复杂产品研制过程是一个并行度高、产品或产品系统分解与集成逐级验证的过程，将上述两个方面结合，在前述 V 模型基础上，进一步深化复杂产品研制生命周期的系统工程过程模型，如图 3-12 所示。在该模型中，横向划分为产品设计和产品实现两个阶段，纵向包括系统研发和单机研制两个层次，其中项目、技术管理贯穿整个过程。

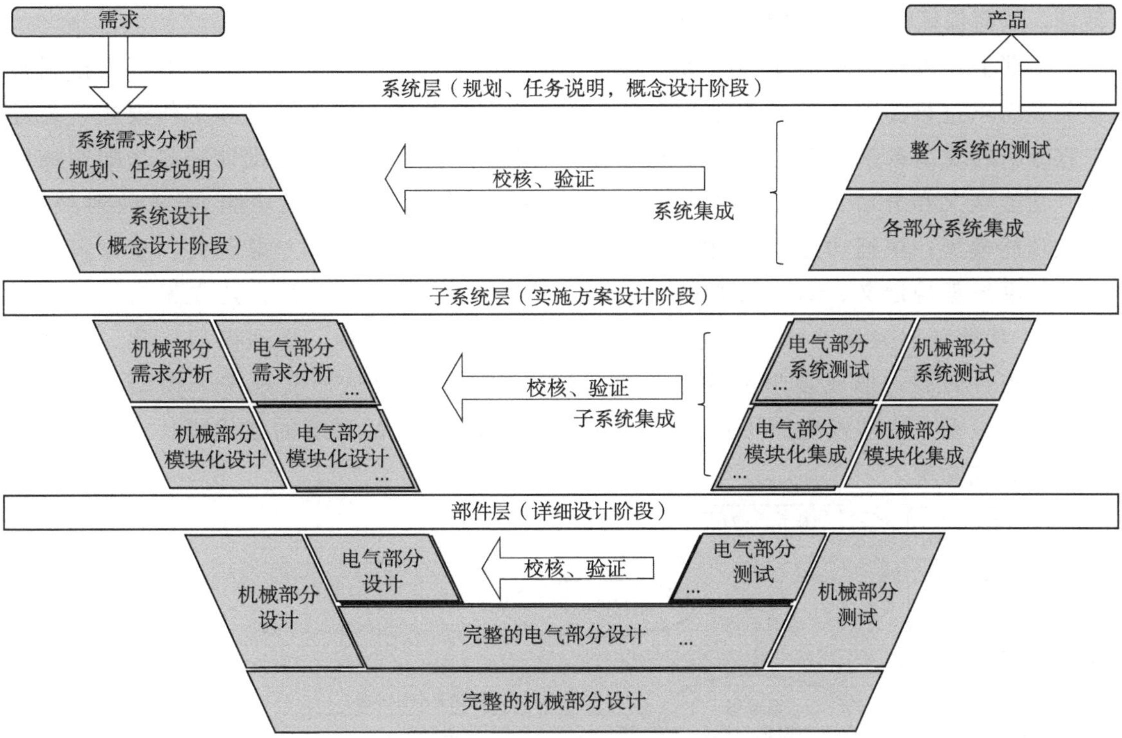

图 3-12　复杂产品研制 V 模型

复杂产品系统往往结构组成复杂、客户需求复杂、研发技术复杂，且每一层级均包含多个分系统和功能装配件，都会具有对应层级的功能、性能需求。同时，复杂产品研发过程是一个反复迭代的过程，开发过程中利益相关者需求多样、需求间关系存在关联性强的特点，为需求的开发、维护带来挑战。

传统需求的定义与分解工作主要依靠耗费大量人力维护，并且缺乏可追溯性和一致性的文档、表格等。对收集到的多源需求数据进行综合集成分析时，要求采用先进的系统工程方法和完善的需求开发与管理过程，才能对复杂产品系统需求进行分层次的详尽发掘，并对开发过程实行有效管理。

依靠基于模型的方法，能够提高需求分解的一致性，并且减少错误发生。在基于模型的复杂产品需求定义与分解工作过程中，主要应用模型要素、要素关系、表格、视图等模型化的元素，这些模型元素能够在复杂产品设计与仿真验证全生命周期过程中由系统模型生成，并与系统模型迭代互动，提高需求对系统模型设计的指导效率以及通过系统模型确定各类型、各层级系统需求的论证效率。

从复杂产品需求内涵来讲，需求是指系统要解决问题或完成目标应当具备的功能与需要满足的规范和标准，复杂产品系统需求论证过程贯穿初始需求分析、功能分析、架构设计等阶段，伴随着这些阶段的分析建模工作，会对复杂产品需求持续深化、迭代并最终确定。复杂产品系统到分系统乃至于单机、零组件的需求，均是以其上层次的约束和要求为论证起点，进而在每个层次中通过对需求的分解、精化、建模过程来确认该层次需求的合理性，从而保证需求理解的前后一致性以及需求间关系可追溯性。

依据上述思想，对于复杂产品研发的 MBSE 参考模式（见图 3－13）有：根据利益相关者需求进行需求分析形成任务使命，确定任务相关者、任务场景和工作模式，经过工程分析转化为系统需求，建立需求模型；利用系统需求进行功能设计完成功能用例定义、功能定义和分解、功能体系结构定义、系统功能分配，形成功能-需求映射关系，建立功能模型；根据功能-需求映射关系进行架构设计形成候选方案定义、多方案权衡定义、系统架构定义、功能向架构分配，形成架构-功能映射关系，建立架构模型；通过架构-功能映射关系进行物理仿真验证，完成功能逻辑仿真、物理模型构建、分系统仿真、组件封装，形成多学科联合仿真，建立物理模型，从而实现需求模型、功能模型、架构模型、物理模型对用户需求的验证，增加复杂产品系统的迭代闭环，提高系统有效性和成功率。

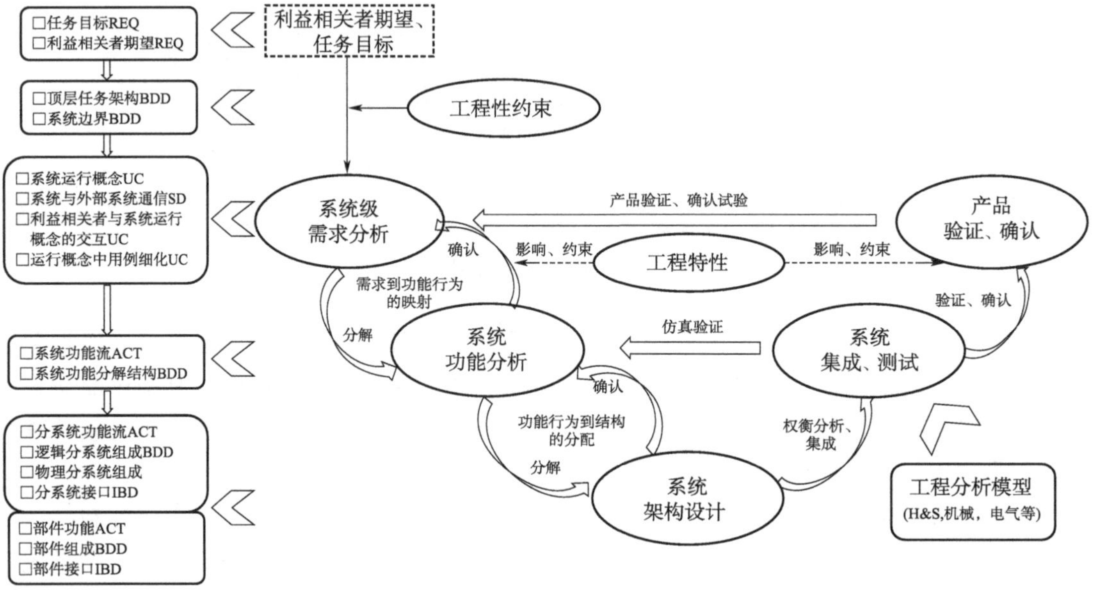

图 3－13　复杂产品研制 MBSE 框架

对 MBSE 方法的探索，在重大项目的需求阶段，就可将系统工程方法应用于需求分析，把重大项目的各种需求在需求分析软件中写成数字化需求工程模型。伴随着分析的深入和执行项目资源要素的不断加入，需求工程的模型会逐渐演变成功能模型，再演变成逻辑模型，并不断赋予模型越来越多可执行的技术内涵，最后发展到产品生产、交付以及维护维修过程，数字化虚拟模型贯穿了产品全生命周期，并且在计算机上完成上述一系列工作。所有上述不同阶段的数字化模型，都和传统的蓝图、工艺卡片、技术文件和最终真实产品一一对应。

3.4　典型的全生命周期系统工程模型

3.4.1　全生命周期管理与 MBSE

全球智能化的浪潮，体现了数字化集成，MBSE、数字孪生、数字主线、赛博物理系统等数字化技术支撑数字化研制发展至一个新的阶段，世界各国纷纷在数字化、模型化支撑全生命周期研制上开展相关研究应用。

产品全生命周期管理（PLM）是一种企业信息化的商业战略，涵盖企业产品从需求分析、概念设计、产品设计、工艺规划、生产测试、交付、维护和维修到产品回收再利用的全过程。其涵盖 CAD、CAPP、CAM、ERP、SCM、CRM 等产品全生命周期各阶段的解决方案，由 PLM 进行连接与集成。

产品数字孪生模型是“不断生长、不断丰富”的。在整个产品生命周期中，从产品的需求信息、功能信息、材料信息、使用环境信息、结构信息、装配信息、工艺信息、测试信息到维护信息，不断扩展、不断丰富、不断完善。数字孪生模型越完整，就越能够逼近其对应的实体对象，从而对实体对象进行可视化、分析、优化。如果把产品全生命周期各类数字孪生模型比喻为散乱的珍珠，那么将这些珍珠串起来的链子，就是数字主线(Digital Thread)。数字主线不仅可以串起各个阶段的数字孪生模型，而且也包括产品全生命周期的信息，能够确保在发生变更时，各类产品信息的一致性。

利用 MBSE，组织可以确保从系统模型到 PLM 系统更顺畅的信息流动。一旦将要求和需求细化为系统功能，便可以设计出一个包含所有系统级零件、变型和选项链接的系统结构。由于系统模型连接了需求、结构、变型等信息，因此可以直接从 PLM 系统追溯所有源详细信息（包括系统设计和结构）。此外，还可以进行影响分析（例如在零件发生更改时）以确定设计是否仍然满足原始需求。反之亦然，如果需求发生更改，开发人员可以评估零件是否符合系统设计。开发人员可以直接在 PLM 系统中查看和删除追踪，甚至可以在 MBSE 工具中关联到产品和系统详细信息。

MBSE 能够帮助各企业及组织，如 NASA、波音、空客以及美国相关作战系统中心，有效缩短装备系统设计时间和降低成本，同时数字孪生与数字主线贯穿了飞机与舰艇制造全生命周期，包括机体及其重要组件数字模型、生产线运行监控、设备健康监测与预测性维护等，闭环产品生命周期管理也推动着装备开发制造流程的优化。此外，网络物理系统正融合人工智能和自学习算法构建新型智能 CPS，根据设备之间以及设备与物理环境的交互进行自主决策，实现舰艇、飞机、无人机群、制造工厂等大型工程系统的实时感知、动态控制和信息服务。

3.4.2 波音公司“钻石”模型

系统工程 V 模型将工程全生命周期描绘为从左到右的一系列线性步骤。然而，这种线性表述无法描绘数字化环境/基于模型的工程环境中实时数据和信息交换，以及产品的整合性和迭代性质的产品开发。

美国波音（Boeing）公司在数字孪生体范式构建过程中，结合传统 V 系统工程方法，于 2018 年设计了系统工程钻石模型（Diamond Model）来替代 V 模型，希望借助数字孪生和数字主线解决 MBSE 实施中的问题。MBE（基于模型的工程）Diamond 的一个关键原则是在物理系统和数字孪生体上同时优化产品、生产系统以及服务与支持，以更好地代表 MBE 生态系统的复杂的相互作用。

该模型采用菱形结构（见图 3-14）。菱形的下半部分代表物理系统（保留传统的系统过程 V 模型），上半部分代表数字孪生（即物理系统的虚拟系统表示）。基于模型的工程使用建模和仿真在过程的每一步创建物理系统的数字孪生。就像下面的“V”一样，上半部分也有一系列里程碑或工件标志着从左到右的进展。上下的物理系统和虚拟系统工件之间是精确对称的，这是因为物理系统和数字孪生体是在整个生命周期中不断相互通信的并发路径。

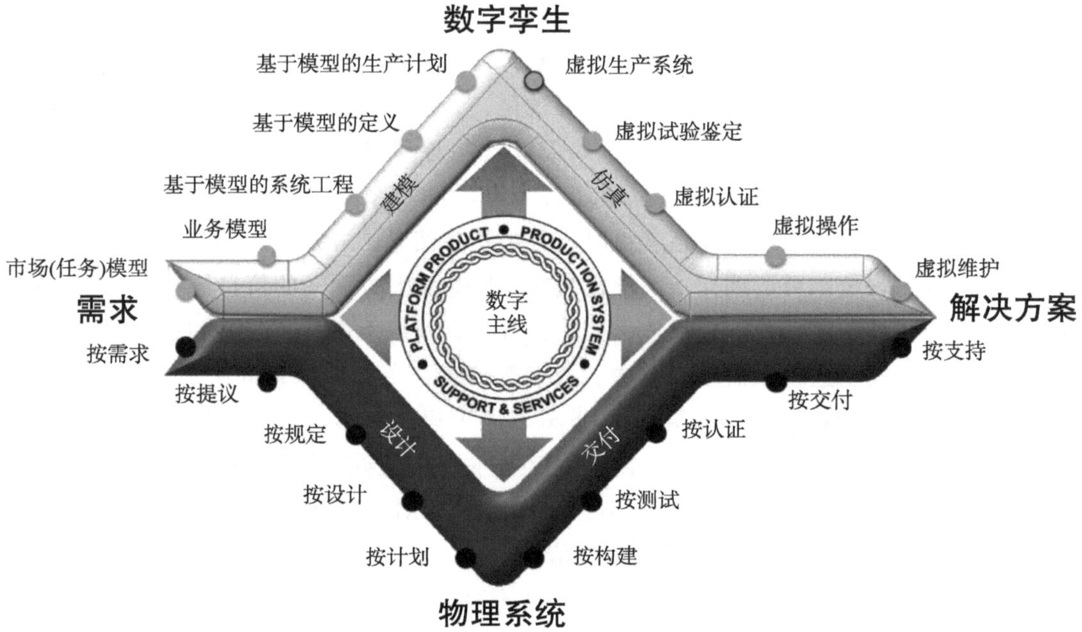

图 3-14 波音公司 MBE 钻石模型

例如，来自车间的生产数据分析可以用于更新生产系统仿真模型，以进行与生产率变化等相关的实时“假设”分析；同样，产品在其物理环境中运行的高保真虚拟仿真数据可用于减少对物理环境的需求测试。上半部分左右两侧也同下半部分一样存在对称和反馈。上下“V”左侧的每个工件都必须由“V”右侧的工件验证。菱形的内部代表将模型/模拟与物理系统设计联系起来的“数字主线”。水平和垂直箭头双向辐射中心数字主线，表示整个 MBE 过程中的多方面反馈。数字主线周围的圆圈表明 MBE 的重点不仅在于产品，还在于整个生态，包括：平台产品、生产系统和服务与支持系统的集成开发。

随着 MBE 功能在系统开发和设计中的扩展，开发程序可以建立系统架构模型(SAM)，以轻松管理系统需求、工程信息和设计产品。在 MBE 框架中，工程工件很容易被捕获在“数字主线”中，以便在产品开发期间在工程团队内部和利益相关者之间进行更有效的沟通，并在整个产品生命周期中进行参考。权衡研究用于开发需求，在满足这些要求的潜在解决方案之间进行选择，并帮助在整个程序生命周期中做出与这些解决方案相关的决策。波音公司提出的基于模型的权衡实施框架（MBTIF，Model - based Trades Implemention Framework）代表了在综合 MBE 环境中进行权衡研究的重大进步。利用 MBTIF，设计工程师可以在捕获其他系统设计工件的 SAM 中轻松进行工序研究。特别是，MBTIF 能够：实施统一的流程进行权衡；简化权衡研究审查和批准；提供轻松选择、权衡的要求；提供一组可供选择的标准评估标准；促进在权衡研究中使用单一真相来源，并将权衡和权衡工件与其他设计工件集成；将一组标准的交易计算应用于所有权衡；提供一个持久的环境，使权衡易于重新访问；捕获程序生命周期及以后的权衡数据和结果。MBTIF 的主要创新是通过 ModelCenter 将 MBE 环境中的权衡输入数据高度集成地链接到权衡数学引擎。

3.4.3　罗罗公司 O 模型

大型的复杂产品，往往具有跨不同系统和子系统的多重交互特点，MBSE 强调面向系统工程过程的建模，并形成系统需求、系统分析、系统设计、系统验证和其他过程中所涉及的分析元素的有机体系，以再现系统演示和设计思路，并在整个生命周期中保持系统信息的一致性和可追溯性。

罗罗公司作为世界上领先的发动机技术公司之一，专注于世界级的动力和推进系统。在罗罗公司推进数字化转型的过程中，罗罗公司提出面向 MBSE 的 O 模型，整个“O”包括上下两个空间，上面的空间包括模型和仿真两个部分，下面的空间包括设计和验证两个部分，如图 3 - 15 所示。

在 O 模型中，支撑 MBSE 过程。O 模型涵盖市场模型、规划模型、产品模型、组件模型、生产系统模型等；仿真支撑仿真和验证，与模型对应，仿真支撑虚拟市场、虚拟规划、虚拟产品、虚拟组件和虚拟生产的仿真和综合分析。在设计空间中，面向客户的需求，提供复杂系统设计和自适应解决方案，快速设计的各种分析工具，设计满足的需求包括市场需求、项目规划需求、产品需求、组件需求、生产系统需求。在验证空间中，涵盖市场验证、规划验证、产品验证、组件验证和生产系统验证，验证和仿真空间相对应，通

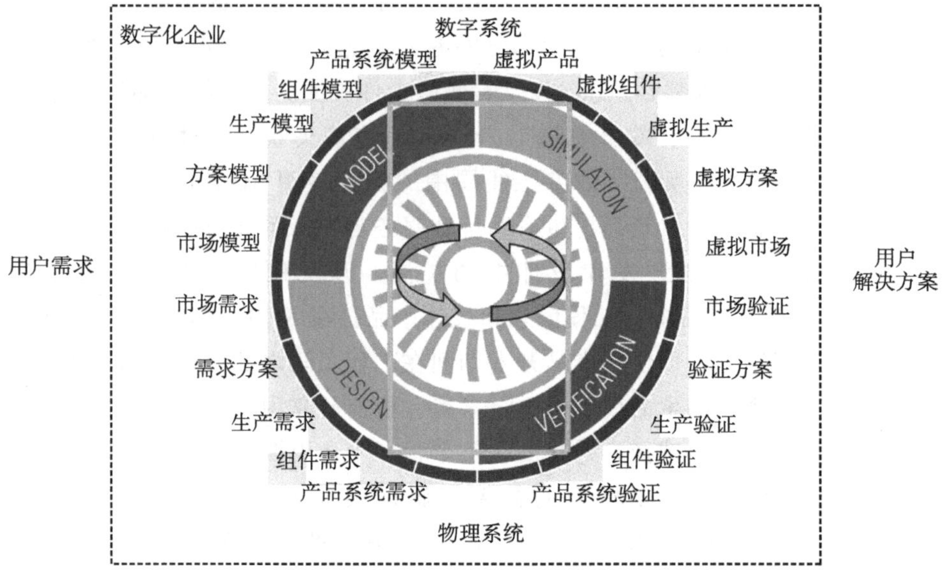

图 3-15 罗罗公司面向 MBSE 的 O 模型

过数字空间提供的分析和仿真相互对应，验证空间支持数字化制造与供应链、数字化检验与测试等。

在整个系统 O 模型中，数字化空间支持模型和仿真互相对应；物理空间中，设计和验证互相支持，并互相对应。数字化需求和物理系统互相融合。模型和设计对应客户需求；验证和仿真对应客户解决方案。

3.5 本章小结

本章从模型化角度引述了 MBSE——新一代信息技术与系统工程融合发展的趋势。首先，阐述模型的内涵、特性以及模型的分类，体现模型的优势之处。其次，介绍椭圆模型、瀑布模型、螺旋模型、V 模型、双 V 模型等典型生命周期模型，INCOSE 系统工程过程模型以及 NASA 系统工程过程模型，并指出传统系统工程实施面临的一系列挑战。再者，阐述模型驱动的系统研发模式，指出模型与系统工程融合的必要性，引述出 MBSE 的内涵特征，明确 MBSE 的核心工作是系统建模，核心产出工件是系统模型，一系列系统工程工作围绕系统模型展开，并与结构、控制、电气等学科模型集成，与需求、逻辑、管理等业务模型融合。基于此，提出了一种符合现代复杂产品研制的 MBSE 框架，用于后续章节的详细论述。最后，从全生命周期管理角度介绍了波音公司“钻石”模型和罗罗公司 O 模型，表明目前 MBSE 的持续发展是系统工程的趋势所在，与全生命周期管理、数字孪生、数字主线等技术融合并建立环境生态是未来技术动向。

参考文献

［1］ 王文跃，侯俊杰，毛寅轩，等．面向复杂产品研制的 MBSE 体系架构及其发展趋势研究［J］．控制与决策，2022，37（12）：3073－3082.

［2］ 司马珂，阮文华，仇理宽．基于模型的理念：认知提升与研发模式转型［J］．科技导报，2019，37（7）：30－35.

［3］ GREGORY J，BERTHOUD L，TRYFONAS T，et al. The long and winding road：MBSE adoption for functional avionics of spacecraft［J］．Journal of Systems and Software，2020（160）：110453.

［4］ 朱一凡．NASA 系统工程手册［M］．北京：电子工业出版社，2021.

［5］ BROY M，BHM W，RUMPE B. Advanced systems engineering［M］．2021：5－36.

［6］ BRUCE POWEL DOUGLASS. 敏捷系统工程［M］．张新国，等译．北京：清华大学出版社，2018.

［7］ MADNI A M，SIEVERS M. Model－based systems engineering：Motivation，current status，and needed advances［M］．Berlin：Springer，2018：311－325.

［8］ DICKERSON C E，MAVRIS D. A brief history of models and model based systems engineering and the case for relational orientation［J］．IEEE Systems Journal，2013，7（4）：581－592.

［9］ 邓昱晨，毛寅轩，卢志昂，等．基于模型的系统工程的应用及发展［J］．科技导报，2019，37（7）：49－54.

［10］ 何强，刘喜莹．夯实系统工程基础，推进 MBSE 实践［J］．科技导报，2019，37（7）：22－29.

［11］ MADNI A M. Transdisciplinary Systems Engineering：Exploiting Convergence in a Hyper－Connected World［M］．Springer：Berlin，2017.

［12］ 陈红涛，邓昱晨，袁建华，等．基于模型的系统工程的基本原理［J］．航天政策与管理，2016（3）：18－23.

［13］ INCOSE. 系统工程手册：系统生命周期流程和活动指南［M］．张新国，译．北京：机械工业出版社，2017.

［14］ 宁怀松，隋岩峰，王艳丽，等．面向全生命周期的航空发动机设计方法研究［J］．航空动力，2020（4）：43－46.

［15］ OOSTHUIZEN R，PRETORIUS L. Analysis of INCOSE Systems Engineering journal and international symposium research topics［J］．Systems Engineering，2021，24（4）：203－220.

［16］ FRIEDENTHAL S，GRIEGO R，SAMPSON M. INCOSE model based systems engineering（MBSE）initiative［C］．Paper presented at INCOSE 2007 Symposium，San Diego，CA，USA，2007.

［17］ INCOSE A. A world in motion：systems engineering vision 2025［M］．San Diego：International Council on Systems Engineering，2014：1－30.

［18］ CLOUTIER R. Model based systems engineering survey［Z］．Conducted December 2018，Presented at the University of South Alabama，2019.

[19] HENDERSON K，SALADO A. Value and benefits of model - based systems engineering (MBSE)：Evidence from the literature [J]. Systems Engineering，2021，24 (1)：51 - 66.

[20] ESTEFAN J. A survey of model - based systems engineering (MBSE) methodologies [J]. INCOSE MBSE Focus Group，2007，25 (8)：1 - 12.

[21] WYMORE A W. Model - based systems engineering：An introduction to the mathematical theory of discrete systems and to the tricotyledon theory of system design [M]. Boca Raton：CRC Press，1993：45 - 53.

[22] 张鹏翼，黄百乔，鞠鸿彬．MBSE：系统工程的发展方向 [J]. 科技导报，2020，38 (21)：21 - 26.

[23] 韩凤宇，林益明，范海涛．基于模型的系统工程在航天器研制中的研究与实践 [J]. 航天器工程，2014，23 (3)：119 - 125.

[24] 陈建奎，杨程丽，寇洁，等．基于系统工程的飞机产品研制技术管理体系探索与构建 [J]. 航空标准化与质量，2019 (5)：27 - 32.

[25] MADNI AM，MADNI CC，LUCERO SD. Leveraging digital twin technology in model - based systems engineering [J]. Systems，2019，7 (1)：7.

[26] 李晓红，常家辉，徐可．MBSE 深化应用加速武器系统研制数字化转型 [J]. 国防科技，2022，43 (4)：59 - 64.

[27] 刘红岭．基于模型的系统工程 (MBSE) 解决方案探讨 [J]. 江西通信科技，2020 (2)：34 - 36.

[28] HUSUNG S，WEBER C，MAHBOOB A，et al. Using Model - Based Systems Engineering for Need - Based and Consistent Support of the Design Process [C]. Proceedings of the International Conference on Engineering Design (ICED21)，Gothenburg，Sweden，2021.

[29] SEAL D. The Model - Based Engineering (MBE) diamond - A framework for digital transformation [C]. INCOSE International Workshop 2020. Torrance，2020：1 - 15.

第 4 章　基于模型的需求工程

需求工程（Requirements Engineering，RE）源于 20 世纪 60 年代早期的美国军方，但直到 20 世纪 90 年代末才正式开始使用。高度复杂的产品，需要将项目初始用户要求转化为利益相关者需求，进而转化为系统需求，并保证系统、分系统、子系统、装配件、组件等规范能够满足这些需求。需求工程的重点是确保规范是基于用户要求而不是技术需求，目的是提供一个系统工程方法，使得被定义的需求与用户要求完全一致。

随着系统工程的研究和应用的不断深入，人们逐渐认识到复杂产品需求不再局限于系统研发的初始阶段，它将贯穿于系统研发的整个生命周期过程。以系统模型的思维，模型化角度从用户、利益相关者、各学科领域知识中获取经验、要求，并完整、准确地予以描述、分析与管理，从而实现需求驱动的系统研发，这使得基于模型的系统需求工程分析在复杂产品系统中的应用研究具有重要意义。

需求工程曾在空客公司被深入应用，是空客系统工程的核心流程，贯穿于空客飞机项目的全生命周期。空客公司在 1996 年甚至更早的时间提出了基于需求的工程（Requirement Based Engineering，RBE），并开始推进系统工程应用。借助 IBM DOORS 需求管理平台（RMF），先后在 A380、A350、A400M 等多个机型研制中全面推进应用，覆盖 50 多个主要供应商、3 000 多个终端用户，在减少研制后期的产品缺陷、减少额外费用、提高产品客户满意度方面取得了良好效果。

需求工程对复杂产品研制具有重要意义，需求是在项目前期造成麻烦的一个最大原因。研究发现，当项目失败时，需求问题通常是核心问题。以往在很长的一段时间，系统人员并没有把需求作为独立的部分进行深入分析和研究，直到 20 世纪 90 年代，随着系统开发中出现诸多问题，才逐渐意识到需求工程在整个系统开发中的重要性。许多项目开发过程中出现的诸多问题，都与需求工程阶段没有合理、完整地进行需求获取、分析、建模等活动有直接关联，导致后期需求可追溯性差、需求变更风险高，从而需付出较大的工程代价（时间、成本等）加以弥补。由此可见，需求工程对于项目开发尤其是大型复杂产品系统的研发起到至关重要的作用。

4.1　需求工程

4.1.1　需求工程内涵

需求工程是对复杂产品系统设计进行严格控制的有效工具，需求的错误分析、分解与追溯管理，已经成为开发项目中最容易造成超支的因素之一，有超过 70%的设计错误来自于需求的错误。而 70%～85%的重复工作支出被花在了修正错误的需求上（见图 4-1）。

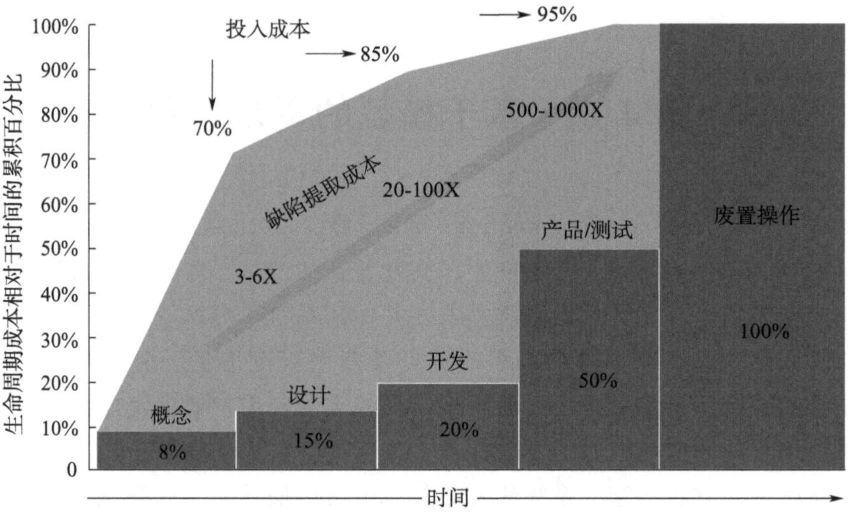

图 4－1　需求错误预支的生命周期成本

需求工程是指应用已证实有效的原理、方法，通过合适的工具和记号，系统地描述待开发系统及其行为特征和相关约束。在 *System and Software Requirements Engineering* 中，Thayer R H 等将需求工程定义为：运用已经被验证为有效的方法和技术进行需求获取，并明确用户的目标，从而帮助需求获取人员把握全局需求和定义应用产品的全部外在行为特征的一门学科。

需求工程对应于系统开发生命期中系统综合设计之前的第一个阶段，覆盖了架构设计之前的各项开发活动，并贯穿于全生命周期阶段，主要包括分析客户需求、理解使命任务目标、对待开发系统的各项功能性及非功能性需求进行规范说明。需求工程往往与架构设计交替进行，直到分解的子问题可以单纯地由软件或硬件系统解决。

复杂产品研制的需求工程目标在于确定客户需求，定义设想中系统的所有外部特征，包括从产品工程研制的角度将利益相关者需求，完整、准确地转化成待设计复杂产品系统的“技术需求集”，即系统需求，用于对复杂产品系统各层级对象（系统、分系统、子系统、装配件、组件等）属性、行为、结构等进行定义，描述其“是什么、能做什么、该怎么做”。

系统越复杂、需求越多元化、约束越多，则越需要采用需求工程理论方法进行开发和管理，防止需求传递不清楚导致设计和验证与需求脱节的情况。复杂产品系统研制过程中，系统供应商均需开展需求工程，从客户和系统的需求着手展开需求论证，进而进行系统综合设计，提高系统集成能力，确保系统研发全面成功、需求全面实现。

通过需求工程，能够增强项目利益相关者对复杂产品系统特征在细节和相互依赖关系上的理解；增强项目利益相关者对需求（尤其是复杂需求）的掌握；增进项目利益相关者之间的交流，减少可能的误解和交流偏差。需求管理则能够更加有效地处理需求变更，提高生产效率；需求追溯信息能够更加准确地反映项目的进展情况，以便更好地进行项目决策；使得项目利益相关者认识到需求在项目工作中的重要性，使得需求的作用得到重视和有效发挥。

4.1.2　需求及其分类

（1）需求

所谓需求，是指人们对于客观事物的需要，体现为意向、愿望和兴趣，从而成为行动的直接原因。需求的英文是 Requirement，区别于需要 Need。参考 INCOSE《系统工程手册》中的定义，需要是一个或多个利益相关者缺少但想要或期望的能力或事情，它通常是用户/客户的一些初始想法，不具体也不太严谨。而需求是辨识系统、产品或流程的特征或约束的详细陈述，它通常是一种正式的结构化陈述，是无歧义的、清晰的、唯一的、可验证的和可确认的。需求规定了某种必须或应该满足的能力或条件，某个系统必须执行的功能，或者某个系统必须达到的性能条件。如空调系统，需要描述是空调系统应能让人感觉舒适，而需求描述是空调系统应能保持室内温度在 25 ℃±2 ℃。

不同的研究人员对需求有着不同的看法，I. Sommerville 认为需求是问题信息和系统特性、行为、设计和实现约束描述的集合。M. Jackson 等则认为，需求是客户希望在问题域内产生的效果。对于产品开发来说，需求就是客户认为产品应该具备的功能和性能。参考 INCOSE《系统工程手册》《NASA 系统工程手册》，需求是指经过商定的以“需要”形式阐述的对需要、期望、要求、能力的描述，以及对人力、设备、设施或其他资源和服务的需要，在特定的时期或特定的时刻的定量描述。

（2）需求的分类

复杂产品系统的需求类型包含多种，从技术角度出发，需求的完备集包括向产品系统结构低层级分解和分配的需求，用于设计相应单元，还包括产品与系统边界外产品交互的横向关联的需求。

在产品系统结构内分配的需求，包括功能需求（Functional Requirements，需要执行什么功能）、性能需求（Performance Requirements，功能执行到何种程度）和接口需求（Interface Requirements，产品与产品间交互的需求）。产品与系统边界外横向关联的需求（Cross - cutting Requirements）包括环境、安全性、可靠性、人因等方面的需求，以及来自设计和建造标准的需求、来自能力限制的需求，如图 4 - 2 所示。

①功能需求

功能需求用于定义为达到系统目标需要实现的功能。对于产品全生命周期中所有预期的应用，需要指定每项应用中产品的功能需求。功能需求被划入需求的功能分组，并被分配到子级功能、目标、人员和流程。采用输入、输出和接口需求形式自顶向下辨识和描述每项功能，以便能够在更大的功能组合中识别分解的功能。功能按照逻辑顺序进行分配，因此，系统任何指定的运行使用任务都能够通过系统的端到端路径进行追踪，从而反映出为了实现目标，系统应当实现所有功能的顺序关系。

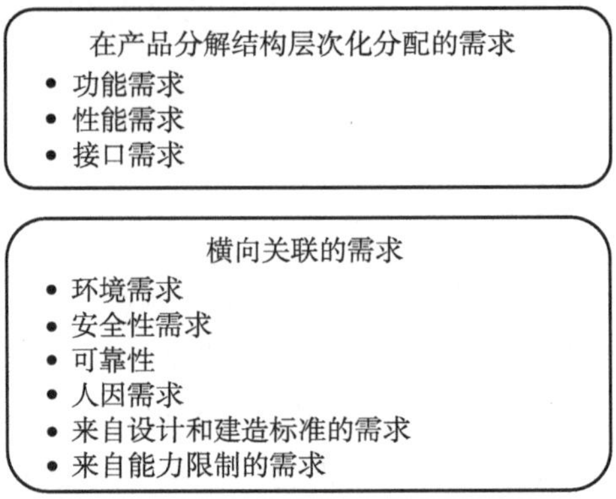

图 4-2　复杂产品系统需求类型

②性能需求

性能需求是对系统功能需要执行到何种程度的量化定义，包括系统功能的执行所需要的频度和程度、需要达到的精度（如需要怎样精确的度量指标）、应形成哪些定性和定量输出、在什么强度（如最大同时数据请求）或环境条件下执行、需要持续多长时间、在什么取值范围内和有多少偏差许可等。回答这些问题将有助于形成运行使用场景，并描绘出系统性能需求。

在可能的情况下，使用如下方式定义性能需求：

1）阈值（系统执行任务需要的最小可接受值）。

2）性能需要达到的控制基线水平。

通过阈值和控制基线来指定性能需求，可以为系统设计人员提供一个权衡空间，在其中研究考察不同的设计方案。所有定性的性能指标期望值，应该经过分析，并转换为定量的性能需求。权衡研究通常可以帮助对性能需求进行量化。

③接口需求

为系统及其配套系统（如载人航天工程系统中，假定待设计系统为载人飞船系统，则相应的配套系统包括航天员系统、空间应用系统、运载火箭系统、发射场系统、测控通信系统、空间站系统、着陆场系统等）定义所有的接口需求是一项重要的工作。接口反映了产品（系统或子系统）和周边环境的边界，与产品全生命周期所有阶段关联的接口也应当考虑。

接口的类型包括运行使用命令和控制指令接口、计算机之间的接口、人机接口、机械接口、电气接口、热学接口和数据接口。相关场景图是一个定义接口的可用工具，用于描述产品及其所有外部接口。一旦系统组件被定义，需要开发出能够显示系统的主要组件、组件间互联关系和外部接口的框图，据此给出组件和组件之间交互的定义。

④环境需求

每个复杂产品研制任务都有独自的环境需求集。辨识特定任务的外在和内在环境、分析和量化预期的环境、针对预期环境开发设计指南并建立相应价值体系，是系统工程的关键功能。从研制任务环境派生出的需求应该包括在系统需求里。同时，需求结构必须说明应用于项目各单元任务环境的专门工程领域。

⑤安全性需求

安全性需求有两类：确定的安全性需求和基于风险信息的安全性需求。确定的安全性需求是对系统采取的行动或实际效果定性或定量地给出阈值的定义。在与任务相关的设计中，组件和系统及其相关活动，以及其他与安全相关的活动都应满足确定的安全性需求。

基于风险信息的安全性需求是在考虑（至少是部分考虑）与安全性相关的技术性能指标及相应不确定性的基础上建立的。

⑥可靠性需求

可靠性需求确保系统（含分系统，如软件和硬件）能够像整个使命任务过程中期望的那样，在可预计的环境和条件下运行使用，并确保系统有能力经受住一定数量和类型的失效、误差或故障（如经受住预期的数据传输率、指令和/或数据错误，独立事件扰动等）。

可靠性应考虑人为错误的可能性（与人因系统集成相互协调），因而需使用专题试验来验证假设。可靠性强调设计需求和验证需求，以满足相应运行使用水平的需要，满足在所有预期环境和条件下对故障和/或失效的容差限度。

⑦人因需求

在航空、航天、有人使命任务和其他相关工作中，人类作为运行使用人员和维护人员，是使命任务和系统设计的关键组成部分。人类的能力和局限性应该以某种方式反映到设计中，这种方式与材料特性和电子元件特性反映在设计中的方式相同。

与人类因素相关的目标和约束包含在需求开发期间的系统各项计划中。如在每个载人系统组件中，与人类因素相关的问题、设计风险和权衡分析被记录归档为项目需求的一部分，这样在设计阶段就可以充分解决这些问题。

在利益相关者中，不仅要纳入那些指定系统如何构建的人员，还要纳入那些在系统投入运行时将使用系统的人员，这样既可以自上而下生成系统需求（需要建成什么样的系统），也可以自下向上生成系统需求（预期系统如何发挥作用）。所有硬件和软件方面的需求都应考虑人因在系统中的作用及人类被期望执行的任务类型。

4.1.3　需求的层级化

无论哪种复杂产品，需求通常可按系统层级结构进行分解，如体系、系统、分系统、子系统、组件等层级，各系统顶层需求来源于利益相关者需求（利益相关者期望系统达到的目标和结果，描述问题和背景，但是并不框定解决方案），如航天器型号研制总要求。需求的层级划分也对应于系统工程 V 模型的层级划分，从模型的顶层往下，需求分别为任务级、产品级、系统级、子系统级以及组件级需求。对应关系如图 4－3 所示。

从需求工程的角度来看，V 模型流程左侧各级之间就是上一环节给下一环节提出输入的需求，下一环节通过制定方案满足需求并沿系统架构分解到再下一环节的过程，同时每一环节通过工程化迭代过程制定并执行相应的需求验证计划，最终实现系统需求的验证与确认。

在每一层的需求分解中，全部衍生需求（在分析和设计过程中产生，不是从父级的需

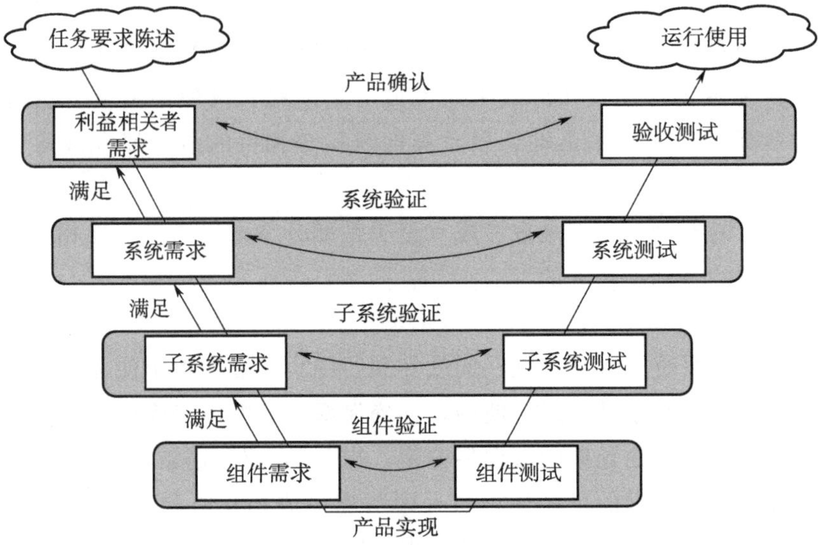

图 4-3 需求在系统工程流程中的层级化

求直接分解或者分配而来的）在进入下一层分解之前，必须通过利益相关者期望（没有表达为需求，隐含的用户的要求、愿望、需要等阐述被看作“期望”，一旦来自利益相关者的期望被捕获、分析并转换为“需求”形式阐述，该期望变为需求）或者较高层需求的确认。需求直到最底层的可追溯性，确保每个需求都是满足利益相关者期望所必需的。需求没能被分配到更低层或者未能在更低层实现，将导致设计不能够满足目标而成为无效的设计；反过来，低层需求和设计不能被上层需求追溯将导致无法证明的超标设计。

每一层次的需求，从系统需求类型上考虑，都可被划分为系统的功能需求、性能需求、接口需求、设计约束、环境需求等，并在系统内进行行为、结构、参数等方面的分配。这个分解和分配过程持续迭代，直到系统设计准确、完整地满足初始用户需求。

可见，系统需求分解、分配过程是系统解决方案的一种抽象描述，涵盖了系统是做什么的、做的好坏程度要求等内容。系统级需求更进一步的细分才是设计定义需求，聚焦到具体的解决方案性能指标。

4.1.4 需求工程过程

需求工程建立了系统设计与产品实现的基础，模型化的复杂产品系统需求工程，通常包括需求获取、需求分析、需求建模等技术活动及需求追溯、需求变更等管理活动。复杂产品系统需求工程活动模型如图 4-4 所示，这些需求活动包含了辨识、精化、分析并记录新系统需求及需求间的关联关系。

需求获取是需求工程甚至是系统工程的初始流程，是复杂产品源需求生成的前提基础。这个流程的主要目的是理解任务目标、确认利益相关者，以及准备如何使用产品，这个目的通常通过系统用例分析、设计参考任务活动和运行使用情况实现。需求获取需要解决的问题是：应搜集什么信息，从什么来源中搜集信息，以及用什么机制或技术搜集信

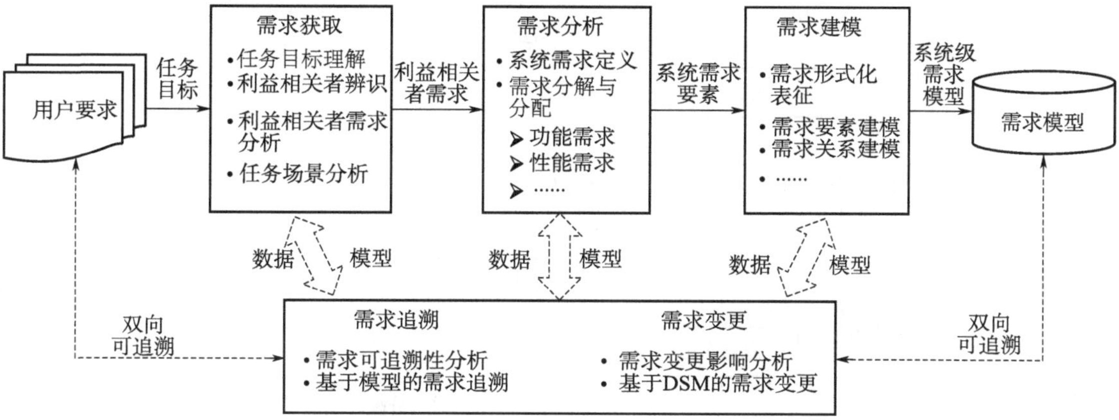

图 4-4　复杂产品系统需求工程活动模型

息。从复杂产品研制角度，需求获取阶段应包含以下活动：任务目标理解、利益相关者辨识、利益相关者需求分析以及任务场景分析。

需求分析是把利益相关者需求转化成对系统待解决问题的定义，然后转换成经认定的系统技术需求的完备集，这些以“需要”形式陈述的需求，能够用于定义产品分解结构模型和相关附属产品的设计方案（产品分解结构模型产品如系统或子系统；相关附属产品如提供或使用数据的外部系统）。需求分析是一个递归和反复迭代过程，在该流程中开发产品系统需求和底层产品/组件需求。

需求建模是需求工程的关键一环，需求在此阶段得以形式化、模型化表达。传统系统工程流程中，各种需求以文档为主要信息载体进行需求工程的迭代反馈。然而，在基于模型的需求工程中，初始用户需求将在顶层需求模型构建的基础上，随着需求工程活动贯穿于复杂产品系统设计全生命周期过程，以模型方式进行需求迭代、精化过程。每种需求要素根据相应的特点与分析意图，综合应用多种 SysML 模型视图，从不同视角进行形式化构建，即需求建模过程，从而得到语义一致的、需求完备的、具有可追溯性的需求模型。

需求管理适用于所有需求，包括利益相关者需求、客户需求、物理功能需求和运行使用需求，自顶向下分配直到底层产品组件的技术产品需求，也包括所研究系统在与其他实体和环境交互作用时，因出现问题而引出的需求。同时，在确定系统需求及需求间关联关系并进行模型化表征之后，随着复杂产品系统层级的不断深入，领域特征性将不断体现，往往会出现与原始需求相冲突的地方，这时候就需要进行需求变更活动，同时也需要依据已经建立的系统需求模型，从系统功能用例、结构设计等角度，对需求的满足情况进行确认，并形成可追溯关系，以保持系统功能、系统结构设计源于需求，从而实现复杂产品系统的需求管理过程。典型的需求管理过程如图 4-5 所示。因此，需求管理流程的作用是，在系统产品的全生命周期中，对所建立的需求及其变更进行管理；保持在利益相关者需求、系统产品需求、产品组件需求、设计文档、试验计划和技术规程之间的可追溯性。

采用基于模型的系统工程进行复杂产品系统的研发，需要考虑的研制内容众多，但抓住需求工程这条主线，可以帮助提高对研制流程的理解和管理，并实现在整个研制流程中

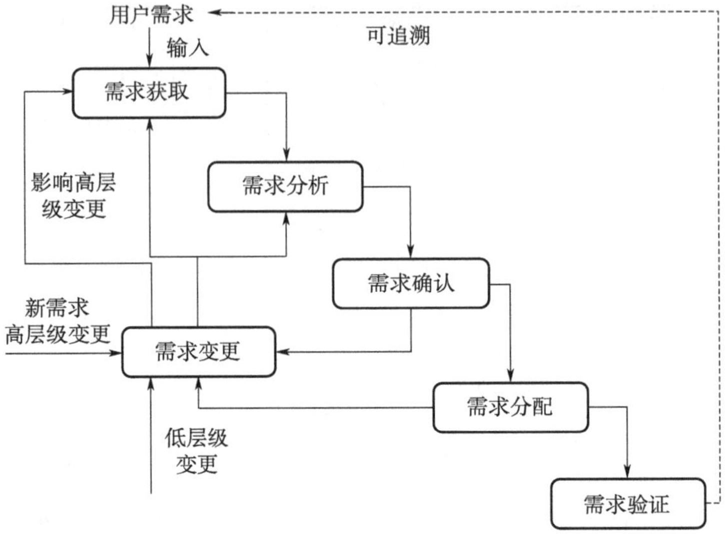

图 4－5　典型的需求管理过程

管理控制相关设计活动严格遵循系统需求，确保所有系统需求的实现，最终取得项目研制、验证确认、运行维护的成功，对于全面提高复杂产品系统的研制能力具有重要意义。

4.2　需求获取

4.2.1　任务目标理解

明确利益相关者需求的先期工作是理解任务目标。清晰描述和记录任务目标，有利于确保项目团队朝一个共同的目标努力工作。这些目标组成了项目任务开发的基础，所以需要清晰的定义和关联。在整个系统工程流程中，与利益相关者主动反复交互是使所有参与团队在应该做什么和如何做上达成一致理解的有效途径。

通过确定需要解决的问题及问题的范围，得到任务目标的需要、目的和目标，这为确保参与流程的每个人在项目初始阶段达成一致提供适当的机制。任务目标中的需要与系统被期望解决但还没有解决方案的问题相关，通常要回答试图去解决什么问题。目的是对需要的精细化，形成系统期望的一个特定的集合，通常要处理满足需要必须去做什么，即客户要求系统去做什么。目标是指系统输出必须达到的指定的水准值，每个目标都应当与特定的目的相关联，是将特定期望记录归档的基础和手段。对任务目标要求的清晰描述，能够针对从需要到目的、从目的到目标提供清晰的可追溯性。这种可追溯性有助于确保团队给出的期望确实是所需要的。

项目团队同样要确认可能会面对的任务约束条件。有时约束条件是由外部因素决定的，如结构力学因素或技术状态因素，有时约束是由整个预算环境造成的。在确定任务目标的同时归档约束条件和相关假设是十分重要的。

综上，为了更好地理解并定义任务目标，有必要引导出利益相关者所期望的需要、需求，以及对能力、外部接口、前提条件和约束条件的要求。这一步骤的最终结果是发现和描绘出系统的任务目标，总体上表达系统最终用户的协议和需求。

4.2.2　利益相关者辨识

项目团队利益相关者是指那些受到复杂产品研制任务影响的，或某种程度上对任务结果负有责任的组织或个人。通常参与到项目/产品运作中的关键人物被称为关键利益相关者。

客户是关键利益相关者之一。在产品分解结构中不同层级工作的系统工程师可能会面对不同的客户。例如，在系统顶层，客户可能是购买产品的某个人或某个组织。对于在产品分解结构中自顶层向下三到四个层级工作的系统工程师，客户则可能是某个将单元产品集成到更大组装产品的团队负责人。

受影响的利益相关者是那些直接受系统使用和操作影响的利益相关者，包括操作和维护人员、乘组人员（如适用）、系统开发人员以及管理人员等。这些团体对系统功能的定义非常感兴趣，应密切参与系统功能需求的早期论证。受影响的利益相关者的期望对于在不同层面上理解系统的预期结果很重要。计划/项目管理人员感兴趣的是如何能够在给定的约束（即预算成本、周期、政策和法律）内使任务成功。管理人员和系统开发人员则对确保技术解决方案在其各自的学科内实现预期的结果感兴趣。系统工程师在开发系统概念时则需要识别组织内这些不同的观点。

还有其他与产品存在利益关系的团体，这些团体通过提出宽泛而宏观的约束条件对项目施加影响，客户的需求应当在这些约束条件下满足。这些团体可能受项目产品及产品使用方式的影响，或负责产品生命周期内的保障服务。诸如项目委员会、工程负责人、维护人员、使命任务合作方都属于此类团体。在流程中尽早识别并列出利益相关者非常重要，特别是识别对项目有重大影响的利益相关者。

利益相关者辨识活动最常用于概念研究和需求开发期间。随着越来越多的利益相关者加入项目中，这个活动在后期各个阶段也很有用处。在系统综合设计（系统功能分析和架构设计）阶段，随着设计方案的深入开发，可能会识别出更多的利益相关者，包括被项目选中承担系统和子系统设计与实现任务的承包商；在系统集成测试阶段，包括装配、集成、试验和运行使用人员；在系统运行使用和维护阶段，项目开发团队则可能要过渡到运行使用团队（见表 4－1）。

表 4－1　在生命周期中辨识利益相关者

生命周期阶段	利益相关者示例
概念论证阶段	任务总体部，任务主管单位
需求开发阶段	任务主管单位，潜在客户与用户，工程师队伍，安全性组织
系统综合设计阶段	用户，工程师队伍，安全性组织，运行使用方，项目负责人，维保人员，任务承包商
系统集成验证阶段	用户，工程师队伍，安全性组织，集成验证团队
系统运行使用和维护阶段	用户，工程师队伍，安全性组织，运行使用方，维保人员

4.2.3 利益相关者需求分析

利益相关者需求，即特定的利益相关个人或团体需要的规范化描述，通过制定所需项目最终状态或目标产品是什么，或为项目目标增加约束范围来确定。这些约束范围可能包括资源消耗、交付时间、性能目标，以及其他非定量约束，如组织需求和个性化要求等。

需求获取也正是为了确定和收集与复杂产品相关的、来自不同来源和对象的用户需求信息，通过与项目利益相关者进行沟通，对当前复杂产品系统所要解决的问题进行辨识与捕获，初步理解项目从而收集原始需求中待细化的系统需求条目。在工作开展中，主要就业务流程、组织架构、软硬件环境和现有产品系统等相关内容进行沟通，挖掘系统最终用户的真正需求，把握需求的方向。

运行使用目标也需要包括在利益相关者需求的描述中。运行使用目标确定任务中如何运行、使用和操作才能完成任务目标。使命任务和运行使用成功准则描述任务必须成功完成的内容。成功准则紧扣利益相关者需求，与工程性需求和约束条件共同作用于顶层需求。

开发利益相关者需求主要从以下几个方面考虑。

初始的客户需求：包括来自客户的、针对不同层级产品的需要、目的、目标、期盼、能力要求和其他约束条件。对于顶层产品（最终的目标产品），是指客户最初提出的对应产品需要的期望。对于产品结构中其他层级的目标产品，是指在向上一层级交付此目标产品时，接收者对此产品的期望。

其他利益相关者需求：指除客户之外的关键利益相关者的需求。例如，此类利益相关者可能是一个试验团队，负责接收低层级交付的产品（目标产品及配套产品），也可能是培训人员，负责指导与本层级产品相关的运行使用人员和管理人员。

客户传承的需求：指客户从更高层级传承的或从更高层级分配的需求（如上一层级需求），这些需求能够帮助建立本层级的客户期望。

4.2.4 任务场景分析

任务场景是获取利益相关者需求的重要内容，用于确定系统需求和项目的概念架构。任务场景是系统中与用户相关联的需求开发和结构开发的出发点，是此后各类系统描述模型的开发基础；任务场景同时为系统的长期运行使用计划开发活动提供基础。

在初步获取了利益相关者需求之后，接着是分析并定义待开发复杂产品系统的任务场景，即运行使用构想，从而能够进一步确保项目团队全面理解利益相关者需求，以及确保这样的理解能够被利益相关者所认可。这些对系统未来行为的设想和构思，在不需要说明设计方案如何满足需要的条件下定义了所期望的系统，因此在理解利益相关者需求时，不需要考虑系统的方案实施和运行使用。任务场景还描述了系统的行为特征及人们与系统交互的方式。

任务场景同样是开发系统需求的重要源动力，因而应当在系统设计过程早期（需求阶段）予以考虑。通过考察任务场景及其用例，经常能够揭示出可能会被忽视的需求和设计功能。例如，新增添一项系统需求“在使命任务某个特殊阶段允许进行通信”，可能需要在航天器的专门位置增设一部天线，而这在既定的使命任务中可能并不需要。任务场景应当包括所有重要的运行使用场景，包括已知的非计划内的运行使用场景。为了开发可用的、完备的运行使用场景集，应当考虑那些重要的故障模式和退化模式下运行使用的情形。

针对复杂产品研制，其任务场景往往是指用户行为、研制阶段、内外部环境以及待开发系统内部状态的组合，具有多维度耦合性。一般来说，每个任务运行场景相应地定义一个或多个系统用例，有效保证用例定义的完整性，需求覆盖的正确性。

分析任务场景是指站在用户的视角，针对某个任务场景提出对系统顶层的能力（服务）要求。场景分析主要包括以下活动：1）场景时序分析，将被设计系统作为一个整体(黑盒)，通过时序图分析某个场景的典型运行过程；2）与外部系统交互分析，基于用例图识别出被设计系统的外部接口系统；3）定义系统顶层功能需求以及功能接口，通过内部模块图中外部接口输入输出关系和系统内的运行过程识别系统顶层功能。通过任务场景全面分析可以确保系统顶层功能识别的完整性。

4.3　需求分析

4.3.1　系统需求定义

系统需求定义阶段需要描述系统的技术需求，即被认可的标识待解决问题完整描述的需求集，以及客户和相关利益者确认和认可的其他需求，并对获取的需求进行良好的表征，例如，可以从模型化角度利用模型视图说明系统需求类型、层级，系统接口需求等，其流程活动如图 4－6 所示。

系统需求定义活动应用于从工程层、项目层、系统层直到底层产品/组件需求文档的技术需求定义。需求应该能够描述所有的输入、输出，以及输入/输出之间的必要关联关系。这些关系包括各种约束条件，系统与利益相关者之间的交互，以及系统与其他系统之间的交互。这些可以通过需求规范、系统用例，实现客户、相关利益者和技术团队需求之间的相互沟通。

以顶层需求和运行使用情况作为输入，对顶层需求进行初步评估，以理解待解决的技术问题，并建立系统设计边界。通常进行如下活动来建立典型的边界：

1）确定设计方案必须遵从的或系统将使用的约束条件。在权衡分析时约束条件通常是不能够改变的。

2）辨识已经在设计控制下并且不能变更的那些单元。它有助于缩小对潜在设计方案进行权衡分析的范围。

3）建立系统交互必需的物理接口和功能接口（如机械的、电子的、热学的、控制的等）。

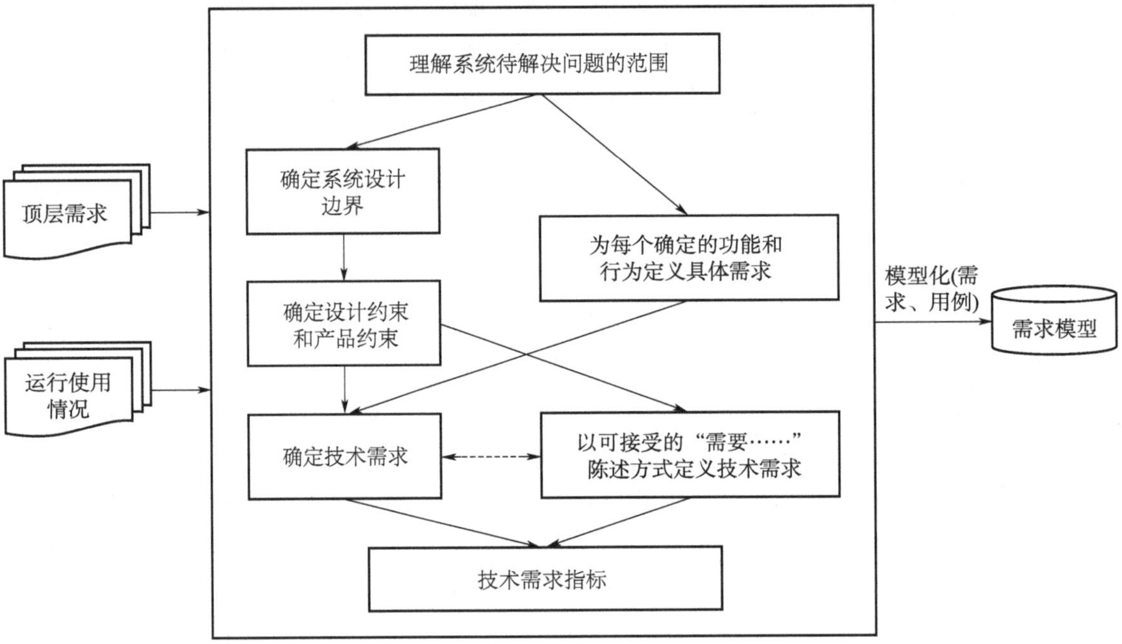

图 4-6　复杂产品系统需求定义流程活动

4）为运行使用情况中辨识的系统预期使用范围定义功能和行为期望。运行使用情况描述系统如何运行使用和可能的用例活动。

随着对约束条件、物理/功能接口和功能/行为的全面理解，需求可通过建立性能指标做进一步定义。性能表述为需求的定量部分，用来表示每个产品被期望完成的功能。

最后，需求应该被定义为可接受的"需要……"阐述，每条陈述仅含一个"需要"的完整语句。良好的需求可以为利益相关者和技术团队双方带来特定的益处，例如为利益相关者和开发者就产品用于做什么的问题达成一致建立基础；降低后续开发成本，因为减少了为说明低水平、有缺失和难懂的需求描述而做的重复工作；为后续利用模型预估成本和进度提供基础；为需求验证和确认提供控制基线；良好的需求模型便于交付。

4.3.2　需求分解与分配

需求的分解自顶层需求开始，按系统的层次结构进行。顶层需求来自上级部门行政指令、任务管理部门、工程管理部门、组织机构、客户和其他利益相关者。这些顶层需求可以划分为功能需求和性能需求两类，并在系统内针对各个组成部分（单元和子系统）进行分配。分配的需求又在单元和子系统中进行进一步分解和分配。这个分解和分配过程持续进行，直到获得能够进行设计的完整系统需求集。在每一个层级（系统层、子系统层、组件层等）的分解中，在推进到下一层分解之前，全部派生需求的合集应当根据利益相关者的期望或较高层级的需求进行确认。

对应于系统的不同层次，需求有一个层级结构，最顶层的需求来自于用户的使用要求、成本约束、研制周期约束及各利益相关方的期望等，这些顶层需求都被划分为功能需求和性能需求等，并在系统内进行分解与分配，由系统到子系统再到单机部件，层层细化，这个分解和分配过程一直持续到完成完整的满足需求的设计为止，该过程如图 4－7 所示。

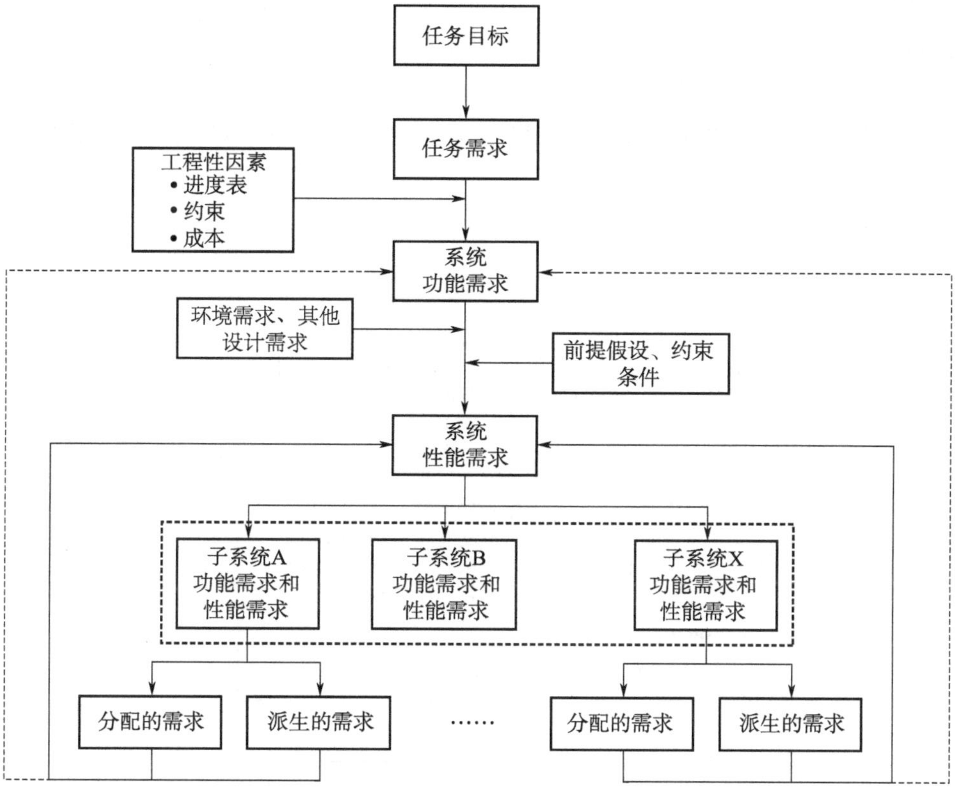

图 4－7　需求的层次分解流程

4.4　需求建模

4.4.1　需求模型的内涵

从工程角度出发，需求模型是指从复杂产品系统最顶层的需求直至最底层的需求，以及它们之间逻辑关系构成的集合。需求模型产生于任务需求分析阶段和需求建模阶段，传递于基于统一权威数据源的需求数据/模型管理阶段、系统综合设计阶段和集成仿真验证阶段。通过需求模型，将系统设计过程中不清晰的期望、要求等转换成需要解决的具体问题，用于指导系统设计。

需求完整论证包括对顶层需求与约束、系统功能与架构的论证与分析，容纳有系统功能、性能需求的详细信息，以此构成复杂产品多级系统需求的基础性输入，最后形成系统各层级的功能、性能与接口需求。在复杂产品需求论证过程中，最顶层的需求模型为工程总体任务要求需求模型，是整个复杂产品系统研制的输入。任务需求分析阶段根据工程总体任务要求进行顶层任务分析与规划，得到复杂产品系统的具体任务需求模型。需求建模阶段则根据工程总体要求和任务需求模型进行系统需求分解，得到产品设计、实现和验证的详细需求模型。

需求模型主要由模型元素、元素之间的关联关系、SysML 视图等模型化元素组成，与构建的系统模型进行迭代反馈，提高需求对系统模型设计的指导效率。视图是容纳模型元素的载体。随着需求论证逻辑层次的不断递进，会采用多种 SysML 模型视图，在整个需求论证过程中，对对应的模型元素及相互关联关系进行处理，支持需求模型的实现。复杂产品需求论证逻辑关系如图 4-8 所示。

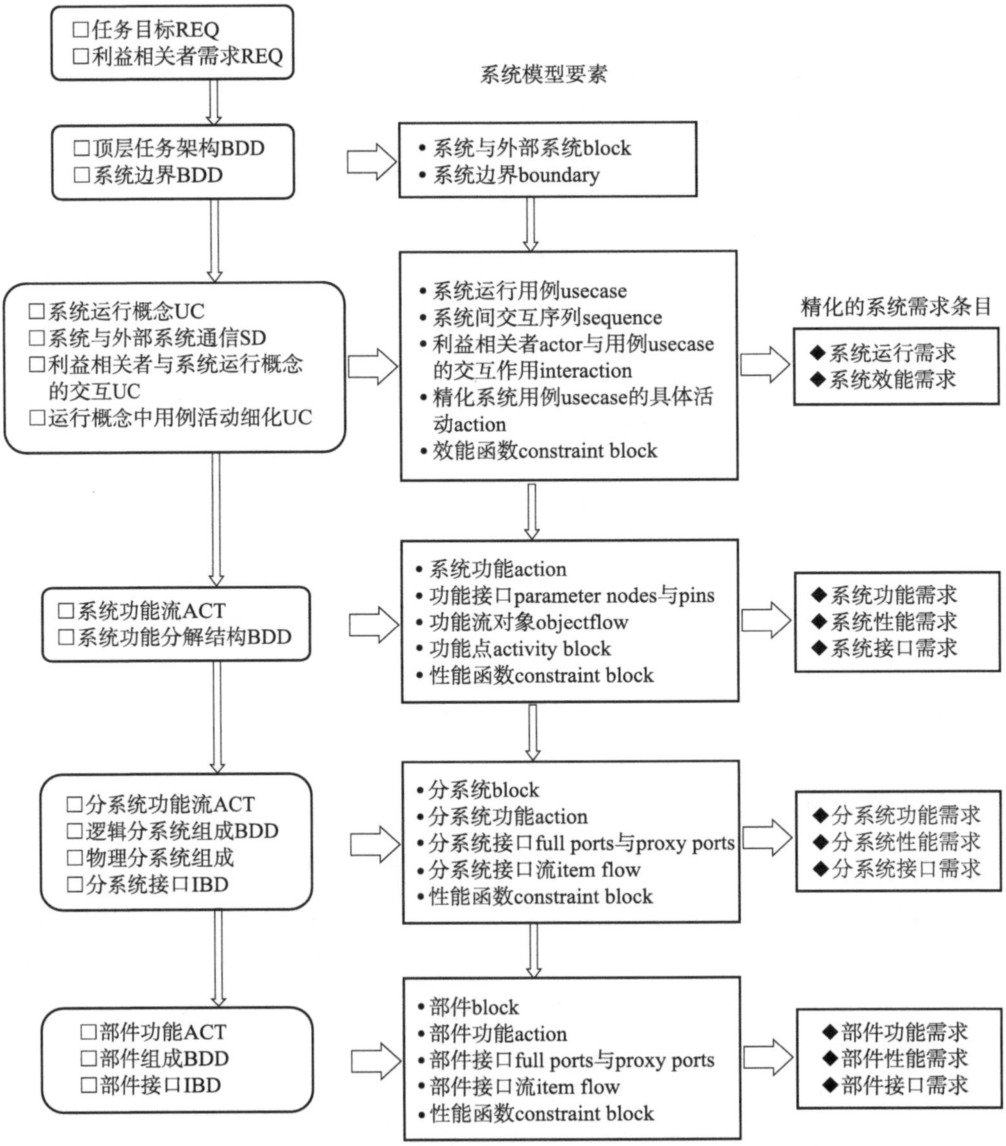

图 4-8 复杂产品需求论证逻辑关系

需求模型的质量决定了产品的最终效果与用户需求的匹配程度，其开发得不充分、不完备，可能导致系统开发人员对需求理解产生偏差，从而导致后期需求变更产生的巨大代价。

因此，在需求建模阶段，重点应关注文本需求形式化表征、需求要素建模，以及需求之间、需求和其他模型元素之间的关联关系建模。系统工程师需要从信息流和信息结构出发，逐步细化所有的系统功能，找出系统各要素之间的联系、接口特性和设计上的约束，并分析它们是否满足功能要求，是否合理；并在需求传递的后续阶段依据功能需求、性能需求、环境需求、运行需求、设计约束等，去除其不合理的部分，增加其需要的部分，最终综合成系统需求模型解决方案。

4.4.2　需求形式化表征

需求形式化表征是指如何将捕获的基于文本的需求在模型中形式化表达。在需求获取与需求分析阶段，利益相关者需求及相关文本需求已经被定义，如何对这些需求进行形式化表达，形成语义间的一致性，供各领域设计人员的一致性理解是该活动需要解决的问题所在。

无论需求来源是什么，复杂产品系统、子系统、组件或部件要素的相似需求都将分别形成相应的需求规范。单独的需求也应当表达清晰、无歧义，从而支持开发人员实现满足利益相关者需要的目标系统。

在 MBSE 中，SysML 建立了基于文本的需求和系统模型之间的桥梁。单独或成组的文本需求可以从需求管理工具或文本规范中引入系统建模工具，也可以直接在系统建模工具中创建。在 SysML 模型中需求规范通常被组织起来，形成规范层级结构。每个规范包含诸多需求，如系统规范包含多个系统需求，部件规范包含每个部件需求。包含在每个规范中的需求经常以树状结构建模，这种树状结构对应于基于文本的规范组织结构。层级中单独的或集合的需求可链接到其他规范中的需求，也可被链接到代表系统设计、分析、实现和测试用例的模型元素。

每个单独的文本需求，可以基于 SysML 构建需求模型。需求模型可以通过 SysML 图形和表格实现。用例也可用于支持需求分析，表达并精化基于文本的需求。

(1) 需求图

需求图（Requirement Diagram）是以图形化方式描述需求或规范的层级。需求图可以表述文本形式的需求，在 SysML 中被捕获为≪requirement≫条目。图 4 - 9 是一个 SysML 中基于文本的需求示例。每条需求的结构包括预先定义的属性，如唯一的标识符和文本字符串。

在 SysML 中，需求图可以表示一个包或一个需求。需求及需求与模型元素之间的关系可以直接在模块定义图、包图和用例图中表示。但需求不能直接表示在其他图类型中，如内部模块图。由于需求图可以描绘大量单个需求之间的关系，因此它可用于表示单个需求的追溯性，以检查需求如何被满足、验证和精化，检查它与其他需求的派生关系。

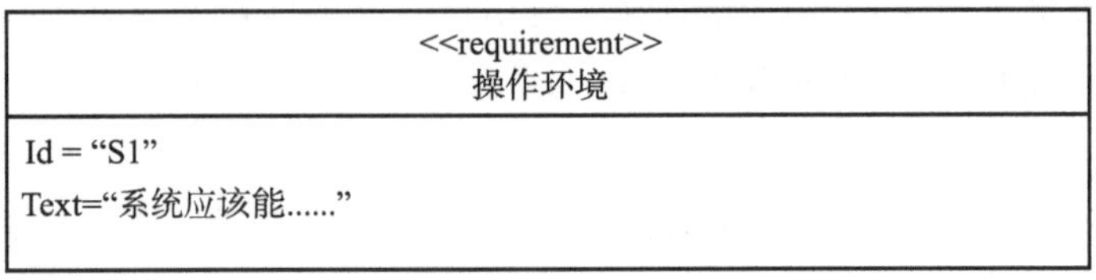

图 4-9　以 SysML 描述的需求示例

(2) 需求表

需求表（Requirement Table）是以表格的方式表达需求，与需求图相比，需求表表达需求更加紧凑。当查看或浏览大量需求时，需求图存在一个明显的缺陷：需要大量的标识来描绘和关联所有需求。然而这些需求对于定义合适复杂度的系统又是非常必要的。SysML 接受了用表格显示模型查询结果的概念，同时也使用表格作为数据输入机制。表 4-2 提供了一个简单的需求表示例，这些需求包含图 4-9 中展示的需求。通常情况下，现代需求管理工具用数据库维护需求。

表 4-2　需求表示例

Id	Name	Text
S1	操作环境	系统应该能够每天 24 小时检测入侵
S1.1	所有天气操作	系统应该能够在所有天气下检测入侵
S1.2	24/7 操作	系统应该能够每周 7 天，每天 24 小时检测入侵
S2	可用性	系统的操作可用性应达到 0.999

(3) 用例

用例（Use Case）是需求精化、功能分析的有力工具，可有效地划定范围、锚定用户、区分关系、定义功能点，通过不同颗粒度的抽象层次，不断分解复杂系统，使设计和管理有序化。

在《统一建模语言参考手册（第 2 版）》（*The Unified Modeling Language Reference Mannal*）中，James Rumbaugh 等把用例定义为“特定的一系列动作，包括变种系列动作和错误系列动作，系统、子系统或者类可以通过与外部对象交互来执行，以提供值的服务”。在《编写有效用例》（*Writing Effective Use Cases*）一书中，Alistair Cockburn 解释到：用例会捕获系统利益相关者之间关于系统行为的规范。用例会描述系统响应一种叫做主执行者的利益相关者请求时，在各种条件下的行为。主执行者会初始化与系统的交互以完成某些目的。系统做出响应，保护所有利益相关者的利益。

用例在捕获系统功能性需求方面是有效的，但不适合捕获其他类型的需求。用例可以使用需求关系与需求相关联，同时用例经常伴随着用例描述（详见 5.2.2 小节）。在用例描述中的步骤可以作为单独的文本需求被捕获，并与其他模型元素相关联，从而在用例和模型之间提供更细颗粒度的可追溯性。

4.4.3　需求要素建模

（1）需求元建模

需求可以通过添加属性来进行用户定制化，这些属性包括：验证方法、验证状态、优先级、风险和需求类型等。创建需求类型的一种可选方法是定义附加的需求构造型（stereotype）子类。构造型使建模人员能够加一些约束条件，用来限制可满足需求的模型元素的类型。例如，可以约束一条功能性需求使得该需求只能被行为模型元素满足，如活动、交互或状态机。

如表 4－3 所列，每个种类可以表示为通用 SysML≪requirement≫中的一个构造型。表中还包含了对种类的简短描述，可以增添附加的构造型属性或约束，以适合应用。其他需求类型的例子可包括操作类需求，针对可靠性和可维护性的特殊需求、储存需求、控制需求，以及针对利益相关者需要的顶层种类需求。

表 4－3　SysML 规范中的需求模式

构造型	基类	属性	约束	描述
≪extendedRrequirement≫	≪requirement≫	源：String 风险：RiskKind 验证方法：VerifyKind	—	混合属性通常包含需求的有用属性
≪functionalRequirement≫	≪extendedrequirement≫	—	被一个操作或行为满足	系统或系统组件必须执行的规范操作或行为的需求
≪interfaceRequirement≫	≪extendedrequirement≫	—	被一个端口、连接器、项流和/或约束属性满足	规范连接系统和系统组件的端口需求，可能有选择地包含通过连接器和/或接口约束的项流
≪performanceRequirement≫	≪extendedrequirement≫	—	被一个值属性满足	度量系统或系统组件必需的能力或条件程度的需求
≪physicalRequirement≫	≪extendedrequirement≫	—	被一个结构元素满足	规范系统或系统组件物理属性和/或物理约束的需求
≪designRequirement≫	≪extendedrequirement≫	—	被一个模块或组件满足	规范系统或系统组件实现约束的需求，如“系统必须使用商业现货零件”

需求元建模是描述特定领域系统的需求建模方法。需求元建模方法（见图 4－10）主要通过以下步骤实现领域需求模型构建：1）领域需求元模型定义；2）定义需求构造型并添加属性；3）使用 Profile（配置文件）扩展现有 SysML 语言概念；4）应用构造型定制化需求模型。

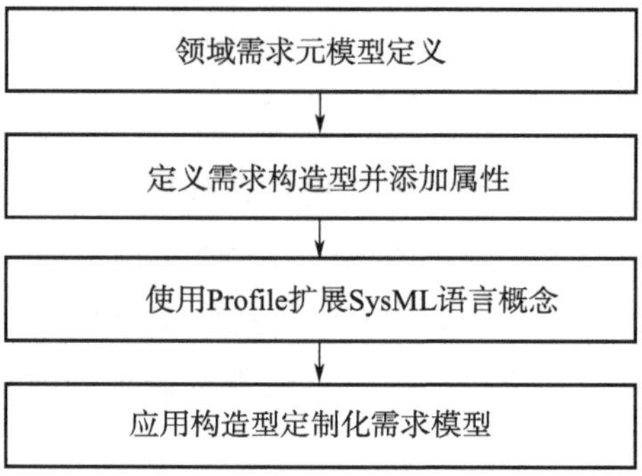

图 4-10 需求元建模方法

需求元模型定义如图 4-11 所示，需求通过 Requirement 表示，为顶层元素。根据设计需要分为复杂产品系统的系统需求和利益相关者需求，而系统需求又可以细分为应用需求和设计需求两个子需求，其中的设计需求再进一步细分可以分为可靠性需求、功能性需求、安全性需求、测试性需求和环境需求等。对需求类型的定义与细分程度取决于建模所关注的问题。

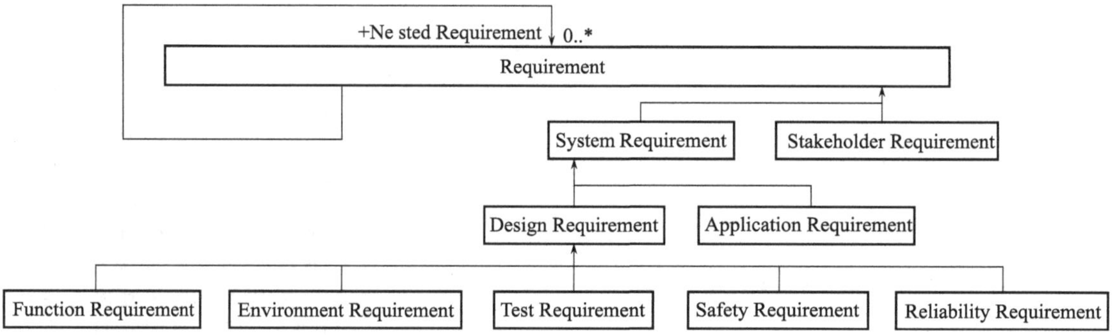

图 4-11 需求元模型定义

上述需求的具体含义见表 4-4。

表 4-4 需求类型及其含义

元素	需求类型	含义
System Requirement	系统需求	领域系统在建设时应满足的功能及性能指标
Stakeholder Requirement	利益相关者需求	利益相关者对系统在各个方面的要求
Design Requirement	设计需求	系统在设计时应满足的功能及性能指标
Application Requirement	应用需求	面向用户的应用需求，描述最终系统所能达到的功能和性能指标
Function Requirement	功能性需求	系统应满足的功能需求
Environment Requirement	环境性需求	在特定环境下实现任务目标，能够满足系统的功能和性能要求
Test Requirement	测试性需求	系统能够及时准确地确定其状态并反映其内部故障

续表

元素	需求类型	含义
Safety Requirement	安全性需求	系统在设计时需要考虑运行过程中可能产生的人员伤亡、危害健康等问题
Reliability Requirement	可靠性需求	系统在故障时的恢复能力，以及保持无故障的能力

需求元模型中主要包含了特定领域系统各种类型的需求，与 SysML 中 Requirement 模型元素在语义和语法上最为接近，因此，以 SysML 的 Requirement 为基础进行扩展。每个需求构造型都与图 4-11 中的元模型相对应，根据系统设计要求，需求可以分为三个层级，第一层为系统需求和利益相关者需求，第二层为应用需求和设计需求，第三层为可靠性需求、功能性需求、安全性需求、测试性需求和环境性需求。需求配置文件所包含的需求构造型如图 4-12 所示。

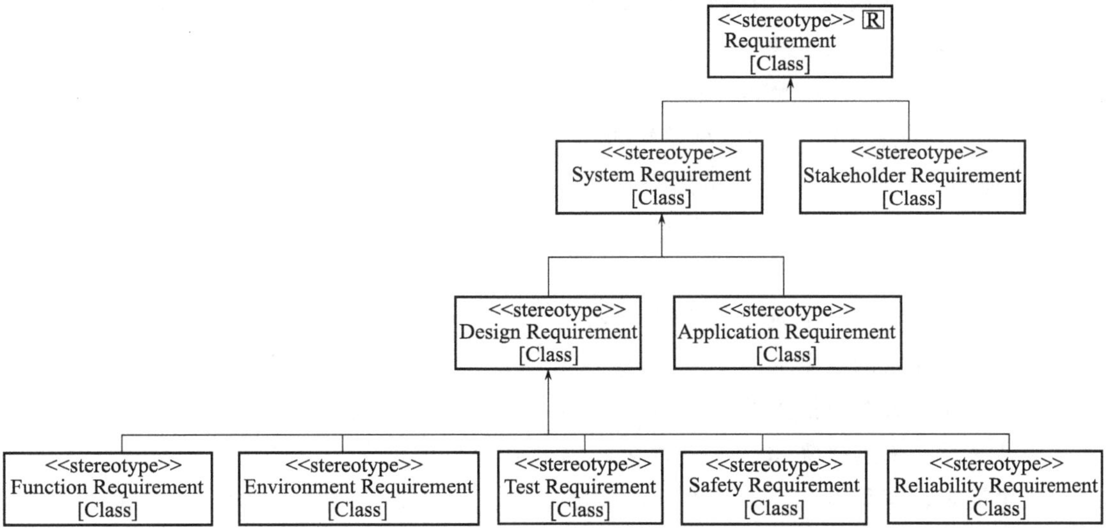

图 4-12　需求构造型定义

(2) 要素模型化

需求建模的关键是需求要素的模型化。一般而言，定性的需求要素，可以采用需求图、需求表对具体需求进行描述，并构建需求之间的关联关系。定量的需求要素，可以采用模块定义图、参数图辅以需求图的方式，将定量约束关系、定量要求以及定量指标之间的联系进行形式化构建，并通过用例图将任务级、系统级、分系统级信息进行逻辑整合，从而在全部需求要素宏观层次形成相互追溯、映射与验证关系。

针对每个需求要素，模型化要应用 SysML 语义和语法，保证每个需求条目的逻辑联系，从而在宏观和微观两个层面，配置起复杂产品需求在逻辑、语法、语义层次的关联关系，进而通过模型元素的检查，实现复杂产品需求自动化验证。

4.4.4 需求关系建模

(1) 需求关系的类型

复杂产品需求分析过程伴随着众多的中间过程与相应的模型元素，这些模型元素属于能力、活动、功能、架构还有参数视角，这些跨视角的模型元素之间存在紧密的关联关系，主要包括以下方面。

1) 关联（Associate）：表示始端与末端的元素具有相关性。

2) 满足（Satisfy）：始端是需求，末端可以是需求、功能模块、物理模块等类型，末端的内容能够实现始端提出的需求。

3) 分解（Decomposition）：在一个架构模型中，末端是始端组成结构的一部分。

4) 所有（Direct composition）：末端内容是始端属性中的一部分。

5) 分配（Allocate）：始端通常是需求或功能，末端通常是逻辑或物理架构，分配表示始端的内容由末端所承载与实现。

6) 包含（Contain）：始端、末端通常都是需求模块，末端是始端逻辑组成中的一部分。

7) 派生（Derive）：末端继承始端的部分需求，末端始端需求存在共同点。

8) 追溯（Trace）：表示始端的修改会导致末端的修改。

9) 精化（Refine）：末端需求比始端需求更加具体和深入，是始端需求的具体化和细化。

10) 验证（Verify）：始端是需求，末端可以是多类型，表示末端内容触发了特定的功能，验证其能否满足需求分配的一个或多个功能。

因此，需求关系包括关联、满足、验证、精化、分解等关系，在 SysML 中，包含相应的规范关系，来连接需求和其他需求，以及其他模型元素。这些关系包括定义需求层级、派生需求、满足需求、验证需求、精化需求、复制需求，以及通用目的的追溯关系，支持将一个需求与其他需求或模型元素相关联的强大能力。

表 4－5 总结了 SysML 中的规范关系。Derive（派生）、Copy（复制）关系仅能将需求关联到另一个需求。Satisfy（满足）、Verify（验证）、Refine（精化）以及 Trace（追溯）关系可以将需求关联到其他模型元素。Containment 可以将需求关联到其他需求或另一个命名空间，如模块或包。当将某个需求关联到一个嵌套属性时，如果存在多个路径，则应使用嵌套属性的规定路径来避免歧义。

表 4－5 基于 SysML 的需求关系与分区标识

关系名称	关系的关键描述	供应(箭头)端 标注/分区	客户(箭尾)端 标注/分区
满足	≪satisfy≫	通过≪modelelement≫满足	满足≪requirement≫
验证	≪verify≫	通过≪modelelement≫验证	验证≪requirement≫
精化	≪refine≫	通过≪modelelement≫精化	精化≪requirement≫
派生需求	≪deriveReqt≫	派生的≪requirement≫	派生自≪requirement≫

续表

关系名称	关系的关键描述	供应(箭头)端 标注/分区	客户(箭尾)端 标注/分区
复制	≪copy≫	无标注	控制≪requirement≫
追溯	≪trace≫	追溯≪modelelement≫	追溯自≪modelelement≫
约束(需求分解)	十字圈图标	无标注	无标注

(2) 需求关系的表示方式

①直接描述

当需求和与之相关的模型元素表示在一张图上时，它们之间的关系可以直接描述。在SysML 中，用带有关系名称的虚线箭头描绘了这种关系，关系显示为一个关键词，如≪satisfy≫、≪verify≫、≪deriveReqt≫、≪copy≫、≪trace≫。图 4－13 表示了摄像头和传感器决策之间的≪satisfy≫关系，其中摄像头是传感器决策设计的一部分，满足需求。

由于大部分 SysML 中的关系是以 UML 的依赖关系为基础，箭头由依赖的模型元素（称为客户）指向非依赖模型元素（称为提供方）。对≪satisfy≫关系的解释是系统设计依赖于需求，这意味着如果需求改变，则必须评估其对系统设计的影响。同样，派生需求依赖于源需求。在 SysML 中，箭头方向与通常的需求分解方向相反，后者的方向从高层需求指向底层需求。

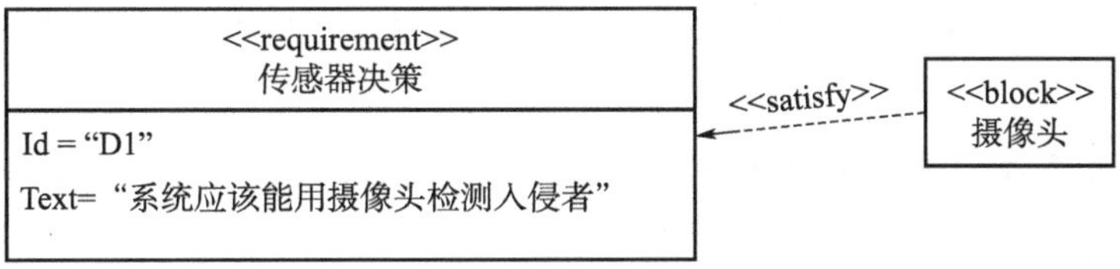

图 4－13　表示满足关系的直接标记示例

②分区标记描述

分区标记是另一种表示需求与另一个模型元素之间关系的方法，这些模型元素要能够支持分区，如模块、组成或另一个需求。这是一种紧凑的标记，可以与直接描述相互替代。分区标记也能用于显示一些直接需求以外的图，如内部模块图。分区标记能够明确显示需求关系和方向、模型元素种类及模型元素名称等信息，如图 4－14 所示。

③标注标记描述

标注标记是描述需求关系的另一种标记。它是限制性最少的标记，因为它可以在任何类型图中表示需求与模型元素之间的关系，包括需求与端口、连接器等模型元素之间的关系，这些模型元素不支持分区。标注被描绘成连接到模型元素的图形化注释标识，如图 4－15 所示。

④其他需求关系描述方式

1）表格。关系路径可以通过选择一条或多条需求（或其他模型元素）并从所选需求

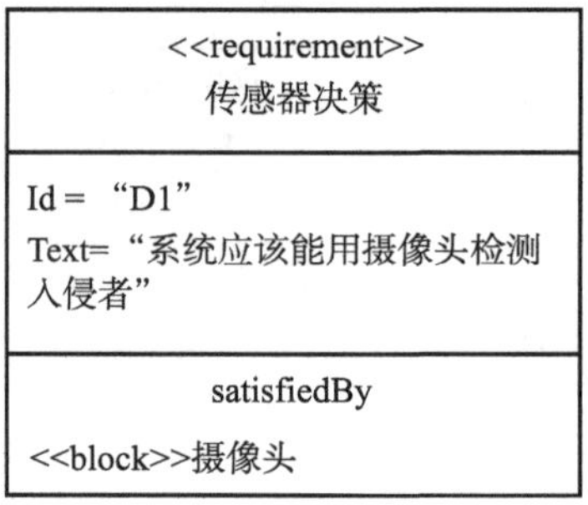

图 4-14　表示满足关系的分区标记示例

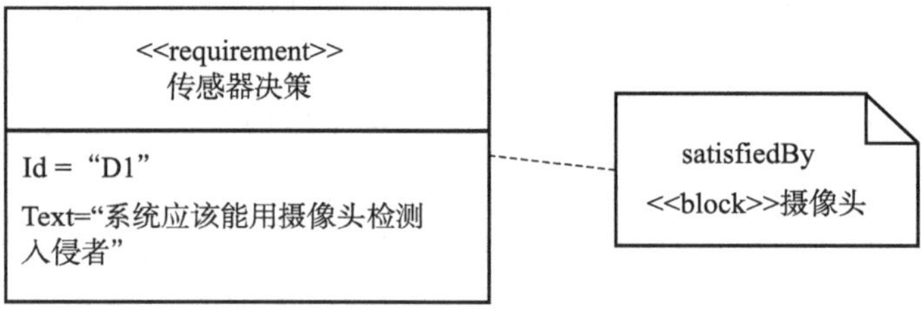

图 4-15　表示满足关系的标注标记示例

中导出关系来形成，也可以简洁地显示在表格中。关系路径可以是任意深度的。这意味着，它们可以从一个模型元素到另一个模型元素导出单一种类关系，也可以从一个模型元素到另一个模型元素导出不同种类的关系。当进行跨越模型的需求变更影响分析时，这一点特别有用。

2）矩阵。表格表示法也可以用矩阵形式表示需求和其他模型元素之间的多种复杂关系。矩阵能够描绘特定的需求关系，并将需求及与需求关联的模型元素分别呈现在不同栏中，同时可以应用过滤准则来限制矩阵的大小，如图 4-16 所示。

（3）需求关系建模的实现

在复杂产品研制需求建模中，需要建立各层级需求与各种系统元素之间的关系，确保所有需求都具有可追溯性，并支持进行需求验证以及需求变更时，可以确保不会遗漏受到影响的需求，从而直观地反映需求变更影响的范围，提高工程开发效率。

复杂产品多层级需求的分析以条目化的需求描述文字为输入以及最终输出，中间过程伴随着功能、架构、参数等方面的分析要素，多层级需求之间的关联有一部分是需求条目之间的直接逻辑关联，有一部分是通过其他分析要素作为中间件的间接逻辑关联，从而形成一个复杂产品多层级需求要素的关联关系体系。

利益相关者期望：在系统模型中存在形式是 Requirement Block，构建与利益相关者的关联关系，明确期望来源；构建系统功能与架构模块对利益相关者期望的满足关系，明确利益相关者期望得以满足的具体途径。

系统需求：在系统模型中存在形式是 Requirement Block，多个系统需求模块之间构建派生、追溯、包含关系。其中包含说明了需求之间的归属关系，追溯说明了需求之间的

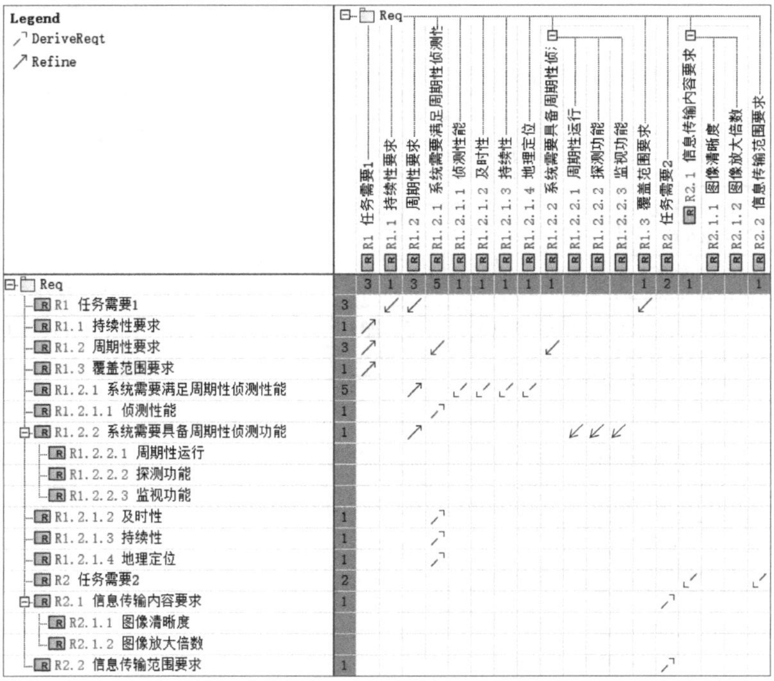

图 4-16　派生与精化需求关系的矩阵表格化需求视图示例

变更影响关系，派生说明了需求之间存在共同点的相关关系。

1）构建用例与需求之间的精化关系，将需求具体化与详细化；构建用例对需求的满足关系，通过用例对需求进行形象化描述。

2）构建用例活动之间的精化关系，将粗颗粒度用例进行具体化与详细化；构建用例活动之间的满足关系。

3）构建功能架构与需求之间的满足关系，明确系统需求得以满足的具体功能途径。

4）构建需求对架构的分配关系，明确需求向架构的细化分配。

5）对于需求 block 中的定量指标，形成 Requirement Block 或 Block 的值属性 ValueType，构建系统函数 Constraint Block 对定量指标的引用关系。

6）构建验证事件与系统需求的验证关系，验证事件可以是系统模型中的 Activity、Event 等要素，说明通过该事件验证了需求分配的具体功能。

构建的复杂产品多层级需求关联关系（见图 4-17），是复杂产品需求追溯、分析与需求变更管理的基础，模型元素之间的关联关系都具有特定的、唯一的、明确的含义，并在系统模型的工程体系中，支持通过关系实现关联关系矩阵以及需求元素列表的构建，支撑复杂产品系统需求分析。并且，对形成的多层级复杂产品需求进行验证的有关验证规则，也需要基于各类关联关系进行构建。

复杂产品多层级需求关联关系定义与模型构建要素见表 4-6。

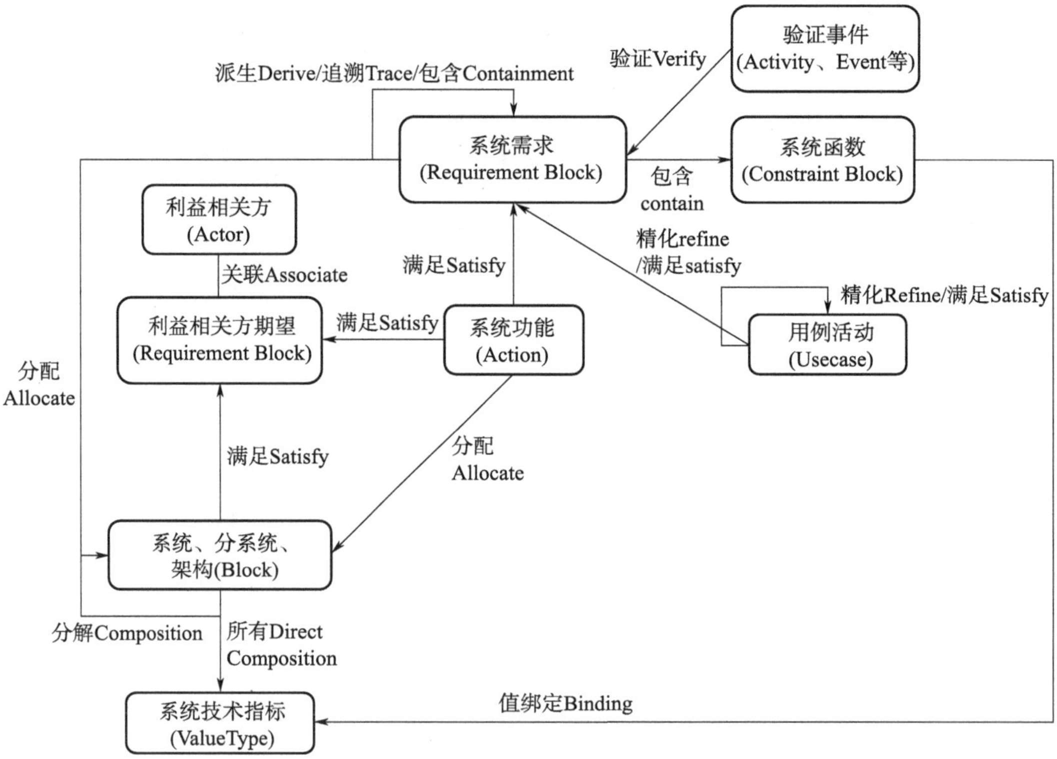

图 4－17　复杂产品多层级需求关联关系定义

表 4－6　复杂产品多层级需求关联关系定义与模型构建要素

编号	利益相关者期望的关联关系	应用的模型要素
1	利益相关者期望的追溯性	Requirement Block 与 Actor 构建关联关系
2	利益相关者期望的满足	有关视图、活动、Block 等与 Requirement Block 通过 Satisfy 构建相关满足关系
3	用例活动分解	对用例活动进行细化分解，通过 Refine 以及 Satisfy 对用例之间的关系进行定义
编号	需求的关联关系	应用的模型要素
4	父级到子级需求关系	Requirement 派生、追溯、包含等关系
5	需求与其他模型元素的关系	满足、精化关系
6	需求到下一层级系统与子系统的分配关系	分配关系，明确需求分配到哪些层级的系统
7	需求被验证事件所验证	通过 Verify 关系明确需求对应的验证事件
8	功能到需求的关联	通过 Satisfy 关系描述功能对需求的满足关系
编号	效能的关联关系	应用的模型要素
9	承担效能与性能指标的系统与子系统	Block 与 Constraint Block 的归属关系
10	度量与系统的关系	分解关系
11	度量与需求的关系	Constraint Block 与 Requirement 或者其他相关 Block 之间构建关联关系

续表

编号	功能的关联关系	应用的模型要素
12	功能到系统的分配	通过泳道实现多层次功能到多层次系统的逐级分配
13	功能与需求的关联	通过 Satisfy 关系明确功能对需求的满足性

4.5　需求管理

4.5.1　需求追溯

(1) 需求可追溯性

ANSI/IEEE 标准 830—1984 中首次提出了可追溯性的概念，其早期主要被用于在功能上提高系统的可重用性。需求可追溯性旨在管理需求链接和模型，可被定义为“通过相关规范以及定义，朝着需求的起源或实现这两个方向，能够描述和追踪需求的整个生命周期”。

基于模型的需求追溯，主要是指在需求模型中表达同一层级以及不同层级需求之间的满足关系，记录需求和需求之间、需求和设计之间以及需求和验证产物之间的关联关系。需求追溯是需求管理的关键基础，通过需求追溯，可以为每个需求建立它与系统元素之间的关系，包括与其他需求、功能模型、测试用例等之间的关系。双向可追溯性是指追踪各种给定需求与其上一层级需求及分配到下一层级需求之间关联关系的能力。

需求可追溯性也是需求变更时溯源需求的基础。运用 SysML 定义的语法和语义，在需求和系统模型间创建关联关系，在用户需求、系统需求模型、功能模型间建立需求追溯链接，可解决需求变更的相关问题。在各个阶段的模型设计中，建立需求与各模型的链接关系，可以将需求与系统开发的各个阶段结合起来，需求发生变化时也能快速追溯。需求与用例图建立链接可以完整地对系统顶层需求进行表达；需求与序列图、状态机图创建链接，可以对系统动态模型进行跟踪、追溯。

在安全关键系统中，很多重大的失效都是由于系统需求在设计过程中没有被精确和完整地追溯而引起的，因此在开发过程中通常会使用特定开发标准对项目进行要求，例如 DO - 178B/C、ISO 26262 - 6、ECSS - E - 40 等标准适用于航空航天、汽车、医疗领域。这些标准详细规定了系统开发生命周期中需要实现的目标以保证系统软件的安全性，而可追溯性则是其中一个重要的目标。例如：DO - 178B 就指出“对于某些关键程度的系统，应提供源码到低级需求间的可追溯关系以及对于低级需求完全实现的验证”。尽管缺乏追溯关系的系统不一定会产生安全性事故，但健全的追溯信息可以有效地关联不同开发阶段间的制品，并可以此很好地检验需求在其他阶段中的满足情况。这可以有效地减少因设计人员对需求的误解、遗漏以及更改而产生的安全性事故。因此，如何建立需求在整个生命周期的可追溯性对于提升系统的安全性显得至关重要。

(2) 需求追溯方式

①需求追溯链接

需求追溯链接是需求到系统模型的依赖关系，此处系统模型可以是其他需求、模型图或模型元素，链接的依赖关系是前面提到的六种需求间的关联关系。追溯链接的两个端点元素可以是不同类型，可能会有各种数据类型，所以链接两端的数据类型一般为抽象类。

从单个需求的角度，其经常会和多个元素、子系统模型建立链接，例如一条需求，可能会和用例图、序列图等多个模型图建立链接，因此可以用数据结构来对需求链接进行记录，比如使用映射 Map，以＜Key，Value＞键值对的形式来记录需求的追溯情况，建立与此条需求相关的链接集合；也可以使用 LinkedHashMap＜Model，Link＞来表达链接集合，Model 表示与需求建立链接的另一元素，Link 就表示对应的链接关系，LinkedHashMap＜Model，Link＞集合就存储了与此需求有关联关系的所有元素的链接，根据此链接集合就可以跟踪追溯到与此需求有关联关系的系统模型。

②需求追溯矩阵

需求的追溯其实就是需求到系统模型的确认。需求追溯矩阵（Requirement Tracable Matrix，RTM）是表明需求及其他数据条目之间追溯关系的矩阵，表达了需求和系统模型元素之间的追溯关系，开发人员根据此矩阵，可快速地看出当需求发生变更时哪些系统的元素受到了影响。

从表现形式上，需求追溯矩阵在二维坐标系上用有序实数对来表达需求，再具体抽象到图形界面，就可以用矩阵视图的方式来描述需求的追溯，实现需求表达和追溯的简洁明了，行和列分别为是否具有追溯关系的需求和系统模型。

在建立树状层次结构的需求文件树之后，需求追溯矩阵将会形成一个“网状结构”，用于形成需求条目与需求条目、设计方案、验证与确认工作之间的完整的关联关系。针对此关系（即追溯矩阵）的建立和持续维护是需求管理的关键所在。需求追溯矩阵一旦形成，应作为与需求一样的受控项，进行持续性的控制。

不同层级的需求之间应建立双向追溯性，从而确保除了目前层级新捕获的利益相关者需要和衍生需求（由设计决策衍生出来的），下一层级需求是完整实现上一层级需求的，即每一条上一层级需求都有一条或多条下一层级需求支持，每一条下一层级需求都能追溯到上一层级需求或者其他源头（设计或利益相关者），不会出现没有源头的需求。

在同一层级，需求与设计之间应建立双向追溯性，从而确保设计方案中每一个设计特征都是为了满足需求而存在的。除了文档之外，由于设计可能会采用模型等其他方式进行描述，因此建立追溯矩阵应充分考虑实施手段。

需求与需求确认、实现验证之间应建立单向追溯性，可以通过需求确认矩阵，确保从需求到确认方法、确认证据和结论的追溯。通过验证矩阵，确保从需求追溯到验证的方法、程序和用例、结果，从而确保需求确认和实现验证工作都是基于需求的，确保每一条需求都被确认和验证。

4.5.2　需求变更

（1）需求变更评估

在复杂产品系统开发中，经常会出现需求变更，捕获这些影响系统的变更往往是一项复杂的任务。在需求论证阶段，论证方法和手段对需求变更的支持尤为必要，需求阶段的成果对复杂产品项目成功有巨大的影响。如果在早期论证阶段没有预料到，需求的变化将导致设计和后期实现阶段成本、进度的大幅增加。因此，首先，要尽量及早地发现需求变更，以避免更大的损失。其次，要采取相应的、合理的变更管理制度和流程，这样同样可以降低需求变更带来的风险。

需求变更会对产品研发费用和进度产生重大不利影响，因而仔细评估这些已接近后期的变更，充分了解它们对设计方案的影响，就显得更加重要。对每项变更进行充分的评估，可以确定变更对费用、进度、架构、设计、接口、运行使用情况及较高层级/较低层级需求的影响。如果任务规模巨大，且牵涉多个机构中心或横跨其他组织和机构，则需要实施更加正式的变更控制过程。

所有需求变更应当经历评审和审批环节，以维持需求变更的可追溯性，并确保其对系统所有部件的影响能得到完全评估。一旦经过系统需求评审流程，完成对需求的确认和评审，需求即被置于正式技术状态控制之下。

（2）基于 DSM 的需求变更分析

设计结构矩阵（Design Structure Matrix，DSM）是为复杂系统设计中的建模、管理和可视化活动而开发的工具，主要应用于产品体系结构、过程体系结构、组织体系结构和多领域映射的开发。近年来，DSM 已被用于对设计系统、子系统和组件中变化的传播进行建模。这里应用 DSM 开展需求变更分析。

基于模型元素与模型定义关系的需求模型，为开展需求变更分析提供了形式化的模型要素基础以及关系逻辑基础。基于需求模型中所有需求要素之间的关系，DSM 可以转换成邻接矩阵，基于矩阵开展变更影响分析，并判断哪些需求在特定需求发生变化后会受到影响。DSM 不仅用来表示需求之间的关系，还能够在追溯需求、跟踪传播的过程中起到关键作用，作为重要的分析依据。矩阵中的标记表示哪些需求与其他需求具有相关性，该相关性可以是关联关系中的任意一种。表 4－7～表 4－10 分别表述了多阶设计结构矩阵的关系基线。

表 4－7 表示了 0 阶设计结构矩阵，它描述了需求之间的关系基线。表 4－8 描述了一阶设计结构矩阵，表中，R3 的变化对其他需求产生影响。一阶关系（标注‘＋’表示），表明直接受变更影响的需求，该需求也许和相同的功能、子系统或组件相关，需求 R3 变更之后，需求 R1、R8、R9、R10 受到影响。

表 4-7　基于 DSM 的需求关系基线

	R1	R2	R3	R4	R5	R6	R7	R8	R9	R10
R1		+	+							
R2	+			+	+	+	+			
R3	+							+	+	+
R4		+								
R5		+								
R6		+								
R7		+								
R8			+							
R9			+							
R10			+							

表 4-8　一阶关系

	R1	R2	R3	R4	R5	R6	R7	R8	R9	R10
R1		+	+							
R2	+			+	+	+	+			
R3	+							+	+	+
R4		+								
R5		+								
R6		+								
R7		+								
R8			+							
R9			+							
R10			+							

表 4-9 描述了二阶设计结构矩阵关系。二阶关系（标注‘++’表示）[（R1，R2），（R3，R1）] 表明受一阶关系影响的需求变更的间接影响，影响一阶需求的变更会产生间接影响，也就是受到影响一阶需求的变化的间接影响。表 4-9 中，需求 R2 由于其与需求 R1 的关系而具有二阶关系。

表 4-9　二阶关系

	R1	R2	R3	R4	R5	R6	R7	R8	R9	R10
R1		++	+							
R2	+			+	+	+	+			
R3	++							+	+	+
R4		+								

续表

	R1	R2	R3	R4	R5	R6	R7	R8	R9	R10
R5		+								
R6		+								
R7		+								
R8			+							
R9			+							
R10			+							

表 4 - 10 代表了三阶关系（标注‘+++’表示）[（R2，R4），（R2，R5），（R2，R6），（R2，R7），（R4，R2），（R5，R2），（R6，R2），（R7，R2）]。

表 4 - 10　三阶关系

	R1	R2	R3	R4	R5	R6	R7	R8	R9	R10
R1		++	+							
R2	+			+++	+++	+++	+++			
R3	++							+	+	+
R4		+++								
R5		+++								
R6		+++								
R7		+++								
R8			+							
R9			+							
R10			+							

以上关系简单来讲，需求 R3 影响到需求 R1，进而影响到需求 R2，随后影响到需求 R4～R7，分别构成一阶、二阶、三阶关系。

通过 SysML 模型关系与高阶 DSM 相结合的应用方法，实现在需求变更之后识别潜在的受到影响的需求。在已构建的需求模型基础上，能够通过建模工具自动生成 DSM，采用高阶 DSM 方法对需求变化传播进行预判。

（3）需求变更示例

这里以火灾卫星为例，说明需求建模结合 DSM 进行需求变更影响分析实践过程，应对需求的变化，追溯到由于需求变更而受到影响的潜在需求。火灾卫星从任务需要开始，收集需求并且建模，形成模块化的需求内容以及标准定义的需求间关联关系，形成 18 条需求以及若干需求之间关系，如图 4 - 18 所示。

第一步，将需求及其相互作用转化为基线 DSM，如图 4 - 19 所示。第二步，利用高阶 DSM 查找需求变化后的传播路径。图 4 - 20 给出了需求 R1. 2 变化的传播路径。

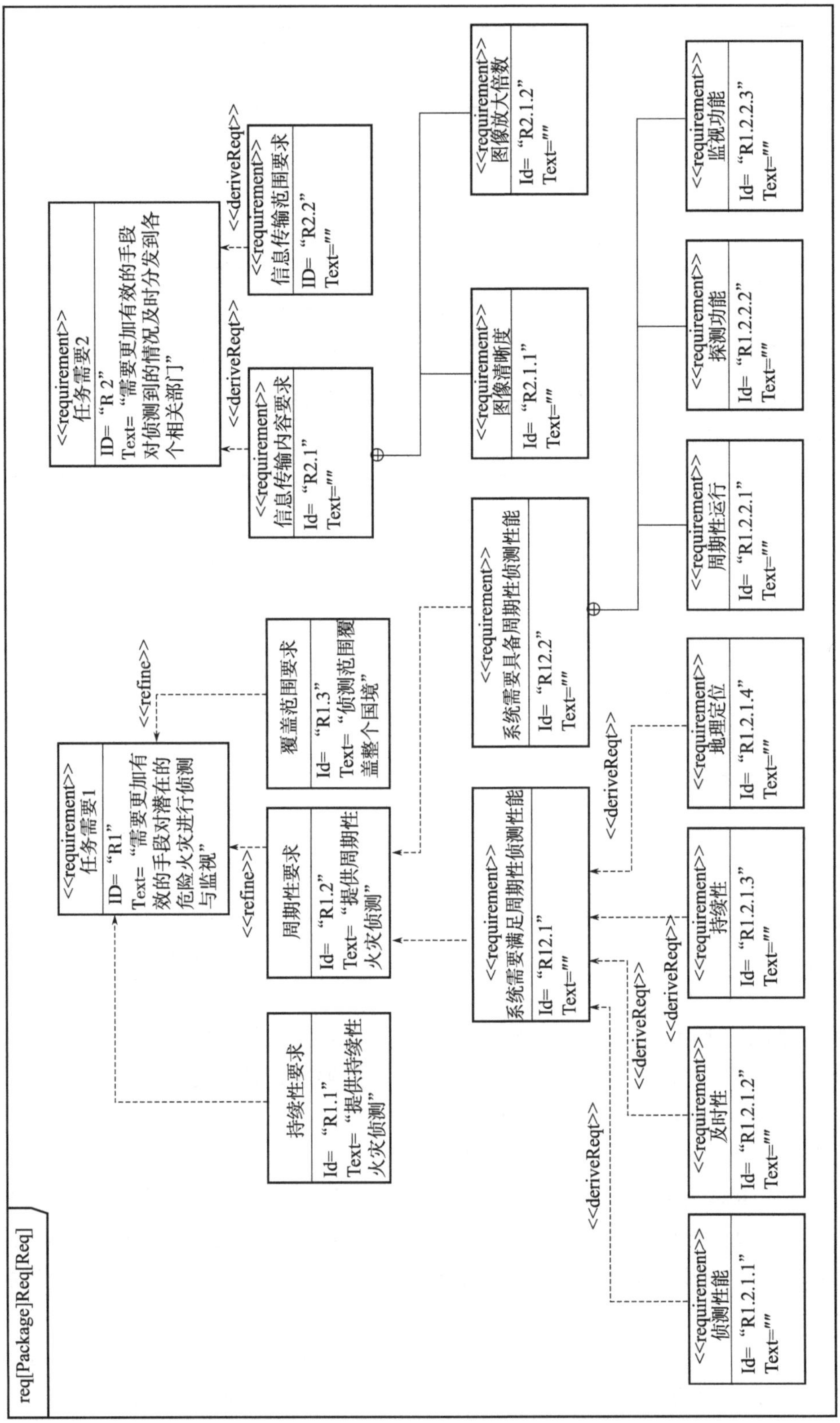

图 4-18 火灾卫星需求模型

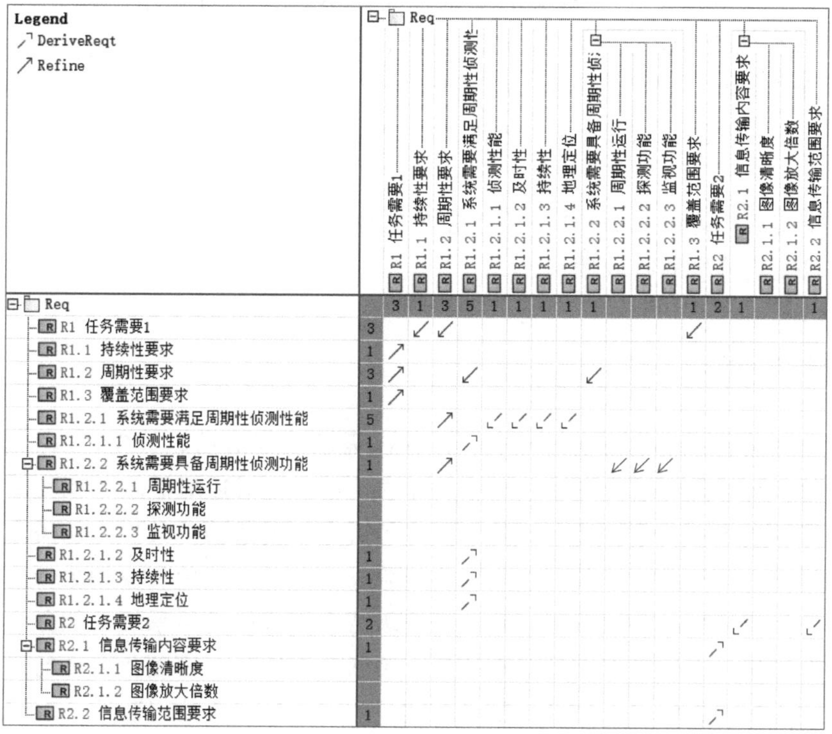

图 4-19　火灾卫星需求关系基线

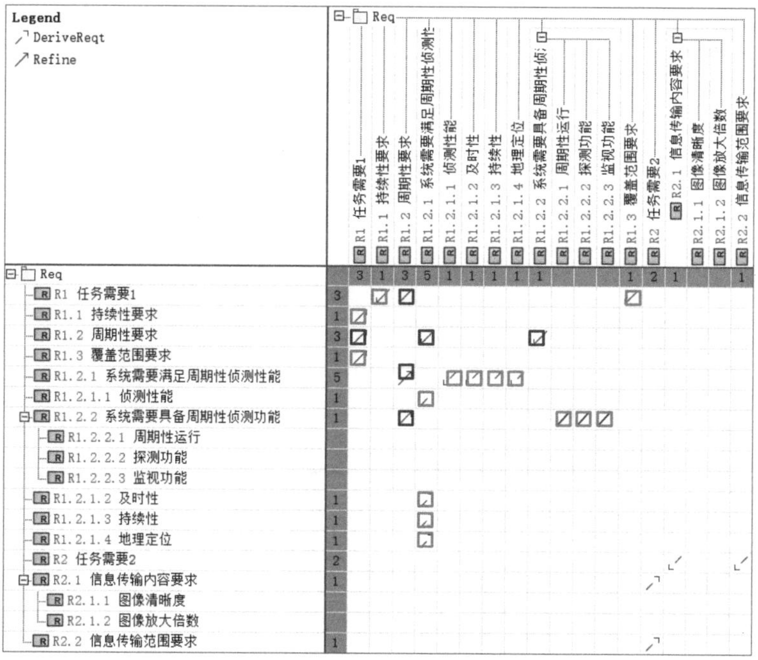

图 4-20　火灾卫星需求一阶与二阶关系

该示例中没有与二阶关系相关的要求，因此不存在三阶关系。有三个直接受需求R1.2变化影响的需求（需求R1、R1.2.1和R1.2.2）。这三个需求以浅色所示的二阶关系传播到其他需求（需求FR1.1、FR1.3、FR1.2.1.1、FR1.2.1.2、FR1.2.1.3、FR1.2.1.4、FR1.2.2.1、FR1.2.2.2和FR1.2.2.3s）。有5个需求保持不变，因为它们与变更无关。

通过需求模型构建结合DSM方法能够实现对需求变更传播过程进行有效的可视化追踪，提高需求变更分析的有效性。

4.6 本章小结

本章总结并阐述了基于模型的复杂产品系统需求工程活动。首先，从需求工程内涵、需求及其分类、需求的层级化及基于模型的需求工程过程概述对需求工程相关理论基础进行介绍，从而界定了本书重点考虑的基于模型的需求工程活动。其次，从需求获取、需求分析、需求建模、需求追溯以及需求变更管理阶段，不断对初始利益相关者要求、任务目标进行反馈迭代与精化，并试图将得到的系统级需求模型传递给系统功能分析阶段，贯穿于全生命周期过程。通过需求模型要素构建、关联关系构建、模型化验证与应用手段，提高需求论证过程的信息内容全面性、信息表达一致性、模型构建规范性，为推进MBSE在需求论证工作中的工程化提供方法依据与技术手段基础。

参 考 文 献

[1] 董亮，刘看旺．空中客车公司需求管理应用综述 [J]. 航空科学技术，2017，28 (10)：73 - 78.

[2] FARAIL P，HUCHARD J. Traceability of Software Requirements：Why and How? Airborne Avionics Software [C]. Data Systems in Aerospace，2000，457：355.

[3] ROUSSEL J C. Airbus presentation benefits of requirement engineering with DOORS [C]. Presentation at teleleogic capital market event，2005.

[4] LUIZ EG M，TONY G. Requirements engineering for safety - critical systems：A systematic literature review [J]. Information and Software Technology，2016 (75)：71 - 89.

[5] THAYER R H，DORFMAN M. Tutorial：System and Software Requirements Engineering [M]. Los Alamitos：IEE Computer Society Press，1990：1 - 3.

[6] KAINDL H. Scenario - Based Requirements Engineering Facilitating Interaction Design [C]. Human - Computer Interaction - INTERACT 2011. Lecture Notes in Computer Science，2011：708 - 709.

[7] INCOSE. Systems Engineering Handbook：A Guide for System Life Cycle Processes and Activities [M]. 5th ed. Hoboken：Wiley，2015.

[8] 朱一凡．NASA 系统工程手册 [M]. 北京：电子工业出版社，2021.

[9] INCOSE. 系统工程手册：系统生命周期流程和活动指南 [M]. 张新国，译．北京：机械工业出版社，2017.

[10] LEMAZURIER L，CHAPURLAT V，GROSSETÊTE A. An MBSE approach to pass from requirements to functional architecture [J]. IFAC PapersOnLine，2017，50 (1)：7260 - 7265.

[11] LARSON W J，KIRKPATRICK，SELLERS，et al. Applied Space Systems Engineering：A Practical Approach to Achieving Technical Baselines [M]. 2nd ed. Boston：McGraw - Hill Learning Solutions，2009.

[12] DELLIGATTI L. SysML distilled：A brief guide to the systems modeling language [M]. New Jersey：Addison - Wesley Professional，2013：1 - 16.

[13] 梁乃明，方志刚，李荣跃，等．数字孪生实战：基于模型的数字化企业（MBE）[M]. 北京：机械工业出版社，2020.

[14] 沈腾，孟繁鑫，张浩驰．需求工程方法在机载系统研发中的应用研究 [J]. 航空科学技术，2019，30 (12)：23 - 29.

[15] 张有山，杨雷，王平，等．基于模型的系统工程方法在载人航天任务中的应用探讨 [J]. 航天器工程，2014，23 (5)：121 - 128.

[16] 王文跃，侯俊杰，毛寅轩，等．面向复杂产品研制的 MBSE 体系架构及其发展趋势研究 [J]. 控制与决策，2022，37 (12)：3073 - 3082.

[17] 弗里德赛尔，摩尔，斯坦纳．系统建模语言 SysML 实用指南 [M]. 3 版．陆亚东，陈向东，张利强，等译．北京：国防工业出版社，2021.

[18] ARPINEN T，HÄMÄLÄINEN T D，HÄNNIKÄINEN M. Meta - model and UML profile for

requirements management of software and embedded systems [J]. EURASIP Journal on Embedded Systems, 2011 (1): 1-14.

[19] BROY M, BÖHM W, RUMPE B. Advanced systems engineering [M]. 2021: 5-36.

[20] BROY M, BÖHM W, JUNKER M, et al. Praxisnahe Einführung von MBSE - Vorgehen und Lessons Learnt [M]. White Paper, fortiss GmbH, 2020 (available in German only).

[21] 吴颖，刘俊堂，郑党党．基于模型的系统工程技术探析 [J]. 航空科学技术，2015，26 (9)：69-73.

[22] 张苹艾．基于需求的工程方法在复杂产品系统研发中的应用 [J]. 科技信息，2013 (20)：416-417.

[23] MURUGESAN A, WHALEN M W, GHASSABANI E, et al. Complete traceability for requirements in satisfaction arguments [C] //Proceedings of the IEEE 24th International Requirements Engineering Conference, Beijing, Sep 12-16, 2016. Piscataway: IEEE, 2017: 359-364.

[24] 张玉金，黄博，廖文和．面向场景的航空发动机基于模型的系统工程设计 [J]. 计算机集成制造系统，2021，27 (11)：3093-3102.

[25] 周璇．民用飞机需求变更管理研究 [J]. 航空科学技术，2018 (10)：70-73.

[26] RIETZ T, MAEDCHE A. LadderBot: A requirements self-elicitation system [C] // Proceedings of the 27th International Requirements Engineering Conference. Jeju Island, South Korea, 2019.

[27] 邓刘梦，沈国华，黄志球，等．扩展 SysML 支持需求追踪模型的自动生成 [J]. 计算机科学与探索，2019，13 (6)：950-960.

[28] NEJATI S, SABETZADEH M, ARORA C, et al. Automated change impact analysis between SysML models of requirements and design [C] // Proceedings of the 24th International Symposium on Foundations of Software Engineering, Seattle, Nov 13-18, 2016. New York: ACM, 2016: 242-253.

第 5 章　基于模型的系统综合设计

基于模型的系统综合设计是 MBSE 研制模式下的系统设计方式，是在需求工程输出的系统需求的基础上，从系统的需求、行为、结构、参数等方面进行模型化表达，对系统功能、行为、结构、参数进行合理的精化、分配的过程，并基于系统模型开展系统架构设计方案的权衡分析，实现从系统需求到系统功能、逻辑架构、物理架构的映射。

5.1　系统综合设计

5.1.1　系统综合设计过程

复杂产品系统综合设计，是基于利益相关者需求及系统顶层需求，驱动系统综合设计的循环迭代过程。在此过程中，通过开发一个初步的系统架构方案，进行设计优化，分析并对系统运行使用情况及派生需求建模。如果系统未能达到期望，或系统未能在进度约束条件下实现，亦或系统未能实现整体功能特性而满足运行使用要求，则需要调整设计方案，或变更利益相关者需求，流程重新开始。

复杂产品系统综合设计的活动应当在系统综合设计阶段相互保持一致，而为了达到这种一致性，就需要不断进行迭代和设计决策。系统综合设计流程一直持续到系统的功能、架构和运行使用情况满足利益相关者需求或任务目标为止。

设计工作的深度应当足以支撑设计方案对需求满足进行分析验证。通常在流程实施过程中，系统分解结构的中间各层也会作为一部分进行确认。在需求分解的下一个层级，已设定控制基线的派生需求（或分配需求）又转变为一组高层级需求，可以继续向下一层级分解，而设计流程则重新开始。

系统综合设计可分为功能分析、架构设计（逻辑架构、物理架构）及方案权衡分析等 3 个子阶段，如图 5 - 1 所示。

功能分析是指根据所得到的系统需求定义相应的系统功能，并依据需求的颗粒度对系统功能进行分解，再通过系统行为活动得以体现。因此，功能分析是一个将系统需求转化为系统功能方案与功能架构的过程，为具体的物理实现提供功能目标。功能分析的输入物为系统研制需求，产出物为系统功能架构、功能分解结构等。

架构设计是在功能分析的基础上，将系统各层次功能分配到子系统以及零组件，并描述系统内外部接口关系的过程，同时，构建较低层级系统的功能逻辑模型，对系统功能逻辑进行验证，确保能够满足原始需求，实现面向功能满足的可实现的系统架构。架构设计的输入物为功能架构、功能分解结构等，产出物为系统逻辑架构、物理解决方案、接口方案等。

方案权衡分析是描述系统“怎么好”的问题，通过对系统架构方案的性能、成本、开发风险和运行风险等指标进行评估分析，对不同策略的分解、分配进行分析和设计，并考虑系统的设计约束或系统需求的侧重点，如系统的安全性、可靠性和环境条件等需求，从而针对不同的系统需求，生成不同的系统架构配置方案，并通过系统模型的可行性评估实现多方案的比较和权衡，从而获得最优的设计方案。权衡分析的输入物为若干系统备选方案，产出物为最优系统方案。

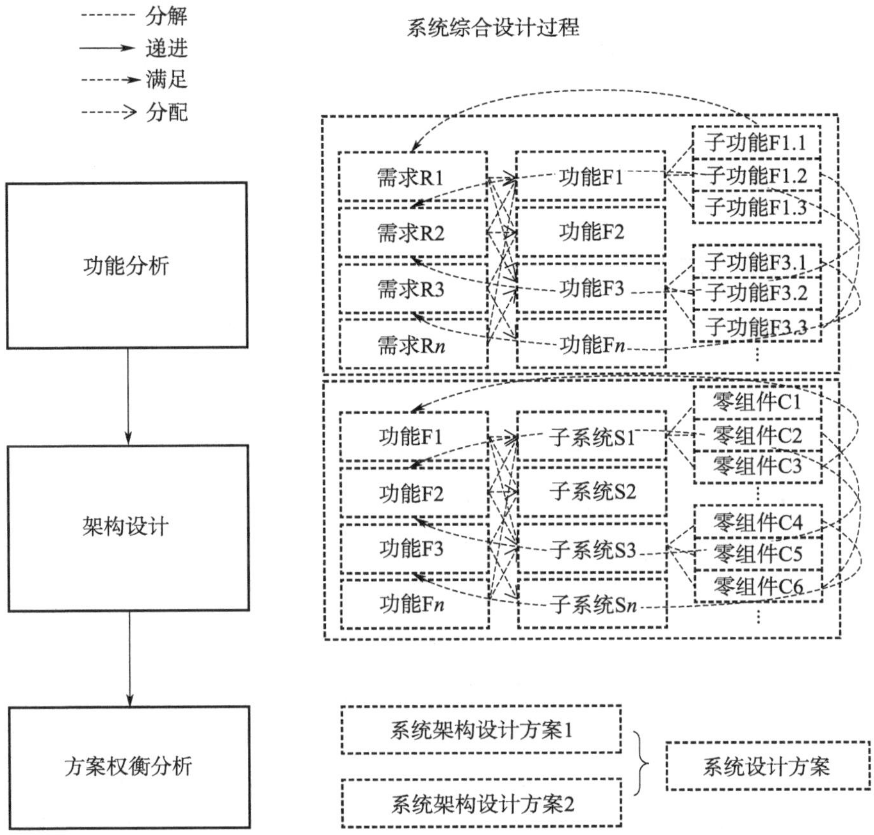

图 5-1 系统综合设计过程

5.1.2 基于 SysML 的系统综合设计

基于双 V 模型的研制方法，解决的是复杂产品系统架构如何进行层次化分解、集成和迭代演进的问题，它是产品研制的系统生命周期模型对研制流程的一个规范。而如何利用 SysML 对系统架构进行建模，则是本部分的核心内容，在产品研制过程中，无论系统被分解成何种程度，最终都需要利用 SysML 模型表达出来。

MBSE 中利用 SysML 对系统设计进行建模，主要分为需求分析、系统功能分析和设计综合三个阶段，且每个阶段之后都有验证环节，与上一阶段形成一个迭代回路，从而保证此阶段的正确性，该过程如图 5-2 所示。每个阶段并不严格强调利用何种类型的

SysML 图进行表达，但建模人员通常会遵循一定的规则进行建模。

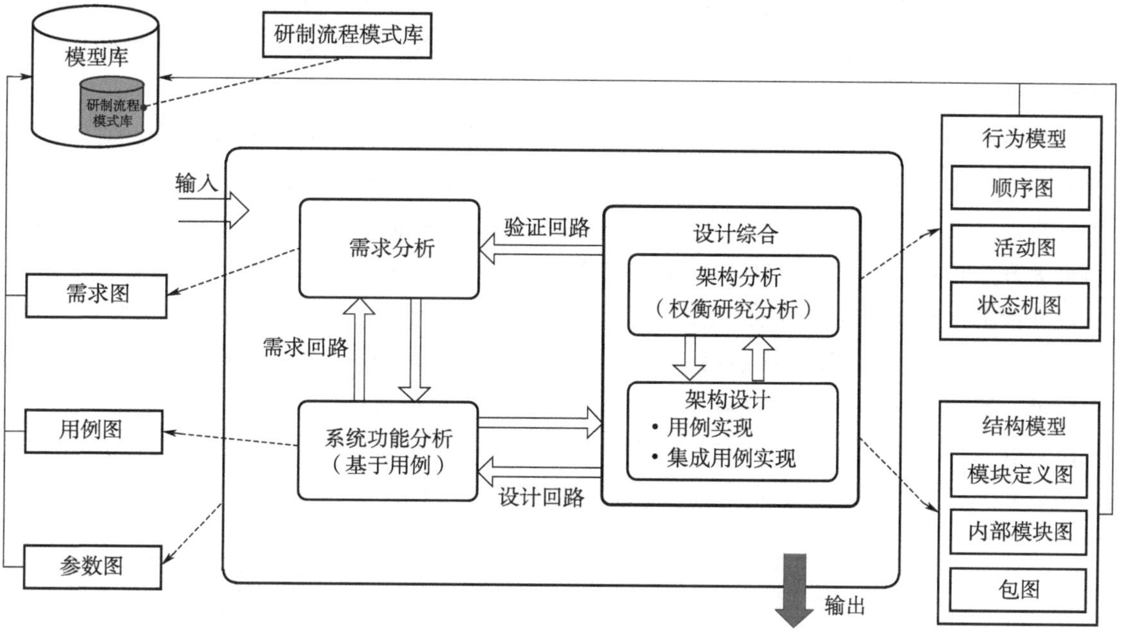

图 5 - 2　基于 SysML 的系统设计

（1）需求分析

需求分析阶段建模者可通过 SysML 需求图、需求表等进行建模，最终产物是系统需求规格说明书。系统需求是通过对用户需求进行分析筛选，形成用户需求规格说明书后而产生的。在生成系统需求的同时，需要将用户需求与之关联。然后通过构建需求基本模型等一系列操作，确认系统需求规格，生成需求规格说明书，具体过程如图 5 - 3 所示。这里重点说明如何利用 SysML 需求图构建需求基本模型到构建需求 Verify 模型的过程。

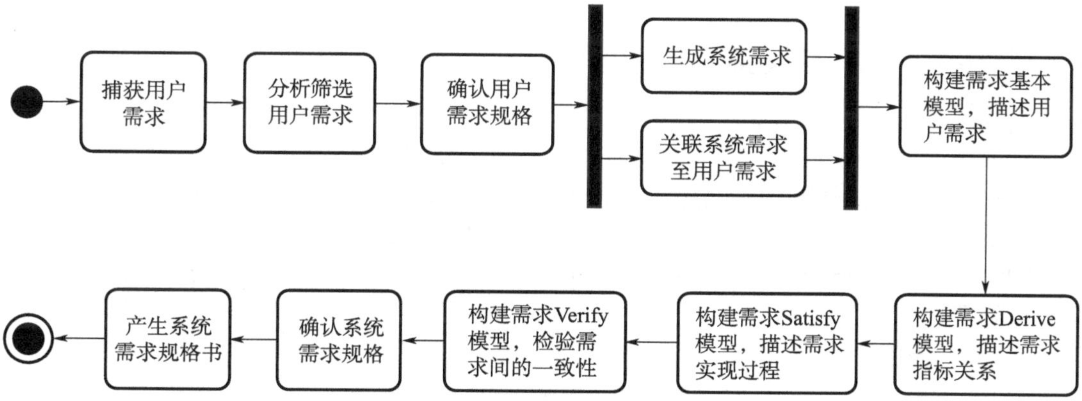

图 5 - 3　需求分析过程

需求模块≪requirement≫之间主要有包含、追溯、派生、精化、满足和验证六种关系，另一种复制关系由于不常用，此处不做赘述，需求分析过程基于此六种关系进行。需求基本模型是对待研发系统需求的一个总体性的描述，构建此模型的目的在于确认系统的功能、性能和结构的需求，利用需求模块≪requirement≫的包含关系创建。

以发动机为例，说明该过程。发动机的结构需求包括三个子需求，即压气机的类型选择轴流式，发动方式则选择涡轮风扇，转子使用鼓盘式，如图 5－4（a）所示。需求 Derive 模型主要描述需求与其子需求间或不同类型需求之间的关系，构建此模型对于复杂产品系统和研制活动的层次化分解具有指导作用，利用需求模块≪requirement≫的派生关系创建，如图 5－4（b）所示；飞机升力的需求受飞机速度、仰角和机翼面积等需求影响，而最大升力值则决定了飞机的载重量。需求 Satisfy 模型描述的是功能、性能需求是否满足设计参数的要求，是需求实现的过程，利用需求模块≪requirement≫的满足关系创建，如图 5－4（c）所示；发动机油耗、飞机载油量和飞机重量的设计要求必须满足飞行航程的需求。需求 Verify 模型可以对需求的正确性、一致性和完备性进行验证，利用需求模块≪requirement≫的验证关系创建，图 5－4（d）中，通过发动机的运行时间测试、运行安全测试和疲劳故障测试的需求来最终验证发动机的可靠性。

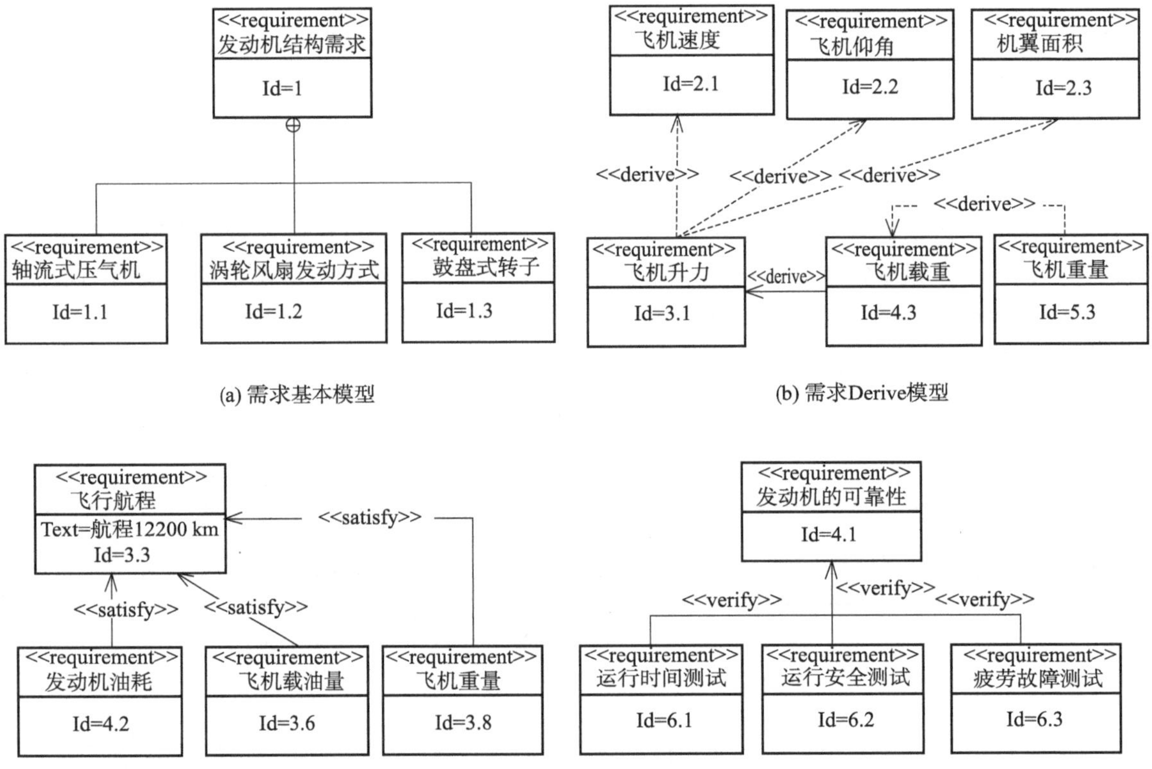

(c) 需求Satisfy模型　　(d) 需求Verify模型

图 5－4　四种需求模型示例

上述需求分析过程中从构建需求基本模型到构建需求 Verify 模型的环节是本书提炼归纳的一种分析策略，SysML 的需求模型不仅仅包括这四种，在一些场景中需要综合利用

SysML 的六种关系模型同时对系统研发需求进行表达。

需求验证。需求分析阶段要求最后能够充分满足利益相关者的需求，妥善处理限制企业、项目、系统生命周期的相关因素问题。如果需求验证不满足，项目团队需重新进行需求分析直至满足上述指标。

（2）系统功能分析

系统研制的功能性需求分析主要基于 SysML 的用例图进行，此外还会用到活动图、状态机图、序列图，此阶段实质上是一种黑盒测试的过程，最终目的是将需求分析阶段确认的利益相关者需求转化为系统所需的功能需求，从而确认系统的功能架构，定义研发系统的边界。此阶段的主要工作有：层次化分解功能需求、分配性能需求和约束需求至每一功能层、定义并推敲功能接口、定义并推敲功能架构。

用例图的组成元素包括用例、系统边界、执行者和四种关系，包括关联（Association）关系、包含（Include）关系、扩展（Extend）关系和泛化（Generalization）关系。对执行者和用例之间创建关联关系表示执行者与用例的交互；包含关系表达用例之间执行情况，当包含关系尾端的用例执行时必然会导致包含关系箭头端的用例执行；扩展关系则表示箭头端的用例执行时扩展关系尾端的用例可选择执行或不执行；泛化关系则表示用例之间的属性继承。

如图 5－5 所示的飞行测试功能分析用例图，飞行测试工程师执行“执行起飞准备操作”这一用例，此用例作为输入进入“飞机动力系统”这一执行者。此时，包含用例“发送命令”必须执行，此用例又有两个泛化用例。“启动手动模式”这一用例不一定必须执行，应视测试情况而定。

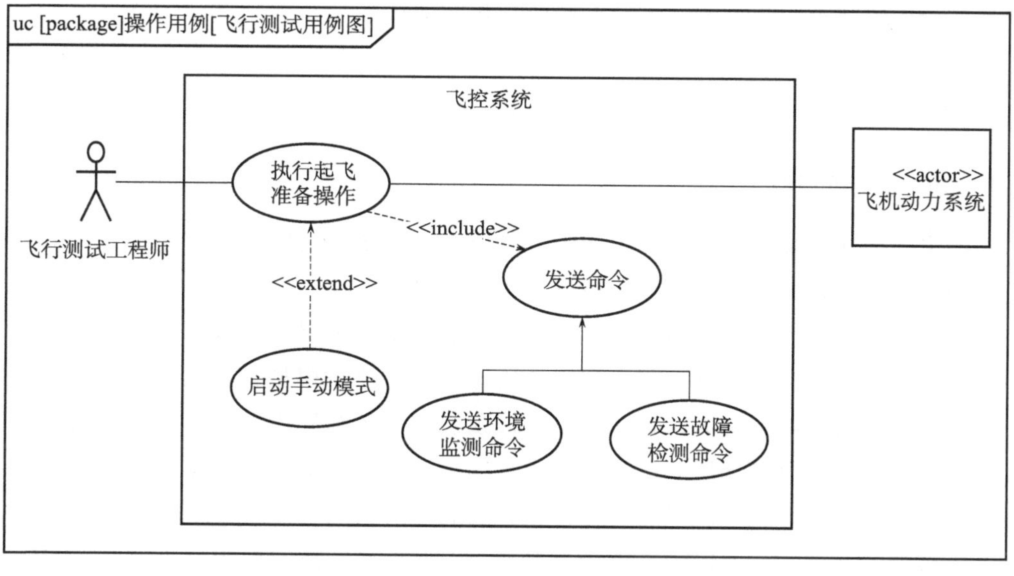

图 5－5　飞行测试功能分析用例图

根据需求分析阶段获得的系统需求规格定义系统用例，一般情况下系统通常采用不超过 20 个用例图进行分析。将功能需求关联至系统用例，排优组织系统用例，进行系统功能分析从而得到系统功能操作规格说明书。该过程通过用例图定义一些包含场景、研制活动的执行者及其他利益相关者的用例。

功能验证。进行功能验证的目的是评估需求的有效性、完整性并对得到的功能架构进行验证。

（3）设计综合

设计综合又分为架构分析和架构设计，其最终目的在于将研发系统在需求分析阶段产生的非功能性需求和功能分析阶段产生的功能架构分配至物理架构，主要利用到的 SysML 图包括序列图、活动图、状态机图等三种行为图和表示系统组织结构的模块定义图、内部模块图以及包图。此阶段的主要工作有：定义候选方案和系统元素、确认产品物理架构和研制流程规划方案、定义并推敲系统的物理接口。

架构分析是一种权衡性分析过程。权衡分析的过程必须遵循一套设计准则或标准，对产品系统的设计概念，按照重要程度采用加权算法进行最佳方案的确定。此方案可解决需求冲突问题，满足产品系统的功能分解、性能配置、设计抉择、系统效率评估和风险管理等要求。

架构设计是将非功能性需求和功能性需求分配至系统物理架构的过程。此过程和架构分析过程构成一个环状回路，需要不断进行增量迭代。此过程实质上是一个将系统功能分析阶段产生的黑盒视图逐渐演变为白盒视图的过程，从而最终明确系统的物理接口，完成功能性和非功能需求到物理架构的匹配。

设计验证。确认了从设计架构的最底层至被验证的功能架构的可追溯性，并且设计架构满足被验证的需求，此阶段产生一个有效的物理架构。

5.2 系统功能分析

5.2.1 功能分析过程

功能主要描述系统“做什么”的问题，复杂产品系统的功能分析首先要解决的是需求到功能的映射，要在需求的基础上，通过逻辑分解进行。

功能分析是一个反复的、不断分解的过程，从系统的顶层开始分解到第二层，直至分解至可分辨的系统功能组件和可明确利用的资源为止。通过模型化，从不同层级、不同视角，来阐述系统的功能、行为，将生成的系统顶层（或较高层级）的系统功能需求不断进行分解，并对功能点向较低层级进行分配，直到项目所需要的最低层级（一般至单机、零组件），从而使所分配的系统功能能够满足利益相关者需求。

基于模型的复杂产品系统的功能分析如图 5－6 所示，整个过程分为功能分解、场景描述分析、系统行为定义、确定活动执行顺序、定义状态转换五个阶段。

第一，功能分解。根据已经建立好的需求模型分解系统功能，描述系统在不同任务场景下所参与的活动，针对使命任务目标、任务场景的分析，梳理任务场景事件，再通过事件识别出每一层次的系统功能。

第二，场景描述分析。在分解完系统功能的基础上，分析系统的功能用例场景，以及系统与其他系统、系统与参与者之间的交互关系，以模块定义图的方式更加精确地描述系统在不同任务场景下的用例场景，以满足系统交互要求。

第三，系统行为定义。在得出系统的功能特性后，分析系统与其他系统、外界环境的具体行为活动，通过划分用例、活动图形式表达，明确系统功能行为。通过活动图，分析功能行为以及之间的逻辑关系，来对系统执行某种功能的流程进行规范化描述。通过行为模型，除描述动作的逻辑顺序外，进一步展现不同动作的特性能力以及传递的信息，基于分支判断和数学演算，可支持实现系统的不确定建模。

第四，确定活动执行顺序。使用序列图描述系统执行各种行为活动的先后顺序，除起始点与终止点以外，还需要对每个活动的执行顺序进行设计，以完成活动之间的流动和转换。通过序列图，对行为进行操作与交互层面的精确说明，设计描述表达随着时间推移而发生的行为和事件的序列。系统模块的各个部分会通过操作调用和异步信号彼此交互，以产生浮现式的行为，通过模型元素，可以对参与者与多系统的交互关系和时间约束进行建模。

第五，定义状态转换。使用状态机图描述系统中各主体在各种事件发生时的状态切换与转变流程，描述各主体的动态变化，实现系统行为建模。通过状态机图，分析系统中的结构如何随时间发生的事件而改变状态，通过状态关联显示的行为，对系统模块的分类行为进行描述，实现运行的系统中出发的状态转换和基于正交区域的并发行为建模。

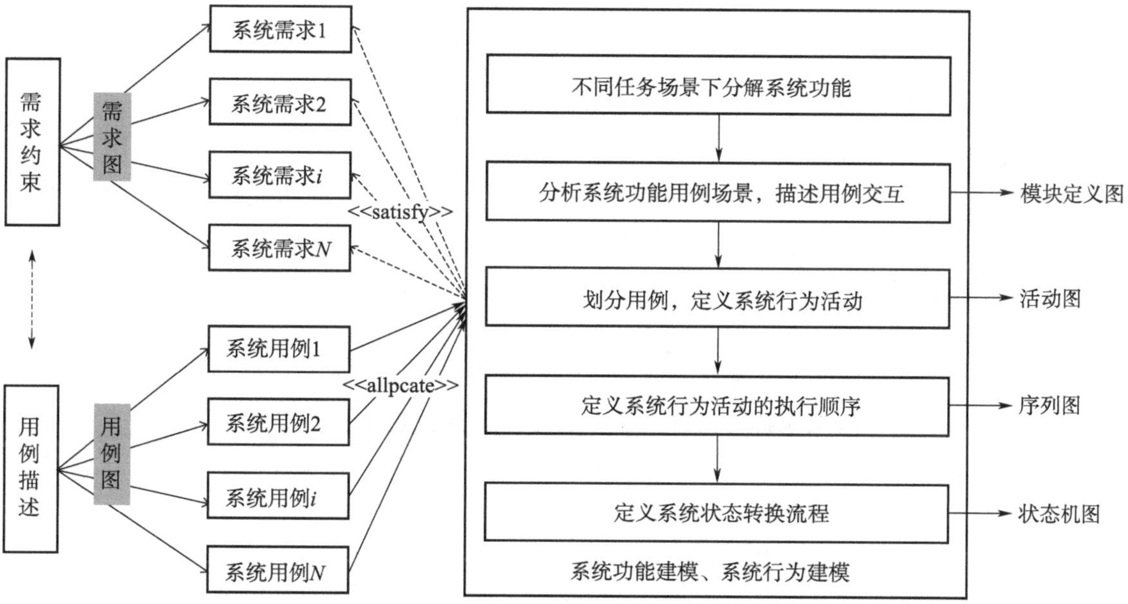

图 5-6　基于模型的系统的功能分析

在功能分析和需求关系的协同上，在需求阶段，系统需求/约束以需求图/表形式展示；同时，结合任务运行环境、系统与外部系统交互的协同场景，使用用例图来描述功能性需求，并将系统参与到的功能场景梳理出来，使用用例场景来使需求具体化，确定用例场景中的参与者与用例之间的关联关系，确定各个用例之间的包含、追溯关系，确定系统用例边界，并将需求与用例进行链接，保证每个用例都各自覆盖了系统需求，基于用例得以表达，如图 5-6 左侧所示。

在功能模型的构建过程中，在完成需求图、用例图建模后，要对其进行合理分析，还要将总结出来的功能与需求模型中条目进行匹配，确保每项需求都有功能与之对应。对于未覆盖的需求，要考虑其是否合理，是否需要添加相应功能对其支持；对于不支持系统需求的功能，考虑将其删除。

之后就可以对功能进行逐级归纳，形成系统的功能模块划分。通过功能模型构建，串联起从任务要求，到系统需要完成的核心功能再到具体功能点的设计方案，并建立多层次功能描述的关联与追溯关系，实现基于系统模型的系统任务功能总基线。

需要注意的是，顶层模型的系统功能设计主要描述的是系统包含的各个子系统、子模块，以及它们之间的联系，属于“黑盒”设计，对各个系统如何实现不做展开。

5.2.2 功能建模方式

系统功能建模主要基于用例图实现形式化表达，功能点使用用例进行定义。对用例的划分，也体现了系统功能点的分解与分配，同时在用例表达基础上，基于活动、交互、状态机等实现功能要素的进一步精化。

（1）用例

系统的用户被描述为执行者（参与者），执行者可以表示为与系统发生作用的外部系统或人。执行者与系统交互产生一系列的活动称为用例。

因此，用例描述了复杂产品系统功能，规定了如何使用系统来实现不同用户的目标。用例也可看作一种机制，它根据系统的应用，来捕获系统的功能性需求。由用例驱动的系统设计过程，着重关注对系统“行为”的设计。与系统的互动“行为”被协调地、有组织地设计后，为后续系统设计建立坚实基础，避免因逻辑的变更使系统设计反复推倒重来。

通常，用例的描述定义了系统的目标、主要使用方式以及多个可变的用法。以支持用例的方式提供功能性的系统称为主体（Subject），通常代表了正在开发的系统。单个用例可能覆盖一个或多个场景（Scenario），这些场景体现了系统在不同环境下如何与执行者进行交互。

详细的用例描述能够传达主执行者触发用例时发生的情况。Alistair Cockburn 在《编写有效用例》中提供了一种良好的用例描述方式，指出用例可能包括以下内容。

1）名称：一个动词短语。

2）范围：拥有（提供）用例的实体（例如组织、系统、子系统或组件名称）。

3）主执行者：触发用例的执行者（用例会代表该执行者的目标）。

4）次要执行者：为系统提供服务的执行者（通过执行动作参与到用例中）。

5）利益相关者：和系统行为之间有既定利益关系的某人或某物。

6）预置条件：必须满足才能让用例开始的条件。

7）后置条件：在用例结束的时候必须为真的条件。

8）触发器：让用例开始的事件。

9）主要成功场景：没有出现任何错误的场景（一系列步骤）。

10）扩展（可置换分支）：可置换的系列步骤，从主要成功场景分支出来。

11）相关信息：项目为得到额外信息而需要的内容。

在用例创建时，往往会有范围太大、层次过高等问题，导致系统用例执行路径过多，无法细化每个用例。因此，需要使用更准确的动词，或者在谓语上包含限定词，创建一系列更细粒度的用例。当用例只拥有一个主要成功场景的时候，它就处在了合适的粒度级别上。所有未通过用例说明表达的其他执行路径都应该是错误或者异常序列。

（2）用例表达——用例图

目前在系统建模过程中，一般首先以文字形式记录用例描述，并同利益相关者一起精化用例描述，然后再使用建模工具以用例图形式清晰、正确地表述执行者在执行用例的时候，会如何与系统交互。执行者与其参与的用例相关，在 MBSE 模式下，系统、系统的执行者和系统用例之间的关系可由基于 SysML 的用例图（Use Case Diagram，UC）描述。用例图形式表达的用例要比传统文本形式更简洁、更清晰。

用例图可以显示各种类型的元素和关系，以说明系统提供的服务信息以及触发和参与用例的执行者信息。用例图是系统的一种黑盒视图，其构建的主要目的是识别系统功能性需求。在用例图中，内容描述了一组执行者、用例以及它们之间的关系。在执行者和用例之间创建关联，从而表示执行者与系统交互，以触发和参与到用例中。关联是指系统操作时相关联的系统元素之间的链接；执行者的实例可能会触发或者参与到用例的实例中（即实例的执行）。

如图 5 - 7 所示，该用例图表达的是首席科学家（Chief Scientist）与立方体卫星企业（CubeSat Enterprise）之间的交互关系，由图可看出，首席科学家与立方体卫星企业模块的交互活动包括：收集任务数据（Collect Mission Data）和分发任务数据（Distribute Mission Data）。图 5 - 8 显示的是这两项交互活动对初始任务需求的精化，体现需求与功能用例间的映射关系。

（3）用例细化

用例的文本定义，与之前描述的用例视图，可以描述系统的功能。尽管如此，如果需要对复杂系统用例进行更加详细的定义，可以通过交互、活动、状态机等建模实现用例的进一步细化。通常情况下，在用例被评审和接受之后，添加这些行为图，来细化需求和设计行为形式的选择。一般来说，用例细化遵循以下原则。

1）当场景包含大量信息时，可以采用基于序列图的模块交互的方式；

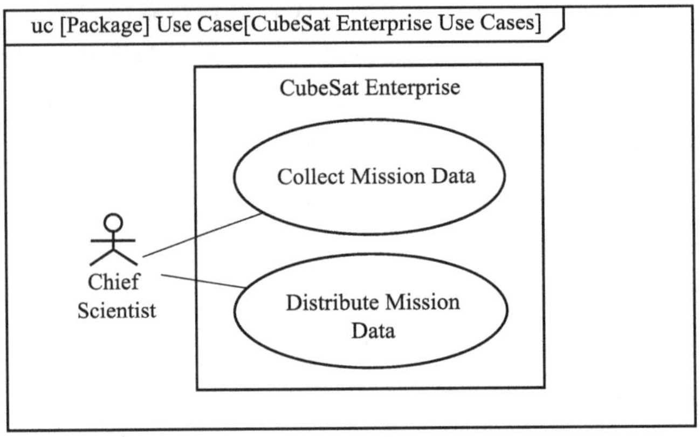

图 5－7 系统用例图示意

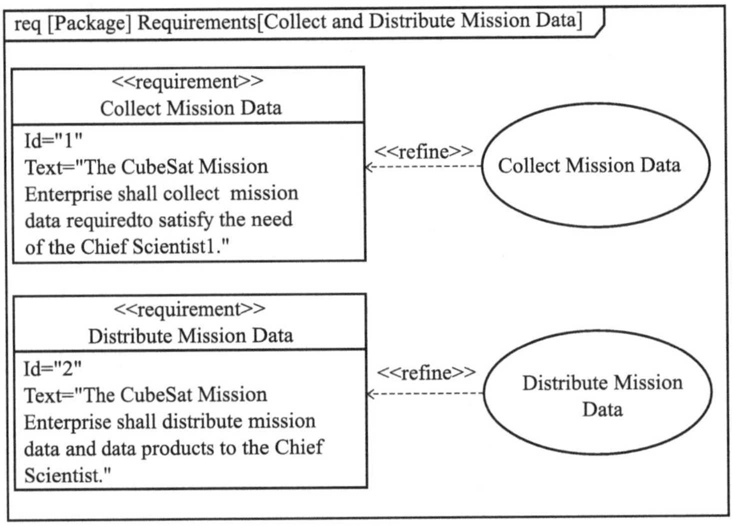

图 5－8 系统用例对需求精化

2）当场景包含大量的控制逻辑、输入/输出流，以及传递数据的算法时，可以采用活动图的方式；

3）当执行者与主体之间的交互是异步的，并且不易由事件序列表示时，可以采用状态机图的方式。

建模人员可以选择在一个特定的用例符号上注明该用例的行为是否由上面列出的行为图来进一步描述，具体实现方式如下。

通过序列图（Sequence Diagrama）的模块交付实现用例细化。用例可以通过一个或多个序列图来细化，拥有交互的模块必须具有与主体和参与者相对应的组件，它们可以通过交互中的生命线来表示。

通过活动图（Activity Diagram）的方式实现用例细化。在活动图中，用例描述了系统的具体行为，活动分区则表示了参与者负责的动作，参与者由活动区表示。

通过状态机图（State Machine Diagram）的方式实现用例细化。状态机图也可用于描述场景。有些方法支持使用单状态机来描述所有可能的用例场景，包括异常情况，而其他方法建议为每个场景使用单独的状态机。

（4）功能元建模

功能元模型描述的是系统功能所需的模型元素及其之间的关系，也是描述特定领域系统的功能建模方法。特定领域功能元模型一般主要由三个部分组成：1）功能及其子类，表示各种类型的功能；2）功能之间的流，表示功能之间的信息传递关系；3）流信息及其子类，表示功能流之间传递的信息。

在 SysML 中与功能最为接近的模型元素是 Activity，如图 5－9 所示，功能及其子类从 Activity 扩展而来。在 SysML 中，Activity 之间的信息传输通过 Object Flow 表示，从该元类扩展出 Flow。

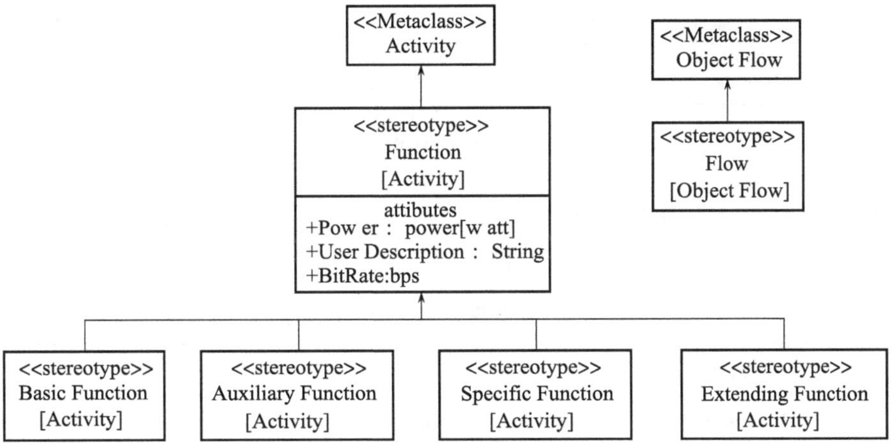

图 5－9　功能相关构造型

建立的每一个功能构造型与表 5－1 中的元模型相对应，功能通过 Function 表示，复杂产品系统的功能，根据性质的不同，大体可分为基本功能、辅助功能、特定功能和扩展功能 4 个部分，而每个部分还可以派生出相应的子功能。

表 5－1　功能类型及其含义

MOF 元素	功能类型	含义
Basic Function	基本功能	系统具有的最基本的功能模块
Auxiliary Function	辅助功能	系统在满足基本功能前提下，具有的辅助作用的功能
Specific Function	特定功能	除了基本功能之外，一些特殊的功能，例如信息收集等
Evolving Function	扩展功能	以上没有列出的其他功能，目前还不需要的、未来可能设计引入的新功能

功能之间通过 Flow 传递信息，传递的信息通过 Flow Information 来表示。Object Flow 所传递的信息通过属性 Conveyed Information 表示，该属性通过设置定义的 Block 来

描述信息传递的类型。如图 5 - 10 所示，从 Block 中继承出 Flow Information 的构造型，并通过其子构造型区分出不同类型的流信息。

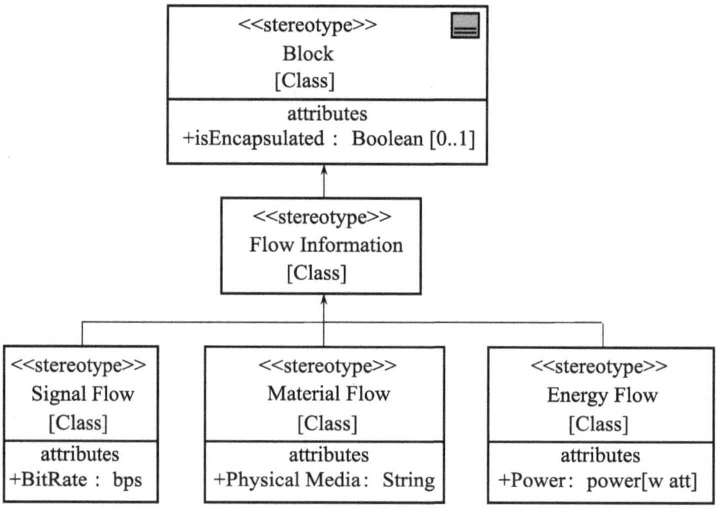

图 5 - 10　流信息相关构造型

建立的每一个功能构造型也与表 5 - 2 的流传递的元模型相对应，流信息根据信息类型的不同，可以分为能量流、物质流和信号流等。

表 5 - 2　流传递的信息类型及其含义

MOF 元素	信息类型	含义
Energy Flow	能量流	表示功能之间传递的能量，如热能、电能等；属性 Power 表示能量的功率
Material Flow	物质流	表示功能之间传递的实体物质，属性 Physical Media 表示物料传输的物理媒介
Signal Flow	信号流	表示功能之间传递的电子信号，属性 Bit Rate 表示信号传输的比特率

通常而言，功能元建模方法主要通过以下步骤实现领域功能模型构建（见图 5 - 11）：1）领域功能元模型定义；2）定义功能构造型，并添加属性；3）使用 Profile（配置文件），扩展现有 SysML 语言概念；4）应用构造型，定制化功能模型。

每个子构造型具有一定的属性，来对流所传递的信息进行精确描述，这些属性被定义为构造型的标签（Tag），例如，能量流中具有 Power 这一 Tag，来描述能量传输的单位。这些属性被定义为构造型的 Tag，而没有被定义为 Block 的 Value Property，主要是因为这些信息类型的 Block 使用方式不同，在活动图中描述 Object Flow 上传递的信息类型时，需要将 Block 赋值在 Object Flow 的 Conveyed Information 上，而并非是 Block 的实例。因为，如果将流信息的属性定义为 Block 的 Value Property，那么只能在 Block 实例中对其进行赋值而无法在 Block 中对其进行赋值，所以采用 Tag 而不是 Value Property 来定义信息流的属性。

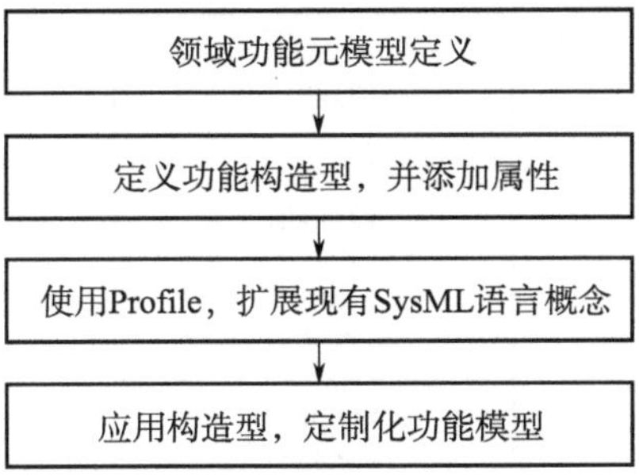

图 5 - 11　功能元建模方法

5.2.3　系统行为建模

系统功能用例只是从系统的角度表达了系统层级待执行的活动，以及系统与其他系统、外部环境的交互关系，系统行为建模是对系统功能用例的具体化，是系统执行该项功能的具体行为（活动）、与其他系统的交互方式（交互），以及系统活动状态切换所发生的一系列行为的具体体现。

（1）行为的定义与表达

系统行为是结构在实现系统预期功能时所表现的外部特性。这一特性与该结构的物理状态有关，它是结构的相关属性，表示系统的状态改变及其相关因素之间的关系。

对行为的表示方法从不同的理解角度可大体分为三种：1）将行为视为结构物理状态的转变，描述为随时间变化的顺序状态转换；2）类似功能表示，采用“输入/输出”流的描述方法，即“动词＋名词”概括性地描述行为，是对功能“黑盒”的具体化；3）采用物理规律和行为变量的数学表达式，共同描述行为特性。

行为不同于功能之处在于，功能描述了系统“做什么”，而不关心它是如何实现的，是一种黑盒视图；而行为强调了系统“如何做”，是系统对功能的具体实现方式，它标识了系统级、系统元素之间、系统元素内部和系统元素操作内部的系统行为。

预期行为实际上是从抽象层面上回答了“系统功能如何实现”的原理性问题，如果说功能更关注功能元的类型，则行为表达的信息则以流对象为主要的观察视角，将流对象的类型和属性变化视为其物理状态的改变，且该变化遵循一定的物理规律，因此，采用“物理规律＋输入/输出”的组合形式对预期行为进行表示，如图 5 - 12 所示。其中，物理规律可与结构模型的约束属性进行对应，而输入/输出流对应于功能的输入输出，如此预期行为可起到功能到结构的桥梁连接作用。

实际行为表示了结构模块的物理行为，因此需要依托于结构模块的约束属性，可通过方程对结构参数变量及其关系进行表示，这部分内容详见参数图部分内容，其中参数图是对实际行为更为详细的约束表达。

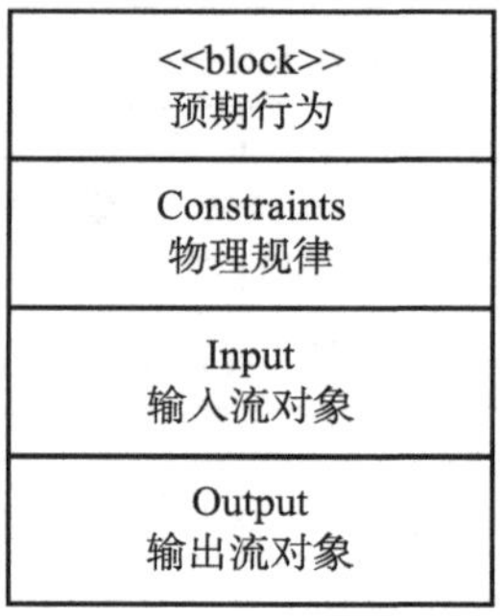

图 5-12　预期行为结构

（2）基于活动图的行为建模

活动是行为的形式化表达，基于控制流定义的操作逻辑、执行顺序，将输入转换为输出。活动可分解为一系列的动作，这些动作描述了活动如何执行以及活动输入如何转换为输出。而活动输入和输出参数不同于系统约束参数。每个参数可以有一个类型，如值类型或模块。

基于活动图的行为建模是基于流行为建模的主要表示方式，类似于广泛用于系统行为建模的功能流图。用于描述活动的图称为活动图（Activity Diagram，ACT），活动图定义活动中的动作以及它们之间的流输入、输出与控制。活动图提供了超越传统功能流图的增强功能，如表达活动与系统结构（模块、部件）关系的能力以及建模连续流动行为的能力。对象流的概念描述了输入与输出项如何在动作之间流动。控制流的概念对活动中的动作何时、以何种顺序执行提供了额外约束。

活动图构建行为模型的示例如图 5-13 所示，该图显示了收集任务数据活动，接收任务并将其转换为流出活动的任务数据。

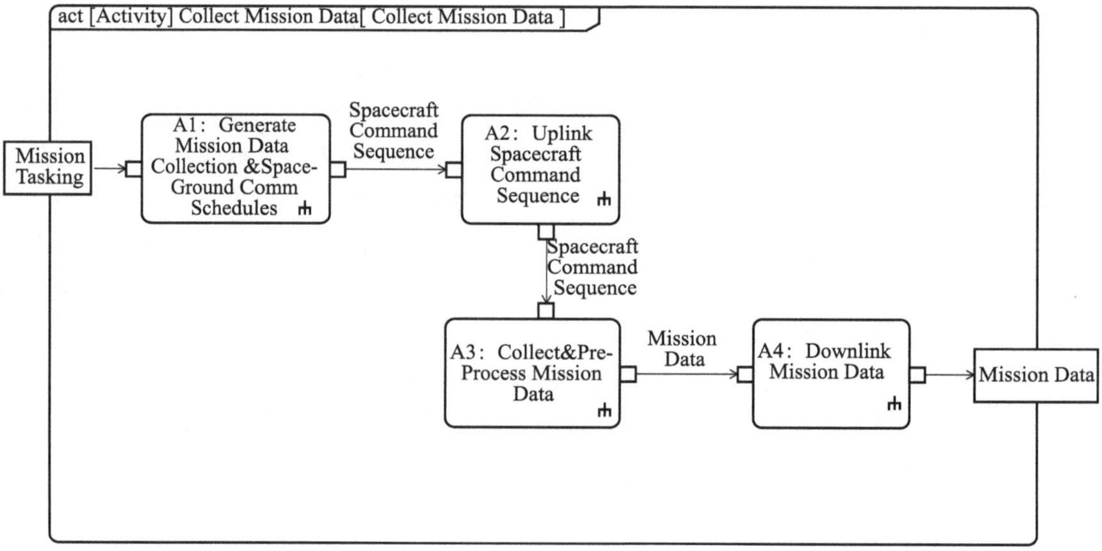

图 5-13　活动行为建模示例

(3) 信息行为建模

①交互

交互 (Interaction) 是一种具体的行为元素，它用对象之间消息传递的方式，说明行为发生过程的顺序和互相传递的信息。交互可能是系统与环境之间，也可以是系统层次结构任意级别上的系统组件之间的交互。

在 SysML 中，使用序列图表示交互，序列图的优势在于可以完整地描述行为产生的顺序、执行该行为的结构以及触发该行为的结构等要素，在系统级行为建模方面有广泛应用。序列图表达信息行为如图 5 - 14 所示。

作为一种行为，交互也具有行为的基本特征。交互可以作为一个模块或其他行为类目的拥有行为；也可以作为一个操作、接收的“方法”。交互同时也是一个模块。一个复杂的交互行为可以进行分解。在上层的交互行为中，通过一个“交互使用”元素表示对下层或其他交互的调用。

交互的发生一样需要规定发生的语境 (Context)，交互执行的语境是拥有交互的系统模块的一个实例。当实例 (包含其所有组成实例) 执行时，任何当前执行交互观察发生的事件将作为其他行为执行的结果 (如状态机或活动)。如果交互是某个模块的拥有行为，则这个模块是交互行为的语境；否则它自己是它的语境。说明交互的序列图中的元素都是它的语境范围内的元素。

②生命线

模块作为系统信息的载体，其行为可以通过不同的方式表现。在模块定义图中，模块的运行清晰地定义了提供相关行为的责任。模块的结构化元素通过序列图的生命线表示。生命线元素代表模块中的一个部件 (或其他属性) 的实例，这个模块是生命线所在的序列图代表的交互元素所属的模块。序列图上的许多事件规范与生命线间的消息交互关联。

生命线与事件规范的有序列表相关，事件规范描述了在交互执行过程中生命线所代表的实例可能发生的情况。当执行交互时，按时间顺序排列的事件集合称为追溯 (Trace)。比较规范和实际事件的顺序与结构，能够确定追溯是否与交互相一致。

③消息

消息可以在生命线代表的实例之间交换，从而实现交互。消息表示从发送生命线到接收生命线的服务调用或请求，或从发送生命线发送信号到接收生命线。消息是由在生命线上正在执行的行为发送，或者更确切地说是由这些行为中的请求动作发送。生命线收到消息后可以触发行为的执行，或者可以仅仅是由当前执行的行为接受。

虽然消息常用来建立计算机系统和用户之间传递信息的模型，但是它们也可以表示物质或能量的传递。雷达跟踪系统中的交互可表示对目标的探测以及对该探测的响应。如对汽车的生产请求以及随后向经销商交付汽车的请求，都可被建模为经销商和制造商之间的交互。

(4) 基于状态机图的事件行为建模

状态 (State) 是系统处于某种工作状态的一种表示方法。状态机 (State Machine) 是对依赖于状态的行为的一种潜在可重用定义，用于表示事件驱动的行为。

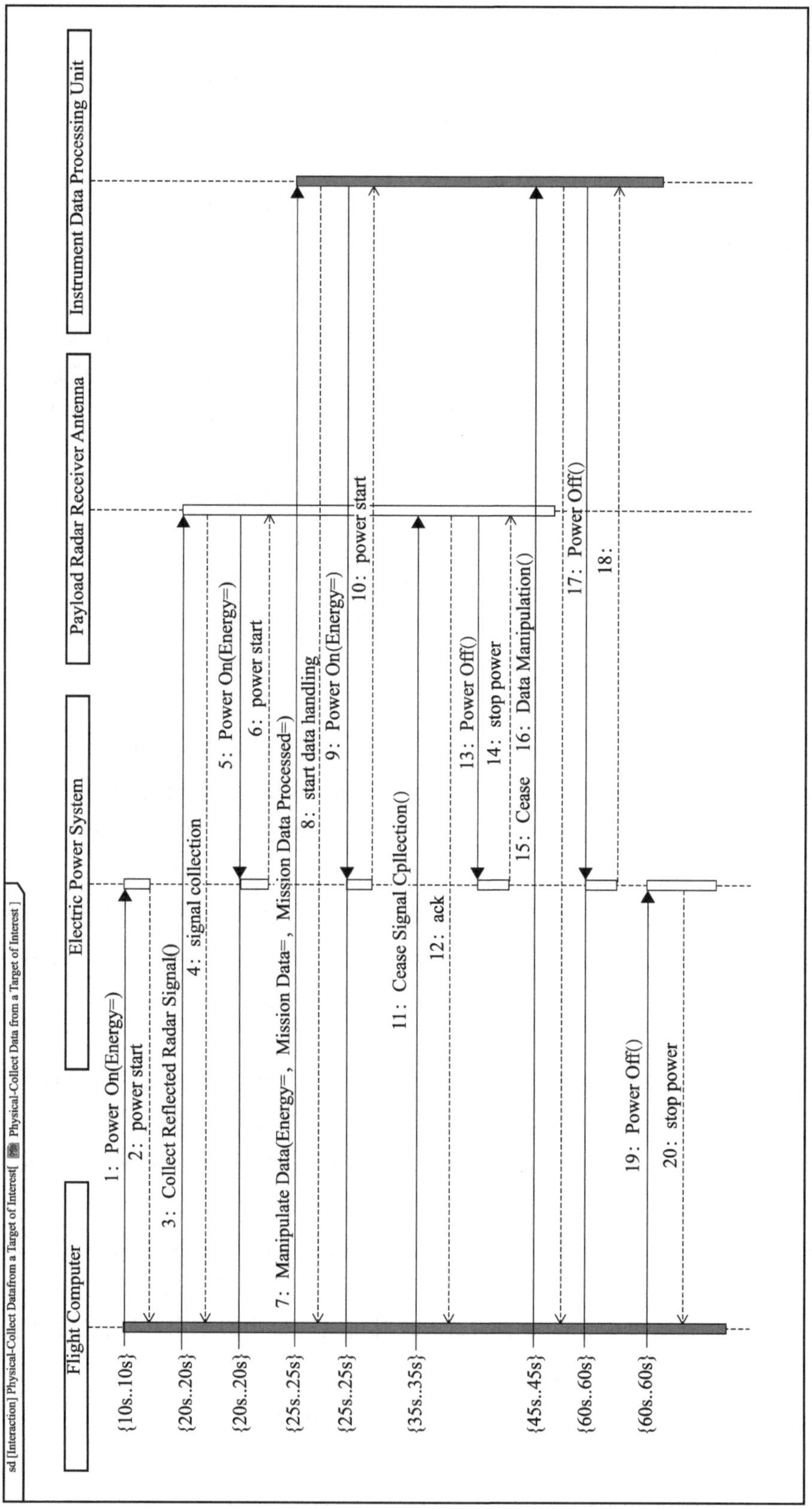

图 5-14 信息行为建模示例

在状态机图中，用系统的不同状态之间事件驱动的转移机制，来说明一系列的行为发生过程。根据结构的状态及其相互转换，通常使用状态机来描述结构在整个生命周期中的状态依赖行为。在每种状态下，结构可以执行不同的操作集。状态机定义结构的行为如何随着它在不同状态之间的转换而变化。状态机图（State Machine Diagram，STM）是一种白盒视图，它需要设计者对系统结构有充分的认识后才能构建。

状态的转换需要条件进行触发，主要包括信号、时间、数值等。一旦触发转换，状态机总是运行到完成，这意味着在状态机完成当前事件的处理之前，触发器识别导致转换发生的可能激励。SysML 中主要有四种触发事件，信号事件表明与信号相对应的新异步消息已经到达；时间事件表明从进入当前状态开始，给定的时间间隔已经过去（相对时间），也可以表示给定的时间已经到达（绝对时间）；更改事件表明某些条件已经满足（通常某些特定的属性值集保持不变）；调用事件表示状态机归属模块上的操作已经被请求。

状态允许状态机扩展以表示任意复杂的基于状态的行为，这种状态称为层级状态。

如图 5－15 中的状态机图，该图用来为一些状态进行建模，轨道状态能够揭示出飞行器是否已完成发动，是否在轨运行。太阳能状态揭示出飞行器是处于阳光照射还是无光状态。试验状态揭示出飞行器是否正在收集数据。下载状态揭示出飞行器是否正在向地传输。

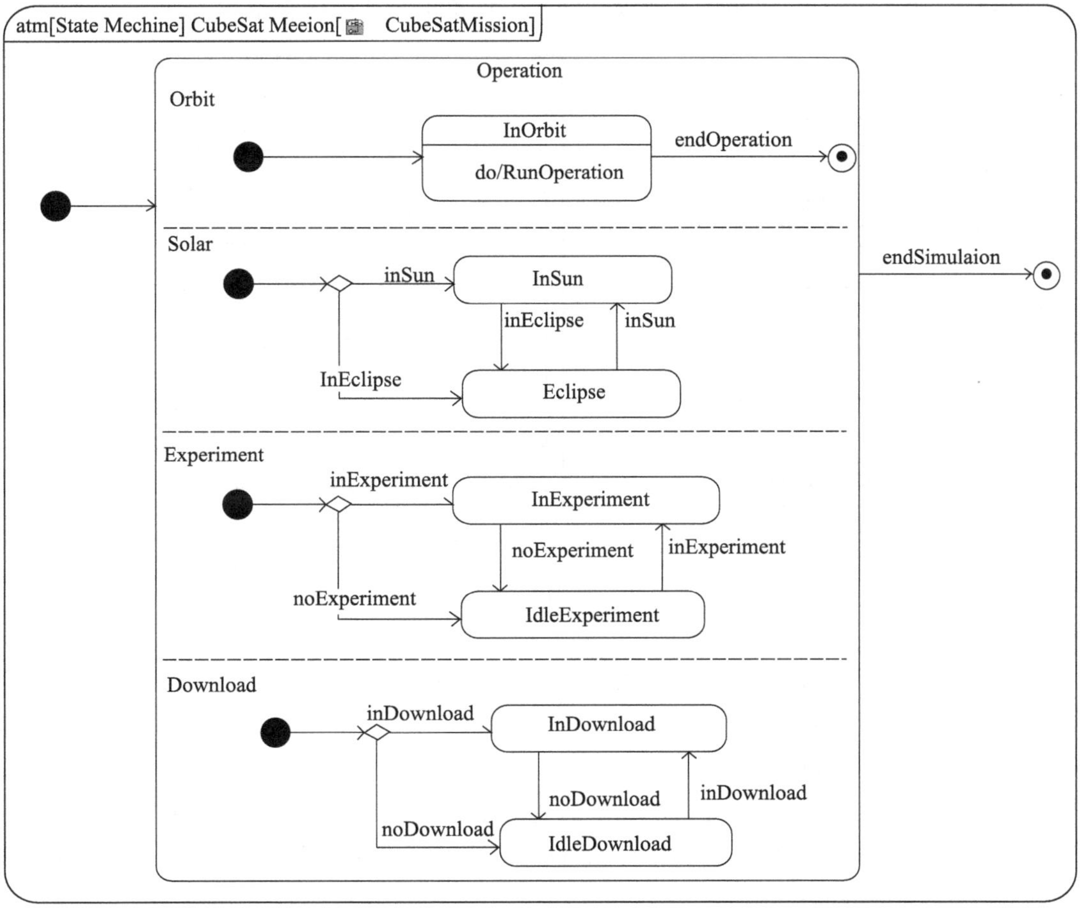

图 5－15　事件行为建模示例

5.3 系统架构设计

5.3.1 系统架构设计过程

架构设计是系统进行方案优化设计的基础，架构设计就是要基于一套标准的优化设计流程，满足系统给定的功能性需求和性能性需求，依据相对重要性的加权值，详细分析出系统不同状况下系统的合理配置方案。

架构设计的主要目的是把系统功能和性能分配到系统结构中，抽象出的系统组成结构是对架构分析阶段所得到的合理配置方案的具体实现；架构设计的目标是在规定的约束条件下，设计出能够实现上一阶段提出的系统功能、行为的架构模型，并通过权衡分析后的优化方案实现到物理架构的分配。

系统架构设计流程如图 5－16 所示。系统架构设计包括系统功能逻辑架构生成、系统功能分配到结构、系统物理架构生成等阶段。

系统功能逻辑架构生成，主要就是对系统功能具体实现方式进行设计，通过架构分析，对系统功能和性能度量进行分配，将不同粗粒度的功能点通过逐层分析分配到分系统以及部组件，并结合一定的领域专业设计经验，抽象出系统的逻辑架构。

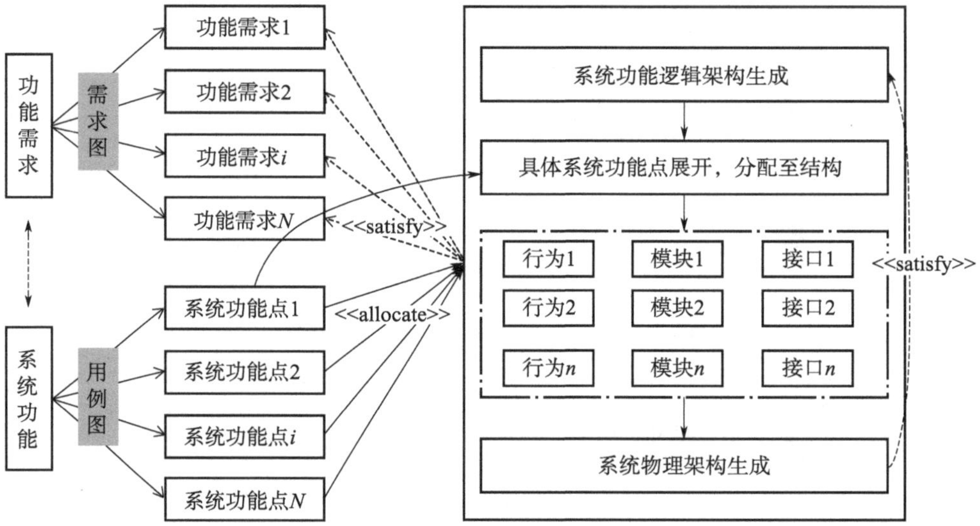

图 5－16 系统架构设计流程

系统功能分配到结构，主要就是通过进一步的分析与设计，将逻辑架构进行展开，使用活动图泳道，将行为映射到分系统组件，并分配技术性能指标向下游设计师传递设计信息，从而完成系统架构设计。

系统物理架构生成，就是要根据相应的任务需求分析、从功能剖面形成对系统运行方案的详细描述，并将运行方案向物理架构（硬件、软件）映射，确保架构设计的全面、完备，并实现架构模型的相对最优。

从图中也可以看出，系统架构建模在系统功能建模的基础上，定义复杂产品系统的组成，实现对系统功能的承载。在此基础上，将分析并生成逻辑架构模型和物理架构模型。

整个系统架构建模过程，遵循自顶向下的方法，重点是把系统级操作（功能、行为）分配到结构的模型元素中，这种结构可以是以前方案优化设计的结果或某一给定架构。在这个过程中，通过与领域专家的合作，推动系统要素和需求进一步分解为更低层级的功能和架构，直到能够完成系统架构设计工作并满足系统需求。分解后的子系统之间和单元之间的接口及关联关系也同时被确定。

5.3.2　系统架构建模

（1）架构元建模

与功能元建模类似，架构元建模是描述特定领域系统的架构建模方法。架构元建模方法主要通过以下步骤实现领域架构模型构建（见图 5－17）：1）领域架构元模型定义；2）定义架构构造型，并添加属性；3）使用 Profile（配置文件），扩展现有 SysML 语言概念；4）应用构造型定制化架构模型。

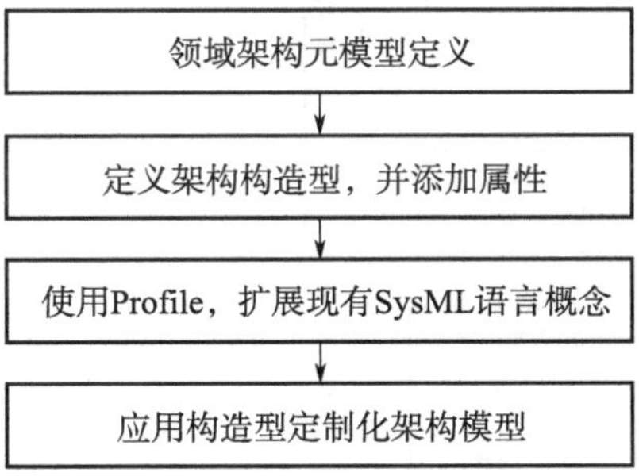

图 5－17　架构元建模方法

架构元模型一般可由三个部分组成：1）组成系统的 Component 及其子类，表示系统各组成部分的类型定义；2）组件端口 Flow Port，表示组件之间通过端口进行信息传输；3）端口类型 Flow Port Type 及其子类，表示端口上传输的信息类型。其相应的构造型如图 5－18 所示，在 SysML 中与系统组成模块最接近的模型元素是 Block，所以 Component 及其子类都由 Block 继承而来，架构构造型与元模型内容相对应，组件分为结构、控制、界面交互和其他附属组件四个部分。基于这些构造型可以定义各种类型的具体模块从而描述系统组成部分，与功能构造型不同的是，这些模块的属性被定义为 Block 的 Value Property 而非 Tag。因为这些属性描述的是模块的实例所具有的属性，而不是整个模块类型本身，取值是直接赋值给 Block 的实例，即 Instance Specification 中，而非 Block 本身。

Block 之间通过 Port 进行信息传输，如图 5－19 所示，从该元类扩展出 Flow Port 的构造型，端口上传输的信息类型通过 Flow Port Type 表示，是从 Block 继承而来的构造型。根据传输信息不同，在端口下面定义了 Signal Port 和 Energy Port 两个子类，与功能构造型相同，也是通过 Tag 来描述端口上传输信息的具体属性。

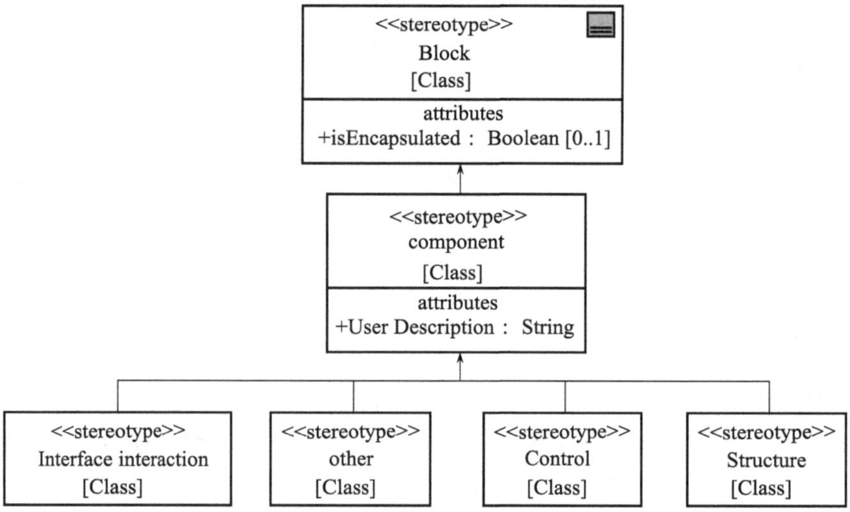

图 5-18　架构相关构造型

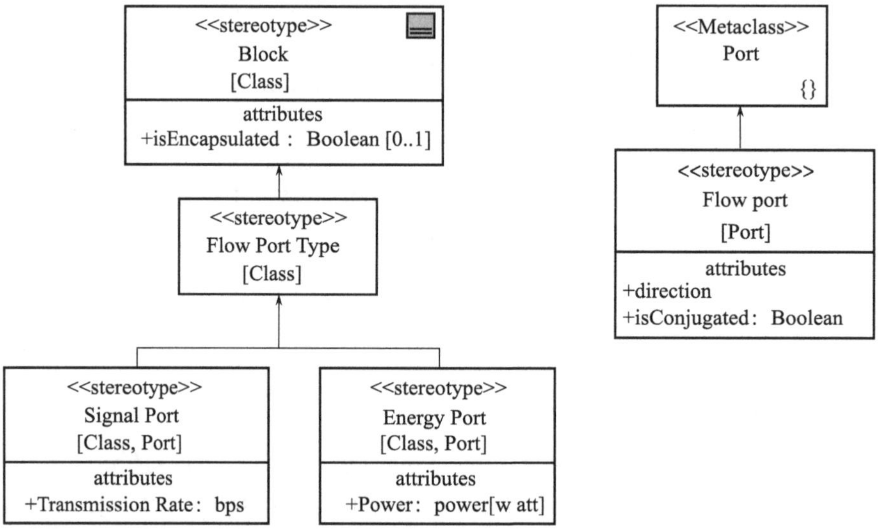

图 5-19　流端口类型相关构造型

（2）建模要素的形式化表达

①模块与特征属性

模块（Block）是描述复杂产品系统架构的基本模块。模块用于定义一类系统、组件、组件互连，或者是流经系统的项，也可用于定义外部实体、概念实体或其他逻辑抽象，例如某个系统，硬件、软件或数据部件，人、设备或自然环境中的某一实体（如空气或海洋）。

模块是对一类相似实例或对象的描述，这些实例、对象均呈现共同的特征。模块通常用于描述可重用部件，可在不同系统中应用。模块由其特性所定义，这些特性可分为结构特性和行为特性。结构特性定义了模块的内部结构和属性。行为特性定义了模块如何与环境交互或者修改其自身状态。

模块的定义可以通过模块定义图（Block Definition Diagram，BDD）和内部模块图（Internal Block Diagram，IBD）来实现。模块定义图用于定义模块以及模块之间的相互关系，如层级关系，也可用于规定模块的实例，包括配置和数据值。内部模块图则用于根据模块的组成互连来描述模块的结构。

属性是模块的主要结构特性，包括表示组成、引用和值的属性等。属性定义模块特征的类型，这种类型可以是另一个模块，或者是更为基本的一种类型（如整数）。

1）组成属性（简称组成）：描述由模块至其组合元素的分解。

2）引用属性：其值引用其他模块的组成。

3）值属性：描述模块的量化特征，如重量与速度，值属性可以使用参数约束相关联。值属性也可用于建立矢量量化模型，如位置、速度。

组成或引用属性都是基于某个模块来定义，而值属性的定义则是基于值类型来定义，在描述模块实例时这些值类型规定了属性有效值的范围。值属性可以有默认值，也可以定义值的概率分布。值类型的目的是提供一个能被多个值属性分享的统一数量定义，描述了表述数量的数据结构，并规定了其可允许的值集合。值类型表示的都是值，而不是实体。

②接口

接口是系统架构建模的关键。SysML 允许建模人员规定不同的接口，包括机械、电子、软件和人-机接口等。另外，信息流的接口必须能够规定信息的逻辑内容和以位（bit）、字节（byte）与其他信号特征表示的信息物理编码。

端口（Port）是模块的结构化特性，规定了模块和其他模块交互的访问点，用于表示系统与系统间、系统内部的交互关系。一个模块可以有多个端口规定不同的访问点。在内部模块图中端口可通过连接器相互连接，从而支持组成间的交互。当模块有端口时，端口也可以在组成和引用属性中描述，这些属性按内部模块图中的模块分类。

描述一组由端口支持的行为特性的另一种方法，是在接口（Interface）中对其定义。一个或多个接口可以与端口相关，以定义它提供或请求的行为特性。接口定义可以根据需要重用，以便在许多模块上定义端口的接口。

③层级架构

1）分类器（Classifier）。分类器是一种类型，可作为更具体类型的基础。模块定义图上可以出现不同类型的分类器，并可以组织成分类层级。通用分类器与特殊分类器之间的关系称为泛化（Generalization），一般称通用分类器为父类，特殊分类器为子类。

在子类重用父类的特性并增加了它自身的特性后，分类可便于重用。当父类有显著的细节或有多个不同的子类时，重用的优点显而易见。除了对重用进行分类外，分类还可用于描述模块的特定配置，识别测试的独特配置，或者用于仿真或其他形式分析的输入。分类也适用于行为特性，并且可以用于模块的特殊化，后者以特定方式响应即将到来的请求。

在分类层级中，不同的模块有不同的结构化特性，其中有子类添加在父类中不存在的特性。并非所有在子类中添加的特性都是新的，一些特性被引入以覆盖或改变现有特性的定义，称此为重定义（Redefinition）。

当父类的某个特性在子类中重定义时，其在父类的初始特性对于子类不再可用。子类中更为具体的特性（重定义特性）用于替代父类中的特性（被重定义特性）。一个子类也可包括多个父类的特性，称为多重泛化或多重继承。某一给定的子类可以组织为组。可应用泛化集对这种情况进行建模。

2）组成（Parts）。组成描述了模块之间的组合关系。这种模块的层级组合类型通常出现在材料清单（也称为组成清单）中。组合关系也称为整体-部分关系。通常情况下，整体-部分关系意味着应用于整体的操作也可应用至每个组成部分。整体的属性，如重量，也可以由其各部分推理所得。但是这些推断出的特性通常必须通过应用约束方法在模型中规定。

内部模块图是模块组合的另一种可视化形式。通过连接器和端口，内部模块图支持组成与其他组成连接。内部模块图可用于表示模块中组成之间的连接。模块的组成间交互由组成的行为来规定。交互可以包括组成间的输入/输出流、组成的操作引发、组成间的信号发送与接收，或者由任何一端组成属性的约束所规定。

④分配

分配是一种通过提供严格关系指导来关联模型元素的机制，分配关系是一种依赖关系，用于将一个模型元素分配给另一个模型元素。分配关系支持多种分配形式，包括分配行为、结构、属性等，具体的分配方式如下。

1）需求分配。需求分配（Requirement Allocation）表示一种机制，用于将源需求映射到其他派生需求，或将需求映射到其他满足需求的模型元素。

2）行为或功能分配。行为分配（Behavior Allocation）通常用于从结构中分离行为。一个通用的系统工程实践是从行为模型（也称为功能模型）分离结构模型（也称为架构模型），以便于通过考虑几种不同的结构来优化设计，这些结构提供期望的紧急行为和属性。这种方法提供了如何分解结构，如何分解行为，如何基于权衡研究将结构与行为同优化设计关联。

功能分配用于将功能分配给系统部件。如前所述，在定义的功能分配基础上（模块活动），当行为没有准备被其他模块重用时，使用的功能分配（如动作到组成）应先于定义的功能分配（如活动到模块）使用。当每个活动的使用被分配给模块的使用时，需要在活动和模块之间采用定义分配。在活动和模块之间的分配关系可以包括在分配的“从”或“到”端的活动或模块，但通常是活动到模块。

3）结构分配。结构分配（Structural Allocation）是指将一种结构元素分配给另一种结构元素。一个典型的例子是逻辑-物理分配（Logical - Physical Allocation），在此种分配下，逻辑层通常被建造并保持在一个抽象层，随之与在更具体层上的另一个物理层相映射。软件-硬件分配（Software - Hardware Allocation）是另一个结构分配的例子。在

SysML 中，分配通常用于将抽象的软件元素分配到硬件元素。UML 使用部署概念规定更细节层级的分配，需要将软件制品部署到平台节点或处理节点。SysML 分配转换到 UML 部署可通过模型精化以及更细化的建模和软件设计来完成。

4）流分配。流代表了能量、质量、信息从一个模型元素到另一个模型元素的转换。流分配（Flow Allocation）通常用于分配在活动图和内部模块图之间的流。

5）属性分配。分配也可用于将性能或物理属性分配给系统模型中不同的元素。通常支持将系统性能或物理属性值分配到系统部件属性值的预算过程。一个典型的例子是将系统重量预算分摊到系统各部件的重量中。另外，可以详细规定初始分配作为使用参数约束精化模型的一部分。

与“分配”相关的关系汇总见表 5－3。

表 5－3　“分配”的不同使用及 SysML 中的使用

分配种类	关系	来源	去向
需求分配	满足 派生 精化	需求 需求 模型元素 需求	模型元素 需求 需求 模型元素
功能分配	分配	行为活动	模块组成
结构分配（如从逻辑到物理、软件到硬件）	分配 分配 分配	模块 端口 项流 连接器	模块 端口 项流组件 连接器
流分配	分配	对象流 对象流 对象流	连接器项 流项 属性
属性分解/分配	绑定连接器	值属性	参数

随着设计的进行，附加用户定义的约束能够增加分配关系，以提高必要的准确性。例如，对部件分配一个功能（如活动），可能在设计过程的早期完成。随着设计的进展，施加了其他约束，以保证活动的输入、输出以及控制被明确地分配给部件的接口。在合理的用户定义约束下，分配可以用于帮助加强规范系统开发方法，以保证模型的完整性。

5.3.3　系统结构模型的表达与构建

复杂产品结构是系统行为的载体，是实现系统功能的实体，系统的物理结构元素都代表现实世界中某一类型的实体，具体到工程领域，产品的结构通常包括系统、子系统、单机和零组件四个层级关系，每层级中的结构元素所代表的含义有所不同，覆盖的范围依次缩小，是一种包含与组成关系。

在 MBSE 模式下，结构模型并非是指三维实体，而是对产品结构的抽象化描述，是系统概念设计的最终产物。面向对象的建模思想出现以来，对结构的表示基本达成共识，即将物理世界的每个元素进行模型化，相当于对某一类型具有共性的结构实例进行了抽象化描述，并通过添加它们的共有属性信息，丰富该结构的概念模型。通常单一的结构概念表示为一个类，使用时将其实例化为结构对象。

系统架构设计的基础是结构模型的构建，结构模型构建可基于 SysML，采用包图(PKG)、模块定义图（BDD)、内部模块图（IBD）来描述。这三种图，为系统结构建模提供了丰富的语义和语法，可以对系统的物理结构概念进行详尽的图形化表达，以满足设计要求。

包图：主要作用是对系统模型结构以包和相互包含的层级关系形式进行组织，或者说包是其他模型元素的容器，表达了模型元素的分组逻辑。具体而言，建模者可以按照系统的层级关系（如系统、子系统、单机、零组件)、模型类型（如需求、功能、架构、参数)、生命周期阶段（如需求分析、功能分析、系统设计）等方式进行组织。系统模型并没有唯一正确的结构，不同的方法会建议不同的模型结构，且项目的目标不同，同一模型结构产生的效果也不同。

模块定义图：展现了系统模块相互关系，通过显示的元素（模块、执行者、值类型、约束模块、流说明、接口等)，对系统结构的层次和关系进行描述。“模块”代表的是系统实体结构的类型，可用于表示系统中的硬件、软件等元素，每个“模块”具有属性、行为两种特性，同时提供关联、泛化和依赖等元素表示系统结构之间的关系，模块及其关系的表达说明了系统的分解结构和类型分类。另外，一切在其他类型图中的系统结构，都应该首先在模块定义图中进行定义，即在这里形成系统模型中其他内容的基础。

内部模块图：反映系统内部组成情况，是对模块定义图中单个模块的内部结构进一步的描述，可以表达组成部分属性和引用属性之间的连接。或者说，是对模块所包含属性之间的关系，可视化连接的方式实现表达，并且通过构建连接器或端口，对属性之间流动的事件、能量和数据或者传递的服务请求进行描述。

内部模块图是对模块定义图所表达设计信息的一种补充，但这两者都只是系统结构模型的静态视图，且缺乏对系统结构的空间关系进行模型化的表示。

5.3.4 逻辑-物理架构映射方式

逻辑架构生成和物理架构生成的主要区别是颗粒度的不同，逻辑架构所针对的对象是系统的功能，将系统功能按一定共性聚合在一起，抽象出系统的各个组成模块，如分系统、分系统组件。而物理架构针对的是系统功能分解后具体系统行为的实现方式，如各个模块的端口、接口、机械机构、参数指标等，通过对系统各个组成部分物质流、信息流、功能流及其交互关系的描述，从而定义系统行为的技术基础，实现系统功能的具体实现方式。

将 SysML 系统逻辑架构模型转换成 Modelica 物理架构模型，主要包括基于 XMI 对象映射的仿真模型框架生成技术和基于交互式的原理模型封装技术等。基于 SysML 集成的跨领域模型能够有效地结构化系统设计工作，半自动化地生成设计与分析间关系的分析模型、基于 XML 的分析模型结构和基于 Java 的仿真模型等，用于有效地分析并验证系统功能、行为、结构、信息流、交互关系等信息对系统的满足情况。

专业工程设计人员根据物理架构要求开展设计，或是从已有方案中自动生成物理架构，总体设计人员开展设计综合，实现功能逻辑架构与物理构架的映射。逻辑-物理架构的映射方式如图 5 - 20 所示。

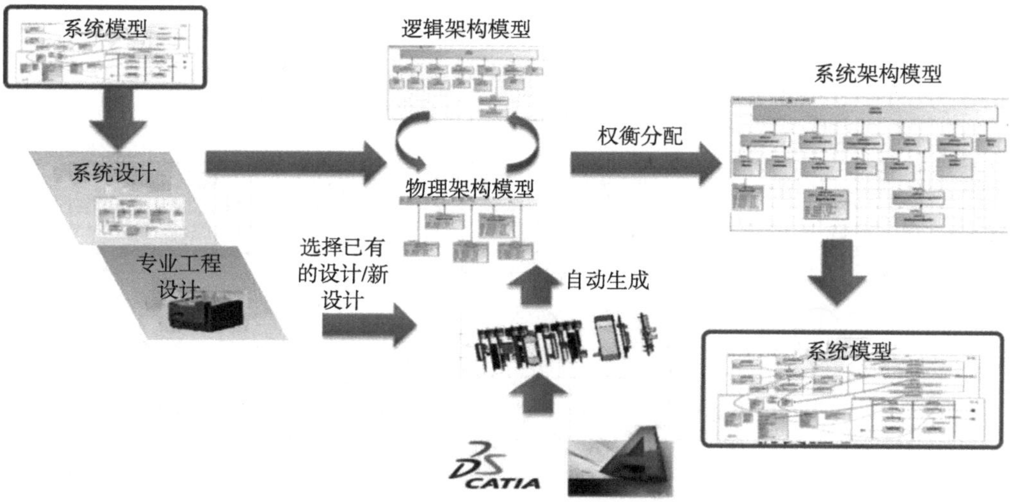

图 5 - 20　功能逻辑架构与物理构架的映射方式

架构设计是对系统用例的细化和分解，将系统按照功能拆分成若干个子系统。子系统是系统中的一组高度耦合的功能集合，子系统之间通过接口提供和调用服务，相对独立，具有外部松散耦合，内部紧密耦合的特点，子系统表示为模块定义图中的模块。

逻辑架构设计的主要工作是对系统功能进行逻辑划分，构建系统逻辑架构模型。逻辑架构设计工作流程方法与系统需求分析阶段类似，最终目的是识别子系统，将系统级需求和用例分解到各子系统，定义子系统之间的接口，形成各子系统独立的需求模型，交付给子系统一级的设计人员进行下一层级系统设计。

在需求功能分析阶段建立的活动图基础上，为定义的子系统模块添加相应的泳道，将活动图中定义的动作分配到对应子系统泳道，实现各子系统的活动与动作分配。然后使用序列图进行场景分析，得出子系统之间以及子系统与外部参与者之间需要进行的交互。

逻辑组成结构可以通过模块定义图描述，通过模块定义图，说明每个组成结构提供和需求的服务类型，以及在系统中传递的数据类型。

物理架构模型是系统物理实现的整体视图和组成结构，将系统可划分为多个子系统，每个子系统又由多个相互之间存在连接关系的组件组成，组件之间通过接口，以某种标准协议进行信息交互，如图 5 - 21 所示。例如，航空电子系统是典型的复杂嵌入式实时系统，对系统功能进行分析和确认后，设计系统的物理架构，将功能对应并绑定到软硬件，实现系统软件组件、执行平台组件和系统组件的描述。

物理架构设计是对嵌入式系统软件、硬件分配的设计和分析，为设计工程师建立了底层视图，包括硬件、操作系统和软件代码的实现。经过验证的系统需求模型正确地描述了系统的功能模块，以及模块之间的接口和行为，可通过中间模型转换为物理架构模型，将功能分配到具体的软硬件系统组件实现。

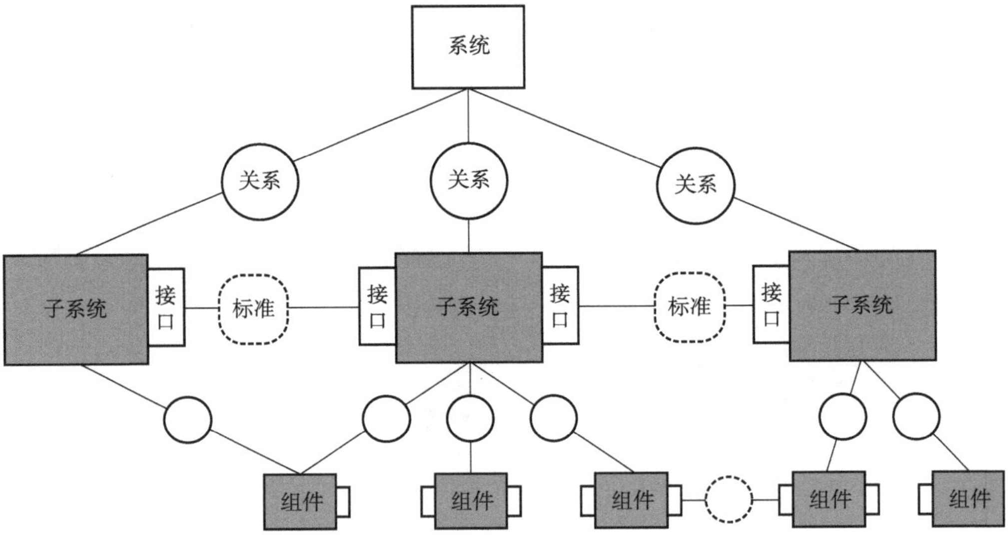

图 5-21 系统物理架构定义

5.4 方案权衡分析

5.4.1 方案权衡的目的

设计方案的确认是一个持续的反复迭代的递归过程，在该过程中需要不断评价设计方案是否满足利益相关者需求。设计综合通常开始于对每个层次架构的分解，得到不同的实现方案，然后对各个方案进行分析比较，从中选优。因为能够满足用户和系统需求的方案很可能不止一种，需要设计相应的指标或者准则对方案进行比较，这组准则可以根据其相对重要性进行加权。这个过程通常称为方案权衡分析。

系统设计指标的多维性，也决定了系统设计不存在唯一解或绝对最优解，系统工程师需要结合各类实际约束条件，在不同的设计指标之间进行综合考虑和权衡（有的指标之间存在互斥）。在系统前期方案设计阶段，针对系统需求拟定多种实现方案，并通过对不同方案的分析、对比，最终确定一种综合最优的方案继续详细设计。其中，变体管理与配置是系统多方案设计的手段之一。变体管理是针对同一个逻辑组件采用不同的物理组件进行实现，此时，系统就存在多种设计方案，需要通过权衡分析对物理架构进行分析优选。

5.4.2 多解决方案权衡

对于多学科交叉的复杂产品，为保证针对需求的研制活动与之匹配、剔除冗余活动，本节提出一种基于多域矩阵 MDM（Multi－Domain Matrix）的需求—活动匹配方法。MDM 是在 DSM 基础上扩展而来，它由 DSM 和领域匹配矩阵（Domain Mapping Matrix，DMM）两部分组成。DSM 主要表达的是领域内各元素之间的关系，置于 MDM 的对角线位置，属于方阵，如图 5－22 中的 DSM_1 和 DSM_2，其中的 DSM_1 中的各元素 R_x 表示研制需求指标，DSM_2 中的各元素 A_x 表示研制活动；DMM 分析的是不同领域间元素间的关系，是处于 MDM 非对角线上的矩形矩阵。每两个 DSM 通过一个 DMM 关联，图 5－22 中 DSM_1 和 DSM_2 所表达不同领域的元素可由左下角的 DMM 关联分析。

	R1	R2	R3	…	R_m	A1	A2	…	A_n
R1	×								
R2	1	×							
R3	1		×						
…	DSM_1			×					
R_m		0.9			×				
A1	1					×			
A2		1	1			1	×		
…	DMM					DSM_2		×	
A_n				1		1		1	×

图 5－22 多域矩阵决策

根据上文需求分析得到了需求指标和分解活动，但需求和活动间匹配的正确性并不能得到保证。需求分析时为保证需求的完备性常常会捕获冗余的需求，因此需要通过 DMM 分析需求和活动间的关系来识别冗余需求或补充必要的研制活动。在 MDM 中，需求元素和研制活动元素之间对应关系有三种：一对一，一对多，多对多。例如，图 5－22 中 DMM 的元素＜A1，R1＞＝1，且行元素和列元素仅在＜A1，R1＞处为 1，说明需求 R1 仅需一个研制活动即可完成；又如在 A2 行中，元素＜A2，R2＞、＜A2，R3＞均为 1，说明仅需一个研制活动 A2 即可满足 R2、R3 两个需求。利用 MDM 进行匹配分析的方法具体步骤如下。

设置 SysML 图中的需求关系权重值，将两个独立需求的关系权重值设置为 0，需求间其他几种关系及权重见表 5－4。权重设置便于分析需求之间的关系，可对需求指标重要度排序，追溯需求之间的关系，并进行需求验证。

表 5－4 需求关系及权重

关系	包含	追溯	派生	精化	满足	验证
权重	1	0.9	0.7	0.5	0.3	0.1

将通过 SysML 图捕获得到的需求指标 R1，R2，R3，…，R_m 及相互间关系表示在需

求矩阵 DSM_1 中。将系统规划得到的研制活动 A1，A2，A3，…，A_n 表示在 DSM_2 中，并分析研制活动元素间关系。

关联需求和研制活动，其关系可通过布尔值表达在 DMM 中。1 表示对应研制活动满足此需求，0 表示二者之间不存在关系。通过 DSM_1 和 DMM 可推断 DSM_2 内元素间的关系，反之亦然。由此表明，在 MDM 中 DSM_1 中需求的变化会引发 DSM_2 中研制活动的变化，MDM 可展示不同域间的动态关联性从而推动系统的演化。比如图 5－22 所示 MDM 中，DSM_1 中的需求 R_m 和 DSM_2 中的任一研制活动都不存在匹配，说明此需求冗余或者需要补充研制活动满足此需求。

MDM 的应用很好地解决了多专业、多学科间研制活动和需求匹配的问题，在保证需求指标完整时消除了冗余需求，避免了研制活动的冲突。

基于 MDM 进行需求-活动匹配仅能保证需求都有相应的研制活动解决或多余的需求被剔除，复杂产品的研制往往会设计多套研发方案，研发人员需要进行抉择确认一个最优的研制流程。层次分析法（AHP）是一种定性与定量相结合、系统化、层次化的分析方法，该方法能从根本上解决上述问题。AHP 包括四个步骤，具体过程如下。

首先，构建研制流程的层次结构模型。研制活动的层次结构模型包括目标层、准则层和措施层。目标层 A 是选出的最优研制活动方案；准则层是研制流程的评价指标，包括两个层级，如图 5－23 所示，准则层 B 是评价研制流程优劣的四个主要指标，包括成本、时间、质量和柔性，在研制流程质量得以保障的前提下，研制流程柔性越好、时间越短，研制流程开销的成本就越低；准则层 C 是对准则层 B 的一个细化，其中影响研制流程质量的

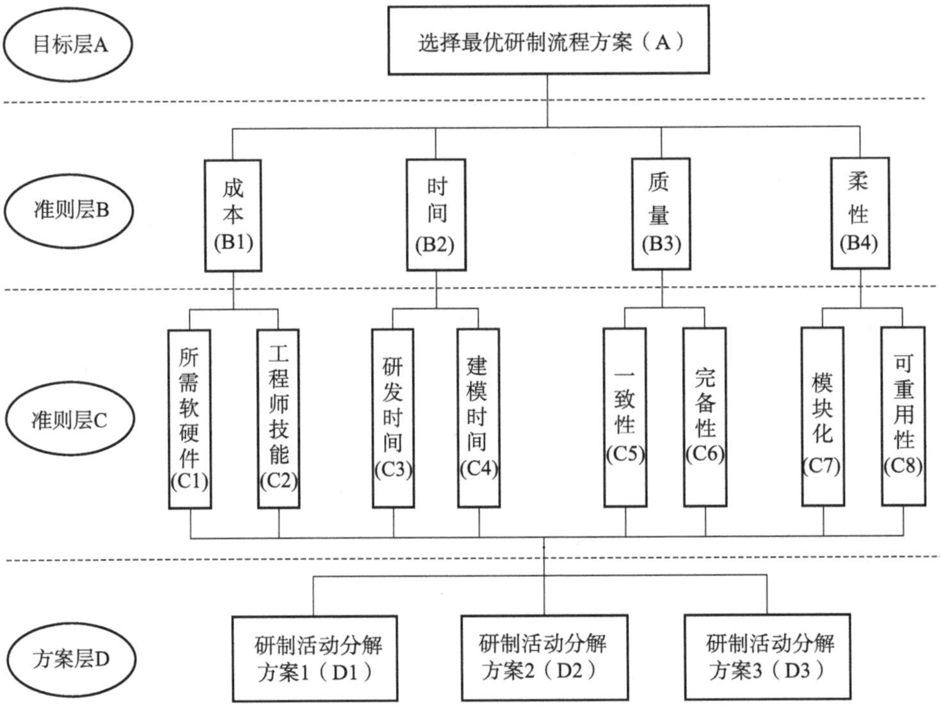

图 5－23　层次结构模型

一致性因素通过一致性建模的技术已经解决，研制流程的可重用性也通过基于流程模式的模型重用方法得以解决；方案层 D 是促使目标层实现的措施，是研制流程活动分解的多个方案。

其次，根据层次结构模型创建判断矩阵。其所存放的值是本层任意两个元素相对上层元素的重要性权重，比较元素的标尺见表 5－5。比如，对准则层 B 构建判断矩阵。该矩阵中元素存放成本（B1）、时间（B2）、质量（B3）、柔性（B4）各元素两两之间相对目标层 A 的重要程度。同样可对准则层 B 的 B1、B2、B3、B4 分别构建一个 2 阶判断矩阵，对准则层 C 构建八个 4 阶元素的判断矩阵，如图 5－24 示例说明（后续需要推算的表格和方案结果数据基于此图数据而来）。

表 5－5　判断元素标尺值

标尺	1	3	5	7	9	2,4,6,8
重要程度	同样	稍微	明显	强烈	极端	左侧两相邻判断的中值

A	B1	B2	B3	B4
B1	1	3	5	5
B2	1/3	1	3	3
B3	1/5	1/3	1	1
B4	1/5	1/3	1	1

B1	C1	C2
C1	1	3
C2	1/3	1

B2	C3	C4
C3	1	3
C4	1/3	1

B3	C5	C6
C5	1	3
C6	1/3	1

B4	C7	C8
C7	1	3
C8	1/3	1

C1	D1	D2	D3
D1	1	3	5
D2	1/3	1	3
D3	1/5	1/3	1

C2	D1	D2	D3
D1	1	3	5
D2	1/3	1	3
D3	1/5	1/3	1

C3	D1	D2	D3
D1	1	3	5
D2	1/3	1	3
D3	1/5	1/3	1

C4	D1	D2	D3
D1	1	3	5
D2	1/3	1	3
D3	1/5	1/3	1

C5	D1	D2	D3
D1	1	3	5
D2	1/3	1	3
D3	1/5	1/3	1

C6	D1	D2	D3
D1	1	3	5
D2	1/3	1	3
D3	1/5	1/3	1

C7	D1	D2	D3
D1	1	3	5
D2	1/3	1	3
D3	1/5	1/3	1

C8	D1	D2	D3
D1	1	3	5
D2	1/3	1	3
D3	1/5	1/3	1

图 5－24　判断矩阵

在构建判断矩阵时需要满足以下原则：

1）矩阵对角线元素值 $a_{ij}=1$，其余元素 $a_{ij}>0$；

2）上三角矩阵和下三角矩阵中的值互为倒数，即 $a_{ij}*a_{ji}=1$；

3）各元素值之间的定义应满足一致原则，即重要程度不能出现环状情况。比如相对目标层 A，若重要度出现成本＞时间＞质量＞成本的矛盾情况，则说明判断矩阵不一致。

对于上述的判断矩阵一致性的性质可细分为两种：完全一致性和不完全一致性。完全一致性是指矩阵 **A** 中元素满足性质：$a_{ik}*a_{kj}=a_{ij}$ ，这种矩阵称为一致阵，具有如下性质。

性质 1：**A** 的秩为 1，任一列（行）只有一个非 0 特征根值，且为 n；

性质 2：任一列（行）均为特征值 n 的特征向量；

性质 3：$\boldsymbol{A}$ 的归一化特征向量可作为权向量。

对于上述示例矩阵中 $a_{23}=3$，而 $a_{21}\times a_{13}=(1/3)\times5=5/3$，不满足完全一致性情况，则称为不完全一致性。对矩阵元素赋值允许这种不完全一致的情况存在，但需界定一个范围。对于不完全一致的最大特征根 λ 存在 $\boldsymbol{AW}=\lambda\boldsymbol{W}$，$(\lambda\neq n)$，对应最大特征根的特征向量 $\boldsymbol{W}$ 称为权向量。

再者，对矩阵元素进行层次单排序并检验。层次单排序旨在判断各元素相对准则的相对权重，即计算权向量 $\boldsymbol{W}$。本文采用和法计算权向量，具体如式（5－1）所示。比如，采用单一指标“研发时间 C3”对研制流程方案 D1、D2、D3 进行评估，其具体过程如图 5－25 所示分为三步：1）求出判断矩阵 $\boldsymbol{C}_3$ 每一列元素总和；2）判断矩阵的各元素除以每一列总和，获得标准的判断矩阵；3）求出判断矩阵每一行元素的平均值，即为三种研制流程方案相对单一指标“研发时间 C3”的权重。

$$W_i=\frac{1}{n}\sum_{j=1}^{n}\frac{a_{ij}}{\sum_{k=1}^{n}a_{kj}} \tag{5-1}$$

	研发时间C3		
	D1	D2	D3
方案D1	1	3	5
方案D2	1/3	1	3
方案D3	1/5	1/3	1
列总和	23/15	13/3	9

⇨

	研发时间C3		
	D1	D2	D3
方案D1	15/23	9/13	5/9
方案D2	5/23	3/13	3/9
方案D3	3/23	1/13	1/9

⇨

	研发时间C3			
	D1	D2	D3	行平均值
方案D1	0.652	0.692	0.556	0.633
方案D2	0.217	0.231	0.333	0.261
方案D3	0.131	0.077	0.111	0.106

图 5－25　权向量求解过程

上述过程得到的向量（0.633，0.261，0.106）即为方案抉择相对研发时间 C3 的权向量。同样，可以分别得到指标 C1、C2、C4、C5、C6、C7、C8 的权向量。然后利用式（5－2）（CI 为一致性指标）对判断矩阵进行一致性校验。在进行一致性校验时，若 $\lambda_{\max}=n$，CI=0，说明判断矩阵属于一致阵；否则，属于不完全一致，CI 越大说明判断矩阵的一致性越差，通常认为当 CI⩽0.1 时，判断矩阵可以被接受，否则重新赋值进行判断。判断矩阵阶数值越大，一致性越差，因此需要对其进行修正，如表 5－6 所示为阶数 1－8 的修正指标 RI。修正后的一致性指标 CR 如式（5－3）所示，欲求 CR 则需要先明确 $\lambda_{\max}$，而 $\lambda_{\max}$ 可通过式（5－4）、式（5－5）求解，对应求出修正后指标 CR=0.038⩽0.1，满足判断矩阵一致性。同样可检验 C1、C2、C4、C5、C6、C7、C8 是否满足一致性。至此，完成一致性矩阵的检验。

$$\mathrm{CI}=\frac{\lambda_{\max}-n}{n-1} \tag{5-2}$$

$$\mathrm{CR}=\frac{\mathrm{CI}}{\mathrm{RI}} \tag{5-3}$$

$$\begin{bmatrix} 1 & 3 & 5 \\ 1/3 & 1 & 3 \\ 1/5 & 1/3 & 1 \end{bmatrix} \times \begin{bmatrix} 0.633 \\ 0.261 \\ 0.106 \end{bmatrix} = \begin{bmatrix} 1.946 \\ 0.79 \\ 0.32 \end{bmatrix} \tag{5-4}$$

$$\lambda_{max} = \frac{1.946/0.633 + 0.79/0.261 + 0.32/0.106}{3} = 3.04 \tag{5-5}$$

表 5－6　不同阶数矩阵的修正指标 RI

矩阵阶数	1	2	3	4	5	6	7	8
修正指标	0	0	0.52	0.89	1.12	1.26	1.36	1.41

最后，求解层次总排序的权向量，并对其进行一致性检验，确认研制流程最优方案。总排序是指判断矩阵各层元素相对目标层 A 的权重。比如通过上一步可求得各层次元素相对目标层 A 的特征向量见表 5－7。同样，指标 C1、C2、C3、C4、C5、C6、C7、C8 相对准则层 A 的权重称为标准特征向量，见表 5－8。

表 5－7　单一标准下的三个研制流程方案的特征向量

单一标准	C1	C2	C3	C4	C5	C6	C7	C8
方案 D1	0.569	0.627	0.653	0.521	0.615	0.593	0.669	0.668
方案 D2	0.317	0.256	0.261	0.267	0.294	0.302	0.211	0.214
方案 D3	0.114	0.117	0.106	0.212	0.091	0.106	0.120	0.098

表 5－8　准则层 C 相对目标层 A 的特征向量

8 个标准	C1	C2	C3	C4	C5	C6	C7	C8
特征向量	0.151	0.132	0.083	0.077	0.211	0.226	0.062	0.058

通过表 5－7 和表 5－8 的结果，计算研制流程方案 D1、D2、D3 的总得分，具体如下。通过分析，研制流程方案 D1 得分最高，因此选择方案 D1。

研制流程方案 D1 得分：

$0.151 \times 0.569 + 0.132 \times 0.627 + 0.083 \times 0.653 + 0.077 \times 0.521 + 0.211 \times 0.615 + 0.226 \times 0.593 + 0.062 \times 0.669 + 0.058 \times 0.668 = 0.607$

研制流程方案 D2 得分：

$0.151 \times 0.317 + 0.132 \times 0.256 + 0.083 \times 0.261 + 0.077 \times 0.267 + 0.211 \times 0.294 + 0.226 \times 0.302 + 0.062 \times 0.211 + 0.058 \times 0.214 = 0.280$

研制流程方案 D3 得分：

$0.151 \times 0.114 + 0.132 \times 0.117 + 0.083 \times 0.106 + 0.077 \times 0.212 + 0.211 \times 0.091 + 0.226 \times 0.106 + 0.062 \times 0.120 + 0.058 \times 0.098 = 0.114$

综上所述，通过层次分析法能够抉择出最优的研制流程分解方案。该方法的优点是：简单，不需要掌握过于复杂的数学基础，计算简便，结果明确；实用，既有定性分析依据又有定量数据，能够解决很多实际问题；应用领域广泛，可用于复杂产品研发的决策、评价、分析和预测等多个方面。

5.4.3 基于 SysML 的系统多方案设计和权衡

基于 SysML 的系统多方案设计和权衡可大致分为五个步骤：

1）构建设计约束模型；

2）构建可配置的系统架构模型；

3）构建计算分析模型；

4）构建变体模型；

5）多方案的权衡分析。

（1）设计约束模型创建

针对待设计系统需求，应用 SysML≪requirement≫捕获需求条目，对性能需求、设计约束构建需求的定量化描述模型，以便能够实现定量化验证，具体可通过 SysML 中的需求和约束实现，如图 5－26 所示。

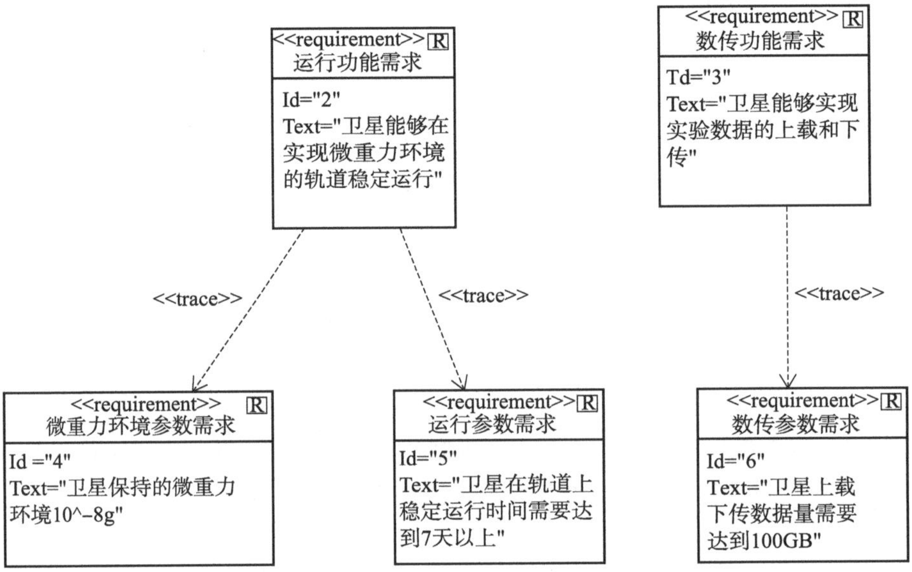

图 5－26 定义需求约束

（2）可配置系统架构模型创建

系统架构模型的建立是基于 SysML 的模块定义图权衡方案所涉及的系统/分系统/组件的结构层次关系进行建模，并对各个模块的关键性能属性在模块中进行定义，为后续进行多方案权衡提供参数输入。同时将权衡时对应的相关性能需求与参数进行≪satisfy≫关系关联，如图 5－27 所示。

（3）计算分析模型-参数图

多方案权衡的关键在于权衡函数的建立，权衡函数自变量来源于系统架构中各个方案的参数属性，因变量为权衡结果。因此，各个方案中物理架构的性能指标确定后就能自动生成权衡结果，基于参数图形式的模型能够实现上述计算关系，并仿真生成结果，如图 5－28 所示。

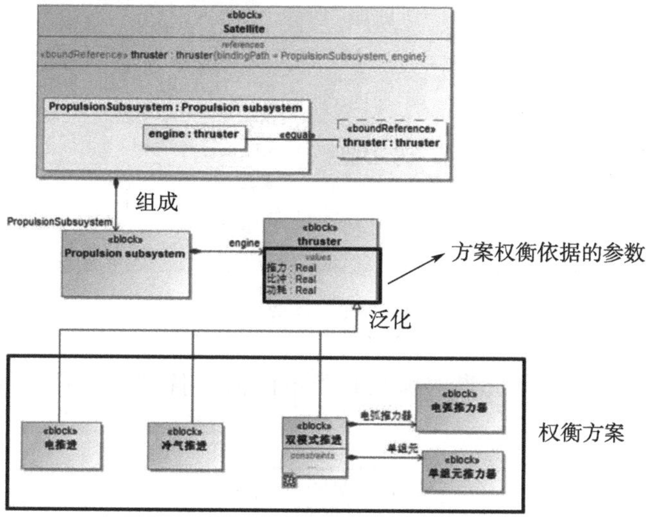

图 5 - 27　构建架构与参数关联

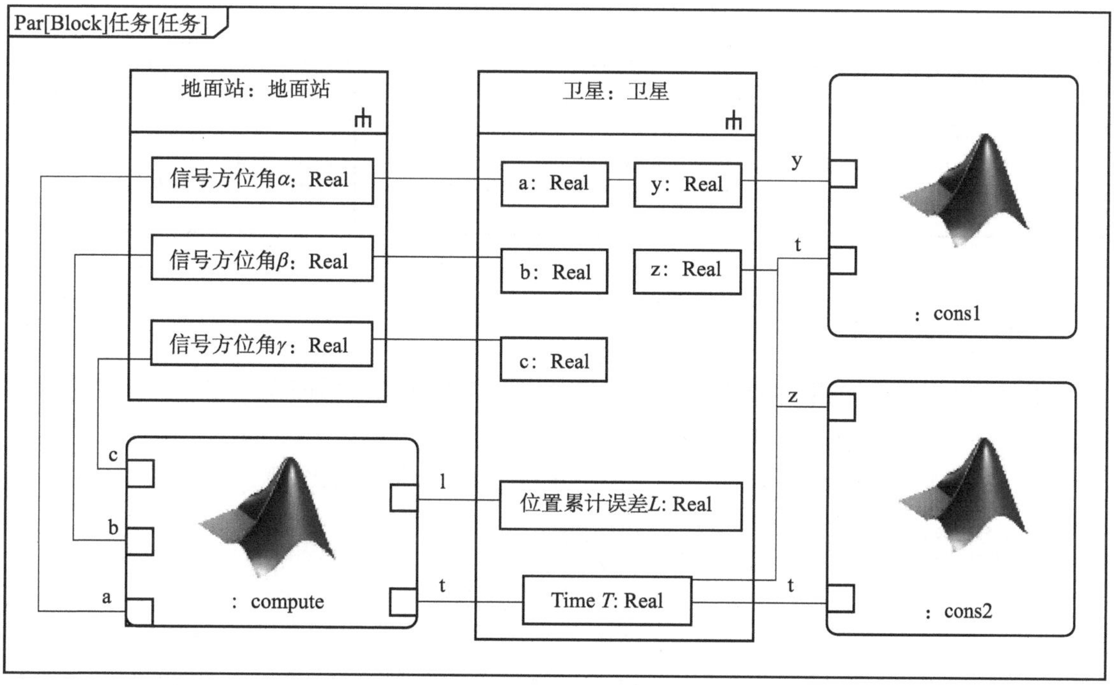

图 5 - 28　构建计算模型

参数图运行后，结果可以直接与定量化约束进行验证，直观显示需求的满足情况，如图 5 - 29 所示。

（4）变体模型的实现

SysML 中提供了一种特殊的关系来实现变体，通过泛化关系关联两个结构元素，可将其中一个元素（父级）的参数特性传递给另一个元素（子级）；将多个结构元素关联到

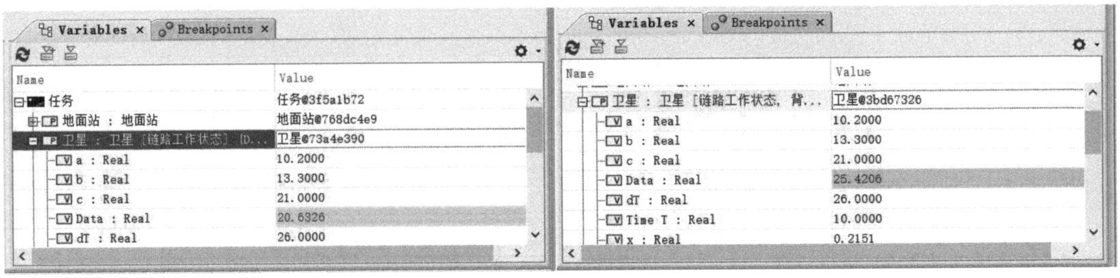

图 5-29　参数验证

一个父级元素上，并给不同子元素的参数赋予不同值，就可以实现变体管理，如图 5-30 所示。

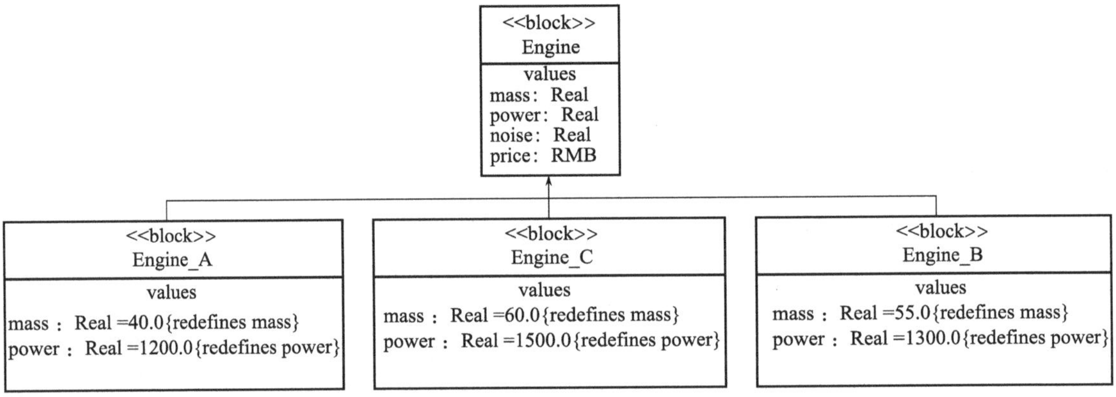

图 5-30　通过模型泛化实现变体

(5) 多方案对比分析

系统的不同方案可以通过为系统创建多个实例项实现，不同的实例中可以选择不同的分系统变体方案，从而形成不同的配置方案。

系统不同配置方案最终可以在一个表格中显示、计算分析、对比和验证，如图 5-31 所示。

#	Name	engine	communication System	control System	totalmass	power	noise	price	respondtime
1	system	engine_A3	communication System_A5	control System_A5	75	0	25	400000	0
2	system1	engine_A	communication System_A :	control System_B	105	1200	25	500000	0.1
3	system2	engine_A1	communication System_B :	control System_A	80	1200	30	500000	0.2
4	system3	engine_A2	communication System_B1	control System_B1	110	1200	30	600000	0.1
5	system4	engine_B	communication System_A1	control System_A1	90	1300	45	700000	0.2
6	system5	engine_B1	communication System_A2	control System_B2	120	1300	45	800000	0.1
7	system6	engine_B2	communication System_B2	control System_A2	95	1300	50	800000	0.2
8	system7	engine_B3	communication System_B3	control System_B3	125	1300	50	900000	0.1

图 5-31　多方案优选

5.5　本章小结

本章重点介绍基于模型的系统综合设计。首先，从系统功能分析、系统架构设计（逻辑架构、物理架构）及方案权衡分析活动，整体上概述基于模型的系统综合设计流程。针对基于模型的需求工程得到的系统需求模型，建立系统需求到功能的映射关系，实现系统功能、行为建模，并应用系统模型对功能逻辑进行校验。其次，立足于校验完毕的功能模型，建立系统功能到系统逻辑架构、系统物理架构的映射，构建系统架构模型。再者，系统架构模型将追溯至需求，使其满足利益相关者需求，形成完整的、具有层次性和可追溯性的需求结构。最后，专业工程设计人员根据物理架构要求开展多方案权衡设计，或是从已有方案中自动生成物理架构，总体设计人员开展设计综合，实现功能逻辑架构与物理架构的映射，最终优选的物理架构生成。

参考文献

[1] 朱一凡 . NASA 系统工程手册 [M]. 北京：电子工业出版社，2021.

[2] INCOSE. Systems Engineering Handbook：A Guide for System Life Cycle Processes and Activities [M]. 5th ed. Hoboken：Wiley，2015.

[3] 谭维炽，胡金刚 . 航天器系统工程 [M]. 北京：中国科学技术出版社，2009.

[4] DELLIGATTI L. SysML distilled：A brief guide to the systems modeling language [M]. New Jersey：Addison - Wesley Professional，2013.

[5] 张庆君，刘杰 . 航天器系统设计 [M]. 北京：北京理工大学出版社，2018.

[6] LEMAZURIER L，CHAPURLAT V，GROSSETÊTE A. An MBSE approach to pass from requirements to functional architecture [J]. IFAC PapersOnLine，2017，50 (1)：7260 - 7265.

[7] CLOUTIER R，SAUSER B，BONE M，et al. Transitioning - systems thinking to model - based systems engineering：Systemigrams to SysML models [J]. IEEE Transactions on Systems Man & Cybernetics Systems，2015，45 (4)：662 - 674.

[8] 西门子工业软件公司，西门子中央研究院 . 工业 4.0 实战：装备制造业数字化之道 [M]. 北京：机械工业出版社，2015.

[9] MURRAY J. Model Based Systems Engineering (MBSE) Media Study [J]. International Council on System Engineering (INCOSE)，2012.

[10] SOEGAARD S E. MBSE using SysML - Adopting MBSE in the Joint Strike Missile (JSM) [C]. No Magic World Symposium. ALLEN，TEXAS，2016：1 - 39.

[11] KERNSCHMIDT K，FELDMANN S，VOGELHEUSER B. A model - based framework for increasing the interdisciplinary design of mechatronic production systems [J]. Journal of Engineering Design，2018，29 (11)：617 - 643.

[12] 杨国辉，刘继红 . 基于设计结构矩阵和 SysML 的复杂产品研制流程建模与优化方法 [J]. 计算机辅助设计与图形学学报，2017，29 (5)：921 - 928.

[13] BROY M，BHM W，RUMPE B. Advanced systems engineering [M]. 2021：5 - 36.

[14] 梁乃明，方志刚，李荣跃，等 . 数字孪生实战：基于模型的数字化企业 (MBE) [M]. 北京：机械工业出版社，2020.

[15] CRAWLEY E，CAMERON B，SELVA D. System Architecture：Strategy and Product Development for Complex Systems [M]. Upper Saddle River：Prentice Hall Press，2015.

[16] 弗里德赛尔，摩尔，斯坦纳 . 系统建模语言 SysML 实用指南 [M]. 3 版 . 陆亚东，陈向东，张利强，等译 . 北京：国防工业出版社，2021.

[17] LIU Z G，CHEN Q，XIA N，et al. An MBSE tool to support architecture design for spacecraft electrical power system [J]. INCOSE International Symposium，2018，28 (1)：64 - 78.

[18] 张有山，杨雷，王平，等 . 基于模型的系统工程方法在载人航天任务中的应用探讨 [J]. 航天器工程，2014，23 (5)：121 - 128.

[19] ZHENG C, HEHENBERGER P, LE D G J, et al. Multidisciplinary design methodology for mechatronic systems based on interface model [J]. Research in Engineering Design, 2017 (28): 333 - 356.

[20] 王文跃，侯俊杰，毛寅轩，等．面向复杂产品研制的 MBSE 体系架构及其发展趋势研究 [J]. 控制与决策，2022，37 (12)：3073 - 3082.

[21] 曹悦，刘玉生，赵建军，等．基于 SysML 的复杂机电系统设计模型形式化扩展与验证 [J]. 计算机辅助设计与图形学学报，2019，31 (12)：2166 - 2176.

[22] 张玉金，黄博，廖文和．面向场景的航空发动机基于模型的系统工程设计 [J]. 计算机集成制造系统，2021，27 (11)：3093 - 3102.

[23] 陈志平，万永伟，何昱辉，等．基于 MBSE 的大型天线系统设计方法 [J]. 杭州电子科技大学学报（自然科学版），2021，41 (4)：19 - 27.

[24] 韩凤宇，林益明，范海涛．基于模型的系统工程在航天器研制中的研究与实践 [J]. 航天器工程，2014，23 (3)：119 - 125.

[25] 陈斌．基于 MBSE 的直升机航电系统设计方法研究 [J]. 电子技术与软件工程，2020 (23)：69 - 70.

[26] ZHOU S H, CAO Y, ZHANG Z, et al. System design and simulation integration for complex mechatronic products based on SysML and Modelica [J]. Journal of Computer - Aided Design & Computer Graphics, 2018, 30 (4): 728 - 738.

第 6 章　基于模型的系统验证

随着技术的进步，现代系统变得越来越复杂。因此，复杂系统的安全性设计也非常重要，一旦系统出现故障或问题，后果可能是灾难性的。如现代航天器、飞机和汽车等，往往包含数百万行代码，用于控制其各种子系统，确保系统的正确性和可靠性变得至关重要。特别是后期发现的错误和设计缺陷会导致高昂的成本，这可以用流行的“十法则”来概括（未发现错误的成本会在每一级增加 10 倍）。因此，验证和确认系统和产品是必要的，以确保“事情是正确的”（验证）和“正确的事情”（确认）。

时至今日，这些系统设计的难处并不主要来自于概念与技术上的困难，更多来自于保证恰当的、无缺陷的设计的巨大困难程度。这种复杂性使得传统的方法，如基于物理的测试或凭经验进行设计，变得不切实际或成本过高。

基于模型的系统验证在现代工程实践中起着至关重要的作用，特别是在处理复杂、安全关键的系统时。它为工程师提供了一种强大的工具，可以在早期阶段发现和修复问题，从而提高系统的可靠性和安全性，特别是在航空航天、汽车和电力等关键行业中。它涉及使用各类模型来模拟实际系统的行为，并通过验证确保模型的行为与实际系统一致。通过针对模型的分析，能够对于特定场景中有既定结构和行为需要的情况下的属性和功能有着更为深入的理解和认识，并且模型能够为工程师、设计师等各利益相关者提供一个共同的分析基础。

基于模型的系统验证的主要意义在于以下方面。

1）早期发现错误：通过在早期开发阶段使用基于模型的系统验证，可以在实际制造之前发现并修复设计中的问题，从而节省时间和成本。

2）一致性检查：基于模型的系统验证可以确保不同组件之间的交互与预期一致，并检查系统是否满足其规格和性能要求。

3）提高设计质量：通过持续验证和确认模型的行为，可以增强对设计的信心，并最终提高实际系统的质量和可靠性。

4）可重复性和可维护性：由于所有测试和验证都是自动化的，基于模型的系统验证提供了在长期项目中高度的可重复性和可维护性。

5）降低测试成本：与传统的物理测试相比，基于模型的验证可以显著降低测试成本，因为它可以在早期阶段模拟系统行为，而不是等到开发后期才进行测试。

6）支持多领域协同设计：在复杂系统中，不同领域的专家（如控制、机械和航空电子专家）需要协同工作。基于模型的系统验证提供了一个平台，使这些专家可以在同一模型上工作，从而更好地协调系统的设计和决策。

6.1 模型验证

6.1.1 定义及目的

在ISO 9000：2005中，验证（Verification）定义为“通过提供客观证据，确认规定的要求已得到满足”。在ISO/IEC/IEEE 15288：2015中对该定义进行了进一步修改，增加了以下注释：“验证是将系统或系统元素与所需特性进行比较的一系列活动。这包括但不限于指定要求、设计说明和系统本身。验证就是系统被正确构建。”因此，系统验证就是确定所构建的系统是否符合系统要求和规格的过程。

基于模型的系统验证就是将基于模型的系统工程技术方法注入系统验证和确认过程中，从而确保正确构建系统和构建正确的系统。模型验证和确认（V&V）被认为是采用MBSE的障碍之一。在模型上投入了大量的时间和精力之后，如何确保模型的完整性和正确性，以达到预期目的，并与模型本身和其他人工制品保持一致？因此，验证模型的目的是在系统工程生命周期内更早地发现和减少缺陷。越早发现缺陷，尤其是在实现任何物理系统元件之前，纠正缺陷的成本和复杂性就越低。

模型验证是确定模型实施是否准确地反映了开发者对模型及其解决方案的概念描述的过程；模型确认是从模型预期用途的角度来确定模型在多大程度上准确地反映了现实世界的过程。模型验证和确认都是为特定场景积累模型正确性或准确性证据的过程。因此，验证和确认无法证明模型在所有可能的场景下都是正确和准确的，但可以提供证据证明模型对其预期用途来说足够准确。

图6-1描述了在V模型的基础上系统验证和确认的过程。

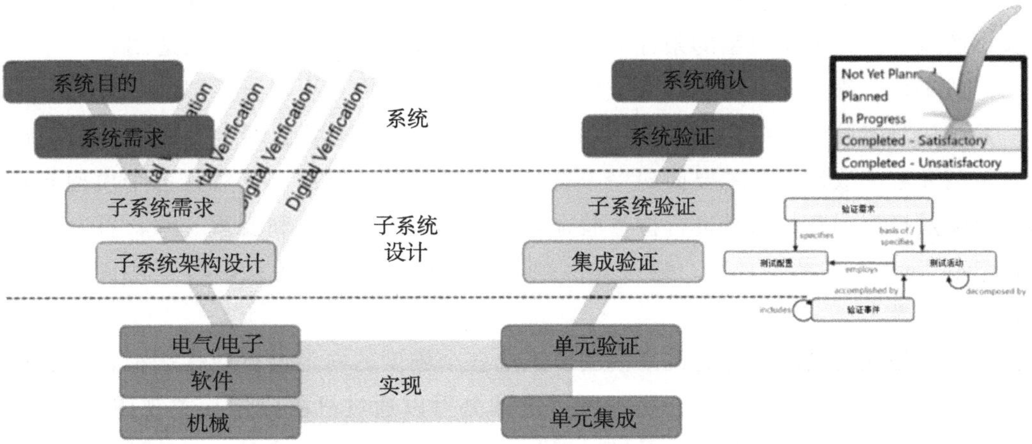

图6-1 系统验证和确认的过程

6.1.2 模型验证方式和内容

(1) 模型验证的方式

传统的工程中，验证的技术手段主要包括非形式化验证、静态验证、动态验证和形式化验证等四种方式。

非形式化验证：没有以计量性范式为基础，依靠人的解释和主观判断，例如检查、评审等依赖专家经验的基于文档的方式。

静态验证：分析静态模型设计与源代码的方法，没有可执行性行为，主要检视模型结构、数据流、控制流、句式语法的准确性、一致性等，例如原因一效应分析、控制流分析、数据流分析、失效分析、接口分析、句法分析、可追溯性评估等。

动态验证：主要依靠机器执行来评估其行为，例如 debug、执行测试、功能测试、仿真等通过机器执行逻辑的方式。

形式化验证：基于完全的数理逻辑推理与证据，例如模型检查与公理性证明，主要用来进行一些数理逻辑形式化程度非常高的逻辑的验证。

由于 MBSE 模型属于工程元素，因此可以也应该对其进行验证。验证可以是外部的，针对其他文档或模型；也可以是内部的，对相关视图进行相互验证。

在基于模型的系统工程中，模型（或模型视图）可分为描述性模型和分析性模型两大类。描述性模型就是以人类和计算机都能解释的方式描述其所代表的领域；分析性模型是定量性质的模型，用于回答特定问题或做出特定设计决策。分析性模型又分为与时间无关的静态模型和包含时变状态的动态模型。

在 SysML 中，所有图类型都可用于构建描述性模型；此外，参数图可用于创建静态分析视图，活动图、状态机图和序列图可用于创建动态分析视图和模拟视图。因此，在基于文档的条件转为基于模型的条件后，以上四大类验证的技术手段依然适用。

一般来说，静态模型需要计算或求解，而动态模型则需要仿真模拟。

系统的静态验证主要包括模型元素一致性检查以及模型整体结构的符合性验证。其中，模型元素一致性检查主要面向一个有完整结构的系统模型，针对其各个模型元素的一致性程度及模型元素的约束进行检查验证，保证模型整体结构和要素一致；符合性验证主要面向如 SysML 等模型视图，通过其多视图之间的关联追溯关系，检查其自身逻辑的自洽性与完备性。

动态模型主要是应用各类模型视图对系统各个维度的内容进行建模表征，主要包括一些能够描述动态活动和时序的行为视图，这部分可以通过机器应用相关视图的执行逻辑，开展功能逻辑验证与时序验证，通过对于相关动态视图的执行情况，来验证其是否满足对于系统的预期行为。部分对于逻辑颗粒度比较细的验证需求，SysML 动态视图的逻辑层次无法满足，需要转换成概率模型等方式进行进一步细化的逻辑验证，以检查系统潜在的死锁性等内容。另外，MBSE 过程中各类模型视图会互相关联集成，形成多视图逻辑集成后的统一一致的逻辑执行体，通过该模型可以执行对较复杂系统功能与性能的仿真验证。

(2) 系统验证的主要内容

系统验证就是要确保形态的功能和性能满足预期，并且符合所定义的需求和规范。因此从验证的内容上，系统验证主要包括：验证需求、验证设计、验证性能、验证集成等。验证需求就是要对系统需求进行验证，确保其准确、完整、一致和可追溯；验证设计就是要对系统设计进行验证，确保其能够满足系统需求，并且符合相应的规范和标准等；验证性能就是对系统的性能进行验证，确认其满足所定义的性能指标；验证集成就是对系统的集成进行验证，确保各个子系统之间的接口能有效工作。从系统的层级上，验证也可以包括任务级验证、系统级总装及多学科联合仿真验证、分系统级装配与多学科联合仿真验证、专业级仿真验证等。从阶段上看，系统验证主要包括基于模型的功能逻辑验证和基于模型的性能仿真验证等。

6.2 静态验证

6.2.1 模型元素一致性检查

模型元素的一致性检查主要包括以下方面。

(1) 一致性需求确认

需要明确模型元素之间的一致性需求，类型的一致、属性值的一致等。这些需求应该来自于系统的需求分析、功能分析、架构设计等过程。

1) 定义一致性的范围：数据类型的一致性，数据值的一致性，甚至模型结构的一致性。

2) 定义一致性的级别：在某些情况下，只需确保所有元素遵循同样的基本规则，而在其他情况下，可能需要更详细的一致性要求。

(2) 确定模型元素的约束

针对这些一致性需求，需要确定相应的约束条件，比如数据类型的限定、属性值的范围等。这些约束条件应该与 SysML 规范中的规则保持一致。

1) 解析模型元素：对于每个模型元素，确定其类型、属性、关系等。

2) 确定约束条件：基于上述解析，为每个元素定义相应的约束条件。例如，某些元素的属性值可能需要在特定范围内。

(3) 实施一致性检查

在确定了约束条件后，可以实施一致性检查。具体来说，就是对模型元素进行解析，检查其是否满足约束条件。如果存在不满足条件的情况，就会报错并提示相应的错误信息。

1) 开发或使用现有的工具进行一致性检查：涉及编程或使用特定的 SysML 工具进行模型解析和检查。

2) 执行检查：将约束条件应用于模型元素，查看是否满足这些条件。

3) 错误处理：如果发现任何违反约束的元素，需要提供相应的错误报告，包括违反约束的元素及其具体问题。

(4) 处理不一致情况

如果在进行一致性检查的过程中发现不一致情况，需要根据实际情况进行处理。可以修改模型元素来满足约束条件，或者调整约束条件以适应实际情况。

1) 修改模型元素：如果可能，应修改模型元素以满足一致性需求。这可能涉及更改元素的属性值或结构。

2) 调整约束条件：如果必需，也可以考虑调整约束条件以适应实际情况。然而，这种情况应尽可能避免，因为这可能会导致模型与预期的系统行为不一致。

(5) 验证一致性结果

最后，需要对一致性检查结果进行验证。这可以通过运行测试用例或进行模拟测试来实现，以确认一致性检查结果的正确性和有效性。

1) 设计测试用例：根据检查结果，设计适当的测试用例以验证一致性。

2) 执行测试：执行测试用例并记录结果，确保检查结果与预期一致。如果测试失败，需要重新检查模型和约束条件，并尝试找出问题。

6.2.2 符合性验证（要素追溯）

在实践中，这意味着不仅要确保单个模型元素和模型元素网络是正确的，而且要确保模型内部的转换，如从问题空间到解决方案空间、从黑盒到白盒或从高级抽象到低级抽象，也是合乎逻辑和正确的。

用于记录这种进展的机制一般称为可追溯性。SysML 包含特定类型可追溯性的概念，包括满足“用于断言与设计或实现相对应的模型元素满足特定要求”或分配“用于从一个模型元素映射到其他模型元素，以支持行为、结构和其他形式的分配”。

符合性验证主要包括以下方面。

(1) 需求追溯性检查

1) 确定需求元素：首先，要确定模型中的需求元素，如用户需求、功能需求等。

2) 需求与系统元素追溯：检查每个需求元素是否与系统中的其他元素（如用例、活动图等）相关联。确保每个需求都有相应的实现。

3) 需求覆盖性检查：检查所有系统元素是否都被相应的需求所覆盖。这可以确保所有系统功能都能追溯到相应需求。

(2) 用例追溯性检查

1) 用例与需求追溯：检查每个用例是否满足相应的需求。确保用例的行为和功能与需求一致。

2) 用例与系统元素追溯：检查用例是否与系统中的其他元素（如类图、活动图等）相关联。确保用例的行为和功能能被系统中的其他元素所实现。

(3) 模块图追溯性检查

1) 模块与用例追溯：检查每个模块是否与相应的用例相关联。确保模块的属性和方法能够支持用例的行为和功能。

2）模块与模块追溯：检查模块之间的关系是否合理。例如，检查模块之间的依赖关系、聚合关系等是否符合设计要求。

（4）活动图追溯性检查

1）活动与用例追溯：检查每个活动是否与相应的用例相关联。确保活动的流程和步骤能够支持用例的行为和功能。

2）活动与类追溯：检查活动是否与类相关联。例如，检查活动是否涉及类的操作和方法调用。

（5）系统功能的验证

1）保证功能点的有效性，功能必须来源于系统需求，检查需求-功能的满足关系矩阵，验证是否每条功能都满足了特定的系统需求。

2）保证功能点已经得到分配。检查功能-系统分配矩阵，验证是否每条功能都已经向系统进行了分配。

3）保证被识别的功能都在系统功能流中，排除脱离于功能流的无效功能，对系统功能点检查其使用查询矩阵，验证功能点对应的活动或动作是否出现在系统功能流活动图中。

（6）系统功能需求与性能需求的验证

1）保证系统功能需求与性能需求得到分配，检查需求-系统分配矩阵，验证是否每条功能都已经向系统进行了分配。

2）保证效能与性能需求出自系统要求，检查性能、效能的模型元素（系统模块或者需求模块）列表中包含满足关系的项，验证其对特定系统要求存在满足关系。

（7）对系统架构/结构的验证

1）保证不出现无效的系统架构/结构组分，检查架构/结构-功能矩阵，验证每个组分都执行有特定的系统功能。

2）保证识别出系统全部接口，避免遗漏。检索出所有含有端口的系统模块，验证该系统模块是否至少有一个被识别的接口，倘若某系统模块被定义有端口却没有接口，则说明接口未被合理识别。

（8）测试用例追溯性检查

1）测试用例与需求追溯：检查每个测试用例是否对应到一个或多个需求。确保测试用例验证了需求的实现。

2）测试用例与系统元素追溯：检查测试用例是否涉及系统中的其他元素（如用例、类图等）。确保测试用例覆盖了所有的系统元素和重要场景。

6.3 动态验证

6.3.1 功能逻辑验证

在系统开发的早期阶段，系统功能逻辑验证是至关重要的。在这个阶段，验证人员会编写测试用例，并进行功能测试，以验证系统的功能逻辑是否正确。测试用例涵盖了各种可能的输入和操作条件，以确保系统能够在各种情况下正确运行。通过系统功能逻辑验证，可以发现和修复系统设计中的逻辑错误，确保系统的逻辑关系正确，并且能够满足用户需求。

功能逻辑验证主要方法步骤如下。

1）确定功能需求：根据系统需求说明书，确定需要验证的功能场景。

2）建立活动图模型：根据功能需求，使用 SysML 活动图来建立系统行为模型，以此表述系统功能执行顺序、逻辑和角色划分，确保模型准确地反映了系统的功能逻辑。

3）定义验证场景：从需求说明书中提取功能性场景集，并定义验证场景。这些场景应该覆盖所有需要验证的功能需求。

4）生成测试用例：基于活动图模型和验证场景，生成相应的测试用例。确保测试用例能够覆盖所有验证场景，并具有足够的覆盖率。

5）执行测试：根据生成的测试用例，执行测试并对系统行为进行观察和记录。

6）分析测试结果：将测试结果与预期结果进行比较和分析，判断系统行为是否符合功能逻辑。

7）生成验证报告：根据测试结果和分析结果，生成详细的验证报告。报告应包括测试结果、分析结论、改进建议等信息。

8）迭代优化：根据验证报告中的反馈和建议，迭代优化活动图模型和验证场景，提高模型的准确性和可靠性。

6.3.2 时序验证

时序验证是采用时序分析等方法验证设计是否满足时序收敛。时序验证的过程如下。

1）定义时序视图：在基于 SysML 的系统模型中，时序视图描述了系统元素之间的事件和消息传递时序关系。通过定义时序视图，可以明确系统中的各个元素以及它们之间的消息传递逻辑。

2）识别关键时序路径：在时序视图中，可以识别出对系统功能有重要影响的关键时序路径。这些路径可能包括系统中重要的控制流程、数据流等。

3）制定时序验证规则：针对关键时序路径，可以制定相应的时序验证规则。这些规则包括事件顺序、时间顺序、状态转换等方面，以确保系统在运行过程中满足预期的时序逻辑。

4）构建时序逻辑模型：根据时序验证规则，使用形式化方法构建时序逻辑模型。这可以通过状态机、Petri 网等模型来表示系统的时序逻辑。

5）进行时序验证：将构建好的时序逻辑模型与 SysML 系统模型进行对比和验证。通过检查两个模型之间的一致性，可以发现和修复系统模型中存在的时序逻辑错误。

6）时序仿真测试：为了进一步确认系统模型的时序正确性，可以进行时序仿真测试。根据实际需求和任务场景，设计测试用例，模拟系统运行过程，并检查模型的输出是否符合预期结果。

7）错误修复和优化：如果在时序验证或仿真测试中发现错误或问题，需要对 SysML 系统模型进行修复和优化。这可能涉及修改系统结构、调整事件顺序、增加状态转换等方面。修复完成后，需要再次进行验证，确保问题得到有效解决。

6.3.3　性能仿真验证

在系统级性能仿真中，多采用基于多视图的联合仿真验证方式，其核心是关注活动图与状态机图、参数图、内部模块图等相关视图之间的交互关联方式。

活动图是一种流程图，用于展示参与行为的类的活动或动作。它可以描述一个对象或一组对象的操作流程，以及这些操作之间的顺序关系。活动图可以用来可视化状态机中的状态转换，特别是那些由于事件触发而引起的状态转换。状态机图则展示了一个特定对象的所有可能状态以及由于各种事件的发生引起的状态之间的转换。状态机图可以看作是活动图的一种扩展，因为它可以显示状态之间的转换，而不仅仅是活动或动作的顺序。参数图用于描述系统中参数和变量的关系，它可以展示参数之间的数学关系和约束条件，用于计算、优化和分析系统的性能指标，帮助开发人员对系统的性能进行建模和分析，以确定系统的优化方向和设计决策。内部模块图用于描述系统中组件的内部结构和组成，它可以展示一个组件的内部功能和组成元素之间的关系，以及这些元素之间的数据流和控制流，帮助开发人员理解和设计系统的内部结构和组成。

这些视图之间存在相互依存和补充的关系，它们都是 SysML 的视图，用于描述系统中的行为和状态。如，状态机图中的状态转换可以对应到活动图中的活动或动作，一个状态转换可以由一个或多个活动组成，这些活动在状态机图中可能无法直接显示，但在活动图中可以详细描述。通过将活动图和状态机图结合起来，可以更全面地描述一个系统的动态行为。活动图可以用于展示对象或组件的交互顺序，而状态机图可以用于描述对象的状态以及这些状态之间的转换。参数图可以描述系统中参数之间的关系和约束条件，而内部模块图可以描述系统中组件的内部结构和组成。通过结合这些视图，可以更全面地描述和理解一个系统的行为、状态、性能和结构，更清晰地理解系统的动态行为和状态变化。

因此，在 SysML 中，各个视图之间可以通过嵌套的方式进行仿真工作。在一个视图中进行仿真时，可以同时考虑其他视图的相互约束，开展多视图嵌套仿真的主要方法和步骤如下。

1）确定仿真目标和范围：在开始仿真工作之前，需要明确仿真目标和范围。这包括确定要仿真的系统功能、性能指标、运行场景等，同时考虑各个视图的需求和约束。

2）建立 SysML 模型：根据仿真目标和范围，使用 SysML 建立系统模型。在模型中，可以包括系统组件、接口、数据流、事件等元素，以及它们之间的关系。

3）划分视图和子系统：根据 SysML 模型的元素和关系，将系统划分为不同的视图和子系统。每个视图可以对应一个特定的子系统，例如功能视图下的子系统、组织视图下的子系统和技术视图下的子系统等。

4）定义视图之间的接口和交互：为了实现视图之间的嵌套仿真，需要定义各个视图之间的接口和交互关系。这包括定义各个子系统之间的数据接口、共享变量或者事件触发机制等。

5）分别进行仿真验证：针对每个系统或子系统，分别进行仿真验证工作。在仿真过程中，可以针对每个系统或子系统的特定需求和性能指标进行测试与分析。同时，需要考虑其他视图和子系统的影响，例如功能子系统的仿真需要考虑组织和技术子系统的制约和影响。仿真验证多需要 SysML 行为模型和计算分析模型的支持。SysML 模型倾向于系统的行为逻辑、功能分配、交互等通用描述，一般不涉及专业仿真计算。计算分析模型可能是力学、电磁、控制、热等专业模型，用于仿真物理实现层面的功能，以便模拟系统在真实世界中的行为。计算分析模型可以与 SysML 模型进行集成实现联合仿真。

6）数据共享和集成：在各个子系统的仿真工作中，需要共享和集成相关的数据和结果。这可以通过建立数据接口、共享数据库或者使用统一的仿真工具来实现。

7）结果分析和优化：对各个子系统的仿真结果进行分析和比较。将实际性能数据与预期的性能指标和度量标准进行比较，以评估系统的性能和可靠性。根据结果的分析，可以进一步优化系统设计或调整仿真参数。

8）迭代仿真和优化：根据优化措施的实施情况，重复进行仿真验证和结果分析。这可以帮助开发人员持续优化系统设计，并确保其性能达到预期要求。

综上，在 SysML 中进行嵌套仿真工作需要综合考虑各个视图的需求和关系，划分子系统并分别进行仿真验证。同时，需要定义视图之间的接口和交互关系，并共享和集成相关数据及结果。通过迭代的方式，可以不断完善仿真工作并提高系统的性能和可靠性。

6.4 工程仿真验证

6.4.1 系统级工程仿真验证模式

复杂产品的行为模型往往相对正确地集中在已建成的使用的复杂产品上，表现出设计预期的行为。随着复杂产品变得更加复杂和强大，通过物理测试对全系统进行验证通常不具备可行性，需要通过构建面向复杂产品的工程仿真验证模型进行验证。不同应用领域仿真模型验证面临不同的挑战和问题，需要针对性的解决方案和创新。随着仿真技术的不断进步，仿真模型验证将为不同领域提供更强大的支持。

复杂产品系统正向设计的产出成果分别为需求模型、功能模型、逻辑架构模型、产品架构模型等，是系统工程正向分解过程的结果。在基于模型的系统工程中，要对复杂产品系统的功能逻辑方案、产品方案进行工程验证，需要基于架构模型构建工程仿真验证模型，工程仿真验证模型执行结果与需求模型进行比对验证从而实现基于模型的方案提前验证。工程验证模型与需求架构、功能架构、逻辑架构和产品架构的关系如图 6-2 所示。

工程模型从各类架构模型提取相关信息，进行综合集成，形成工程仿真验证模型。需求架构模型为工程验证模型提供验证要求与约束，功能架构模型为工程验证模型提供具体

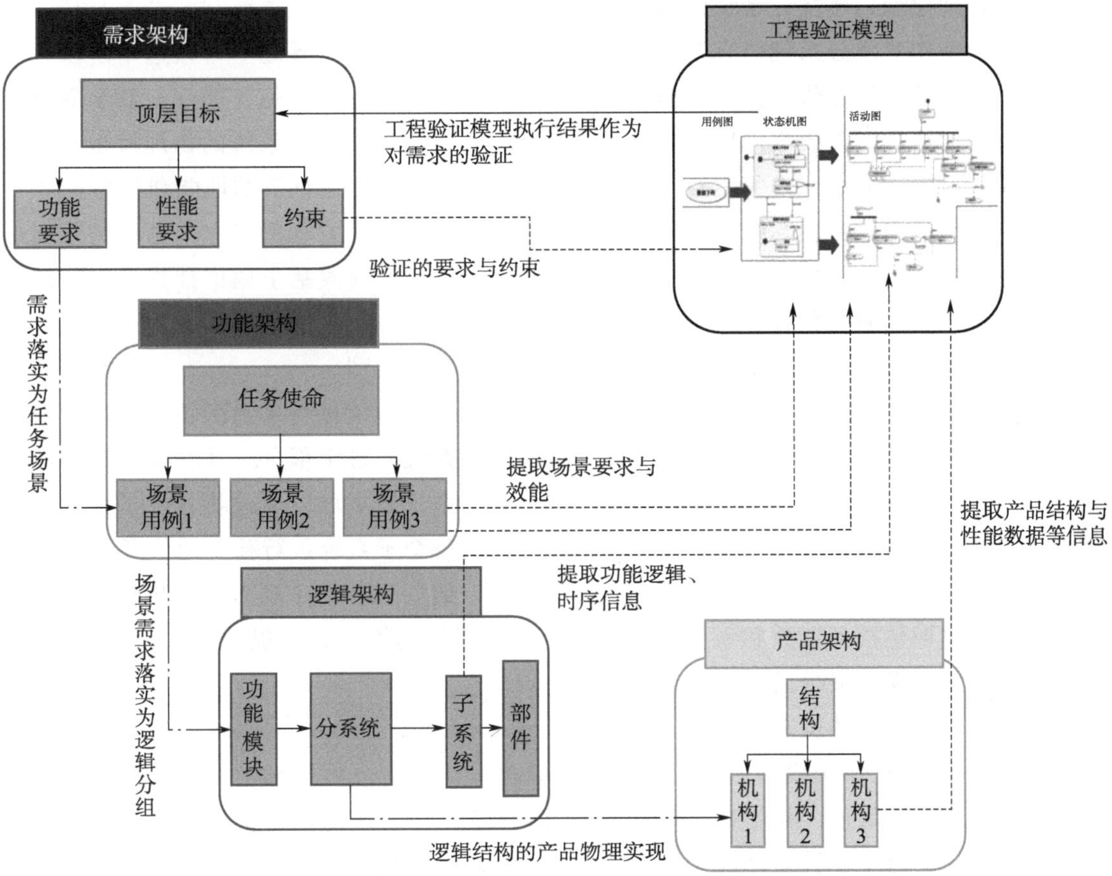

图 6-2　基于模型的工程仿真验证方案

功能场景与效能，逻辑架构模型为工程验证模型提供逻辑时序，产品架构模型为工程验证模型提供具体的产品物理实现的结构、性能数据等信息。

6.4.2　多领域多学科模型集成与联合仿真

在系统总装及多学科联合仿真阶段，各个分系统的模型将被整合到一个系统模型中，充分考虑各个分系统之间的相互影响和耦合效应，并进行多学科联合仿真。这意味着系统模型、分系统模型以及集成总装将被结合起来，以模拟系统在综合环境中的行为和性能。这种综合仿真可以帮助发现不同子系统之间的交互问题，并验证系统在整体集成后的运行情况。

系统模型是整个系统的形式化表示，它包括系统的结构、组成部件以及它们之间的相互作用。分系统模型是系统的各个分系统的形式化表示，它描述了分系统的特性和行为。集成总装是将各个分系统模型整合到一个系统模型中，并进行多学科联合仿真。通过联合仿真，可以评估系统在真实工作环境中的性能、稳定性和可靠性。此外，联合仿真还可以用于优化系统参数和设计，提高系统整体性能。

(1) 物理模型构建及分系统仿真

物理模型构建及分系统仿真是基于模型的仿真验证的关键步骤之一。在这个阶段，系统的物理特性被建模和仿真。物理模型是系统的实体表示，它从几何、属性、数学等角度描述了系统的结构、组成部件以及它们之间的相互作用。通过建立系统的物理模型，并利用仿真软件对各个分系统进行模拟，可以评估系统在不同工作条件下的性能和行为。

物理模型的构建涉及系统的几何形状、物理属性以及系统方程的建立。系统的几何形状可以通过 CAD 软件进行建模，物理属性可以通过实验测试或基于理论计算得出，系统方程可以基于物理原理和数学模型进行建立，例如动力学方程、能量方程、质量守恒方程等。通过将这些方程组合起来，可以得到系统的整体物理模型。

分系统仿真是将系统分解为多个子系统，并对每个子系统进行单独的仿真。这种分系统仿真的方法使得系统开发团队能够更加深入地了解系统的各个部分，并在早期发现潜在的设计缺陷和瓶颈，以便进行相应的改进和优化。分系统仿真可以通过将各个子系统的物理模型组合起来进行，也可以使用专门的仿真软件对每个子系统进行独立的仿真。

仿真过程中，需要对系统的各个方面进行评估，例如运动学、动力学、热传导、流体流动等。通过调整模型参数和系统设计，可以优化系统的性能，并提前发现潜在的问题，从而缩短开发周期和减少成本。

(2) 多学科模型的构造类型

基于 SysML 的系统模型信息包括需求、结构、功能、行为信息，但是缺少能支持多学科优化的 MDO 信息。因此要利用 SysML 构建多学科设计优化模型，则必须在系统模型上附加有关支持多学科设计优化的信息。为了实现系统优化与系统设计的集成，需要使用同一种表达语言对设计问题和优化问题进行统一描述。其中系统优化并没有统一的表述语言，而系统设计一般使用 SysML 语言进行表征。可以利用 SysML 的元模型扩展机制在 SysML 的元模型层定义优化问题相关的信息，实现系统优化的表征。

多学科优化信息包括两类，即优化对象模型和优化过程模型。优化对象模型主要是构建一个优化问题的基本元素，包括优化目标、约束函数、设计变量等，优化过程模型主要应用于具体的求解器，如 MATLAB、ISIGHT 等。值得注意的是，这些求解器对于优化求解已经非常成熟，而 SysML 建模软件的主要功能聚焦于系统的需求、结构、功能、行为信息的建模。因此这里主要介绍优化对象模型的 SysML 扩展。如上文所述，优化对象信息主要包括参数、目标、变量和约束，其中 SysML 中的参数 parameter 元素与优化中的元素含义一致，因此这里只对优化目标、优化变量和优化约束进行元模型扩展。

①优化变量元模型

SysML 中没有直接表示变量的元素。多学科系统中的设计变量（Design Variables，DV）是指优化中待设计的量，不受其他任何变量的影响，彼此之间互为独立关系。按照变量的作用范围，设计变量可以分为系统设计变量（System Design Variables）和局部设计变量（Local Design Variables）。系统设计变量，在整个系统范围内起作用；而局部设计变量则只在某一学科范围内起作用，有时也称为学科变量（Discipline Variables）或子空间设计变量（Subspace Design Variables）。根据设计变量是否含有不确定性因素，可以将设计变量分为确定性设计变量（Deterministic Design Variables）、随机不确定性变量（Alteatory Uncertainty Variables，AU）和认知不确定性变量（Epistemic Uncertainty Variables，EU）3 种。同时根据变量的取值连续性，可以将变量分成离散变量（Discrete Variables）和连续变量（Continuous Variables）两种类型。

系统设计变量和局部设计变量可以在优化求解器中挖掘和定义，因此不必在 SysML 系统设计模型中额外定义，这里将设计变量主要按照是否含有不确定性来定义。多学科系统中还有一种特殊的变量叫耦合状态变量（Coupled State Variables，CSV），是指对某一学科进行分析时，需使用到的其他学科的状态变量，并且是当前所分析学科的输入量。耦合变量可用 y_{ij} 表示，即学科 i 对学科 j 输入的状态变量。

基于以上分析，有必要对 SysML 中 parameter 类型增加额外的属性来定义变量类型，以适应多学科系统优化，可通过添加标签指示符的方式，规定模块属性的类型应属于何种优化变量类型，如图 6－3 所示。

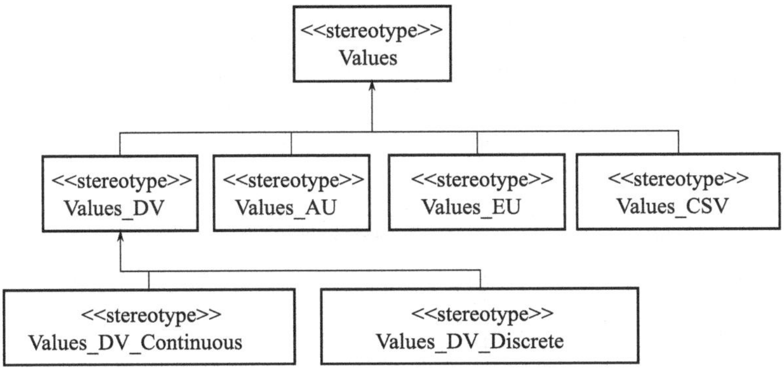

图 6－3　值属性中的变量类型扩展

为了在 SysML 设计模型中，对设计变量进行定义，这里引入 UML 中的 Comment 元类进行扩展定义，以支持优化中的变量定义。如图 6－4 所示，“VariableComment”扩展了 UML 元类“Comment”。然后将可变性注释实例化为连续型随机变量、离散型随机变量、随机变量和认知变量四种。

如图 6－4 所示，对于 SysML 设计模型中的连续性变量构造型，可将其作为注释附加到模型属性中，类型为整数或实数类型，必须为连续变量的构造型指定最小值和最大值，以限制求解器探索空间的范围。

对于随机变量，可以采用概率理论对随机不确定性进行量化。而对服从其他分布的随机不确定性，应选取最合适的概率分布（例如对数正态分布、威布尔分布、耿贝尔分布等）进行表征，并采用 Rosenblatt 方法将其进行空间转换，转换至标准正态空间。不同概率分布的转换关系见表 6－1。

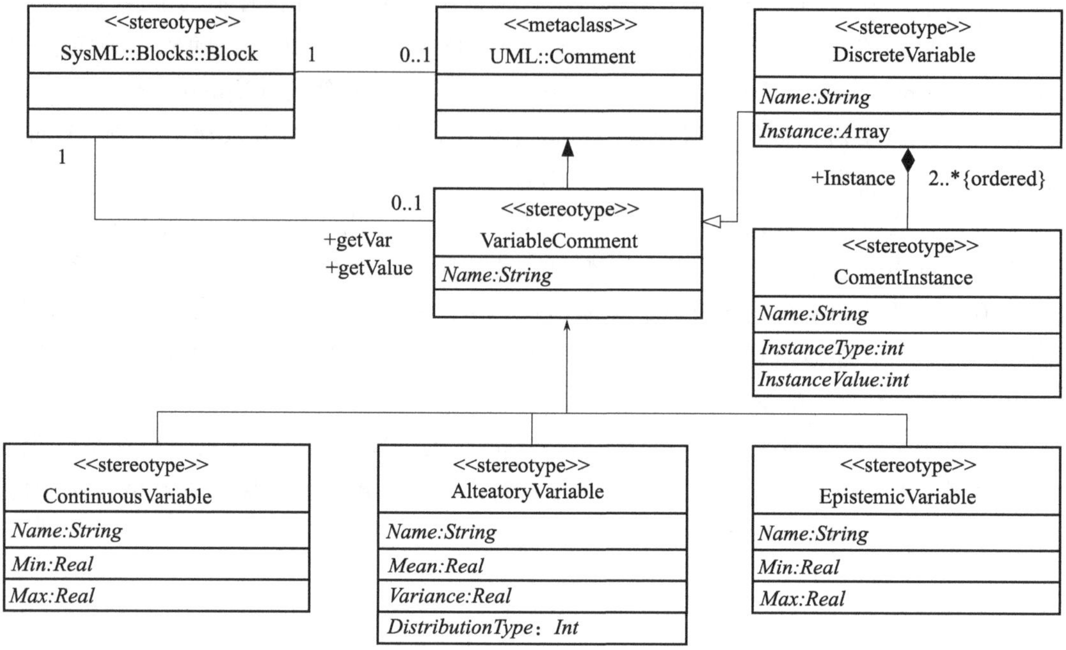

图 6-4　面向优化的可变性元模型

表 6-1　概率分布及其 $x-u$ 空间转换关系

分布	参数	概率密度函数	转换关系
正态分布	μ=均值,σ=标准差	$f(x)=\frac{1}{\sqrt{2\pi}\sigma}e^{-0.5\left(\frac{x-\mu}{\sigma}\right)^2}$ $-\infty\leqslant x\leqslant\infty$	$X=\mu+\sigma U$
对数正态分布	$\bar{\sigma}^2=\ln[1+(\sigma/\mu)^2]$ $\bar{\mu}=\ln(\mu)-0.5\bar{\sigma}^2$	$f(x)=\frac{1}{\sqrt{2}\pi\bar{\sigma}}e^{0.5\left(\frac{\ln x-\bar{\mu}}{\bar{\sigma}}\right)^2}$ $x>0$	$X=e(\bar{\mu}+\bar{\sigma}U)$
威布尔分布	$k>0,\mu=v\tau(1+1/k)$ $\sigma^2=v^2[\tau(1+2/k)-\tau^2(1+1/k)]$	$f(x)=\frac{k}{v}\left(\frac{x}{v}\right)^{k-1}e^{-\left(\frac{x}{v}\right)^k}$ $x>0$	$X=v[-\ln(\Phi(-U)$[1]$)]^{\frac{1}{k}}$
耿贝尔分布	$\mu=v+\frac{0.577}{\alpha},\sigma=\frac{\pi}{\sqrt{6}\alpha}$	$f(x)=\alpha e^{-\alpha(x-v)-e^{-\alpha(x-v)}}$ $-\infty\leqslant x\leqslant\infty$	$X=v-\frac{1}{\alpha}\ln[-\ln(\Phi(U))]$
均匀分布	$\mu=\frac{a+b}{2},\sigma=\frac{b-a}{\sqrt{12}}$	$f(x)=\frac{1}{b-a},a\leqslant x\leqslant b$	$X=a+(b-a)\Phi(U)$

对于随机变量的表征，需要指定其均值和方差，同时指定其分布类型，这里将随机变量的分布类型定义为 1 到 5 的整数类型，抽取优化模型时，通过判断确定其分布类型，分布类型分别为 1 到 5 时，定义其分布分别为正态分布、对数正态分布、威布尔分布、耿贝

① $\Phi(U)=\frac{1}{\sqrt{2\pi}}\int_{-\infty}^{U}e^{-\frac{u^2}{2}}du$。

尔分布和均匀分布。

对于认知变量，根据其量化类型，可以分为模糊不确定性和区间不确定性等，为了方便处理，这里统一使用区间不确定性进行表征。因为区间不确定性所需量化参数较少，仅需要确定其取值范围即可，同时其他类型的认知不确定性都可以通过删除部分信息变成认知不确定性。因此在 SysML 优化定义中，只需定义认知变量的取值边界即可。

由于在 SysML 设计模型中，离散变量往往对应的是组件的选择，同时组件的选择有选择特定组件的类型和选择特定组件的数量两个过程，因此可以使用多重性和实例来表征，即对一个离散变量，有一个类和一组实例 INS＝［ins1，ins2，…，ins$m$］与之相关联，用于表征变量取值的选择。

1）模型元素只有一个实例决策。通过定义一个有界整数变量 $x \in [1, \cdots, m]$ 来标识一个实例 ins$i$。

2）模型元素存在多重性决策。通过定义一个有界整数变量 $y \in [1, \cdots, n]$ 标识该模型元素的多重性。

3）模型元素同时具有实例决策和多重性决策。针对这种组合问题，创建一个布尔值 x_{ij}，其中

$$x_{ij} = \begin{cases} 1 & \text{ins}j \text{ 用于多重性为 } i \text{ 的决策点} \\ 0 & \text{其他} \end{cases} \quad i \in [1, \cdots, n], j \in [1, \cdots, m]$$

②优化约束元模型

优化约束是指系统在设计过程中必须满足的条件。约束条件分为等式约束和不等式约束。这里对优化约束的扩展定义如图 6－5 所示。优化约束继承自 SysML 的 Constraint Block，包含 name、equation、owner、variables、parameter、disciplinary 六个属性。equation 关联到 SysML 中方程的定义，一个约束可以使用多个方程联合构成的公式。owner 属性是为了支持结构之间的层次关系，例如，在类模型和它自身之间建立了一个关联 owner _ ownedConstraint，以表明一个约束可以拥有其他约束，如此即可定义系统级的全局约束和学科的局部约束。一个约束可以拥有多个变量和参数，同时一个变量或者参数也可以赋给多个约束，如此可以定义学科共享变量，也就是学科间的耦合信息。

其中等式约束除了以上定义外，还需要确定状态函数的值，不等式约束需要设定状态函数的上下边界。状态函数来源于属性中的 equation。等式约束和不等式约束的扩展关系如图 6－6 所示。

③优化目标元模型

优化目标的扩展与优化约束类似，从某种程度上讲，二者可以相互转化。例如模块的质量可以作为系统优化的约束条件，也可以作为系统约束的目标。如图 6－7 所示，优化目标也继承自 SysML 的 Constraint Block，包含 name、equation、owner、variables、parameter、disciplinary 和 direction 七个属性。其中 direction 是目标函数的取值方向定义，即要求目标是最大化还是最小化，我们将其数据类型定义为 Boolean 类型，其中 0 表示最小化，1 表示最大化。

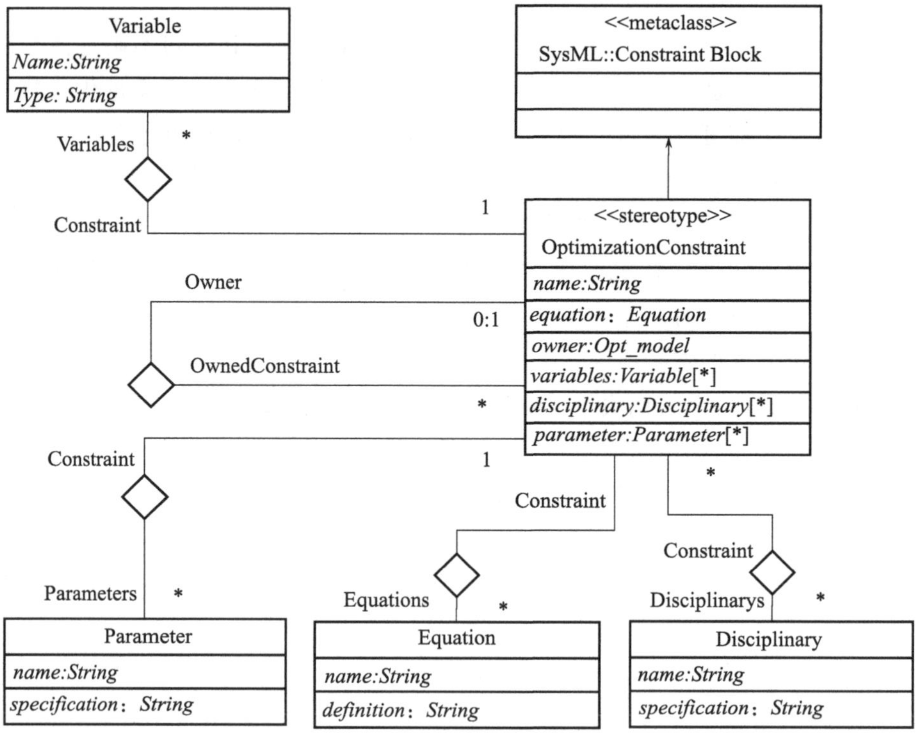

图 6-5 优化约束元模型定义

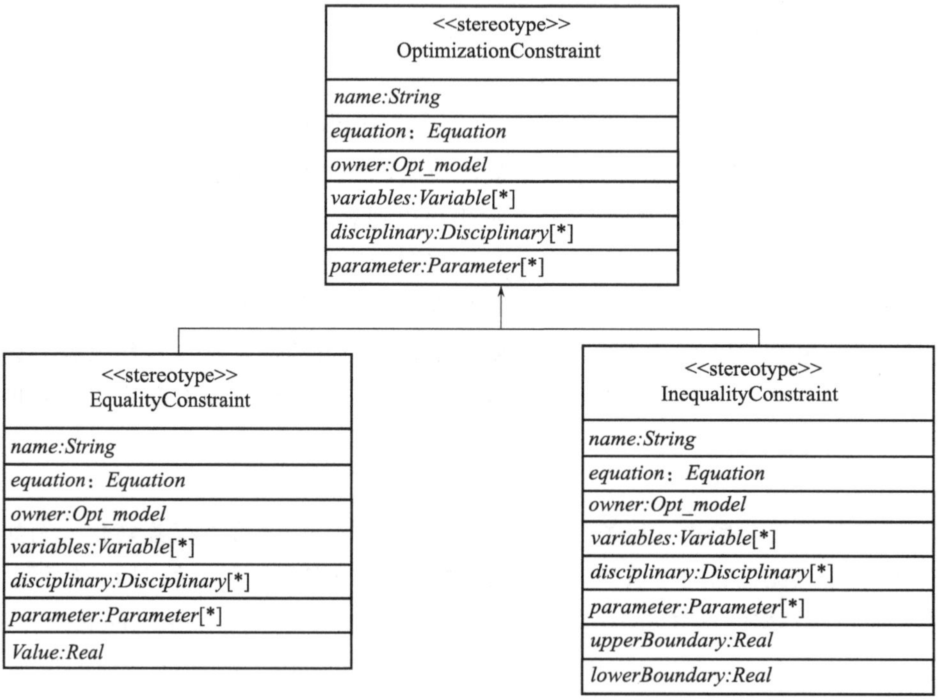

图 6-6 等式约束和不等式约束的扩展定义

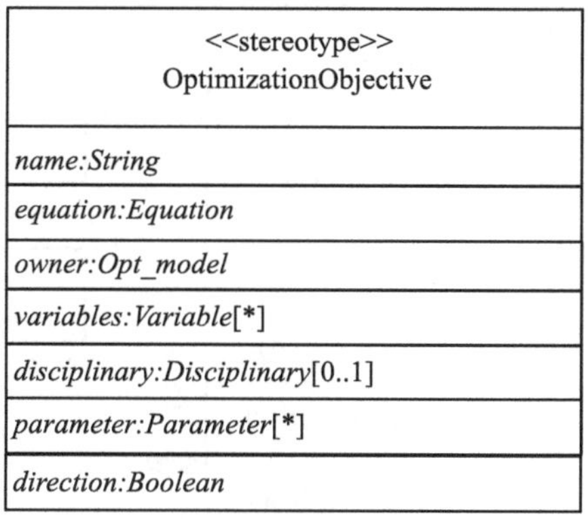

图 6－7　优化目标扩展模型

（3）基于 SysML 的多学科优化问题形式化表达

在 OOSEM 和 SysML 1.5 中，允许用户根据具体的问题，定义扩展图，以满足不同类型的应用。根据优化信息模型的对多学科优化基础要素对 SysML 进行扩展，可以表达优化目标、优化约束和优化变量等要素。但是还需要定义多学科优化问题的元模型，通过扩展构造型给出优化问题组织上的整体语义信息表示方法。

在 SysML 的九种图中，参数图可以根据参数和参数之间的连接捕获约束模块的内部结构。BDD 定义约束模块及其关系。二者含有优化信息表达最多的特征，因此可以使用参数图和模块定义图为基础来定义优化问题的元模型。MDO 问题表示需要优化的系统模型情况，以便最大化或最小化一组目标函数。如图 6－8 所示，定义的优化问题元模型继承自参数图。此图中，顶层的“MDO Problem”块扩展了 SysML 的原有构造类型“ConstraintBlock”。“MDO Problem”块有一个对“SystemBlock”和“SubsystemBlock”的引用，可以用来表示和分析系统的层级关系。此外“MDO Problem”还包含优化目标、优化约束和优化变量等要素。

因为 MDO Problem 图是继承自参数图，因此其可以根据继承的值绑定属性，把优化约束或者优化目标表达式中每个变量或参数与 SysML 模型中的值绑定，可以将这些约束应用到特定的模块上。被绑定的值属性可以属于模块本身，也可以属于模块的组成部分属性或者引用属性。通过这种方式，可以创建任意复杂的数学模型，并将它与任意复杂的机构模型组成部分进行捆绑。此外，这里为每个目标函数都定义一个参数，用于将输出结果绑定到“Opt solution Block”，通过这种绑定，后续可以将优化后的结果返回到系统设计模型中。

（4）多学科领域模型集成

基于模型的系统工程研制模式下，多学科领域模型集成是指将机械、电子、控制、液压、软件、气动等多个不同学科领域模型以特定的方式与系统模型集成为一个综合模型，用以实现协同仿真。复杂产品系统模型即由上述多个学科领域模型构成的复杂集成模型，要想完整地对复杂产品进行研究，除了需要对机械、电子、控制等单个学科模型进行仿真外，更需要对不同学科模型集成的完整系统模型在不同条件下进行协同仿真分析。

多学科领域模型集成主要有三种方法：一是基于统一语言的方法，如 Modelica 语言、

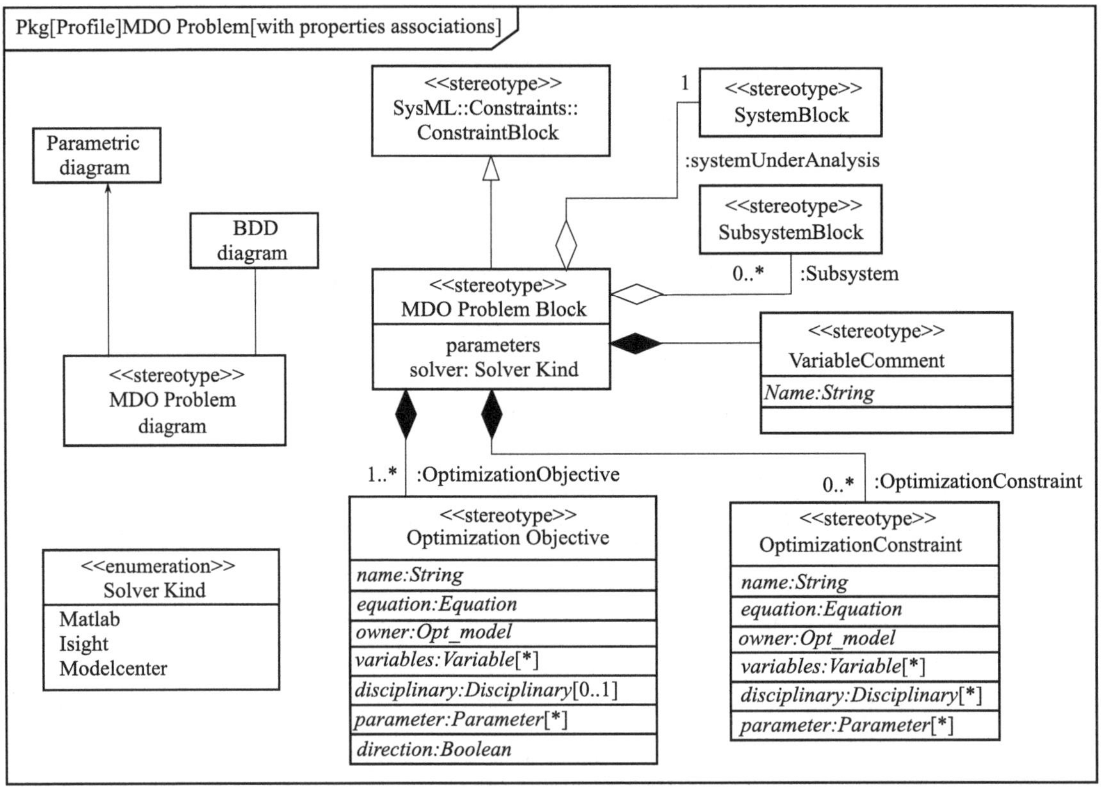

图 6-8 优化问题领域图元模型

BOND 图等；二是基于软件接口的方法；三是基于高层体系结构（High Level Architecture，HLA）的多学科建模。

Modelica 是一种通用的建模语言和仿真环境，它提供了一种描述和仿真复杂物理系统的强大工具。通过使用 Modelica，系统开发团队可以轻松地建立系统和分系统的模型，并进行多学科联合仿真。这种综合仿真方法能够帮助发现不同子系统之间的交互问题，并验证系统在整体集成后的运行情况。

基于统一语言的多学科领域模型集成方法难以实现不同机理的（如连续、离散，定性、定量等）混合系统建模，也难以集成和重用原有模型；基于接口的多学科领域模型集成方法能够充分发挥商用货架产品的优势，但在系统层次的总体行为建模描述，以及复杂系统的行为协同与调度方面尚存在不足；基于 HLA 的多学科模型领域集成方法由于在模型集成机制方面存在不足，难以在系统工程层次上进行形式化建模。

（5）系统设计与多学科模型优化的集成仿真

SysML 是面向对象的，支持在工具之间交换数据的标准化方法（OMG XML 元数据交换标准），因此这里使用 XML 作为中间格式，实现 SysML 优化信息提取，并与优化求解器（本文使用 MATLAB）集成。MDO 问题的数据都可以以树形结构的形式进行组织，使用 XML 进行存储和传输。翻译机制如图 6-9 所示。

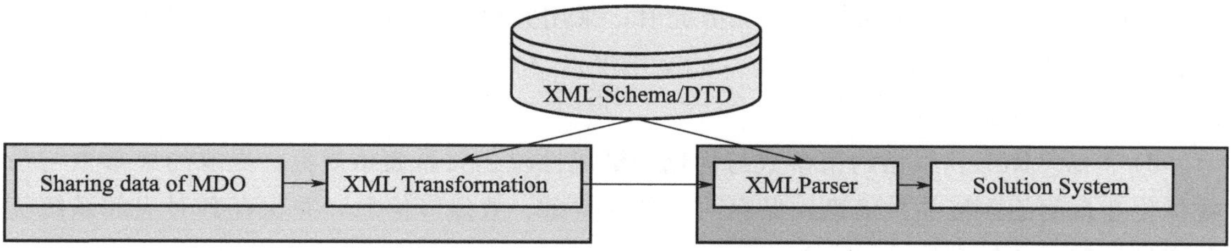

图 6－9　基于 XML 的翻译机制

为了实现 SysML 优化模型的提取，可以从实际模型抽取活动中总结抽象得到一组建模元素，如图 6－10 所示，可以通过定义抽取规则元模型支持开发人员对模型转换中模型间的映射关系进行刻画。

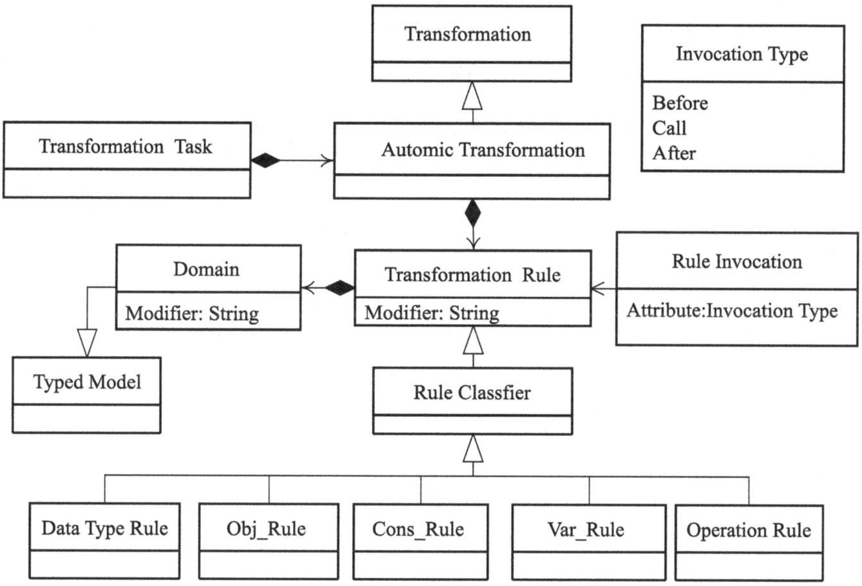

图 6－10　抽取规则元模型

图中 Transformation 本身是一个抽象转换类，其子类原子转换（Automic Transformation）是不可再分的转换表达元素，多个原子转换组成一个转换任务；每个原子转换包括一组转换规则（Transformation Rule），每条转换规则具有一个修饰符（Modifier）属性，用来标识规则的类型信息。在不同的转换描述语言中规则具有不同的类型，具体的规则类型则通过规则分类器的子类实现。除了类型修饰符属性，每条规则由若干区域（Domain）构成，代表着不同语言中对于规则定义的组成部分，每个区域也有标识所属类型的修饰符。对 SysML 优化模型的抽取，具体的规则如下。

1）Obj _ Rule：根据定义的优化目标表示规范，对优化问题的目标函数进行解析操作，记录优化目标所属学科，提取优化目标的表达式 $f(x)$ 及 direction 属性并保存，direction 属性值为 0 时，令 $f(x)=-f(x)$ 。

2）Cons _ Rule：根据扩展的优化约束表示规范，对优化问题的约束函数进行解析操作，记录约束所属学科、约束总数、等式约束个数、不等式约束个数以及优化约束的表达式。其中不等式约束上下边界不是无穷大时，采用方程变换的方式，将所有的约束转化成 $g(x)>0$ 的形式，例如 $g(x)\in[a，b]$，且 $(a，b)\neq 0$，则抽取的约束应转换成 $g(x)-a>0$ 和 $b-g(x)>0$ 两个约束。

3）Var _ Rule：根据约束参数与优化变量属性映射关系表示规范，提取约束参数与系统优化变量间的连接关系信息，保存约束参数类型、数值等信息，并保存其对应的系统优化变量类型、数值等信息。

4）Operation Rule：将提取的优化模型信息使用 XML 表达，在提取系统优化模型的过程中，需要进行优化变量和约束参数之间的传递，通过约束参数与优化变量属性映射关系，建立左右两端定义的一一映射关系将优化变量的值传递到约束参数。

以优化变量抽取规则 Var _ Rule 为例，其实现算法伪代码见表 6－2。表 6－2 中 ov 表示优化变量，cv 表示连续变量，av 表示随机变量，ev 表示认知变量。该算法可以通过遍历 SysML 模型的各个 Block 提取 SysML 模型中包含的变量信息。

表 6－2　优化变量抽取规则算法伪代码

```
Input: BS={Blocks of SysML model}
boolean ErrorFound ← False
optimization problem P ←∅
OptimizationVariable cv ←∅
For b in BS
cv ← b.GetVariable ()
If(cv ≠ ∅)
Switch(ov.GetType())
  case cv:
  P.AddNumVar(cv.enum)
   P.AddValue(cv.min,max)
  case av:
  P.AddNumVar(av.enum)
  P.AddValueVar(av.mean,variance,distribution)
  case ev:
   P.AddNumVar(ev.enum)
   P.AddValueVar(ev..min,max)
  default:
   ErrorFound ← True
Else
 AT ←b.GetRealAttrList()
 For at in
  cv ← at.GetVariability()
  If (ov.GetType()=cvv)
  Switch(at.GetType())
  case real:
        P.AddRealVar(cv.min,cv.max)
     case integer:
        P.AddIntVar(cv.min,cv.max)
       Endif
     Endfor
  Endif
Endfor
Return P,ErrorFound
```

为了解析由 SysML 建模工具（如 MagicDraw）构建的优化信息模型，需要通过中间 XML 格式的文件进行转换。通过上述描述的方法生成多学科设计优化 XML 信息后，还需要利用特定的优化求解器（本文使用 MATLAB）对 XML 格式优化信息进行提取并求解。

将 XML 格式的优化信息提取到 MATLAB 中的优化求解模型，首先需要使用 xmlread 语句将 XML 格式的文档解析为 DOM 模型。XML DOM 是 XML Document Object Model 的缩写，是 XML 的文档对象模型。每个 XML 标签都相当于一个元素节点，XML 的属性是一个属性节点。在 DOM 处理中元素节点并不包含文本，文本是文本节点的值。读取拥有特定标签名或是在节点树中节点值的方法如下：1）用 getElementsByTagName（TagName）获取拥有指定标签名的所有节点，或者利用节点间的关系对某个节点用 getChildNodes 方法获取其所有子节点，依次逐级进行。2）用 item（i）获取第 i 个子节点，索引 i 从 0 开始。属性虽然也是节点的一种，但获取属性节点列表需要用 getAttributes 方法，而非 getChildNodes。

（6）系统集成模型的动态执行过程

宏观复杂产品包含机械、液压、动力学、运动学、控制学、电子等多个领域，传统设计方法已经不能完整准确地刻画复杂产品多学科多粒度的系统特性。这里针对复杂产品数字化设计中不同领域模型异构的特点，提出了基于元对象机制和适配器的多学科模型集成方法，保证不同领域不同粒度模型间耦合的正确性。领域模型设计根据顶层建模时确定的静态结构模型、动态行为模型和约束关系，明确领域模型所对应顶层原子模型的功能、行为、接口关系以及所实现的领域设计工具，在领域设计工具内按照所对应原子模型进行领域模型的设计和封装；不同领域设计工具内设计的异构模型则按多学科模型集成方法，由不同的原子模型集成耦合模型。最终实现由离散状态的调度模型、连续状态的单模态控制器模型、连续状态的动力学模型以及混合状态的动作规划模型组成的复杂产品虚拟样机协同仿真与验证。

针对复杂产品涉及多个领域多个子系统等复杂性特点，这里提出了一种基于不同粒度的多领域模型集成方法，如图 6－11 所示。该方法将复杂产品建模分为顶层建模和领域层建模两条并行线路，其中的多粒度模型是指由若干个不同分辨率现象的子模型构成的组合模型，不同粒度模型从不同层次上对系统进行描述，模型粒度由复杂产品的特征确定。建模步骤如下。

1）分层建模：将复杂产品分为顶层建模和领域建模两条线路，其中顶层建模和领域建模各有自己的粒度分解，并且其粒度分解一一对应。

2）模型粒度分解：根据复杂产品设计目标和复杂产品特点，将复杂产品顶层模型从模型逻辑信息方面分解为不同粒度的 AM 和 CM；将复杂产品领域模型从模型实现信息方面分解为不同粒度的相关领域模型。

3）多粒度建模：在各粒度下对复杂产品的各子系统进行研究，顶层建模主要从行为和功能方面选择合适的模型粒度进行 AM 和 CM 建模，领域建模主要是根据模型粒度的不

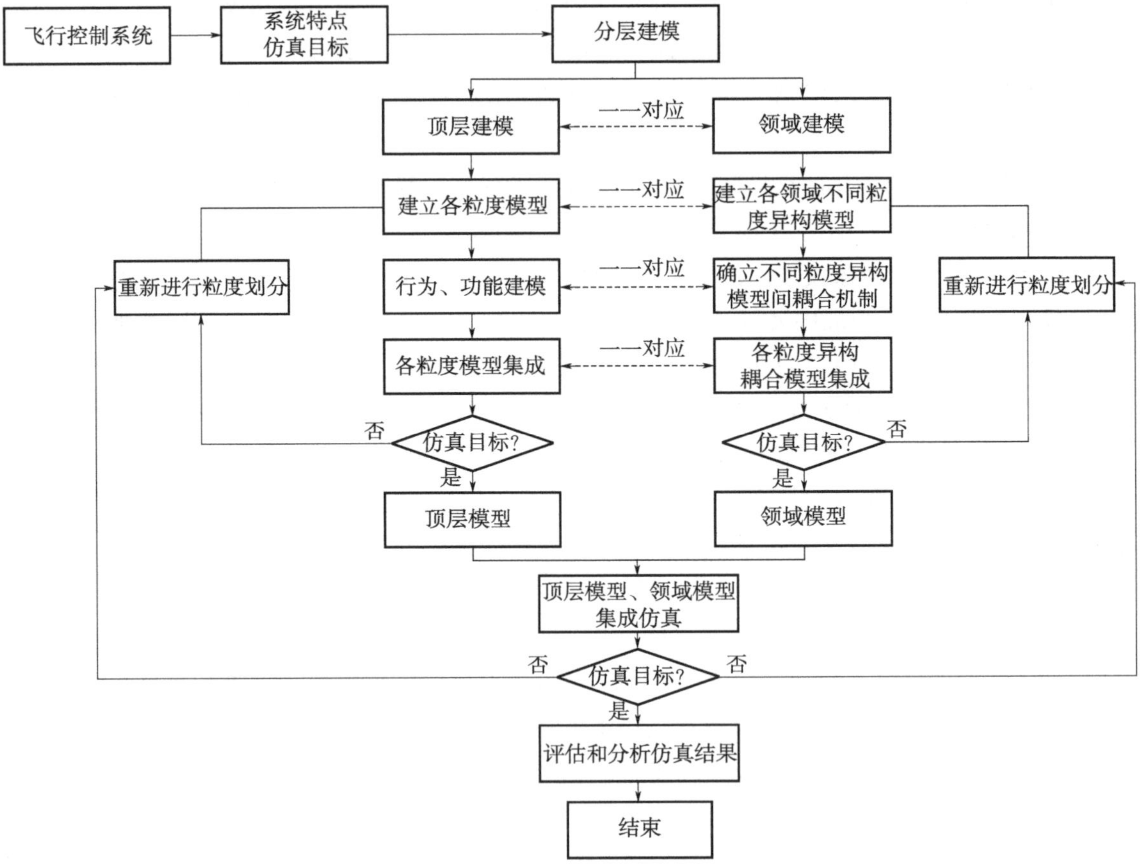

图 6-11 复杂产品多领域模型集成流程

同采用相应的建模机理进行建模。

4）耦合机制分析：归纳出复杂产品多粒度模型之间的耦合机制，其中顶层模型是指不同性质模型（如离散模型、连续模型、定型模型、定量模型等）的耦合机制，领域模型是指不同建模机理所建模的异构模型耦合机制。将耦合机制加入各粒度模型中，作为复杂产品子系统和复杂产品-VP 集成的关键组成部分。

5）顶层模型集成和领域模型集成：顶层模型集成是对顶层的静态结构模型和动态行为模型的集成，验证复杂产品的顶层行为和功能，领域模型集成是对不同领域建模的异构模型进行集成，验证两个及两个以上子系统或子模块的联合仿真。

6）复杂产品总体集成：综合顶层模型、不同领域实现的领域子系统模型、不同粒度模型间的耦合机制，构成复杂产品的综合模型，实现复杂产品-VP 的协同仿真验证。

模型验证阶段可以验证模型设计思路逻辑的正确性，保证模型的可用性及准确性。在分析设计阶段，通过对系统的抽象设计，将系统转化为概念模型。验证模型的正确性及有效性，降低了后期阶段的风险，以及整个系统认知及开发上的风险，保证了所设计研究的模型在开发软件系统时期的正确性，具有指导作用。

在 MBSE 中，模型验证是方法论的重要一环，Harmony-SE 方法论中提出要在建模过程中进行模型阶段性验证。在模型验证的环节中，可以将多种验证方法结合。在主观化方法中，建模人员可以在建模过程中，通过自检以及互检的方式，去解决建模过程中的部分结构化问题、语法问题及模型问题。主观化方法虽然最为简单，但是可以在建模的过程中进行实时检验。在完成主观化方法后，可以采用静态方法。静态方法用于检验模型的静态元素特征，通过检查模型的语法语义、需求确认以及对模型结构化、属性等检查，从而完成对模型静态确认，保证了模型静态有效性。完成了静态方法验证之后，就可以进行模型的动态验证，通过模型的动态执行联合验证等方法，验证了模型动态逻辑性，完成模型动态验证方案。最后，就是对模型进行系统级验证。通过验证整个系统模型，完成对系统模型整体性验证，综合完成全流程的模型验证工作。

MBSE 作为现代系统工程的方法之一，在处理复杂大型系统方面有着基础性的地位。对于解决动态仿真问题，一般都是使用 MATLAB/Simulink 软件环境创建仿真模型完成仿真实验。通过搭建成熟数字化的仿真环境解决了仿真的难题，但是在建立仿真模型之前的设计分析交互环节，国内还是以传统经验设计以及文本设计为主要设计模式。在处理大型复杂系统上，这一方式所存在的无法系统化设计、早期设计无法验证等问题就暴露无遗，且对系统的设计开发有很大阻碍。所以，基于传统文档的系统工程（DBSE）就显得与仿真设计环节格格不入，就需要使用 MBSE 方法指导系统仿真前的设计，从而能在分析清楚需求以及满足清晰的设计环节基础上，进行完善的仿真。

能完成 SysML 与 MATLAB 硬件仿真的重要基础就是功能模型单元（Functional Mockup Unit，FMU）的支持。功能模型单元是基于功能模型接口（Functional Mockup Interface，FMI）设计开发的。欧盟资助的 Modelisar 协会于 2010 年提出了首个版本，用于解决在不同模型交互之间标准化接口的问题。FMI 是通过 XML 文件以及编译 C 代码相统一融合所完成模型解决动态交互及测试问题。FMU 是在 FMI 基础上进行开发所生成的软件模块单元组件，包含了 XML 的格式接口详细数据以及所描述的具体功能。FMU 在设计上主要用于完成模型交互以及协同仿真，通过将模型生成系统模型的 C 代码从而可以被不同类型环境的仿真及建模软件使用。SysML 模型与 Simulink 模型联合仿真具体过程如图 6－12 所示。

在进行系统设计分析过程中，可以使用 SysML 的模型完成从顶层到底层的详细建模，通过梳理硬件结构和层层细化的方式完成对复杂仿真系统的设计开发工作。而在 MBSE 与仿真相结合的部分，通过 SysML 建立起符合设计要求的逻辑模型，与 MATLAB/Simulink 所建立的物理模型相对应统一。在实际设计环节中，以飞机起飞模型为例，可以通过 SysML 中的参数图展现出起飞期间的信号参数情况，再使用 Simulink 对 SysML 模型进行离散行为仿真，通过 Simulink 的输出端口将仿真数据使用 FMU 传输反馈到 SysML 模型中去，SysML 模型给予逻辑判断支持仿真环节。参数图所提供参数属性的关联一致，以及仿真数据在两者之间进行的传输工作，从而完成 SysML 模型与 Simulink 模型之间的一致融合。总体完成在 MBSE 基础上动态硬件仿真，解决了以往仿真时基于文本的逻辑的设计分析工作。

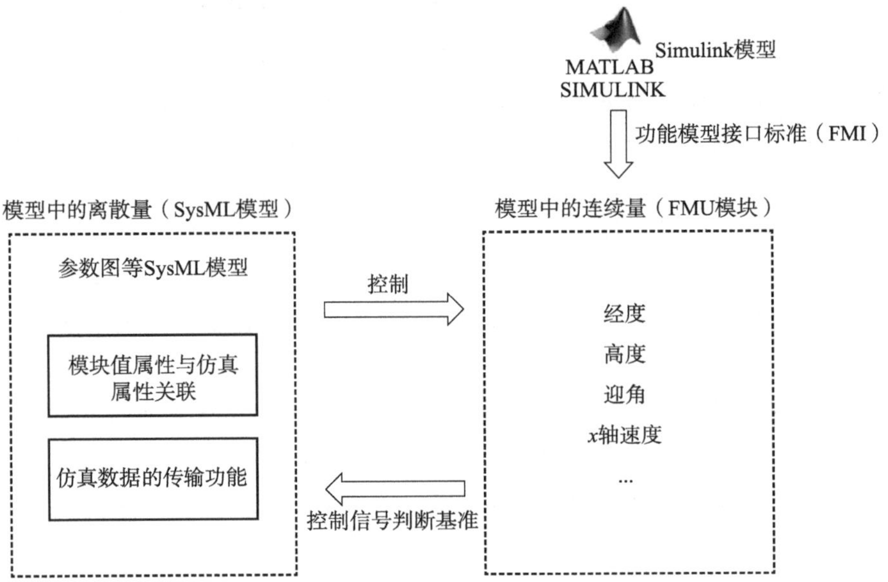

图 6－12　SysML 模型与 Simulink 模型联合仿真图

综上所述，基于模型的仿真验证在系统开发过程中起着重要的作用。它能够帮助发现和解决问题，并为系统的改进和优化提供有价值的信息。通过逐步验证系统的功能逻辑、物理特性、整体集成以及管理内容，可以确保系统在实施前经过充分验证，从而提高系统的可靠性和性能。

6.4.3　集成化工程模型确认

集成确认是基于模型的系统验证的最后一步，在这一阶段，将进行系统的整体集成确认。通过集成确认，可以确保系统的各个部分正确地工作在一起，并满足系统的整体性能指标和需求。同时，集成确认还能够及时发现和解决可能存在的问题和风险，确保系统能够按照预期要求交付和使用。

集成确认包括项目管理、资源分配和交付计划等管理内容。项目管理涉及对整个集成过程的规划、组织和协调。在集成过程中，需要明确每个阶段的任务和责任，并建立沟通和协作机制，以确保各个团队之间的有效合作。资源分配是指为集成过程提供必要的人力、设备和材料等资源。在集成确认阶段，需要根据项目需求合理分配资源，并确保资源的及时供应和充分利用，以保证集成过程的顺利进行。交付计划是指确定集成完成的时间表和交付要求。在集成确认过程中，需要制定明确的计划和时间表，安排各项任务的执行顺序和时间节点，并确保按时交付系统。

（1）产品验证与确认

产品验证流程是对已实现的目标产品展开验证与确认流程的首个流程。在系统工程技术流程的背景下，以及在满足相应生命周期阶段成功评判准则的条件下，由产品方案实施流程或产品集成流程实现的产品以适当形式提供给产品验证流程使用。产品验证的目的是提供客观证据，证明系统或系统元素满足了其特定的需求和技术规范，这里的需求通常是指系统需求或系统元素需求。通常的做法是在早期开发阶段，基于系统需求制定出验证该条需求所需的测试用例，制定集成验证计划。在系统实现阶段，通过仿真分析或试验测试，提供证据证明正确设计、正确构建了产品。

不论目标产品是通过方案实施得到还是通过集成得到，产品验证流程的结果都应当能证实目标产品遵从其特定需求，也就是目标产品能够通过验证试验。所谓试验是指适用于验证和确认的一种详细评价方法。验证试验针对的是经批准的需求集（如系统需求文档），试验可以在产品生命周期的不同阶段进行。验证试验是对系统或系统单元实施的正式试验，用于证明系统或单元满足为其分配的需求或技术规格，包括功能接口和物理接口的需求。验证试验通常由工程师、技术人员在有利于进行失效分析的受控环境中完成。

产品确认（Validation）是对已实现或已集成的目标实施的验证与确认流程汇总，产品确认流程是第二个流程。验证的目的是证明“产品被正确实现”，而确认的目的则是证明“所实现的是正确产品”。换言之，验证流程为需求文档或规格说明中每个“需要……”形式的陈述是否被满足提供客观证据，而确认流程则针对客户与用户的利益进行，确保系统在设定的环境中以预期的方式实现预期的功能。为达到这一点，需要检查系统产品分解结构中每个层级上的产品，并且将它们与该层级的利益相关者需求进行比较。与系统产品结构良好匹配的确认流程能够在保证满足利益相关者需求的情况下节省费用和时间。

系统确认的作用是证实已集成或已实现的目标产品满足在运行使用情况中规定的利益相关者需求，或满足以效能和性能指标表示的利益相关者需求。产品确认还能确保所发现的任何异常已经在产品交付之前得到恰当解决。

确认试验针对的是运行使用构想文档，确认试验是在真实环境或模拟环境中对相应目标产品实施，用于确定在典型用户执行的任务应用中产品的有效性与适用性，并评估试验结果。该项试验确保系统被放置到现实环境中时能够按预期运行。

产品验证与产品确认的差异可以从三个角度分辨。从流程活动的角度看，产品验证与产品确认在基本性质上可能相似，但是它们的目标却存在本质差异。从客户的观点看，其关注点是所得到的目标产品能否在使用环境中按照预期正常工作。对此项要求的检查便是确认。若经过分析能证实产品经济有效且有保证，则通过采用各种组合试验，产品验证流程和产品确认流程可以同时实施。当然，在进行确认之前，如果能确保系统结构中每个目标产品是按照特定需求实现的（验证通过），则将减少确认试验的开支。

（2）试验结果与需求模型的追溯关系

需求覆盖率能很直观地反映系统需求与模型之间的确认关系，通过需求覆盖率可以看出所创建的系统模型与需求的对应程度，本章需要对系统的需求文档说明书与 Rhapsody 软件所创建的系统模型进行需求覆盖率测试，测试过程需要用到 DOORS 文档管理软件和 Rhapsody 平台自带的 Gateway 插件。图 6－13 为系统需求覆盖率测试的流程图。

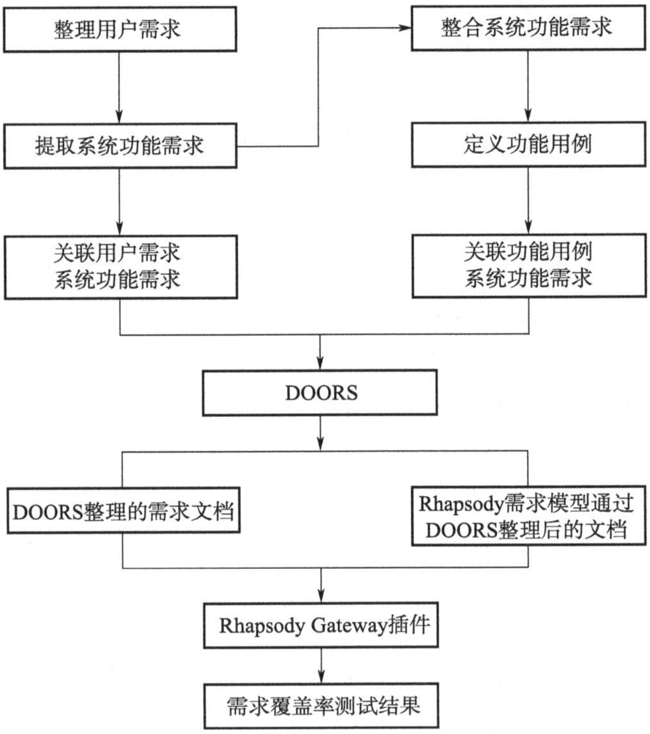

图 6-13　系统需求覆盖率测试的流程图

①系统需求文档形成

首先对系统协议进行整理、分析，提取出初步的用户需求，随后开发人员通过对用户需求进行分析，整理出目标系统应该有的功能、子系统及模块，完成功能需求文档的梳理，形成系统需求。

② SysML 需求模型创建

以需求图和用例图的形式来表达需求模型，对目标系统的设计说明书进行分析，以名称、序号、需求描述的格式对设计文档进行提取，在 SysML 建模平台创建需求图，以需求图为依据，完成系统用例图的创建。

③ DOORS 文档管理

DOORS 是系统需求文档和需求模型到 Gateway 插件的中间件，可以将 Word、Excel 及其他格式的需求说明书转换为 Gateway 能够识别的文档，也可以将 Rhapsody 平台的需求模型转换为能与需求文档做对比的文档，方便导入 Gateway 插件做比对。

④基于 Rhapsody Gateway 的需求覆盖率测试方案

将①与②中形成的需求文档与需求模型导入 DOORS 软件，分别形成 Gateway 能够识别的文档，再将生成的这两个文档导入 Gateway 插件中，对其进行比较，得到需求覆盖率的测试结果。

6.4.4　基于模型的系统集成验证案例

车内环境控制集成系统是装甲车辆的重要组成部分。其结构如图 6 - 14 所示，主要包括空调压缩机、内循环风机、通风风机、冷凝器等部件。为了证明所提方法的有效性，以车内环境控制集成系统为例进行验证。

为完成该系统设计，设计者分析、设计并构建了需求模型、功能模型、结构及行为模型等，完成构建的系统模型（部分）。

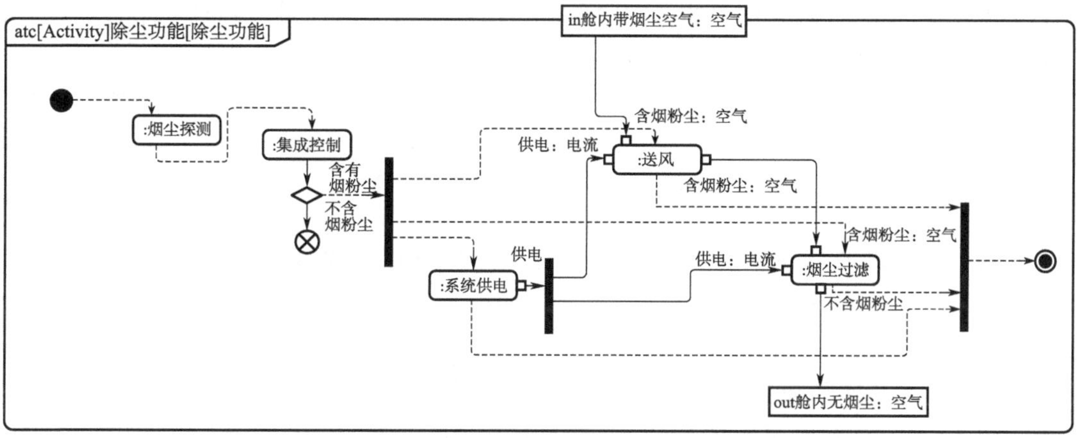

图 6 - 14　车内环境控制集成系统的系统模型图（部分）

车内环境控制集成系统是装甲车辆的重要组成部分。其构成主要包括空调分系统和集成送风分系统等部件。其中空调分系统主要承担温湿度调控功能，空调分系统结构组成如图 6 - 15 所示。

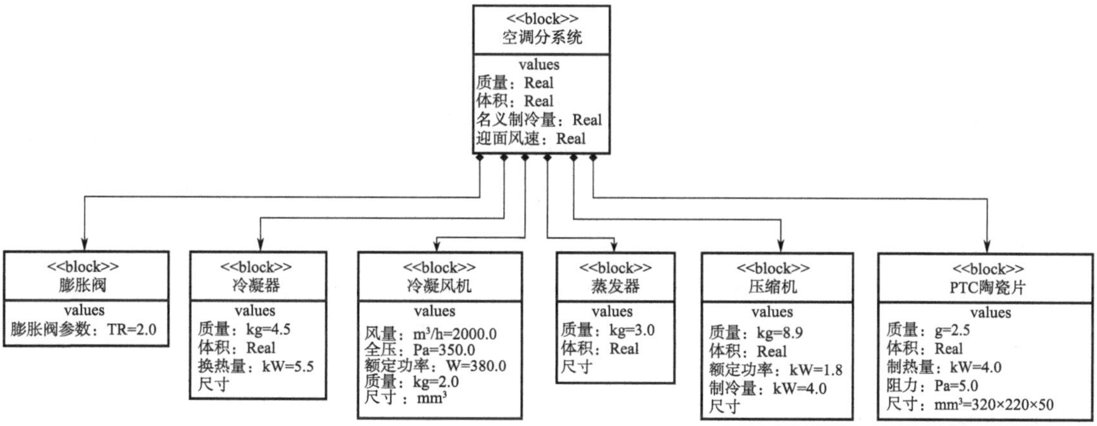

图 6 - 15　空调分系统构成

集成送风分系统实现舱内通风、空气内外循环转换、超压控制、除尘、柔性送风、生物灭活等功能。其结构组成如图 6－16 所示。

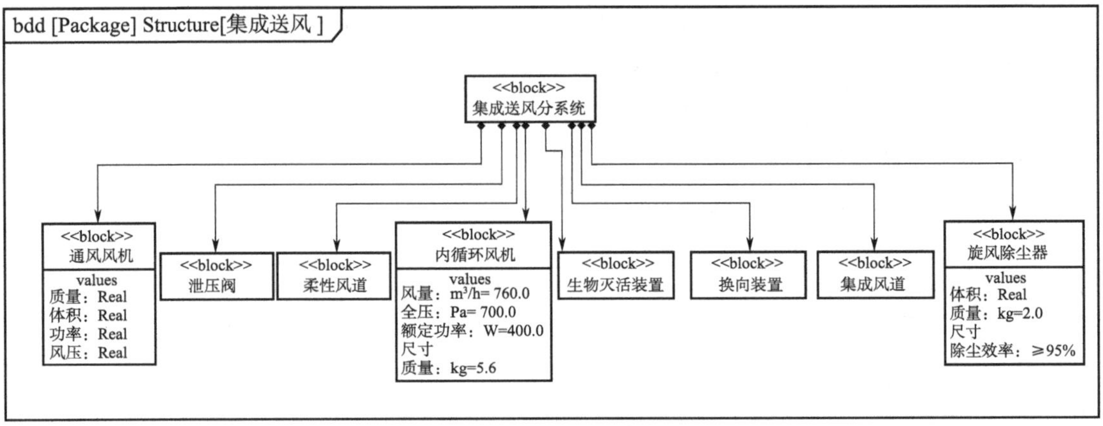

图 6－16　集成送风分系统构成

以两个分系统的总体质量为目标，构造车内环境控制集成系统的多学科设计优化模型。

（1）空调分系统

设计变量包括膨胀阀参数（x_{PR}）、冷凝器换热量（x_{HE}）、冷凝风机风量（x_{AirV}）、蒸发器体积（x_V）、压缩机制冷量（x_{CC}）；目标函数：$M_1=m_1+m_2+m_3+m_4+m_5$，式中 M_1 表示空调分系统的总体质量，m_1、m_2、m_3、m_4、m_5 分别表示膨胀阀、冷凝器、冷凝风机、蒸发器和压缩机的质量。各个部件质量和设计变量的经验公式可总结为

$$\begin{cases} m_1=\alpha \cdot x_{PR}^2 \\ m_2=k \cdot \sqrt{x_{HE}}/2 \\ m_3=243.1 \cdot x_{AirV} \cdot \eta \\ m_4=\rho \dfrac{x_V}{64} \\ m_5=\varepsilon \cdot x_{CC} \end{cases} \tag{6-1}$$

式中，α，k，η，ρ，ε 为设计参数，取值分别为 5.5，1.4，62，3.8，7。取压缩机的排量大于 260 $\mathrm{cm^2/r}$ 和空调送风量大于 450 $\mathrm{cm^3/min}$ 为约束，空调分系统的学科优化表达式可表示为

$$\begin{aligned} &\text{Find}: x_{PR}, x_{HE}, x_{AirV}, x_V, x_{CC} \\ &\min M_1=m_1+m_2+m_3+m_4+m_5 \\ &\text{s.t.}\quad g_1>260,\quad g_2>450 \end{aligned} \tag{6-2}$$

（2）集成送风子系统

集成送风子系统的设计变量包括通风风机风压（x_{wp}）、内循环机风量（x_{Vicm}）、集成风道直径（x_d）、除尘器体积（x_{Vdc}）；目标函数选择集成送风子系统的质量，其经验表达式可表示为：$M_2=0.45\exp(x_{wp}-12)+x_{wp}x_{Vicm}^2+1.67x_d^2+14.94x_{Vdc}$；满足约束通风量

g_3 大于 121 cm^3/min 和泄压速度 g_4 大于 15 Pa/min。则集成送风子系统的优化模型可表示为

$$\begin{aligned} &\text{Find}: x_{wp}, x_{Vicm}, x_d, x_{Vdc} \\ &\min M_2 = 0.45\exp(x_{wp} - 12) + x_{wp}x_{Vicm}^2 + 1.67x_d^2 + 14.94x_{Vdc} \\ &\text{s.t.} \quad g_2 > 260, \quad g_4 > 450 \end{aligned} \tag{6-3}$$

根据以上信息和已经完成系统设计模型构建了车内环境控制集成系统的多学科设计优化模型。如图 6－17 所示，空调分系统的系统优化模型包括分系统目标函数、优化约束，以及优化目标内的属性值约束块（为了显示清晰，这里未列入优化变量）。

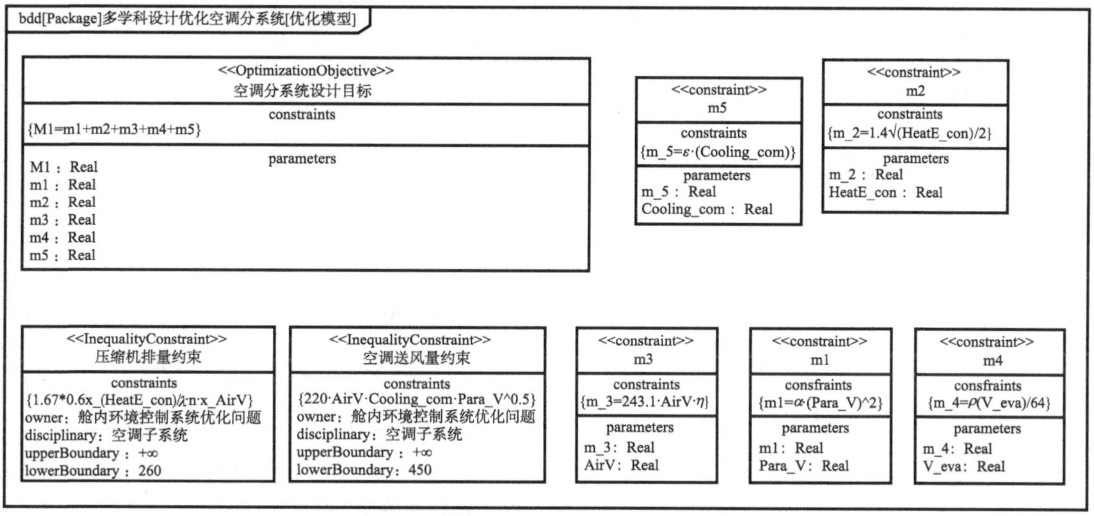

图 6－17　空调分系统优化模型信息

送风子系统的优化模型如图 6－18 所示，包括送风子系统的分系统优化目标和两个不等式约束及其包含的设计变量。可以看到不等式约束内包含的属性包括约束表达式、所属学科、上下边界等内容。

如前所述，每个扩展优化约束块和优化目标块都对应一个用于方程抽取的参数图。如图 6－19 所示，以送风子系统的分系统优化目标为例，可以充分利用绑定连接器将约束参数与模块的值属性进行绑定连接。

在构建完两个子系统的优化模型后，可以使用定义的优化问题图，根据变量和变量之间的连接捕获整个优化问题的内部结构。定义的舱内环境控制集成系统优化问题如图 6－20 所示，图中定义了系统级优化目标和各分系统目标间的关系，以及各设计变量和优化约束、优化目标的关系。

为了解析由 SysML 建模工具（如 MagicDraw）构建的优化信息模型，需要通过中间 XML 格式的文件进行转换。根据构建的 SysML 优化模型生成的 XML 文件包含了完整的优化信息，包括优化变量、优化目标和优化约束等信息。该 XML 格式的优化信息可以提取到 MATLAB 等优化求解器中进行优化求解。

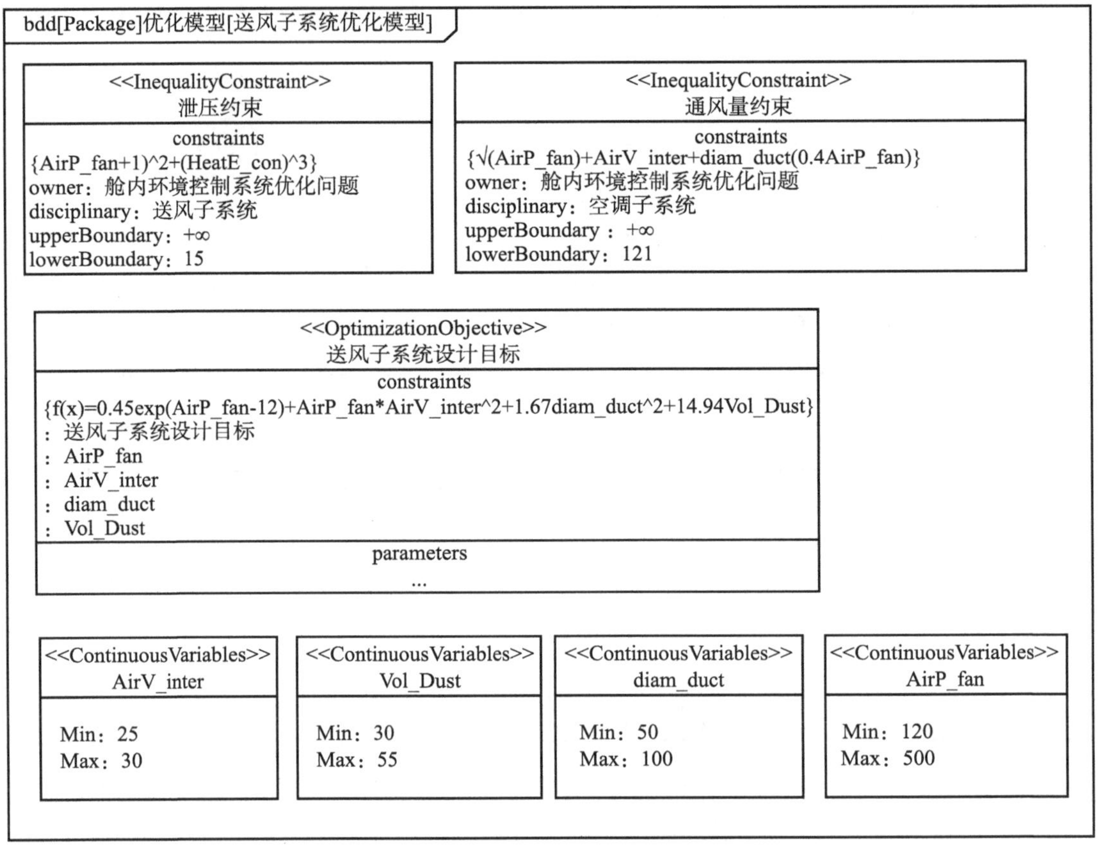

图 6-18　送风分系统优化模型信息

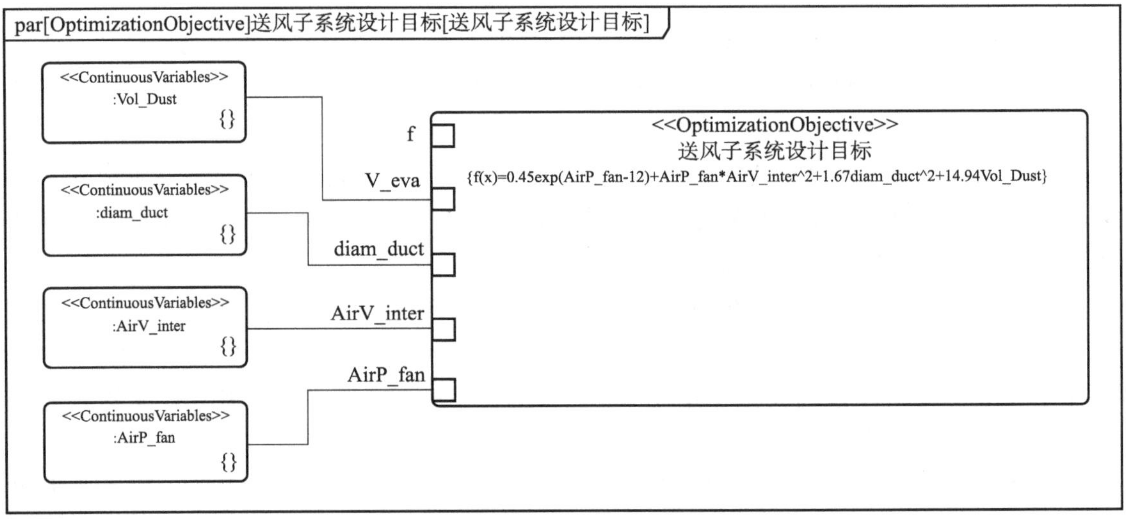

图 6-19　送风分系统优化目标约束块

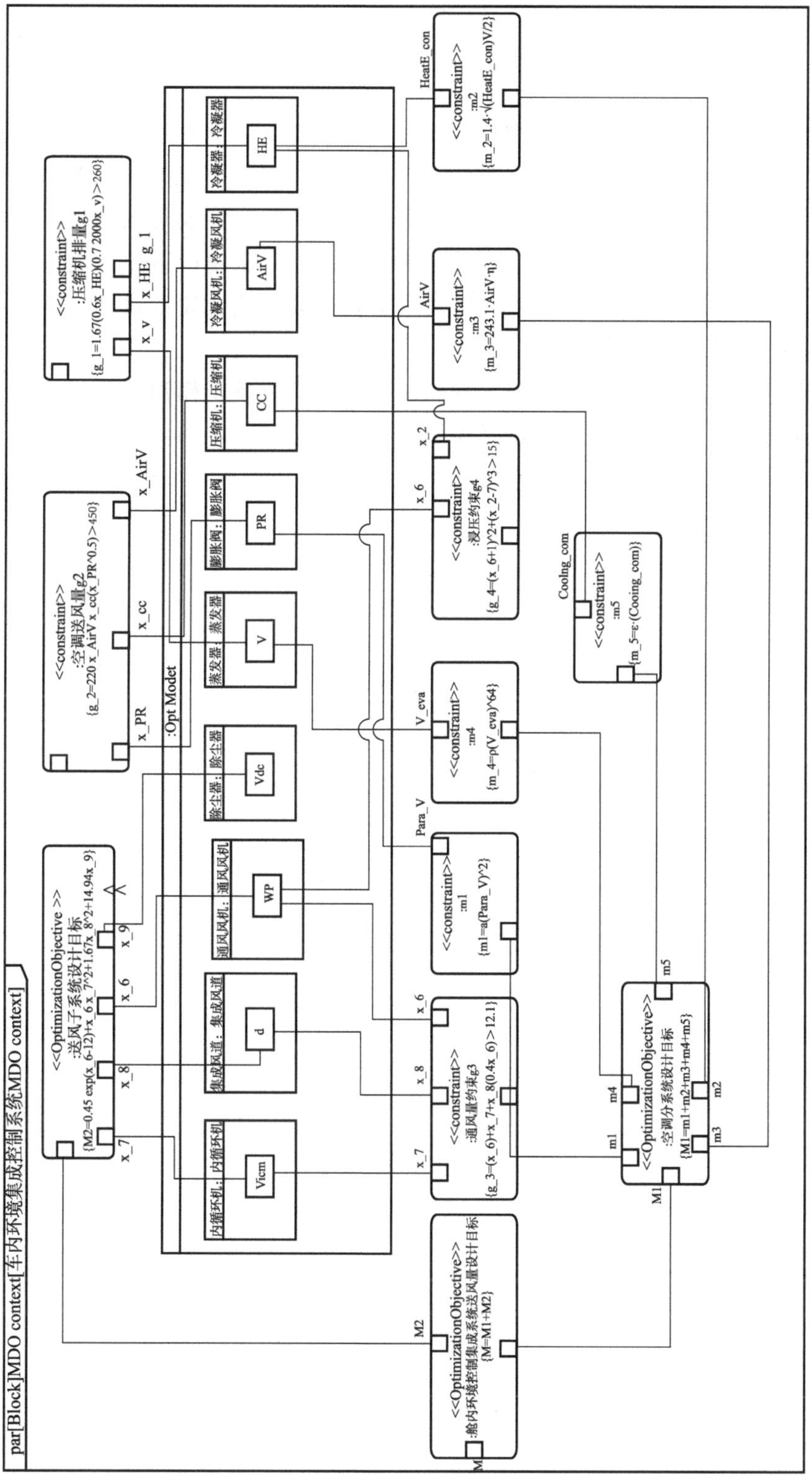

图 6-20　舱内环境控制集成系统优化问题表征

6.5 本章小结

基于模型的系统验证，通过系统模型的动态执行，实现系统功能的验证；通过模型参数的计算实现系统性能的验证；基于验证结构帮助需求模型建立完整追溯关系。同时，从产品集成和多学科优化角度出发，区分产品验证与确认流程，并实现系统模型与专业领域模型的集成。通过建立系统的数学模型，并利用仿真软件对系统的各个方面进行模拟和评估，基于模型的系统验证能够帮助开发团队发现潜在问题、优化系统设计，并确保系统在实际实施之前能够按照预期运行。

本章重点讨论了在基于模型的系统工程研制模式下，以系统模型的思想如何来解决系统仿真验证的问题，以实现集成的系统模型以及基于模型的产品仿真验证与确认过程，供关心模型驱动的复杂产品研制项目全局的相关人员参考。

参考文献

[1] 朱一凡 . NASA 系统工程手册 [M]. 北京：电子工业出版社，2021.

[2] NOORDWIJK. European Cooperation for Space Standardization，ECSS - E - ST - 10 - 02C - Space Engineering - Verification [S]. ESA Requirements and Standards Division，2018：1 - 51.

[3] NOORDWIJK. European Cooperation for Space Standardization，ECSS - E - ST - 10 - 03C - Space Engineering - Testing [S]. ESA Requirements and Standards Division，2022：1 - 146.

[4] INCOSE. Systems Engineering Handbook：A Guide for System Life Cycle Processes and Activities [M]. 5th ed. Hoboken：Wiley，2015.

[5] HECHT M，CHEN J，PUGLIESE - ROSILLO G. Verification and Validation of SysML Models [C]. 2021 IEEE Aerospace Conference，Big Sky，MT，USA，2021：1 - 6.

[6] 谭维炽，胡金刚 . 航天器系统工程 [M]. 北京：中国科学技术出版社，2009.

[7] WINTONJ R，COLOMBI J M，JACQUES D R. Validation of Digital System Models：A Framework and SysML Profile for Model - Based Systems Engineering [J]. Special Issue：33rd Annual INCOSE International Symposium，2023，33 (1)：569 - 583.

[8] DELLIGATTI L. SysML distilled：A brief guide to the systems modeling language [M]. New Jersey：Addison - Wesley Professional，2013：1 - 16.

[9] BROY M，BHM W，RUMPE B. Advanced systems engineering [M]. 2021：5 - 36.

[10] MOCHINE P，ATAKAN SÜNNETCIOGLU，DUNGERN O V，et al. SysML - Modelle maschinell verstehen und verknüpfen [C] // Tag des Systems Engineering 2017，2017.

[11] 周书华，曹悦，张政，等 . 基于 SysML 和 Modelica 的复杂机电产品系统设计与仿真集成 [J]. 计算机辅助设计与图形学学报，2018，30 (4)：728 - 738.

[12] XU P，SALADO A. Modeling correction activities in the context of verification strategies [J]. Systems Engineering，2021 (1)：173.

[13] COOK D，SCHINDEL W D. Utilizing MBSE patterns to accelerate system verification [J]. Insight，2017，20 (1)：32 - 41.

[14] GAUTHIER J M，BOUQUET F，HAMMAD A，et al. Tooled process for early validation of SysML models using Modelica simulation [C] //Lecture Notes in Computer Science. Heidelberg：Springer International Publishing，2015：230 - 237.

[15] MHENNI F，CHOLEY J - Y，NGUYEN N，et al. Flight control system modeling with SysML to support validation，qualification and certification [J]. IFAC - PapersOnLine，2016，49 (3)：453 - 458.

[16] ECKL C，BRANDSTÄTTER M，STJEPANDIĆJ. Using the "Model - based Systems Engineering" technique for multidisciplinary system development [C] // 22st ISPE International Conference on Concurrent Engineering，2015：100 - 109.

[17] 王西超，曹云峰，庄丽葵，等 . 面向复杂系统虚拟样机协同建模的方法研究 [J]. 电子科技大学学报，2013，42 (5)：648 - 655.

[18] JONATHAN M, BENJAMIN S, MEHMET K, et al. Beyond Model - Based Systems Engineering towards managing complexity [J]. Procedia CIRP, 2020 (91): 325 - 329.

[19] 曹悦，刘玉生，赵建军，等．基于 SysML 的复杂机电系统设计模型形式化扩展与验证 [J]. 计算机辅助设计与图形学学报，2019，31 (12)：2166 - 2176.

[20] 李新光，刘继红．基于 SysML 的系统设计-仿真模型可视化转换 [J]. 计算机辅助设计与图形学学报，2016，28 (11)：1973 - 1981.

[21] GREGORY J, SALADO A. Model - Based Verification Strategies Using SysML and Bayesian Networks [C]. The Proceedings of the 2023 Conference on Systems Engineering Research, 2023: 19 - 33.

[22] 陈建，张韧，王辉赞，等．Matlab 对基于二进制- XML 混合格式的 SMOS 盐度数据的提取方法与实现 [J]. 海洋通报，2011，30 (6)：692 - 696.

[23] ZHOU S H, CAO Y, ZHANG Z, et al. System design and simulation integration for complex mechatronic products based on SysML and Modelica [J]. Journal of Computer - Aided Design & Computer Graphics, 2018, 30 (4): 728 - 738.

[24] KONRAD C, JACOBS G, RASOR R, et al. Enabling complexity management through merging business process modeling with MBSE [J]. Procedia CIRP, 2019 (84): 451 - 456.

[25] How does SysML enable Requirements Verification and Validation. https: //sysmlforum. com/sysml - faq/how - does - sysml - enable - requirements - verification - and - validation. html.

第 7 章　MBSE 方法论与研发环境

21 世纪以来，复杂工程系统技术体系及其研制环境正发生重大变化，数字化技术与系统工程的深度融合促使模型逐渐取代文档而成为主要信息载体，MBSE 方法通过基于模型的需求工程将需求贯穿于全生命周期，依托基于模型的系统综合设计实现从需求到功能、行为、结构的分解与精化，实现需求的合理分解与分配，通过基于模型的系统验证，实现系统模型与学科领域模型的集成过程，最终达到系统设计源于且满足用户需求的目标。鉴于此，本章将从 MBSE 方法论、建模语言、建模工具和基于模型的研发环境角度，总结并探讨应对系统复杂度的 MBSE 实践方式。

7.1　MBSE 三大支柱

MBSE 是方法学，是依赖于模型驱动的研发环境（包含人员、技术、资源等）的相关流程、方法和工具的集合体现。基于 MBSE 的复杂产品研制，需要结合系统工程思想，通过模型贯穿产品和系统的全生命周期的全流程，实现业务流程、系统集成、管理模式与系统模型的融合。这一目标正是实现正向设计、高效研发、高质量设计的基础，也是系统研发过程中系统技术和工程经验的积累和体现。

MBSE 方法的应用应该着重于构建系统的模型，尤其是建模过程中涉及的建模语言、建模工具和建模方法，这三者亦被称为“MBSE 的三大支柱”，其相互关系如图 7 - 1 所示。

MBSE 方法论可以被描述在“基于模型”或“模型驱动”背景中用于支持系统工程学科的相关流程、方法和工具的集合，且 MBSE 方法论大体都遵循从需求分析（Requirements Analysis）到功能分析（Functional Analysis）、逻辑设计（Logical Design）、物理设计（Physical Design）的分析方法。

建模语言用于定义 MBSE 系统建模过程中采用具体术语描述模型的标准语法和语义规则。长期以来系统工程师使用的建模语言、工具和技术种类很多，如行为图、IDEF0、N2 图等，但这些建模方法使用的符号和语义不同，彼此之间不能互操作和重用。系统工程正是由于缺乏一种强壮的、标准的建模语言，从而限制了系统工程师和其他学科之间关于系统需求和设计的有效通信，影响了系统工程过程的质量和效率。

建模工具是一类特殊的工具，它们的存在就是为了遵守一种或多种建模语言的规则，让系统工程师能够用其创建出符合语法规则、方法论流程的模型。绘图工具（如 Microsoft Visio、SmartDraw、ProcessOn 等）所创建的图、表等并没有任何底层模型可以保证彼此之间的一致性。而与此不同的是，建模工具创建出来的不仅仅是单个模型（一

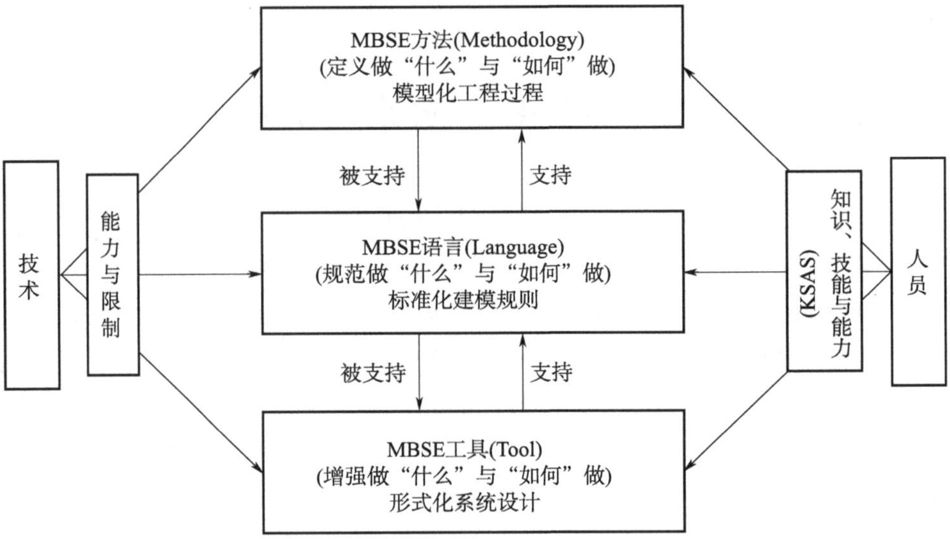

图 7－1 MBSE 方法论、语言、工具与环境

系列元素以及元素间的关系)，还可以在建模工具中对这些模型进行关联，从而形成系统的底层模型示意图。通过建模工具创建的模型能够展示一系列系统元素及元素间的关系，同时能够拥有一系列图以作为底层模型的视图。当在建模工具中修改图中元素时，实际上是在底层模型中修改元素本身，能够立即更新与该元素相关联的图与模型。

7.2 MBSE 方法论

人们意识到现代工程系统不仅在整体复杂性上有所增加，同时所研发产品系统也变得更加软件密集型。部分 MBSE 方法论可能会针对嵌入式系统或一般软件密集型系统，如 Lavi&Kudish 的嵌入式计算机系统分析和建模（Embedded Computer System Analysis and Modeling，ECSAM）方法论，Boehm &Port 的基于模型的［系统］体系结构和软件工程（Model－Based［System］Architecture and Software Engineering，MBASE）。本部分则是从系统整体、全生命周期广泛的系统工程角度描述工业界主流的 MBSE 方法论。

7.2.1 OOSEM

面向对象的系统工程方法（Object － Oriented Systems Engineering Method，OOSEM）集成了自顶向下、基于模型的方法，并使用 SysML 来支持系统的规范、分析、设计和验证。OOSEM 利用面向对象的概念与更传统的自顶向下系统工程方法和其他建模技术相协调，以帮助构建更灵活和可扩展的系统，适应不断发展的技术和不断变化的需求。OOSEM 还旨在简化与面向对象软件开发、硬件开发和测试的集成。

OOSEM 是在 20 世纪 90 年代中期由洛马公司和软件生产力联盟协作发展而来的。该方法论部分应用于洛马公司的大型分布式信息系统开发，该系统包括硬件、软件、数据库和手动过程组件。

OOSEM 的目标包括：获取并分析特定复杂系统的需求和设计信息；与面向对象（OO）的软件、硬件和其他工程方法的集成；支持系统级重用和设计演进。OOSEM 的核心原则包括公认的对系统工程至关重要的实践：1）集成产品开发（IPD），对改进通信至关重要；2）应用于系统层级的每个多级的递归“Vee”生命周期过程模型。OOSEM 开发活动与典型的系统工程“Vee”过程是一致的，可以递归和迭代地应用于系统层级的每个级别。系统工程的基本原则，例如管理过程（如风险管理、配置管理、规划、测量等）和多学科团队的使用，必须应用于支持这些活动中的每一项以使其有效。

OOSEM 使用 SysML 作为主要建模语言的开发活动生成各种工件。因此，它使系统工程师能够精确地捕获、分析和指定系统及其组件，并确保各种系统视图之间的一致性。建模工件还可以在其他应用程序中进行精化和重用，以支持产品线和进化开发方法。OOSEM 主要包括以下开发活动（见图 7-2）。

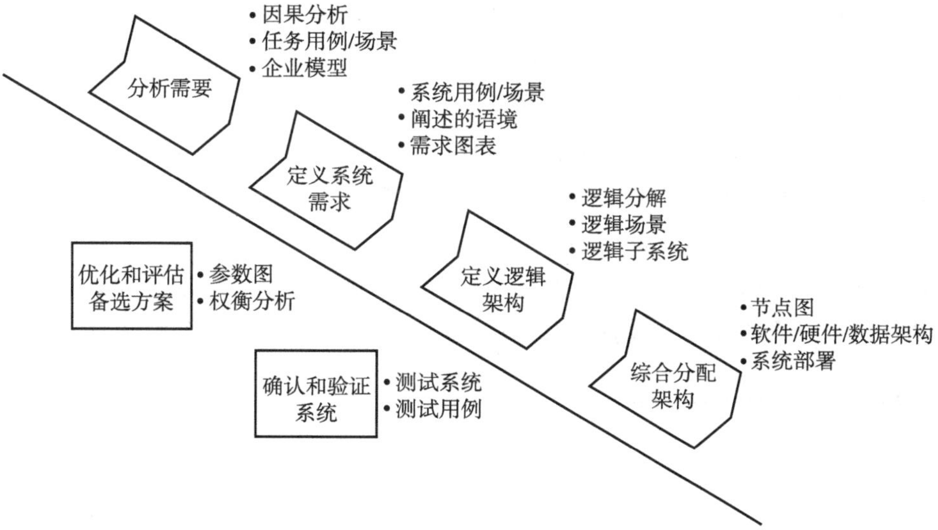

图 7-2　OOSEM 活动和建模产出物

分析需要：此活动捕获“现有”系统和潜在的改进范围。“现状”分析的结果被用于开发未来的相关任务需求。使用因果分析技术对初始企业进行分析，以确定其局限性，并将其用作派生任务需求和未来企业模型的基础。任务需求是根据任务/企业目标、有效性度量和顶级用例来指定的。

定义系统需求：这项活动旨在指定支持任务需求的系统需求。系统被建模为与企业模型中表示的外部系统和用户交互的黑盒。系统级用例和场景反映了如何使用系统来支持企业的操作概念。使用带有泳道的活动图对场景进行建模，泳道表示黑盒系统、用户和外部系统。每个用例的场景用于导出黑盒系统功能、接口、数据和性能需求。需求管理数据库在此活动期间更新，以追溯每个系统需求到企业/任务级用例和任务需求。

定义逻辑架构：此活动包括将系统分解并划分为逻辑组件，这些组件相互作用以满足系统需求。逻辑组件捕获系统功能。示例可能包括由 Web 浏览器实现的用户界面，或由特定传感器实现的环境监视器。逻辑架构/设计减轻了需求变更对系统设计的影响，并有助于管理技术变更。OOSEM 提供了将系统分解为其逻辑组件的指南。逻辑场景保留了系统与环境的黑盒交互。此外，逻辑组件功能和数据根据分区标准（如内聚性、耦合、变更设计、可靠性、性能和其他考虑因素）进行重新分区。

综合分配架构：分配架构描述了系统物理组件之间的关系，包括硬件、软件、数据和流程。系统节点定义资源的分布。每个逻辑组件首先映射到一个系统节点，以处理系统如何分布功能。分区标准用于解决诸如性能、可靠性和安全性等分布问题。然后将逻辑组件分配给硬件、软件、数据和手动程序组件。软件、硬件和数据体系结构是基于组件关系派生的。每个组件的需求被追溯到系统需求，并在需求管理数据库中维护。

优化和评估备选方案：该活动在所有其他 OOSEM 活动中被调用，以优化候选架构并进行权衡分析以选择首选的架构。用于建模性能、可靠性、可用性、生命周期成本和其他特殊工程关注点的参数化模型，用于分析和优化候选架构，使其达到比较备选方案所需的水平。用于进行行业研究的标准和加权因素可追溯至系统需求和有效性衡量标准。这项活动还包括监测技术绩效指标和识别潜在风险。

确认和验证系统：此活动旨在验证系统设计是否满足其需求，并验证需求是否满足利益相关者要求。它包括验证计划、程序和方法（如检查、演示、分析、试验）的制定。系统级用例、场景和相关需求是测试用例和相关验证过程开发的主要输入。验证系统可以使用上面描述的用于对操作系统建模的相同活动和工件进行建模。需求管理数据库在此活动期间更新，以追溯系统需求和设计信息到系统验证方法、测试用例和结果。

7.2.2 Rational Harmony - SE

Harmony - SE 的全称是 Rational Integrated Systems/Embedded Software Development Process Harmony，其设计过程呈现出 V 字形特征（见图 7 - 3），整个 V 模型阶段分为两部分：左侧部分称为下降沿，主要包括对系统需求与功能的描述，以及其他设计部分；右侧部分称为上升沿，主要描述各种实际应用与验证活动，实现软件的各种功能，并进行验证。系统设计阶段过程主要分为需求分析（Requirements Analysis）、系统分析/设计（System Analysis & Design）、设计综合（Design Synthesis）、软件分析设计（SW Analysis & Design）三个阶段；系统验证阶段包括软件实施和单元测试（SW Implementation & Unit Test）、模块集成测试（Module Integration & Test）、子系统集成测试（Sub - system Integration & Test）、系统验收（System Acceptance）四个阶段。每个阶段都会根据测试结果反复验证与迭代，最终实现设计需求。

Harmony - SE 采用“服务请求驱动（Service Request - driven）”的建模方法，以及 OMG SysML 建模构件。在服务请求驱动的建模方法中，以模块（Block）为基本结构元素，通过 SysML 结构视图来描述系统结构。模块之间的通信基于消息（服务请求）。所提供的服务位于服务请求的接收部分，状态/模式更改或操作（活动）被描述为操作协议。

功能分解是通过分解活动操作协议来处理的。

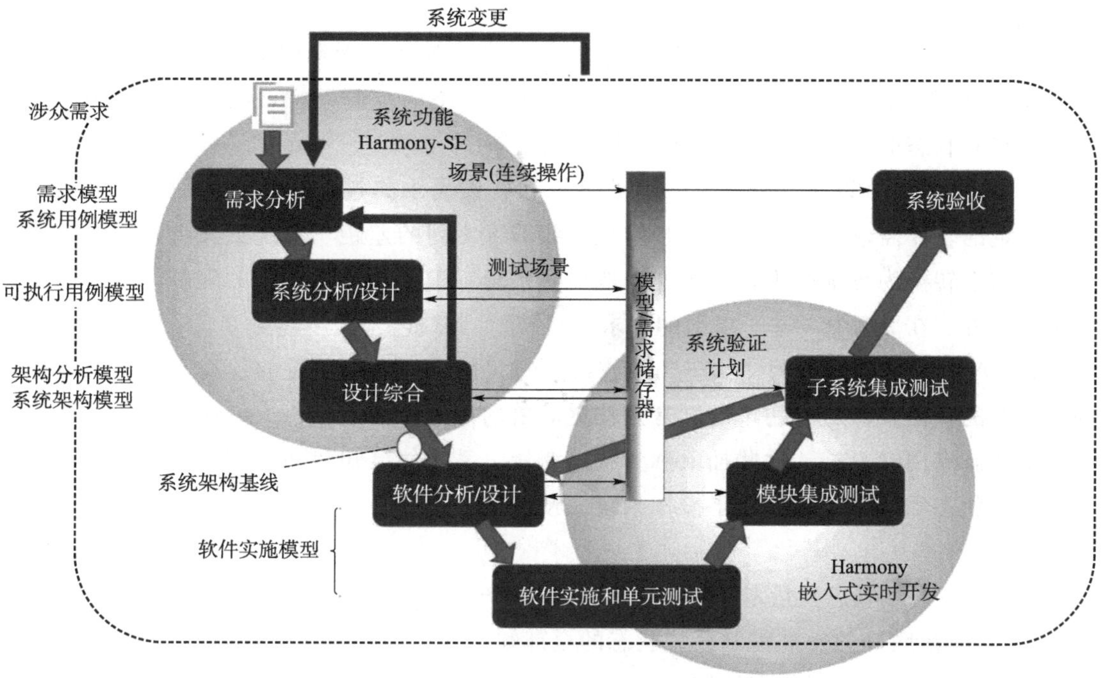

图 7－3　Harmony－SE 方法论整体开发流程

在模型构建流程中，为了实现需求跟踪，其将需求和模型都存储在一个统一的需求/模型存储库中，并基于用例驱动不断迭代完成设计；Harmony－SE 功能分析通过功能分解输出用例模型、系统与外界交互的逻辑和接口规范，同时将分析得到的功能与需求进行匹配，确保每一项需求都有功能与之对应追溯，并对需求进行更新和补充。从需求分析到系统功能分析再到架构设计综合的流程中，主要利用模型仿真验证和比对验证的方法对功能逻辑进行校验和确认。Harmony－SE 具体设计和验证流程如下。

需求分析：将利益相关者需求转化为系统需求，建立需求模型，定义系统用例，并建立模型。所谓利益相关者需求是指从用户的角度来描述系统的需求，包括对系统的功能需求和性能需求的期望。该层级的需求一般是比较零散的、不规范的。将利益相关者需求转化为系统需求，简而言之就是将从用户角度出发的描述性需求转化为工程师角度的需求。

系统功能分析：将系统需求转化为系统功能描述，基于用例模型解析成可执行的模型（即系统架构模型——黑盒视图），用于执行需求和模型验证，并定义架构分析模型。

设计综合：进行架构分析（权衡分析研究）得到权衡分析研究报告和设计规范，通过架构设计将分配功能性需求和非功能性需求到架构结构中，确定架构后，针对用例进行增量迭代，将黑盒设计转化为白盒设计。

系统工程交付：由于是迭代开发、模型驱动，交付物可以是基线化的集成（子）系统架构可执行模型，还有相关知识信息，如各类文档，包括且不仅是需求文档、需求跟踪矩阵、设计文档和测试标准文档等。

7.2.3 State Analysis

状态分析法（State Analysis，SA）是由美国国家航空航天局喷气推进实验室（NASA JPL）开发的 MBSE 方法论，使用基于模型和基于状态的控制架构，状态被定义为“演进系统的瞬时状态的表示”，模型描述了状态如何演化。

SA 提供了一个以显式模型形式捕获系统和软件需求的过程，从而帮助减少由系统工程师指定的软件需求和由软件工程师实现这些需求之间的差距。传统意义上，软件工程师必须将需求转换为系统行为，期望准确地捕获系统工程师对系统行为的理解，这并不总是明确指定的。在 SA 中，基于模型的需求直接映射到软件。

在 SA 中，区分系统的“状态”和该状态的“知识”是很重要的。真实的状态可能是任意复杂的，但人们对它的了解通常是在更简单的抽象中捕获的，人们认为这些抽象对描述系统状态有用且足够。这些抽象称为状态变量。系统的已知状态是感兴趣时刻的状态变量的值。状态和模型一起提供了操作系统、预测未来状态、控制期望状态和评估性能所需要的东西。

在给定状态和状态变量定义的基础上，对基于模型和状态的控制框架的关键特征如下：

1）状态是明确的。被控制系统状态的全部知识表示为一组状态变量。

2）状态估计独立于状态控制。估计和控制仅通过状态变量耦合，将这两个任务分开可以促进对系统状态的客观评估，确保在整个系统中一致地使用状态，简化设计，促进模块化，并促进软件中的实施。

3）硬件适配器提供了被控制系统和控制系统之间的唯一接口。它们形成状态架构的边界，提供用于控制和估计的所有度量和命令抽象，并负责转换和管理原始硬件输入和输出。

4）模型在整个架构中无处不在。模型既用于执行（估计和控制状态），也用于更高级别的规划（例如资源管理）。SA 要求以对给定应用程序最方便的任何形式显式地记录模型。

该架构强调目标导向的闭环操作。SA 使用目标，而不是用低级开环命令指定所需的行为，目标是在一段时间间隔内对状态变量的约束。同时，该架构提供了到软件的直接映射。控制框架元素可以直接映射到模块化软件架构中的组件，例如任务数据系统（MDS）。

作为 SA 的理论基础，除了上述特征，基于模型和状态的控制框架还有三个核心原则作为 SA 方法的指导原则：

1）控制包括系统操作的所有方面。只有通过被控制系统的模型，才能被充分地理解并有效执行。因此，必须明确区分控制系统和被控制系统。

2）被控制系统的模型必须被明确地识别，并以一种确保系统工程师达成共识的方式使用。理解状态是成功建模的基础。我们需要了解的一切以及想要做的一切都可以表示为被控制系统的状态。

3）模型告知软件设计和操作的方式应该是直接的，需要最少的转换。

SA 方法论为状态发现和建模定义了一个迭代过程，它允许模型在项目生命周期中适当地演化。此外，还指定了用于设计软件和操作工件的模型的机制。综上所述，SA 为以下三个主要活动提供了一个系统而严格的方法。

1）基于状态的行为建模。根据系统状态变量及其之间的关系对行为进行建模。

2）基于状态的软件设计。描述实现目标的方法。

3）目标导向的操作工程。根据操作人员的意图，在详细的场景中捕获任务目标。

7.2.4　OPM

Dori 对象-过程方法论（Object - Process Methodology，OPM）定义为系统开发、生命周期支持和系统演化的形式化范式。OPM 将简单、正式的可视化模型（对象过程图 Object - Process Diagrams，OPD）和受约束的自然语言句子（对象过程语言 Object - Process Language，OPL）结合起来，在一个集成的单一模型中表达系统的功能（系统做什么或设计用于做什么）、结构（系统如何构造）和行为（系统如何随时间变化）。每个 OPD 构型都由语义等效的 OPL 语句或语句的一部分表示，反之亦然。OPL 是一种面向人类和机器的双重目标语言。

OPM 的前提是论域中的所有个体都可归于对象或者过程二者中的某一类。在建模阶段，OPM 是在对象、过程和状态这三种实体的基础上进行建立的，其中对象和过程处于更高的层次上，共同称为事物（Things），OPM 对这些实体进行了正式的定义。

1）对象（Object）是已经存在的事物以及物质或精神上具有存在可能性的事物。

2）过程（Process）是对象执行变换的模式。

3）状态（State）是对象当前的情况。

对象存在，过程通过产生、消耗或影响对象来转换对象。状态用于描述（有状态的）对象，而不是独立的事物。在任何时间点，每个有状态对象都处于某种状态。对象和过程的符号分别用矩形和椭圆来表示，对象和过程名称的首字母通常大写，过程名称最好表示为动名词（以- ing 结尾），以表示它们是积极的、动态的事物。状态的符号通常用圆角矩形来表示，名称往往是以小写字母开头。

OPM 中将连接分为结构化连接和程序化连接，前者表示系统的对象之间或者过程之间的长期持续关系，后者表示系统的行为。在同一个示意图中使用结构化和程序化连接，再加上文字叙述，实现了用单一的图形模型对系统进行完整描述的目的。

Dori 已经证明了 OPM 可以用于系统（自然系统以及人工系统）建模。在这方面，OPM 是一个整体系统范式。它可以用来记录系统架构的功能，这当然是系统工程过程中的一个关键交付（架构规定了系统结构和行为的组合，在给定的约束下实现所需的功能）。OPM 对系统科学和工程的主要贡献是它赋予图形符号的精确语义和语法，以及图形符号与自然语言结构的明确关联。

此外，OPM 通过三种精化/抽象机制管理系统复杂性：展开/折叠，用于精化/抽象事物的结构层次；In - zooming/out - zooming，将事物的内部细节暴露/隐藏在框架内；状态表达/抑制，即暴露/隐藏对象的状态。使用这些机制，OPM 允许将系统指定到任何所需的详细级别，而不会失去对结果规范的易读性和理解。

系统图（System Diagram），标记为 SD，如图 7 - 4 所示，是 OPM 元模型的顶层规范。它指定了本体、符号和系统开发过程作为主要的 OPM 特性（特征）。本体包括 OPM 中的基本要素、要素属性以及要素之间的关系。例如，对象、流程、状态和聚合都是 OPM 要素。符号以图形方式或文本方式表示本体。例如，在 OPD 中，过程用椭圆图形化的表示，而对象则用矩形符号化。

系统开发过程，也显示在 SD 中，是由用户处理的，用户是控制（代理）过程的物理和外部（环境）对象。这个过程还需要本体和符号作为工具（输入）来创建一个系统。

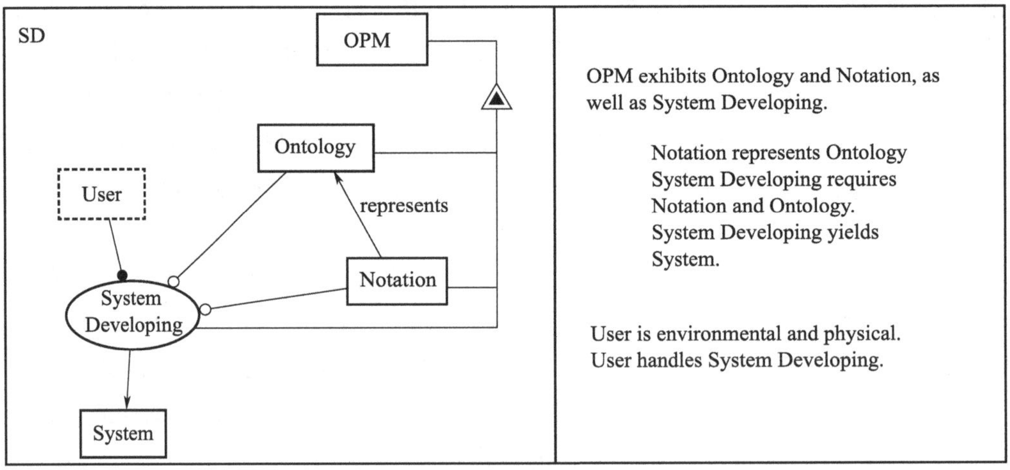

图 7 - 4　OPM 元模型的顶层规范

7.2.5　MagicGrid

MagicGrid 是基于 SysML 的 MBSE 方法论，基于矩阵式的结构流程，将功能架构建模过程从需求、行为、结构和参数四个角度分为问题域和解决方案域两个层次进行，流程从需求分析开始，依次定义系统的黑盒功能和结构、白盒功能和结构、系统的参数约束，最后提出系统的解决方案，以指导全生命周期建模过程。

MagicGrid 只强调活动图一种行为图的建模（虽然其工具支持三种），但是重视参数图的建模，如图 7 - 5 所示。通过不断的设计迭代，MagicGrid 实现复杂产品的正向设计及完整的追溯过程。软件 MagicDraw 可依据 MagicGrid 方法论，提供设计向导、流程模板，通过实践帮助 MBSE 在研发各阶段落地实施。

MagicGrid 方法论按照产品不同的研制阶段需要关注的问题将设计过程分为问题域（产品需求分析）、解决方案域（产品方案设计）及实施域。

其中，问题域功能架构模型在需求模型的基础上，通过系统功能分解得到。问题域包括两个抽象层级。

1）黑盒操作层：该层的目标是理解所有的利益相关者对系统（作为黑盒）的运行使用分析。

MagicGrid			支柱Pillar				
			需求Requirements	行为Behavior	结构Structure	参数Parametrics	
抽象层Layer of Abstraction	问题域Problem	黑盒 Black Box	B1-利益相关者需求 Stakeholder Needs	B2-用例 Use Cases	B3-系统背景 System Context	B4-MoEs	专业工程 Specialty Engineering
		白盒 White Box	W1-系统需求 System Requirements	W2-功能分析 Functional Analysis	W3-逻辑子系统通信 Logical Subsystems Communication	W4-子系统MoEs	
	解决方案域 Solution		S1-系统需求 System Requirements	S2-系统行为 System Behavior	S3-系统结构 System Structure	S4-系统参数 System Parameters	集成测试 Integrated Testing
			SS1-子系统需求 Subsystem Requirements	SS2-子系统行为 Subsystem Behavior	SS3-子系统结构 Subsystem Structure	SS4-子系统参数 Subsystem Parameters	分析 Analysis
			...	...	...	...	
			C1-子系统需求 Component Requirements	C2-组件行为 Component Behavior	C3-组件结构 Component Structure	C4-组件参数 Component Parameters	
实施 implementation			I1-物理需求 Physical Requirements	软件、电气、机械等 Software，Electrical，Mechanical，etc			

图 7－5　MagicGrid 矩阵式流程方法论

2）白盒功能层：该层的目标是通过定义系统功能、识别逻辑接口和明确度量指标，将利益相关者的要求转化为可验证的系统需求。

解决方案域功能架构模型则是在逻辑架构模型基础上，通过系统功能分配得到。解决方案域也包括两个抽象层级。

1）解决方案层：该层的目标是构建多学科（机械、电气、流体、电子和软件等）联合的解决方案。

2）详细设计层：解决方案的详细设计由每个学科完成，其目标是提供实施规范，在方法论中不具体阐述。

实施域包含实现层。该层的工作是开发组成解决方案的资产（硬件、软件等）。

为了确保各个层级分析的完整性和一致性，MagicGrid 方法论在不同抽象层级内部又将分析过程细分为需求、行为、结构、度量指标（参数）和专业工程五个支柱，以便全面地表达产品应具备的属性。1）需求：定义利益相关者需求、系统需求和物理需求。2）行为：定义功能及其接口，同时考虑静态和动态方面，从流程到物理接口（总线消息和信号、电气、流体、机械）。3）结构：将系统分解为可分配功能的子系统，以构成系统架构，直至定义出解决方案架构。4）度量指标：对解决方案的设计参数的度量指标进行定义，以支持系统分析和权衡。5）专业工程：为了安全设计，对不良事件及其严重性进行定义，并对失效模式及其影响和发生的概率进行分析。

MagicGrid 方法论综合考虑了系统建模、仿真和优化。首先从利益相关者的角度（有效性度量）定义要实现的目标，然后在子系统（性能度量）和组件（设计参数）层级进行分解和量化（基于仿真）。通过顶层设计到详细设计的多项权衡，解决方案得以逐步定义和评估。通过使用系统校准和降阶模型来闭合环路，从而对系统层的预期性能进行虚拟验证。在每个层级上都能够确保可追溯性，以便随时检查合规性并评估变更影响。

7.2.6 Arcadia

泰雷兹（Thales）公司经过多年的 MBSE 实践探索，提出了基于 Capella 建模标准和工具的 Arcadia 方法论，并在泰雷兹公司内部有着广泛应用，从航空电子、轨道系统、卫星系统、地面站到通信系统等都采用该方法开展系统工程的实践。Arcadia 是 Architecture Analysis and Design Integrated Approach 的缩写，它是一种架构分析和设计综合方法，是一种适用于工程系统、硬件和软件架构设计的基于模型的工程方法，并与 ISO/IEC/IEEE 15288 和 IEEE 1220 标准中定义的系统工程流程应用保持一致。目前 Arcadia 方法已趋于成熟，在欧盟及国际大型企业有着广泛的应用，其中包括研制运载火箭的阿丽亚娜集团，研制航空发动机的罗·罗公司，法国核电巨头法马通等。

Arcadia 方法论在工程层级活动中主要分为四部分（见图 7-6）：运行分析、系统功能分析、逻辑架构设计、物理架构设计。该方法在问题域和解决方案域做了明显区分，其中问题域包括两个工程层级活动：运行分析和系统分析，主要关注于业务、利益相关者的需要、系统作为“黑盒”的外部功能分析；而解决方案域也包括两个工程层级活动：逻辑架构和物理架构，主要把系统作为“白盒”，开展内部功能分析，以及分析系统的组成、组成元件如何实现，着重强调连续性工程和并行工程。

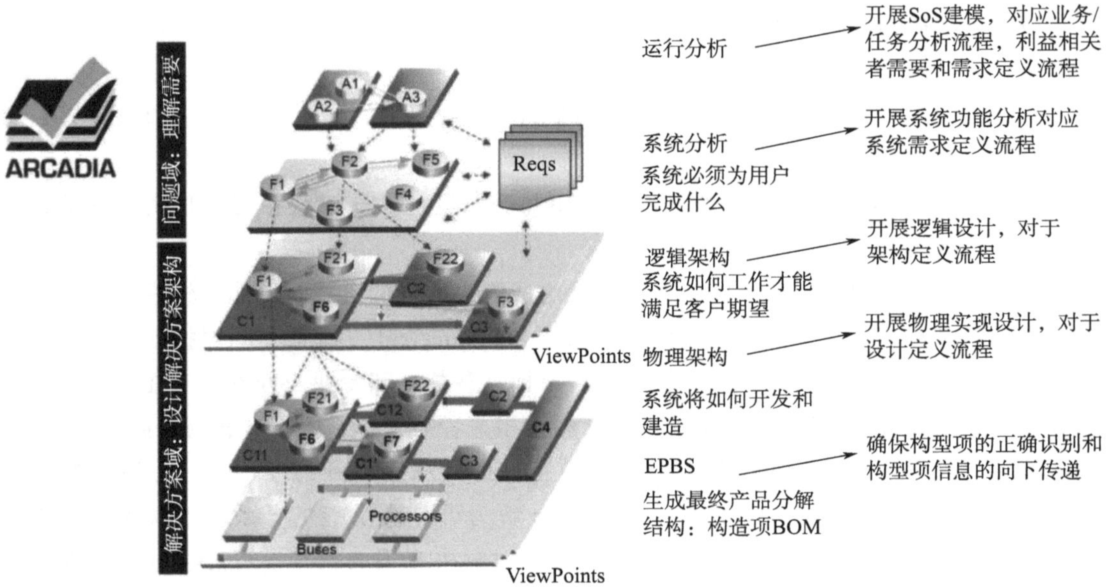

图 7-6　Arcadia 多个工程层级活动

运行分析（Operational Analysis）是 Arcadia 方法中的最高层级工程活动，主要定义“系统的用户需要完成什么”。主要活动是识别与系统交互的参与者（Actors）、参与者的活动和活动间的交互关系，来分析运行用户的需要和需求问题。

系统分析（System Analysis）是第二层级工程活动，主要定义“系统必须为用户完成什么”。主要活动是开展系统外部功能分析，包括在非功能性属性的限制下，识别用户需要的系统功能（如“计算最佳路径”“检测威胁”）。

逻辑架构（Logical Architecture）是第三层级工程活动，主要定义“系统如何工作才能满足客户期望”。主要活动是系统内部功能分析，包括必须执行哪些子功能，并将这些子功能进行组合，来满足上一层级中确定的用户需要的系统功能。以及考虑非功能性约束下，识别出逻辑组件来执行这些内部子功能。

物理架构（Physical Architecture）是第四层级工程活动，主要定义“系统将如何开发和建造”。物理架构层级的目标和逻辑架构层级是一致的，主要目的是定义系统内部如何工作才能满足客户期望，但除此之外，该层级还定义将要构建的系统最终物理架构。它增加了实施和选择某些技术所需的功能，并突出执行这些功能的行为组件（如软件组件）。这些行为组件则由实施组件（如处理器板卡）来实现，实施组件为行为组件实现提供必要的材料资源。

最终产品分解结构（End Product Breakdown Structure，EPBS）是 Arcadia 方法中的最低层级工程活动，主要定义“期望从每个组件的提供者得到什么”。该层级的流程活动从物理架构层级导出每个组件必须要满足的条件以满足在前几个层级中建立的架构设计约束和限制。

图 7－7 为 Arcadia 具体技术流程活动。虽然图 7－7 的各层级的具体功能十分清晰，但需要指出的是，该方法本质上并不一定总是自上而下的，而也可以完全自下而上地进行，例如，如果我们从已有的系统开始。这个问题更多地与架构层级有关，而不是阶段或步骤。此外，并非所有架构层级对于所有项目都是强制性的，运行分析，逻辑架构和 EPBS 一般是可选的，具体取决于所研究系统的复杂性和模型的目标。

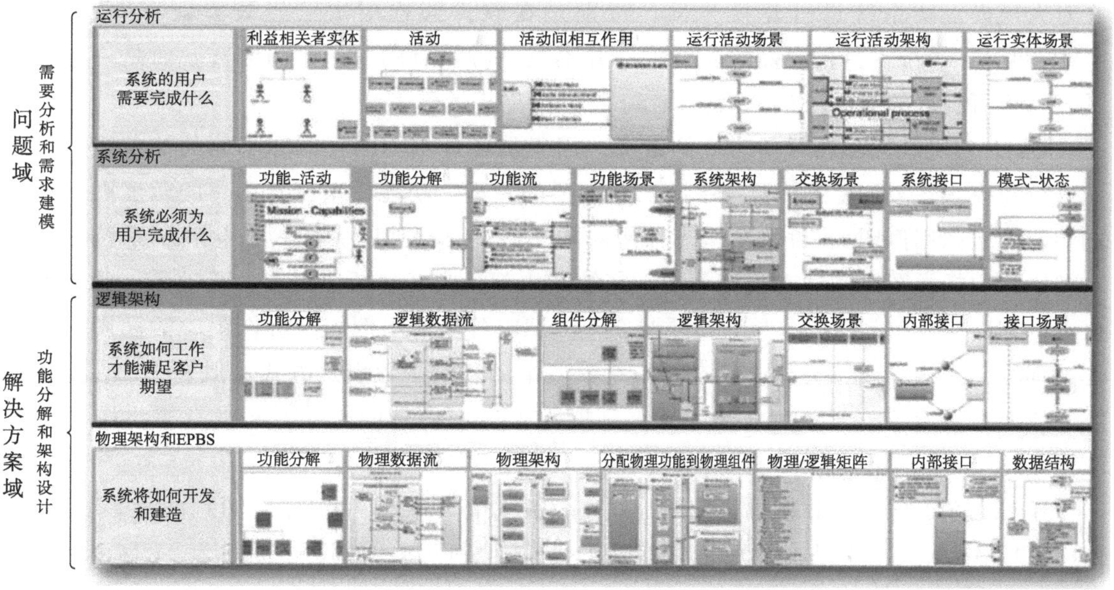

图 7－7　Arcadia 具体技术流程活动

7.3 建模语言

传统系统工程主要采用自然语言，而自然语言并非专门为系统工程所设计，导致各方交流过程中容易产生理解的不一致性；基于模型的系统工程则主要采用系统建模语言，系统建模语言具有关联化、形式化和可视化的特点，既支持计算机对模型的处理操作，也便于读者对模型的理解。目前常见的建模语言主要包括统一建模语言（UML)、系统建模语言（SysML)、Modelica 及 Capella 等。

7.3.1 统一建模语言 UML

20 世纪 90 年代，众多面向对象的分析设计方法以及相应的符号涌现出来，引发了著名的“方法之战”，这场“战争”一直持续到 2007 年，最终结果是由对象管理组织（OMG）提出的统一建模语言（Unified Modeling Language，UML）被采纳为软件设计事实上的标准。期间，在 1997 年，UML 被 OMG 定义为系统建模的标准建模语言，随后作为国际标准为世界所熟知，在各种复杂系统领域均有一定应用。

UML 是一种为面向对象软件设计提供的统一的、标准的、可视化的建模语言，适用于描述以用例为驱动，以体系结构为中心的软件设计的全过程（面向对象分析 OOA、面向对象设计 OOD、面向对象编程 OOP)，用于传达“系统需要什么”以及“如何实现系统”，并令这些信息可视化。UML 在系统工程中也是一种普遍使用的、广泛应用的、工具支持的和标准化的建模语言，用于制定系统的模型并传达这些信息，它使系统设计与执行者能够协作并处理越来越复杂的问题。UML 展现了一系列最佳工程实践，这些最佳实践在对大规模复杂系统进行建模方面，特别是在软件架构层次已经被验证有效。同时，UML 得到了各种工具供应商的支持，它并不是一种私有的、封闭的语言，而是一种开放的、完全可扩展的业界公认的语言。

UML 定义了图形符号所对应的语义，用于从各种不同的视图和不同的抽象级别对系统进行建模。在 UML 系统开发中有三个主要的模型：功能模型（从用户的角度展示系统的功能，包括用例图)、对象模型（采用对象、属性、操作、关联等概念展示系统的结构和基础，包括类图）和动态模型（展现系统的内部行为，包括序列图、活动图、状态图)。区分 UML 模型和 UML 图是非常重要的，UML 图包括用例图、协作图、活动图、序列图、部署图、构件图、类图、状态图，是模型中信息的图形表达方式，但是 UML 模型独立于 UML 图存在。UML 的当前版本只提供了模型信息的交换，而没有提供图信息的交换。

UML 经历了几个小版本（UML 1. X）和一个大版本（UML 2.0）的发展，UML 2.0 在 UML 1. X 的基础上增加了一些新的功能，所以它的应用更加广泛。UML 定义了 13 类视图，包含 6 类结构视图（静态图）和 7 类行为视图（动态图)，见表 7-1。静态图强调从系统结构方面建模，包括：类图（Class Diagram)、组件图（Component

Diagram)、部署图（Deployment Diagram)、包图（Package Diagram)、对象图（Object Diagram)、组合结构图（Composite Diagram)；动态图强调系统模型中行为、信息传递方面建模，包括：用例图（Use Case Diagram)、序列图（Sequence Diagram)、活动图（Activity Diagram)、状态机图（State Machine Diagram)、计时图（Timing Diagram)、交互概观图（Interaction Overview Diagram)、通信图/协作图（Communication Diagram)。

表 7－1　UML 2.0 视图说明

分类	视图种类	作用
结构视图	类图	描述系统中存在的实体以及各实体之间的关系
	组件图	描述组件与组件之间、类与组件之间、接口与组件之间的关系
	部署图	描述系统运行时进行处理的结点以及在结点上活动的组件的部署，强调的是物理设备之间的连接关系
	包图	描述由模型本身分解而成的组织单元以及各单元之间的依赖关系
	对象图	描述参与交互的各个对象在交互过程中某一时刻的状态
	组合结构图（UML 2.0 新增）	描述结构化类（组件或类）的内部结构
行为视图	用例图	描述系统功能，表示系统中用例与参与者的关系（“参与者”指的是与系统主体交互的外部实体的类元，“用例”指的是参与者在系统中开展的一系列活动的集合）
	序列图	描述对象之间消息的发送顺序，强调时间顺序
	活动图	描述过程原理、业务过程及工作流
	状态机图	描述类的对象所有可能的状态以及事件发生时状态的转移条件
	计时图（UML 2.0 新增）	描述消息跨越不同对象或不同参与者的实际时间
	交互概观图（UML 2.0 新增）	活动图和序列图的混合物，包括以活动图为主线和以序列图为主线的两种形式
	通信图/协作图	描述收发消息的对象的组织关系，强调对象之间的协作关系

UML 并不会限定 UML 要素类型必须是某图形上的类别。一般来说，每个 UML 要素大约会出现在图的所有类别，这种弹性在 UML 2.0 部分被限定。同时为了保持工程图的传统，在 UML 图上加注用途、约束或意图等也是允许的。UML 是软件行业中占主导地位的建模语言，但由于 UML 是以软件为中心的，其主体和衍生品仅限于软件产品，造成物理特性和系统组件不能很好地在 UML 视图中进行表达，此外，UML 不能很好地支持层次化建模，因此，UML 难以应用到系统工程更广泛的领域。

7.3.2　系统建模语言 SysML

INCOSE 和 OMG 为支持 MBSE 实施并有效实现跨领域模型集成过程，在 UML 2.0 的基础上正式提出了系统建模语言（Systems Modeling Language，SysML)。SysML 作为一种通用图形化建模语言，能够用于支持复杂系统分析、规范、设计、验证和确认，这些复杂系统可能包括硬件设备、软件数据、人员、规程、设施，以及其他人造和自然系统元素等。SysML 提供了图像表示，其具有用于系统需求、行为、结构和参数的语义建模基础，从而与其他工程分析模型集成；同时，SysML 利用 OMG XML 元数据交换（XMI）在工具之间交换建模数据，并且还旨在与不断发展的 ISO 系统工程数据交换标准相兼容。

目前，MBSE 实践者通常会使用 SysML 来构建系统模型，并且在图形化建模语言的基础上，使用一系列标识法在模型中显示元素及其关联关系。经过 10 多年的实践探索，基于 SysML 的设计模型已被证明对正式的信息和知识捕获非常有用。

SysML 能够帮助实现系统的规范定义和架构设计，并定义组件的规范。这些组件可以使用其他领域语言进行设计，如 UML 进行软件设计，VHDL 进行电气设计，三维几何建模进行机械设计。SysML 有助于 MBSE 方法论的应用，构建一个内聚的、一致的系统模型。SysML 是一种针对工程领域的建模语言，提供了标准化、图形化的系统建模支持，有如下特点：

1）SysML 可针对多领域特别是工程领域进行建模，适用于软件工程设计开发的多个阶段，尤其是需求分析、设计阶段进行的需求分解、系统架构说明、系统流程设计等环节。

2）SysML 特别提出了需求模型，弥补了 UML 对于用户需求描述能力不足的情况，也反映出需求分析阶段在软件开发过程中的重要性。

3）SysML 在模型设计阶段易于通过模型转换与仿真技术实现前期的设计验证工作，可极大地降低软件设计初期因分析设计上的失误导致的软件项目开发失败，从而节省了大量的经济成本与时间成本。

4）SysML 不但可以描述离散系统，而且可以描述连续系统，具有很强的适应性。

5）SysML 结合了面向过程与面向对象方法学的优点，一方面可方便地描述系统内部的复杂结构与变化，另一方面具有复用、封装等一系列面向对象设计的概念和思想，为建模提供便利条件。

SysML 与 UML 的对比见表 7－2。

表 7－2　SysML 与 UML 的对比

模型	UML	SysML
需求模型	通过用例图进行需求分析 无需求分解能力	联合需求模型与用例图进行需求分析 可对需求进行分解细化 可从多个维度对需求进行分析，如功能、性能需求等
结构模型	使用包图与类图描述系统结构 智能定义服务接口	系统模块由外至内分层次进行设计，便于系统分解与重用 可定义模块端口，并支持连续量的表示
行为模型	只能用控制流使活动开始 只能表示离散的对象流	控制符可控制活动的开始与终止 支持连续与离散的对象流 可与结构模型进行关联
参数模型	无参数建模能力	可定义属性之间的参数关系 利用领域量约束属性状态

现如今，得益于 SysML 丰富的图形建模语言，SysML 从复杂产品系统需求、行为、结构和参数四个方面来构建系统模型，已经被广泛接受并且在各种复杂系统中实践，且系统设计的可视化为系统模型的参与者提供了很大的方便。其中，需求模型强调需求之间的追溯关系以及设计对需求的满足关系；行为模型强调系统中对象的行为，包括它们的活动、交互和历史状态；结构模型强调系统的层次以及对象之间的相互连接关系；参数模型强调系统或部件的属性之间的约束关系。如图 7－8 所示，SysML 提供了 9 种图来支持用户进行系统建模：需求图（Requirement Diagram，REQ）、用例图（Use Case Diagram，UC）、活动图（Activity Diagram，ACT）、模块定义图（Block Definition Diagram，BDD）、内部模块图（Internal Block Diagram，IBD）、包图（Package Diagram，PKG）、序列图（Sequence Diagram，SD）、状态机图（State Machine Diagram，STM）、参数图（Parametric Diagram，PAR）。每种基本图形都是对系统结构模型进行可视化的表述。

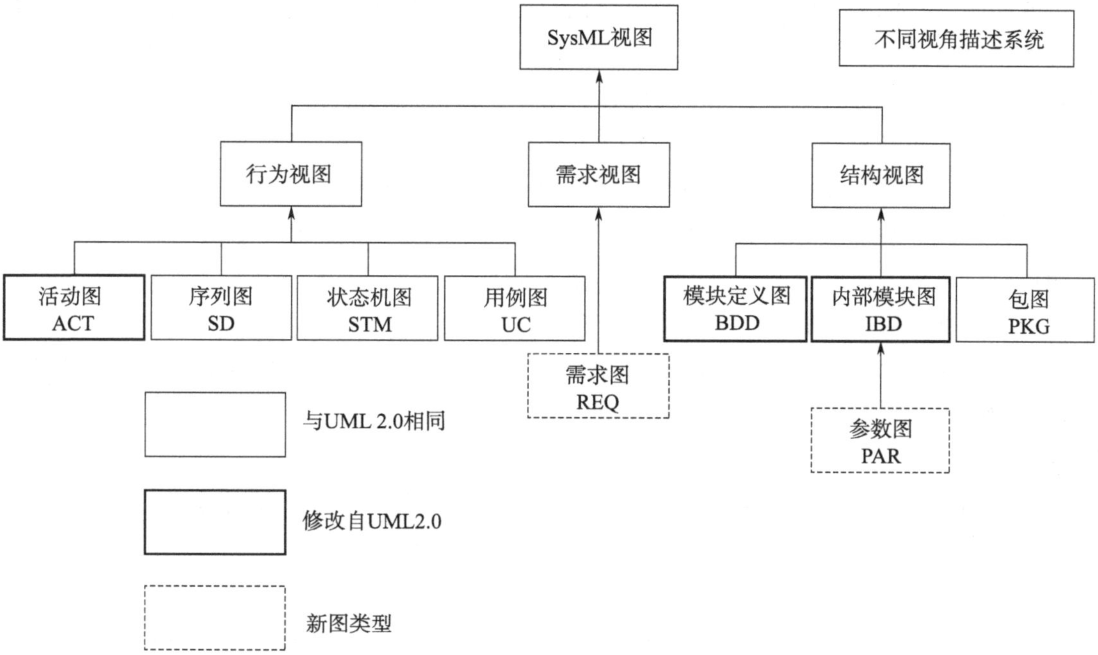

图 7－8　SysML 视图

对于系统的结构模型、需求模型、行为模型和参数模型等，SysML 语言给出了详细的定义，结构模型主要用来强调各个组分系统的层次结构关系以及和对象之间的连接关系，需求模型强调设计对需求的满足关系，行为模型强调系统中对象的行为，包括活动、交互和状态等，参数模型强调系统或组件的属性之间的约束关系。另外 SysML 语言还分别从用户和分系统这两个视角对复杂产品体系结构进行描述，在用户视角下，SysML 语言通过各种用例具体阐述从而对体系结构设计进行详细描述；在各个分系统视角下，SysML 语言描述了各分系统结构的组成以及它们之间的相互关联关系，突出强调分系统间的控制流和信息流传递过程，通过活动图和状态机图的形式来对体系结构设计进行分析和优化。

（1）需求图 REQ

需求是指系统必须满足的能力或条件，一个需求能够分解成多个子需求。需求图用于表示基于文字的需求、需求之间的关系（包含、派生及复制），以及满足、验证和精化它们的其他模型元素。需求的描述可以有图形、表格和树形结构等各种形式。

（2）用例图 UC

用例图用于表达系统执行的用例，描述了外部参与者对系统的使用，这是通过系统向参与者提供一系列服务来实现的。用例图是系统在行为者的协作下所执行服务的黑盒视图。用例图包括用例、参与者以及它们之间的通信，参与者可能是用户、外部系统或其他环境实体，它们和系统直接或间接交互。

（3）活动图 ACT

活动图用于指定一种行为，主要关注控制流程，以及输入通过一系列动作转换为输出的过程。活动图一般用作一种分析工具，以理解和表达系统所需要的行为。泳道可以添加到活动图以显示负责执行每个活动的实体。活动图强调活动的输入输出、顺序和条件。

（4）模块定义图 BDD

模块定义图用于表示模块和值类型之类的元素（定义能够在可操作的系统中存在的事物类型）以及那些元素之间的关系、依赖性。BDD 一般用来显示复杂系统的层次结构关系树以及分类树，而不显示模块内部的连接关系。

（5）内部模块图 IBD

内部模块图用于指定单个模块的内部结构。更精确的说法是，IBD 会显示模块内部组成部分之间的关系，以及它们之间的接口。

（6）包图 PKG

包图用于显示模型以包相互包含的层级关系形式组织的方式。包图可能还会显示包所包含的模型元素，以及包之间的依赖关系和它们包含的模型元素。

（7）序列图 SD

序列图用于指定一种行为，主要关注模块的组成部分如何通过操作调用和异步信号交互。序列图通常用作详细设计工具，以精确地把一种行为指定为生命周期开发阶段的输入项。序列图也是指定测试案例的一种优秀机制。

（8）状态机图 STM

状态机图用于指定一种行为，主要关注模块的一系列状态，以及响应事件时，状态之间的可能转换。状态机图和序列图一样，都可以精确说明一个模块的行为，可以作为生命周期开发阶段的输入项。

（9）参数图 PAR

参数图用于表示一种或多种约束——特别是等式和不等式——如何与系统的属性绑定。参数图支持工程分析，包括性能、可靠性、可用性、电力、人力和成本。参数图还可以用于支持候选物理架构的优劣势研究。

在充分吸取并升华 SysML 过去 10 多年实践经验的基础上，2017 年年底，OMG 提出 SysML 2.0 新标准。SysML 2.0 从系统工程角度出发，重新对建模语言进行定义，旨在建立一种适合系统工程描述物理世界的建模语言。与已有的 SysML 版本对比，SysML 逐渐由图形化规范向语义为主的规范模式改进，以实现 MBSE 的形式化表达、系统要素的模型化描述，从而构建并可视化具有良好形式的系统模型。同时，基于 SysML 所构建的系统模型将呈现全面性、通用性、实体化趋势，能够有效地梳理物理实体及实体间关系并转化成系统可执行模型。

SysML 2.0 独立于 UML 重新构造，首次创建并使用属于自己的元模型；更加注重对物理世界全面、精准的描述，如支持对系统基础几何外形的描述、允许对系统所使用的材料/结构变化行为进行建模等；采用最新的模型和视图分离的建模技术，实现模型对数据的存储；使用数学逻辑定义模型语义，为模型提供一致性和准确性的数学基础。此外，SysML 2.0 建议征求书记载了超过 200 条的需求，充分吸取并升华了 SysML 过去 10 多年的实践经验，以期更好地适应系统工程的应用要求。

SysML 2.0 的发布将呈现一个更实用、更精确、更高效的建模语言标准，为 MBSE 实践活动提供更有力的支撑。届时，基于 SysML 所构建的系统模型将呈现全面性、通用性、实体化趋势，能够有效地梳理物理实体及实体间关系并转化成系统可执行模型。

SysML 2.0 发布的目标是提高 MBSE 的应用和有效性，用于建模语言的精确性表达、建模语言概念间的一致性集成、提升与其他工程模型和工具的互操作性、模型开发者和用户的使用及支持特定领域应用程序的可扩展能力。主要的新变化有：首次创建并使用 SysML 2.0 元模型，将重点放在系统建模上；回归物理世界，更全面地描述物理世界（几何外形、材料、结构等描述）；模型和视图分离的系统建模技术；使用准确、一致的数学逻辑定义模型语义。

7.3.3　Modelica

Modelica 是一种用于对信息物理系统进行建模的语言，支持由数学方程控制的可重用组件的因果连接，以方便从基本原理进行建模。Modelica 提供了面向对象的结构来促进模型的重用，并且可以方便地用于对复杂系统的建模，例如，机械、电气、电子、磁、液压、热、控制、电力或面向过程的子组件。

Modelica 语言是一种文本描述，用于定义模型的所有部分，并在库（称为包）中构建模型组件。需要适当的 Modelica 仿真环境以图形化方式编辑和浏览 Modelica 模型（通过解释定义 Modelica 模型的信息），并执行模型仿真和其他分析。有关此类环境的信息可在其官网（https://modelica.org/tools）上获得。基本上，所有 Modelica 语言元素都映射到微分方程、代数方程和离散方程。虽然可以合理地定义某些类型的离散化偏微分方程，例如基于有限体积法的偏微分方程，并且有 Modelica 库可以导入有限元程序的结果，但没有直接描述偏微分方程的语言元素。Modelica 语言具有以下特点。

1）Modelica 具有多学科、多领域（Multi - discipline& Multi - domain）特性。多学

科性体现在用一种编程语言描述机械、电气、电磁、液压、气动、控制、热力学等学科数学模型；多领域性体现在其可应用于航空、航天、船舶、兵器、轨道交通、工程机械等各工业领域。

2）Modelica是一种完全面向对象的建模编程语言，具有模型组织结构简洁、层次化的特点。其建立的模型与实际的物理原理图拓扑结构相似，更易于用户理解和使用。

3）Modelica语言创建之初，借鉴了很多其他语言的优点（例如C＋＋、Java、M)，同时为了更利于数学建模，提供了天然的对连续和离散混合系统建模的支持。可描述连续和离散的变量、参量、常量。

4）Modelica语言另一个重要特点是支持因果和非因果混合建模（Causal Modelling & Non-causal Modeling)、支持陈述式和过程式混合编程（Equation & Algorithm)，这些特点是Modelica语言区别于其他建模语言的最大不同之处。

7.4 建模工具

目前大部分MBSE建模工具均兼容XMI（XML Metadata Interchange）并支持工具之间的模型数据交换，从而以模块化开发方式来解决系统工程数据的广度问题。从建模工具角度来看，MBSE的建模语言和方法论必须得到适当工具的支持，以便有效利用模型提供的可能性，并且所使用的工具链应彼此兼容，在语法和语义上都能够支持所选建模语言和方法论，具有高度的自动化。这里主要对国际工业界主流的一些建模工具进行介绍。

7.4.1 Cameo Systems Modeler

Cameo Systems Modeler又名MagicDraw，是No Magic公司开发的MBSE建模工具。该软件提供对SysML/UML/UAF语言的完整支持，提供MagicGrid方法论框架，涵盖业务和任务分析、利益相关者需要和需求分析、系统需求定义、系统架构定义、设计方案权衡、系统分析验证及协同设计管理等内容，支持早期对方案可行性进行快速验证，并更快地分析替代方案，探索更完整的设计空间。采用基于模型的协同设计，实现模型元素追溯，便于变更管理及影响分析、提高设计重用、沟通和理解质量。MagicDraw提供的主要功能如下。

（1）专业的系统工程方法论

基于INCOSE OOSEM方法和工程实践提出了适用于复杂产品开发的MagicGrid方法论。该方法按照产品不同的研制阶段需要关注的问题将设计过程分为问题域（产品需求分析)、解决方案域（产品方案设计）及实施域。在不同域内部，将分析过程细分为需求、行为、结构及参数指标四个视角维度，以便更全面地表达产品应具备的属性。通过不断的设计迭代，实现复杂产品的正向设计及完整的追溯过程。软件依据MagicGrid方法论，提供设计向导、流程模板，通过实践，帮助MBSE在研发各阶段落地实施。

（2）仿真分析功能

提供模型执行框架（OMG fUML、W3C SCXML、JSR223 等）；支持模型调试和执行动画环境；支持用户交互界面建模和执行；内嵌求解器，支持多学科专业分析工具（如 Matlab、Mathematics、Maple、STK、FMU 等）集成。通过仿真分析，可以在系统设计的早期发现系统的设计问题并进行修正。

（3）Simulink/Modelica 转换插件

提供转换插件，实现 SysML 到 Simulink/Modelica 的模型导出，用于后端专业设计与仿真。

（4）二次开发方式

具备丰富的 API 函数，可根据特殊使用场景定制与特定工具之间的交互，可根据用户使用习惯定制相关向导界面；支持丰富的脚本语言，可支持高级活动等相关脚本开发；支持 OCL 规则，可定制模型规范检查方式，用于模型合规性测试；支持报告模板定制，可实现设计产物的自动报告生成。

（5）自动代码生成

支持 Java、C＋＋、CORBA IDL、DDL、XML Schema、WSDL 和 C＃语言，为合并代码和 UML 模型提供了一个简单直观的图形界面，同时也为 UML 模型和代码中的模型准备了代码框架。UML 模型可以被转换为这些语言中的任何一种，或者可以从用这些语言编写的源代码创建 UML 模型。

（6）团队协同

支持多个用户在同一个项目的团队协作，包括成员之间数据同步及消息发送；支持项目权限管理、项目变更管理；支持将项目发布到服务器，供分布各地的项目团队成员进行校对、审核、审定和批准等工作。

（7）需求建模及需求工具集成

提供需求覆盖率、需求追溯及变更影响分析等工具，支持与需求管理工具的集成，如 DOORS 等。

（8）模型 UI 设计

提供丰富的 UI 控件，支持以图形化的方式建立复杂的模型仿真 UI，并将其与整个架构模型结合起来，从而在 UI 界面上展示触发指令、数据信息、曲线图表、状态日志等关键的模型信息。此外，仿真 UI 也可被导出为图片或浏览器可读的报告。

（9）体系建模与仿真功能

提供对 UAF 等体系结构框架的支持。通过建立合理的体系结构，来确保各系统需求的正确性和完备性，使系统能够与体系内的其他系统协同运转。针对复杂体系，综合考虑系统、人员、产品、流程、资源等方面，捕获各个复杂系统的需求。

2021 年，MagicDraw 被达索收购并融入 3D Experience 产品协同研发管理平台中，最新版本更名为 Magic Cyber Systems Engineer。达索官网对其描述是："Magic Cyber Systems Engineer" 产品是行业领先的基于模型的跨平台协作系统工程环境。它可提供智能、强大和直观的工具来定义、跟踪和可视化最符合标准的 SysML 模型和图表中的系统的所有方面。该环境使系统工程师能够：1）运行工程分析以进行设计决策评估和需求验证；2）持续检测模型一致性；3）使用指标跟踪设计进度。

系统模型可以在远程存储库中进行管理，存储为标准 XMI 文件，或者发布到文档、图像和 Web 视图，以解决相关人员的不同疑虑。

7.4.2 Rhapsody

IBM 公司在 MBSE 研究上一直处于全球领先的地位，为了满足开发需求，建立了 IBM Rational 集成系统，在此平台上研制了基于 SysML 的建模工具——Rhapsody，这是一套完整的 MBSE 的软件实现。在 Rhapsody 中进行系统开发，可以实现研发人员各自在需要的环境下进行建模，提高工作效率，再将这些模型按照系统的需求进行集成、统一。

Rhapsody 同时也是个开放的、可定制的、可扩展的设计平台。Rhapsody 提供与市场上提供的优秀的配置管理工具、需求管理跟踪工具和测试分析工具的接口，如 ClearCase、DOORS 等。另外，利用 Rhapsody 的 API 和 XMI 数据接口，Rhapsody 可以与开发工具链上的任何工具相连接。加上 Rhapsody 提供的可视化的模型区分与合并功能，真正使团队协作成为可能。同时，Rhapsody 提供对标准的 XML 格式的支持，方便开发者共享他们的设计成果。总之，开发人员对于合作设计和远程团队开发的选择不会因为 Rhapsody 而受到任何限制。

Rhapsody 为软件系统带来最优化、可升级、可靠、可维护和可重用的特点。据估计，即使是初次使用 Rhapsody 来开发产品，也可以提高超过 30％的开发效率。Rhapsody 可以把多数的 UML 图形自动转化成高级语言 C、C＋＋、ADA 或者 Java 代码，在开发过程中更早地利用这些高质量的代码可以对系统特定行为进行验证，从而减少开发过程中的错误。Rhapsody 附加有 DoDAF 包用于开发符合 DoDAF 体系结构的产品。Rhapsody 可生成经过 DO－178B/ED－12B 确认的代码。具体来说，Rhapsody 具有如下相应的特性。

（1）支持 UML/SysML

由于 UML/SysML 语言的可视化特性，这可以为沟通想法带来直接的利益——易于理解。UML/SysML 所特有的是表达信息的广度与描述的精确性。Rhapsody 支持 UML/SysML 的增强功能，从而更加适合做实时系统建模，增强了对实时建模关注的调度、性能、时间（UML Profile for Schedulability，Pertormance，and Time）上的扩展；支持复杂系统领域内的系统设计，并可以在设计早期进行系统验证。在国防、航天航空、通信、汽车、医疗领域，Rhapsody 广泛地用于实时系统软件建模。Rhapsody 的建模技术很容易支持 C^4ISR 结构框架。通过 UML 及其扩展功能，使得工程师可以详尽地对系统进行讨论和设计，通过基于模型驱动的 V 型开发方法，使系统工程师、软件工程师和测试工程师，甚至客户有了更多的沟通，从而使系统工程师更能把握需求，设计出完善的模型，软件工程师和测试工程师在系统设计的早期就可以对系统有一个把握，从而设计出最好的代码结构和系统测试方法。

(2) 支持 DSL (Domain Specific Language)

Rhapsody 支持美国国防部架构框架 DoDAF、英国国防部 MoDAF，从而可以在 Rhapsody 中对符合 DoDAF 和 MoDAF 架构的系统进行建模、仿真、验证，并且能够生成符合 DoDAF、MoDAF 规范的各种设计文档。支持使用标准的 DoDAF/MoDAF 图表和注释来设计、构建和分析完全遵守 DoDAF/MoDAF 标准的架构。此功能通过下列操作验证架构：模拟模型、自动生成派生产品和完整的 DoDAF/MoDAF 文档，同时在需求驱动的环境中完成全面的跟踪。Rhapsody DoDAF/MoDAF 通过帮助用户在公用环境中定义和构建遵守 DoDAF/MoDAF 标准的架构，将显著地改善 DoD/MoD、承包商和供应商之间的沟通。

(3) 捕获与可视化需求

通过发现系统所必须响应的事件与做出的响应应该是什么来理解系统必须做什么，是试图理解系统需求的最基本的部分。这是用例或场景分析的基础，它所面对的是功能需求。当开始建立功能需求文档时，需要用一种方式来捕获场景的细节，但是随着系统变得越来越复杂，场景的数量也随之而增长。有一种能够通过场景进行浏览的方法就变得很重要。信息容易维护与更新也变得越来越重要。如果一些细节可以在一个地方来定义然后在需要的地方被引用，则维护描述的工作就会被大大地减少。

(4) 描述架构与接口

在开发过程中，完整的系统不可避免地要被分成更小的部件或子系统。使用子系统有许多优势，系统工程师可以利用 Rhapsody 来使这种优势最大化。例如，把一个大问题分解成小问题的策略，只有在独立的团队能够快速完成小项目的情况下才能获得成功。为了使这一点成为可能，在描述中就不能有很多的歧义。一旦实施活动开始，就不能浪费时间来讨论子系统的边界问题。

(5) 支持 MBSE 方法论 Harmony SE

Harmony SE 主要分为 Requirements Analysis Phase、System Functinal Analysis Phase、Architectural Design Phase 三个阶段；其中在 Requirements Analysis Phase 也就是需求分析阶段，首先需求分析人员进行需求捕获，在需求确定了之后，需要在 Rhapsody 中使用用例描述需求，即进入下个阶段 Definition of System Use Cases。使用用例图描述完需求后，则需要根据用例图来分析确定系统要完成的功能，这里主要也是黑盒设计，不涉及对系统怎么样完成这些功能的论述，只涉及系统与环境也就是交互者之间的互动关系，这就是 System Functinal Analysis Phase。完成系统功能性分析后，就进入了系统架构设计阶段也就是 Architectural Design Phase。在这一阶段，首先进行黑盒设计，也就是系统架构设计，即 System Architectural Design，这里不涉及子系统等具体的运行设计，只是对子系统作为基本模块的系统运行进行了架构设计；完成黑盒设计后，进入系统白盒设计阶段，即 Subsystem Architectural Design，这一阶段主要是对子系统内部进行详细的运行设计。完成上面的三个阶段后，系统设计阶段任务基本结束，下一阶段就是具体的软硬件设计阶段，在具体的软硬件设计阶段，遵循的过程和上述阶段类似，也是需求分析、黑盒设计、白盒设计等阶段。在完成子系统设计后，再进行系统集成、系统确认等。

（6）模型/代码同步

模型/代码同步意味着软件代码编写实现不再是一个单独的依靠手工编写的过程。在Rhapsody中，软件代码可以由模型动态生成；反过来，代码的修改也可以反映到模型中来。模型可以产生高质量的代码，这种代码既可以作为系统模型验证的代码，也可以是系统最后提交的代码，并且这些简洁、可读性好的代码可以在其他商业IDE中很容易地被调试。代码生成的机制经过DO－178B/ED－12B确认。

（7）可测试性的设计

Rhapsody可以在主机环境下直观地调试设计的图形化内容，极大地改善了应用的可见度，不用等待硬件设计好就可以开始绝大部分软件的调试。一旦硬件设计完毕，就很容易为目标硬件系统生成同样的可执行模型。Rhapsody的模型执行特性允许系统工程师、软件工程师和测试工程师在开发的任何阶段都可以对系统进行验证，Rhapsody与传统的设计过程不同，问题一旦产生就能够很快地发现，从而避免了错误直到研发的最后阶段才被发现所导致的高昂修改成本。这样，系统中每一个新增加的功能都建立在行为设计得到充分测试和验证基础之上。

（8）自动化的文档生成

在几乎所有的系统工程方面，正式的文档都是采用文本描述的。用户需求、接口描述与系统设计文档就是这方面很好的例子。Rhapsody可以生成高质量的中文文档，可以生成软件应用所需的框架结构、运行库、编译文件、通信方式、实施策略等。而且模型和代码的一致性更保证了文档和代码的一致性，为准确理解系统需求、后期经验的累积提供了很好的平台。

（9）Graphical Panel Diagram

Rhapsody从7.3版本增加了Graphical Panel Diagram的功能，使系统可以在设计阶段，轻松地生成设计原型，进行仿真验证。Graphical Panel Diagram特性增强了在设计阶段，设计人员与客户、项目主管交流设计行为的能力，确保交付的设计满足客户需求。支持在模型中创建一个包含各种常用控件的视图，与模型中元素相关联，验证系统设计。Graphical Panel Diagram功能与Rhapsody原有的仿真和设计阶段调试功能相结合，提供了一种好的验证设计的方法，一种快捷的创建客户调试接口的方法，以便在设计阶段早期发现缺陷。

（10）模型自动测试

Rhapsody测试用例自动生成模块ATG和测试模块TC协调工作，以进行模型系统的自动测试。在系统开发过程中，ATG自动生成高覆盖率的测试用例，这些测试用例可以用UML序列图输出，测试模块TC执行这些测试用例。ATG/TC可以被用来进行单元测试、集成测试、衰退测试和基于目标机的测试，并可以和第三方软件结合进行代码覆盖率分析和测试。

7.4.3　Capella

Capella 是法国泰雷兹公司开发的一款用于系统架构设计，可扩展并且已经在多个领域验证过的 MBSE 建模工具/软件，能够为系统、软件和硬件架构设计提供方法论指导、直观的模型编辑和可视化能力。

Capella 底层的建模语言也是 Thales 公司为了更符合工程师使用和理解习惯而自定义的一套领域建模语言（Domain Specific Modeling Language，DSML），目的就是把工程师从建模语言（如 UML、SysML 等）的学习中解放出来，只需要关注系统架构设计本身。基于同样的原因，Thales 也提出了与 Capella 工具配套的 MBSE 方法论 Arcadia，并且在 Capella 中提供该方法论的引导，以便指导用户进行系统架构设计，并快速执行各个设计阶段的活动。由此可以看出，Capella 建模工具、Arcadia 方法论以及底层的 DSML 语言，是一套完整的 MBSE 实施方案。

Capella 配合需求开发及管理插件，可实现定义利益相关者需求和定义系统环境、规范系统需求、系统逻辑架构设计、系统物理架构设计、规范组件需求的功能。覆盖从需求开发到架构设计的全部功能，满足应用基于模型的系统工程开展建模的软件需求。需求开发及管理插件补足了 Capella 软件无法实现需求条目与需求模型相互转换的短板；全汉化的操作界面符合大众操作习惯，可降低用户学习成本，使工程师专注于产品研发。Capella 主要包含以下功能特性。

（1）方法论引导

活动浏览器提供了 Arcadia 方法论的向导界面，能够快速引导用户执行 Capella 的所有关键活动。它是模型的主要入口，既适合初学者，又适合高级用户。

（2）语义配色

元素的图形化表示在工程交流中起着关键作用，因此 Capella 提供了统一的元素配色方案。这有利于提高所有利益相关者（架构师，V&V 从业人员，专业工程师，管理人员等）对模型的可读性。

（3）语义浏览器

语义浏览器比模型的标准层次结构视图更有用，它可通过查询立即提供模型元素的上下文。这是浏览模型和图，以及快速分析模型元素之间关系的首选方法。

（4）链接关系计算

Capella 的一个关键功能是它的可扩展性和处理复杂模型的能力。Capella 能够自动计算图形的简化方式。下级功能之间的信息交换会自动显示在上级功能上。这使得架构师无需管理中间信息交换，也无需手动维护多个抽象级别之间的一致性。Capella 还提供了基于标签的机制，允许对语义上非常紧密的交换进行图形化分组。

（5）高级图形管理

1）自动同步上下文图形内容：根据预选元素和预定义的语义规则自动更新内容；

2）图形元素的同步/不同步：对系统显示或不显示的元素进行精细控制（功能端口，

组件之间的交换，类的属性等）；

3）过滤器：通过选择显示选项并自动隐藏/显示元素来帮助提高图的可读性；

4）定制图形显示方式：根据不同的关注点（如专业视点）定制图中元素的呈现方式。

（6）模型验证

Capella 在以下几类模式中组织模型验证规则：完整性、设计、可追溯性等。架构师可以定义侧重于不同方面的验证配置文件。快速修复功能可以提供快速且自动化的解决方案。

（7）预览式语义删除

Capella 提供了对删除的即时影响分析。

（8）可重用的元素和库

元素可重用是允许轻松重用模型部件的机制。可复制元素集合（Replicable Elements Collection，REC）是一个元素/一组元素的定义，可以在多个上下文配置模型中重用。副本（Replica）是 REC 的实例。REC 可以打包在库中，以便在多个项目之间共享。

（9）系统与子系统的转换

系统和子系统之间的自动迭代转换对于管理多个层次的工程设计有很大的作用。子系统的合约和模型是从系统中计算出来的。理想情况下，在转换发生之前，子系统的利益相关者要在系统级别参与协同工程活动。

（10）多视点

Capella 提供了基本的视点支持，包括质量、成本和延迟。同时 Capella 提供视点扩展的 API，用户可以根据需要扩展自己的视点。

（11）HTML 输出

在基于模型的系统工程中，与所有利益相关者共享模型是至关重要的。以 HTML 方式发布和共享模型，有助于使模型成为所有工程活动的参考。

7.4.4 Enterprise Architect

Enterprise Architect（EA），是 Sparx Systems 公司提供的一款商业化的支持 MBSE 的建模工具/软件。EA 为设计和构建软件系统、业务流程建模，以及为更广义建模目的提供了一个可视化平台。EA 支持全生命周期过程，从最初的设计阶段，到部署，维护，测试和变更控制，提供了全程追溯。EA 的主要功能特性包括以下方面。

（1）集成建模平台

EA 是一个图形化建模工具，旨在帮助用户团队构建稳健可维护的系统。支持 UML、BPMN 和 SysML 等开放建模标准，支持 TOGAF 和 UPDM 等企业架构框架。EA 支持全生命周期过程，从高级规范到分析、设计、实现、测试和维护模型。

（2）建模并管理复杂信息

Enterprise Architect 可以帮助个人、团体和大型组织建模和管理复杂的信息。这往往涉及软件开发和 IT 系统的设计和部署，也涉及业务分析和业务流程建模。EA 集成和连接广泛的结构和行为信息，无论当前的模型，还是即将完成的模型，都能帮助建立一个连贯的、可核查的层次结构模型，提供工具来管理版本、追踪差异、审计变化和执行安全权限管理，帮助控制项目开发和符合标准实施。

（3）建模、管理和跟踪需求

使用完整的可追溯性记录需求，从基本需求到设计，建造，部署等。使用变更影响分析跟踪从原来的需求到计划中的改变，以建立“正确”的系统。

（4）模型驱动架构

模型驱动架构（Model Driver Architecture，MDA）是一个开放的标准，以方便快速开发平台独立的应用。模型可以建立在一个高层次的抽象，并使用基于 MDA 的工具，针对特定的平台或领域进行模型和代码转化。Enterprise Architect 拥有一套丰富的内置支持 MDA 的工具。

（5）代码工程

内置的源代码编辑器允许在同一环境中快速从模型直接导航到源代码。代码生成模板支持根据公司规范自定义生成的源代码。EA 支持许多流行语言的源代码的生成和逆向工程，包括：ActionScript、Ada、C、C++、C#、Java、Delphi、Verilog、PHP、VHDL、Python、System C、VB. Net、Visual Basic。

（6）模型仿真

能够动态模拟行为和状态模型，确认过程设计，指定触发器、事件、约束等。使用动态模拟将构建的模型代入现实世界，验证行为模型的正确性，并更好地了解系统的工作原理。

（7）调试和可视化

①构建、测试和运行

EA 能够从 EA 的开发环境中构建、测试、调试、运行和执行、部署脚本。通过使用 MDA 转换从源类生成 NUnit 和 JUnit 测试类，并将测试过程直接集成到 EA IDE 中，可以将建模集成到构建/测试/执行/部署过程中。

②遍历执行代码

除了构建/测试和执行功能之外，EA 还包括 Java、.NET 和 Microsoft Native（C++、C 和 VB）的调试功能。EA 中内置的调试器专门设计为使开发人员或测试人员能够捕获堆栈跟踪信息，因为他们可以遍历执行代码，对实时的线程执行、运行进行检查。

③代码执行到可视化图形

可以使用最终的堆栈跟踪历史记录在 EA 中生成序列图，将实际的代码执行和调用转换为可视化图形。

（8）团队共享

EA 是一个可扩展、易于部署的多用户环境，整合团队成员从所有部分和产品的系统开发和维护生命周期的所有阶段，从内置的协作和固有的信息共享提供显著效益。为业务分析师，软件架构师，开发人员，项目经理，测试、推广和支持人员提供一个单一的储存库。

（9）项目管理

EA 支持项目管理。项目经理可以使用 EA 将资源分配给元素，来衡量风险和工作量，并估计项目的规模。支持存储资源信息模型，也支持甘特图和日历。

（10）文档生成

EA 使用完整的 WYSIWYG 模板编辑器，提供强大的文档生成和报告功能，能够根据客户的要求生成详细的报告。既可以由整个项目生成报告，也可以选定部分模型，甚至以组包的方式进行报告生成。支持 RTF，PDF 和 HTML 格式文档。

7.4.5 MapleMBSE

MapleMBSE 是一个基于 Excel 用户界面的工具，让所有相关人员都可以轻松参与系统工程项目，而不需要他们是系统工程的专家。

如果每个参与者都能很容易对流程做出贡献，那么系统工程项目就更有可能成功，但是大多数人不能熟练使用传统系统工程工具。MapleMBSE 是一个基于 Excel 用户界面、面向特定任务视图的系统工程工具，让企业范围内的系统工程应用和广泛参与成为可能（见图 7－9）。通过针对系统模型的实时的双向连接，让所有参与者都能够进入流程，确保所有人都可以通过系统模型进行协作，从而让他们更快地工作，避免错误并减少未知的成本。

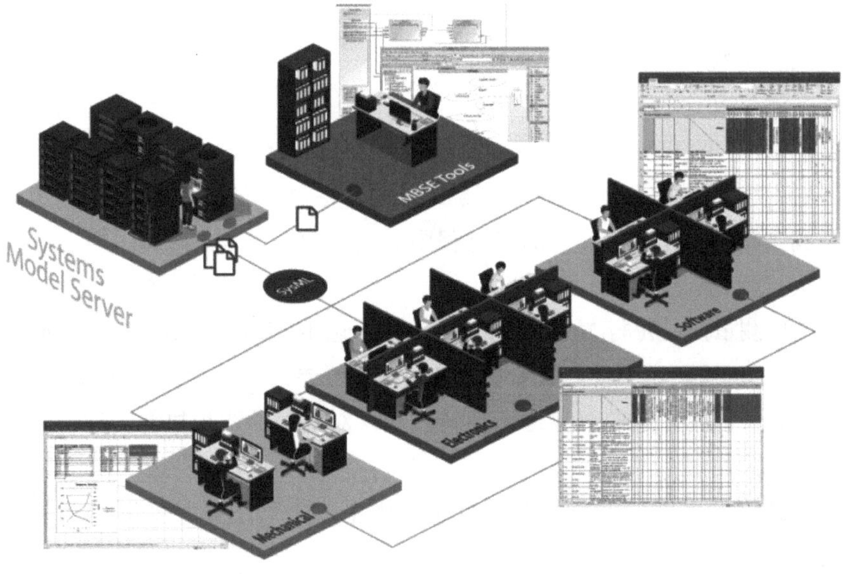

图 7－9　MapleMBSE 示意图

MapleMBSE 具有如下功能特性。

1）直观的基于 Excel 的用户界面让所有参与者能够进入系统模型，几乎没有学习曲线。

2）在不同工具之间自动转换系统，确保 MapleMBSE 与系统模型中的信息是同步的。

3）可与常用的 MBSE 平台集成：

a）IBM Rational Rhapsody；

b）No MagicCameo Systems Modeler；

c）Capella。

4）对设计决策进行快速影响分析，测试冲突的需求，所有的操作都是在直观的 MapleMBSE 环境中完成。

5）针对常用系统工程任务的优化工具视图：

a）影响分析；

b）FMEA（Failure Mode and Effects Analysis，失效模式与影响分析）；

c）比较研究；

d）设计结构矩阵。

6）主要的系统工程工具不具有的强大的电子表格功能：

a）灵活的剪切和粘贴操作；

b）数据验证和重复验证；

c）基于 Excel 表的公式功能；

d）可编辑几乎所有的系统模型，而不仅仅是依赖项；

e）使用双向查询路径表达式（QPE）语言灵活地查询模型元素；

f）只需添加新行或列即可创建新的模型元素。

7.5　MBSE 研发平台

7.5.1　系统生命周期过程管理与数据集成

（1）系统生命周期流程管理

根据 ISO/IEC/IEEE 15288 2015 系统生命周期流程标准中的定义，系统工程流程包括 4 类流程组：技术类流程组、技术管理类流程组、协议类流程组和组织项目使能类流程组（见图 7－10）。技术类流程贯穿于系统生命周期的各个阶段，技术流程用于定义系统需求，以将需求转换成有效的产品。技术管理类流程用于建立和演进计划、执行计划、按照计划评估实际的成果和进度，以及对计划执行进行控制，直至系统完全实现。协议类流程定义两个组织间建立协议所必要的活动。组织项目使能流程有助于确保组织通过启动、支持和控制项目进行采办并供应产品或服务的能力。要把这四大类流程和相关的人员协同管理起来才能完成系统工程任务。

从工程实践应用看，系统工程应用需要同企业的业务流程相结合，同时还需要基于企业自身业务，形成可以指导工程实践的各种程序文件，明确各种规则、约束、规范，并提

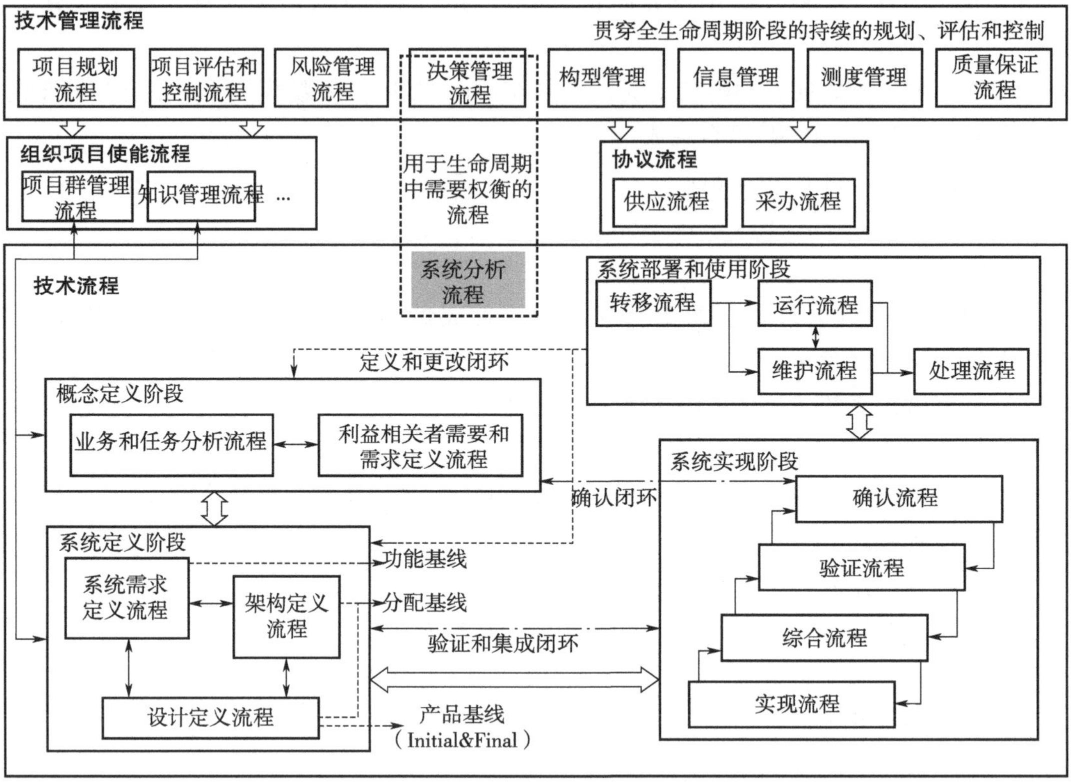

图 7－10　系统生命周期流程

供相应的知识。

例如，系统工程的“业务或使命分析流程”与论证阶段之间是什么关系？流程中的活动、交付物与论证报告之间有没有关系，若有关系则是什么关系？这就需要突破传统的重点关注产品详细设计阶段的 PLM 扩展到关注于系统全生命周期流程管理。复杂系统全生命周期管理 SysML 涵盖产品全部学科领域和服务；以集成系统生命周期全阶段各领域模型为核心，并对模型和流程进行有效的后台协同支撑，实现系统生命周期所有开发阶段与全部模型（R，F，L，P，…）的互连与追溯。

（2）系统模型与专业模型的集成

基于模型的系统工程通过建立统一的系统模型，很大程度上解决了基于文档导致的数据歧义、知识重用难、文档组织效率低、学科间关系不清晰等一系列问题。这种横跨产品生命周期的数字模型，可以实现架构、机械、电子、软件、测试等多学科间的统一协同、数据一致。

由于系统模型通过 SysML 来描述，因此基于 MBSE 形成的系统模型具备了“数字”属性。SysML 可以用来定义系统架构模型，这种统一的工程描述，在后期的设计、制造、测试等各个环节都可以贯穿。SysML 语言赋予系统模型各种视图，图中对象的属性以及相关的参数都是以数据的形式存储。并且基于可扩展标记语言元数据交换标准（XMI）、系统工程数据交换标准（AP233）的符合性，不同学科的专业工程师在产品研发后续过程所应用的相关软件可按照约定的数据交换标准对模型进行存取操作，利用模型完成不同学科的设计及分析，并实现全过程协同。

基于该系统模型，提供给生命周期不同阶段、不同领域、不同学科的专业工程师唯一真实的数据模型，每一个阶段，每一个人所构建的模型，都是从不同的视角对同一个对象的描述。就是说，通过该模型，不仅确保参与项目的每个人（从设计工程师到数据工程师和科学家）都能立即访问所需要的数据，还提供了一个明确的单一事实来源，最终既是架构蓝图，也是利益相关者需求的权威标准。

系统模型与分析模型、设计模型耦合方式如图 7－11 所示，不同于传统的系统工程方法，基于 SysML 的系统模型提供了系统规范、设计、分析和验证信息的一致数据来源，同时保持了关键决策的可追溯性。这些信息为更详细的软硬件设计和验证活动（这些活动也可以是基于模型的）提供了上下文和关键输入。特别是，系统模型将文本需求与系统设计联系起来，提供支持多学科分析所需的系统设计信息，可作为硬件和软件设计的规范，并给出了支持验证所需的测试用例和相关信息。每个学科领域或技术专业（包括机械、电气、软件和测试等）应该体现出系统模型中包含的信息，并开发出更详细的规范、设计、分析和验证信息。为确保系统的整体表达具有一致性，在更详细的专业领域信息和系统模型中的信息之间应该保持可追溯性。

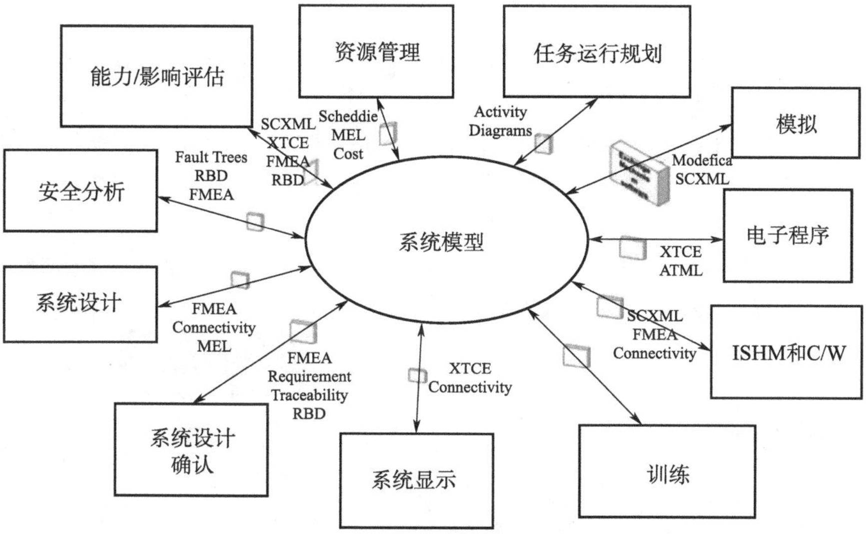

图 7－11　系统模型与分析模型、设计模型耦合方式

通常，基于 SysML 的系统模型与专业领域模型的耦合目的有两个：1）系统模型与仿真分析模型的耦合，实现包括系统及其环境的动态模型、初始条件、外部输入输出等因素，如何随时空函数离散或连续变化的仿真分析解决方案。根据系统工程师的分析请求，开展系统分析，进行闭环验证或性能评估，为系统工程师决策提供支撑。2）系统级成果物，基于模型的方式分配给各领域工程师开展详细设计。

SysML 模型元素可以集成不同的研发工具或系统，如各类 CAD、CAE、PLM（需求管理、项目管理）等，随着研发过程推进，可以实现模型的转换、对比、同步，例如打通 MBSE 平台与需求管理平台或 PLM 系统，实现系统需求的协同管理；利用 MBSE 以模型为中心，通过数据打通系统模型与各专业领域模型的综合集成，打破不同设计阶段之间的壁垒，实现多科学交叉协同，保证需求变更的一致性，并提高系统的迭代优化能力，将修复系统设计缺陷的代价降到更低。

7.5.2 MBSE 研发平台及解决方案

（1）基于模型的系统工程研发平台参考架构

MBSE 不是孤立的静态文档环境，而是创建了一个集成的、集中的智能数字模型环境。这些数字模型将所有基本系统信息（从关键需求到核心架构）整合到一个中心位置，通常被描述为“单一事实来源”。

基于模型的系统工程平台参考架构（见图 7－12）为复杂产品研制提供了一个独特的模型驱动的系统工程工作环境，它从需求阶段开始即通过模型（而非文档）的不断演化、迭代递增而实现产品的系统设计；通过模型的结构化定义可以清晰地刻画产品设计初期结构、功能与行为等各方面的需求；基于模型可以尽早通过模拟分析发现大量不合理的设计方案；同时模型还为各方提供了一个公共通用的、无二义性的设计信息交流工具，这一点尤其对复杂产品异地分布的系统设计具有重要意义。

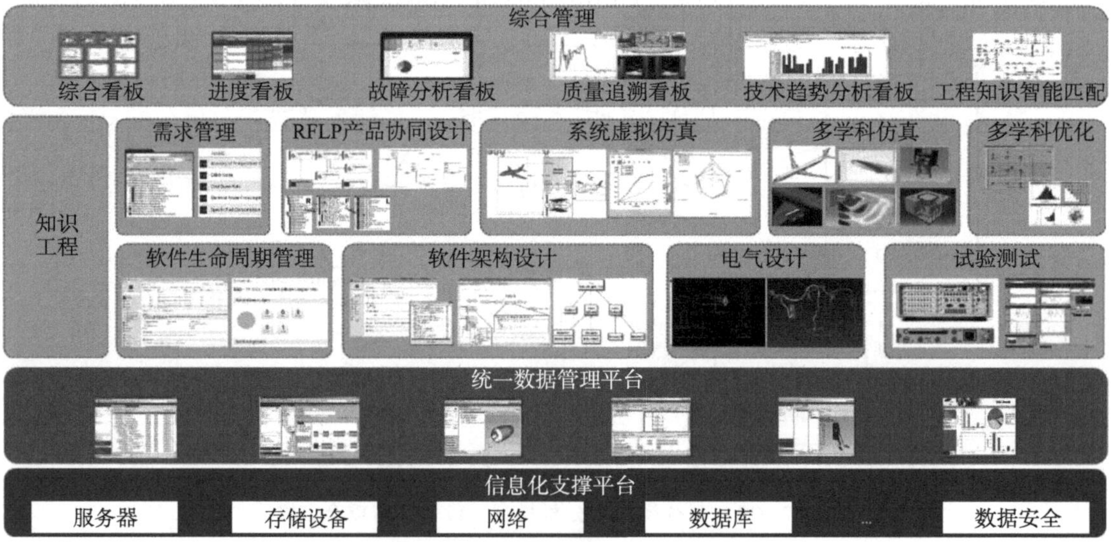

图 7－12　基于模型的系统工程平台参考架构

该架构通过部署一套综合的系统建模工具、工程设计和数据分析工具、产品生命周期管理系统，以及项目管理工具等，实现了一个综合数据环境（IDE）。它将提供一个单一的、配置控制的、逻辑的数据存储库，并在整个系统生命周期内实现系统数据相互连接。该架构包括基础层、数据层、应用层、管控层等四个层次。

1）管控层，主要实现系统集成管控的功能，构建一个将主进度表、项目计划和项目风险登记表与一套项目管理工作流程整合在一起的环境，通过生命周期驱动工作分解结构（WBS）元素、工作包和风险缓解措施。

2）应用层，主要实现系统工程的功能，构建一个 MBSE 环境，运用系统建模方法捕捉系统需求和逻辑及功能架构。该层也包括机、电、软等专业化设计与多学科仿真与优化的功能，如软件开发环境，由软件开发工具、源代码版本控制和自动化工作流程组成，通过生命周期驱动软件需求、问题和错误，实现软件工程。

3）数据层，主要是实现产品生命周期管理功能，构建以硬件为中心的配置控制环境，支持物理设计和产品定义，集成了三维计算机辅助设计（CAD）建模和其他工程设计工具，以及用于快速制造的 3D 打印等。

4）基础层，主要是实现信息化基础设施的功能，包括网络、数据库、操作系统等。

通过这样的架构，可横跨多个功能学科，实现模型集成和流程自动化，支持整个系统生命周期/系统工程第五阶段的系统开发和维护项目的综合运作。

（2）新一代集成化 MBSE 解决方案

集成化 MBSE 解决方案，是能够贯穿系统/产品全生命周期的，如图 7－13 所示。该过程从最左边开始，始于系统/产品的运行环境——SoS，根据系统/产品与 SoS 其他元素的相互作用定义出所需的系统/产品的能力，以及产品的范围和利益相关者提出的约束条件等。这里客户要求的解决方案通常用场景图、用例、运行要求和业务需求来表示。接着根据产品范围选定一组业务需求，进入概念设计阶段，把业务需求转化为利益相关者的需求，并寻找各种实现业务需求的候选概念方案。选定最优的概念方案，把利益相关者需求转化为系统需求，定义系统顶层功能。开展系统设计定义，定义逻辑架构和物理架构，生成最终产品的分解结构。把系统需求分解到各子系统需求，开展机械设计、电子电气设计和软件设计，并确定出哪些组件不需要开发，可以从外部购买。完成各领域的详细设计，生成机电设计 BOM 和制造 BOM，进入产品构建阶段。等到各组件、子系统实现以后，开展系统集成和验证，最终完成产品的确认，交付给客户。

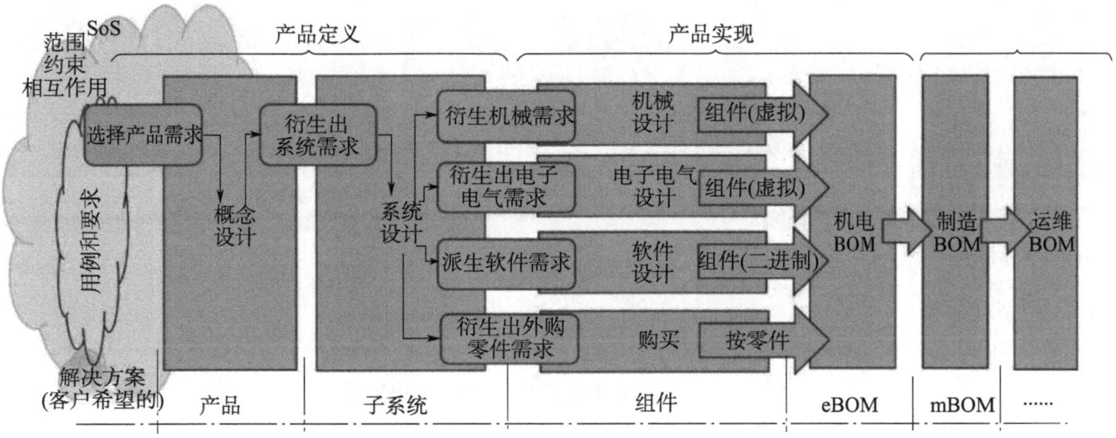

图 7－13　全生命周期的集成化 MBSE 解决方案

集成化 MBSE 解决方案的落地实现工具有：System Modeling Workbench，用于复杂系统建模；Teamcenter Reqirements，用于需求管理；NX，用于机械设计；Mentor，用于电子电气设计；Polarion + ESD，用于软件设计；Simcenter，用于多领域多学科行为建模与仿真分析；Opcenter，用于制造执行和运营维护。其中，软件设计涉及的模型、数据管理，用 Polarion 实现；其余部分涉及的模型、数据管理，用 Teamcenter 实现（见图 7-14）。

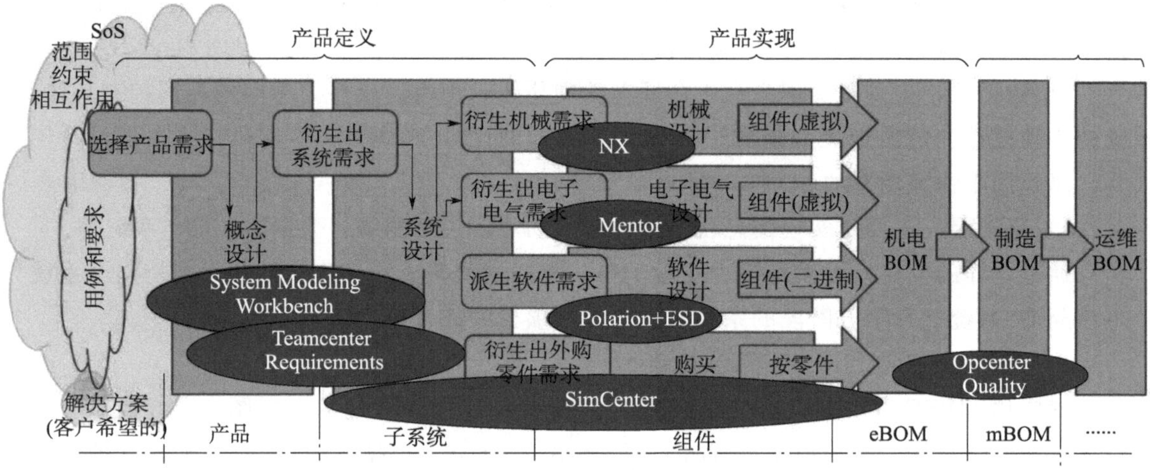

图 7-14　集成化 MBSE 解决方案的落地实现工具

总的来说，新一代集成化 MBSE 解决方案具有三个要素，这三个要素相辅相成。要素一，新一代复杂系统建模工作台；要素二，系统模型与专业领域模型的耦合；要素三，复杂系统全生命周期管理（见图 7-15）。

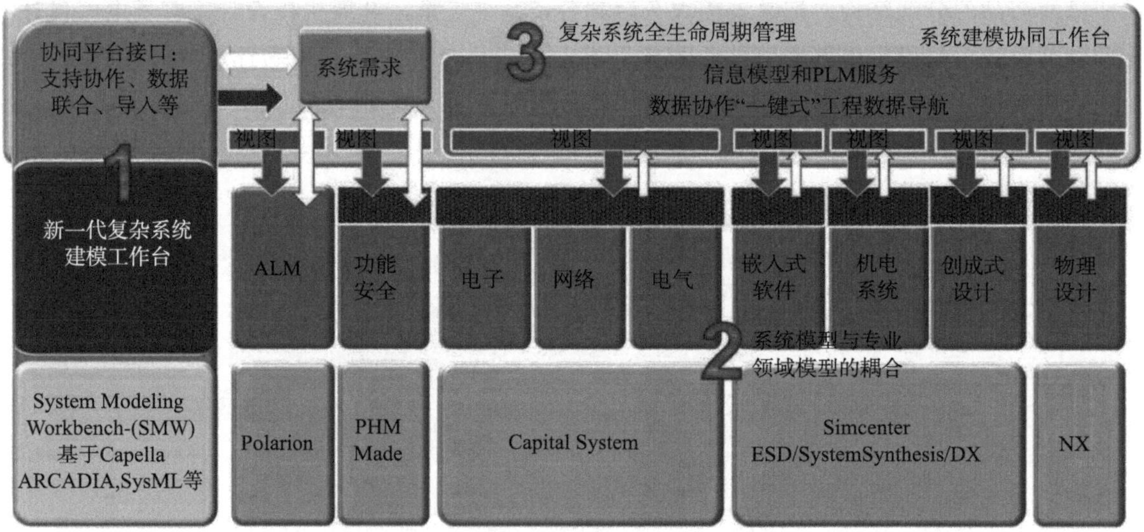

图 7-15　新一代集成化 MBSE 解决方案

（3）基于 3DE 的 MBSE 集成研发平台

基于 3DE 的 MBSE 集成研发平台以 3DE 平台为基础，串联起 MBSE 全流程的工作。从系统之系统到设计仿真一体化协同，实现系统模型和仿真结果能正向驱动产品设计，面对系统工程模型驱动的需求，构建起从需求管理、功能设计到逻辑设计再到物理设计的数据架构，并基于 RFLP 数据框架统一数据源。在深度上，保证了初步设计和详细设计阶段，需求、系统定义和数字样机之间的一致性；在广度上，使系统架构师和学科专家能够预先定义和验证与需求匹配的系统。最终在多层面的深度和多专业的广度上，构建完整全面的研发机制，连接各部门及上下游，推动实现产品的需求驱动以及早期验证（见图 7-16）。

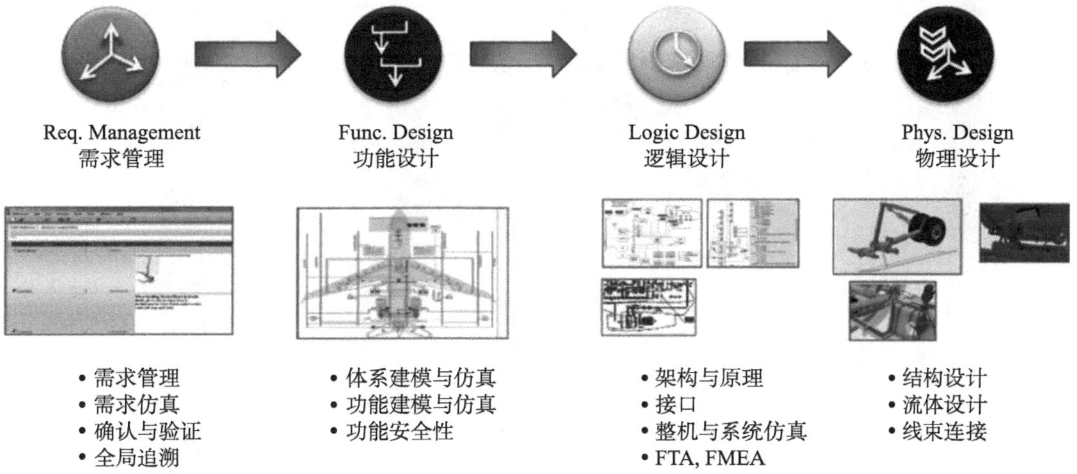

图 7-16　基于 3DE 的 MBSE 集成研发平台功能实现

基于 3DE 的 MBSE 集成研发平台提供了以 MagicDraw 为核心的 CATIA Magic 系统级建模工具，以及基于 Modelica 语言的模型仿真工具软件 Dymola 等，形成了庞大且完善的系统工程解决方案体系（见图 7-17）。

①需求工程

需求工程包含需求开发与需求管理、端到端异构数据追溯及需求仿真与验证等。

需求管理模块（TRM）具备需求捕获能力，支持从 Word/Excel 直接导入需求条目。TRM 支持在系统不同层级进行需求的定义和分解，以平台的需求管理架构来承接各类需求模型结构，并通过自定义属性来保证需求同步的完整性。支持需求条目的版本管理与审批控制，完整记录需求变更过程，方便用户分析需求对设计的影响；支持通过不同测试用例进行需求的验证和确认，实现需求追溯。还支持建立系统需求变量，该变量可以贯穿基于统一数据源系统设计、仿真和优化的全流程中。通过 X-PDM 功能，TRM 模块支持与其他系统的数据交互。

图 7-17 达索 MBSE 集成研发平台

系统追溯模块（TRY）支持产品全生命周期工作流定义，基于用户预设规则，自动或手动识别各个阶段数据/模型的双向追溯关系；实时显示各层级之间的覆盖率，保证设计的符合性，通过不同颜色背景的百分比增强用户可视化体验。TRY 支持对导入的文件、模型等进行快速预览，通过操作滚轮能够快速定位及浏览上下游的设计信息，方便客户随时查看设计的一致性和关联性，同时带来轻量化的用户体验。

产品设计人员及其他利益相关者能够对产品设计过程信息实时同步，当需求产生变更时，新产生的追溯关系可以被快速捕捉，并直观显示不同版本之间追溯关系的不同，有效地进行实时协作。

②产品创新和正向开发工具

依靠 CATIA Magic 的解决方案，包括其核心产品 MagicDraw，用于业务流程、架构、软件和系统建模领域，通过其 3DE 平台支持 CATIA Magic 的解决方案，补充并强化 CATIA 系统工程的应用。这将提供“单一数据源”，让企业中的任何用户都能实施持续的 3D 数字化流程，应对体验的生命周期中方方面面的问题，包括要求、系统架构模型系统、系统和子系统架构以及功能、概念、逻辑和物理 3D 建模仿真。

③Dymola 多学科系统仿真平台

Dymola（Dynamic Modeling Lab，动态建模实验室），是基于公开 Modelica 系统建模语言的集成建模和仿真环境，是用于模型创建、测试、仿真和后处理的完整环境。通过使用 Modelica 语言和高超的仿真技术，快速解决复杂的多专业系统建模和分析问题。

④设计仿真一体化协同

依靠 3DE 独特且出色的平台架构，以上工作不仅可以集成在统一体系中，还能将 MBSE 的成果继续无阻碍地向下游传递，实现需求模型到仿真模型最终指导设计模型的正向传递，实现研发正向化、流程化和高度自动化，达成设计仿真一体化协同的目的，大幅度缩短前期研发设计阶段周期，提高产品初期的完成度及质量。

7.5.3　典型的 MBSE 研发平台构建案例——OpenMBEE

（1）OpenMBEE

OpenMBEE（Open source Model Based Engineering Environment），是一套基于模型的协同研发环境，通过集成客户端建模工具、Web 程序和模型数据库，实现以下功能：

1）模型数据的统一存储；

2）版本管理、流程管理和权限管理；

3）基于 Web 的文档生成、模型查看；

4）RESTful webservices 为更多工具集成提供接口。

OpenMBEE 在构成上分为三部分，分别是 MMS（Model Management System，模型管理系统）、MDK（Model Developments Kits，模型开发套件）、VE（View Editor，视图编辑器）。

MMS 提供用于管理模型的相关服务，是一个用于结构化数据的版本控制系统。它通过 RESTful Web 服务对模型的内容进行展示，该服务可通过数据的 CRUD 相关操作来完成。MMS 的核心是 View Service，它支持 View 包含的相关功能，官方提供了相关的 API 文档，以及 Java 客户端、Python 客户端等。

MDK 是特定于建模工具的集成，其主要目的是将模型与 MMS 同步并执行 DocGen 语言，该语言允许建模人员使用视图和视角概念，以基于模型的方法动态生成文档。

目前，官方提供了 Jupyter 模型开发套件允许与 MMS 进行无缝集成。最终通过 Jupyter notebook/Jupyter Lab 以及 Python REST 客户端库，提供一种更具交互性和更强大的方式来构造 View，同时保持 View 的叙述性呈现编辑。

VE 使得用户能够在基于 Web 的环境中与 SysML 模型进行交互。它实现了与 MMS REST API 的交互，以提供一个创建、读取和更新模型元素的 Web 环境，包括文档和视图。VE 与各种模型开发工具包一起工作，因此可以在 Web 上以主要展现形式呈现不同建模工具中的数据，从而不会失去与数据源的连接。

OpenMBEE 提出的愿景是：1）通过建模和连接工程增强 Jupyter 的多语言分析能力；2）支持具有高级功能的新颖数据驱动分析，如 Web 服务；3）通过商业化释放工程价值；4）使用 SysML 2.0 API 及其服务，FMI 标准驱动工程平台。目前，OpenMBEE 提供的能力有助于显著改变 MBSE 方向，同时正成为 MBSE 作为数字化转型一部分的关键使能。

OpenMBEE 的目的是将各个部门的数据在一个统一的平台上进行管理，保证所有数据的一致性，使得不同部门的人能够有效地进行协同建模管理。针对于某一个单一领域，例如电子工程，OpenMBEE 是具有局限性的，如果只是从系统工程的角度进行看待，则比较切合地解决协同的问题。

在基于 OpenMBEE 构建的权威真相源（AST）中，MMS 充当 AST 的数据库，并由 SysML 建模工具如 MagicDraw 等（MDK 插件）和 VE 进行访问。VE 提供使用视图的轻量级、基于 Web 的访问，这些视图是由 MDK 使用 DocGen 语言实现的视图和视角范式创建的（见图 7-18）。

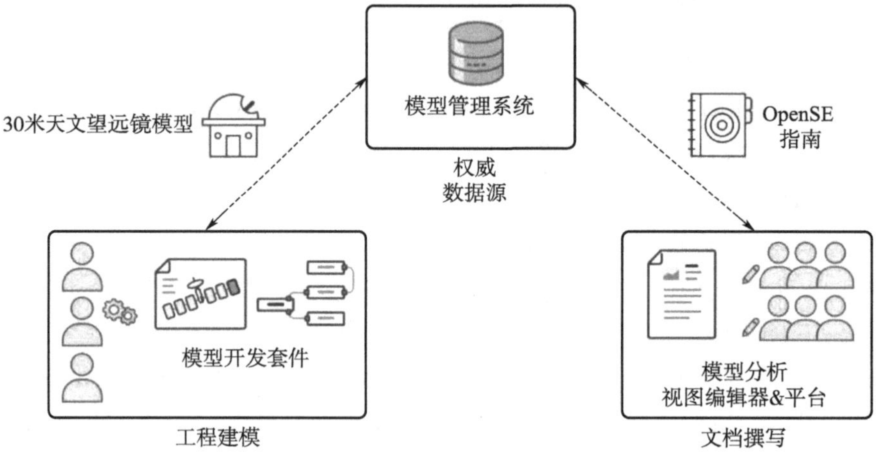

图 7-18　OpenMBEE 集成环境

OpenMBEE 的 MDK 插件是客户端 SysML 建模工具的一部分；MMS 和 VE 是在 Docker 中实现的，并在服务器上运行。作为 AST，MMS 以开放的方式存储模型数据，可以通过 RESTful Web 服务访问，并提供版本管理、工作流管理和访问控制，以实现“跨工程、计算和管理学科的多工具和多存储库集成”，包括异构数据源之间的可追溯关系。SysML 模型的所有模型元素都能被捕获，如所有的类、属性、值、实例、关系，但是没有图表布局。此外，MMS 还捕获 VE 的视图实例以及所有这些元素的完整变更历史。

MDK 在 MMS 和 SysML 模型之间进行同步，以系统推理器（Systems Reasoner）的形式为系统装配提供建模支撑，并包括 DocGen。DocGen 是一种使用视图和视角范式来创建基于模型的文档的语言。因此，它提供了一种方法来自动公开特定于利益相关者的模型内容，不仅作为静态文档，而且还在 VE 中动态地将其链接到 MMS 数据。因此，它能够从以文档为中心的方法转变为基于模型的方法。通过 MMS 中出现的模型元素来显示 DocGen 视图实例，VE 提供了基于 Web 的实时访问模型数据的功能，这是在其原始建模工具之外的敏捷虚拟评审（Agile Virtual Reviews）和实时协作。基于该方式，能够支持通过动态文档和来自 AST 的值与非建模者进行通信。

（2）OpenCAE

虽然 OpenMBEE 能够有效地解决系统工程基于模型的协同问题，但其仍然局限于系统建模（SysML 模型），从产品研发的全生命周期来看，缺少了与后端多学科领域设计数据的关联和同步。因此，在 OpenMBEE 基础上，JPL 又提出了 OpenCAE（Open Computer Aided Engineering）概念，将 OpenMBEE 的理念从系统工程拓展到电子工程、机械工程、软件工程等多学科领域并形成最佳实践，以解决系统模型与多学科模型的数据集成问题，其集成环境如图 7-19 所示。

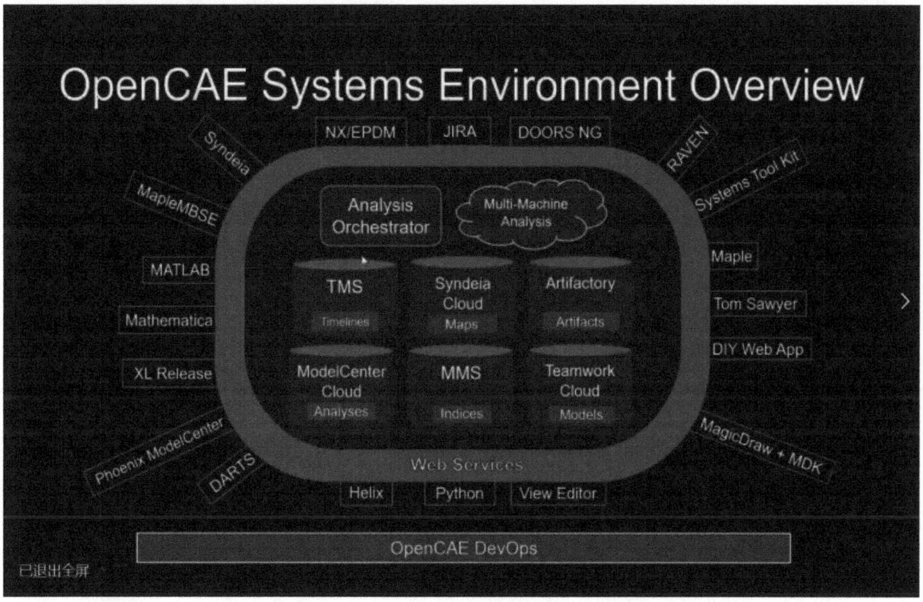

图 7-19　OpenCAE 系统环境概览

整个 OpenCAE 环境以中间数据管理为核心，通过 Web Service 实现与各个不同客户端建模工具的交互，包含 SysML 建模工具（MagicDraw），数学计算工具，仿真优化工具，CAD，JIRA 等，最终实现数据源唯一管理、跨部门数据协同。

OpenCAE 旨在共享环境中提供一个开放的组合，无缝连接任务和系统开发工程师。开放是指用户以及供应商、合作伙伴都可以获取相关流程、代码、应用程序、服务和产出物；共享是指由用户、开发伙伴和供应商组成的不同社区能够做出贡献，并通过减少开销更有效地工作；连接是指利用 CAE 环境，协同构建、分析任务和系统开发所需的相同粒度产品。

7.6 本章小结

本章从 MBSE 工程实践理论角度出发，指出 MBSE 应对系统复杂度的实践方式：MBSE 方法论、建模语言、建模工具和支撑环境。首先，介绍了 OOSEM、Harmony－SE、MagicGrid、Arcadia 等主流 MBSE 方法论，阐述这些方法论如何在“基于模型”或“模型驱动”背景中支持系统工程学科；其次，介绍了统一建模语言 UML、系统建模语言 SysML、Modelica 等建模语言，定义了 MBSE 在系统建模过程中采用具体术语描述模型的标准语法和语义规则；再者，介绍了 MagicDraw、Rhapsody、Capella、EA 等常用建模工具，遵循系统建模中一种或多种建模语言的规则，让系统工程师能够用其创建出符合语法规则、方法论流程的模型；最后，从系统模型、数据、研发平台、工业生态等角度介绍了目前 MBSE 研发环境，探讨了目前复杂产品系统的 MBSE 具体实践方式。

参考文献

[1] ESTEFAN J. A survey of model - based systems engineering (MBSE) methodologies [J]. INCOSE MBSE FocusGroup, 2007, 25 (8): 1 - 12.

[2] MORKEVICIUS A, ALEKSANDRAVICIENE A, ARMONAS A, et al. Towards a common systems engineering methodology to cover a complete system development process [C] // INCOSE International Symposium. 2020, 30 (1): 138 - 152.

[3] LAVI J Z, KUDISH J. Systems modeling & requirements specification using ECSAM: an analysis method for embedded & computer - based systems [J]. Innovations in Systems and Software Engineering, 2005, 1 (2): 100 - 115.

[4] DELLIGATTI L. SysML distilled: A brief guide to the systems modeling language [M]. New Jersey: Addison - Wesley Professional, 2013: 1 - 16.

[5] MADNI A M, SIEVERS M. Model - based systems engineering: motivation, current status, and needed advances [C] // Disciplinary convergence in systems engineering research. Springer, Cham, 2018: 311 - 325.

[6] FRIEDENTHAL S, MEILICH A, LYKINS H. Adapting UML for an Object Oriented Systems Engineering Method (OOSEM) [C] // Proceedings of the Tenth International Symposium, INCOSE. 2000.

[7] FRIEDENTHAL S, MOORE A, STEINER R. A practical guide to SysML: the systems modeling language [M]. Morgan Kaufmann, 2014.

[8] INCOSE. Object - Oriented Systems Engineering Method (OOSEM) Tutorial [J]. 2006.

[9] HOFFMANN H P. SysML - based systems engineering using a model - driven development approach [J]. White Paper, Telelogic, 2008.

[10] HOFFMANN H P. Harmony - SE/SysML Deskbook: Model - Based Systems Engineering with Rhapsody, Rev. 1. 51, Telelogic/I - Logix white paper [J]. Telelogic AB, May, 2006.

[11] INGHAM M D, RASMUSSEN R D, BENNETT M B, et al. Generating requirements for complex embedded systems using State Analysis [J]. Acta Astronautica, 2006, 58 (12): 648 - 661.

[12] DVORAK D, RASMUSSEN R, REEVES G, et al. Software architecture themes in JPL's Mission Data System [C] //2000 IEEE Aerospace Conference. Proceedings (Cat. No. 00TH8484) . IEEE, 2000, 7: 259 - 268.

[13] INGHAM M. State Analysis Overview: What PSEs ought to know [J]. Briefing Slides (internal document), Jet Propulsion Laboratory, California Institute of Technology, Pasadena, CA, 2006.

[14] MORKEVICIUS A, ALEKSANDRAVICIENE A, MAZEIKA D, et al. MBSE grid: A simplified SysML - based approach for modeling complex systems [J]. INCOSE International Symposium, 2017, 27 (1): 136 - 150.

[15] PASCAL R. Systems architecture modeling with the ARCADIA method [M]. London: ISTE Press -

Elsevier，2018：12 - 23.

[16] 王文跃，侯俊杰，毛寅轩，等．面向复杂产品研制的 MBSE 体系架构及其发展趋势研究 [J]. 控制与决策，2022，37 (12)：3073 - 3082.

[17] BROY M，BHM W，RUMPE B. Advanced systems engineering [M]. 2021：5 - 36.

[18] A look ahead at SysML v2 [R]. INCOSE 2020 International Workshop，January 26，2020.

[19] FRIEDENTHAL S. Requirements for the next generation systems modeling language (SysML@v2) [J]. Insight，2018，21 (1)：21 - 25.

[20] FRIEDENTHAL S. SysML v2 update [C] //2021 Annual INCOSE International Workshop. Virtual Event，2021：12 - 24.

[21] CRAWLEY E，CAMERON B，SELVA D. System Architecture：Strategy and Product Development for Complex Systems [M]. Upper Saddle River：Prentice Hall Press，2015.

[22] 朱一凡 . NASA 系统工程手册 [M]. 北京：电子工业出版社，2021.

[23] KRUSE B，BLACKBURN M. Collaborating with OpenMBEE as an Authoritative Source of Truth Environment [J]. Procedia Computer Science，2019 (153)：277 - 284.

[24] ERIC W BROWER. OpenCAE Case Study：Europa Lander Concept [C] // 2019 Annual INCOSE International Workshop，Torrance，CA，USA. 2019.

[25] CHRISTOPHER L D，CIN - YOUNG L，MARIE P. Model - Based Engineering Environment for Model - Based Systems Engineering [C] // 2017 Annual INCOSE International MBSE Workshop，Los Angeles，CA. 2017.

[26] 数字化工业软件技术期刊．新一代集成化 MBSE 解决方案 [CP/OL]. https：//mp. weixin. qq. com/s/ _ 6KjeVELErv27N2V7fKI7A.

[27] 和远 iVR. 达索 MBSE（基于模型的系统工程）解决方案 [CP/OL]. https：//mp. weixin. qq. com/s/cRvX9Z2J9qtIDnaje4cCfw.

第8章　应用实践

21世纪初，在INCOSE、NASA、ESA等组织机构的引领下，各领域纷纷开展了MBSE的相关工程应用实践，如航空、航天、汽车、船舶、金融、医疗等，其中航天领域尤为突出。

本章从国内外MBSE应用实践角度出发，首先，介绍NASA十年MBSE探索之路中的立方体卫星的MBSE应用实践及其实施效果，较为完整地阐述了本书前述部分的MBSE理论方法及在具体工程实践中的应用方式；其次，以国内某航天研究院开展的航天器MBSE应用实践为案例，阐述国内在MBSE概念普及、需求工程与系统设计、模型体系定义、大系统建模仿真等方面取得的显著成果；最后，针对美国火星探测器"毅力号"发布的MBSE实施方案进行整理，进一步梳理MBSE在工程应用实践过程中所能够解决的问题，以及给出的解决方案。MBSE应用实践所能够带来的显著效果不是一蹴而就的，需要在工程实践中不断增强并基于数据模型不断迭代，在此给出的相关案例以期给MBSE的实践者提供更多的工业价值。

8.1　立方体卫星MBSE应用实践

8.1.1　任务背景

立方体卫星（CubeSat，又称立方星）是一种被称为纳米卫星（Nanosatellite）的研究型航天器。CubeSat的概念可追溯至1998年，由斯坦福大学的Robert Twiggs和加州州立理工大学的Jordi Puig-Suari共同提出。CubeSat项目初衷是使大学社区能够使用现成的组件设计、建造和发射卫星。基于此，以质量为1.33 kg的10 cm×10 cm×10 cm的立方体为基础，制定了CubeSat工程设计标准，该标准的CubeSat被称为1单位（1U）。CubeSat可以以1U的增量扩展，3U的CubeSat较为普遍。这种组合的立方星如图8-1所示。目前有部署系统可以容纳多达27U的CubeSat。

基于立方星的无线电极光探测器RAX任务是美国国家科学基金会（NSF）资助的第一个CubeSat科学任务。RAX任务由密歇根大学的学生、工程师和老师与斯坦福国际研究所（SRI）的科学家合作建造，已经发射了两个具有相同任务目标的RAX航天器，RAX-1和RAX-2。RAX采用了双基地雷达配置，包括地面雷达发射机和卫星接收器。实验区是一个锥体，其顶点位于指定的非相干散射雷达（ISR）站点。RAX-2航天器位于410 km×820 km，倾角为101.5°的轨道上。这个轨道为RAX-2提供了一个有利的位置，来接收来自实验区上方和大范围离散角的雷达信号。

在典型的科学实验中，离散信号由机载雷达接收器（有效载荷）检测，并保存至航天

图 8-1 CubeSat 组合

器闪存。在科学实验期间，来自车载 GPS 接收器的位置和时间信息提供了准确的空间和时间信息。RAX 大约 5 min 内通过实验区，然后对数据进行处理、压缩并传输至地面。

主要的 RAX 地面站和操作中心位于密歇根大学。在计划的一年任务期间，这一系列事件每天都在重复。除了有效载荷数据外，还收集和下载遥测数据。遥测数据包括姿态确定传感器测量值、温度值、电压值以及来自飞行计算机的其他健康和状态信息。

2013 年之前，大约 75%的大学级卫星发射任务是 CubeSat，但发射任务的失败率近 50%，主要是因为大学级 CubeSat 的设计工作基于经验直觉。CubeSat 任务的快速增长加上历史上的高失败率表明，需要将严格的系统工程实践应用于大学级 CubeSat 任务。因此，需要从 MBSE 的角度分析该项任务待解决的相应的系统工程问题，并设计相应解决方案。

8.1.2 基于 MBSE 的立方体卫星模型开发

基于 MBSE 的立方体卫星项目于 2011 年 4 月启动，由密歇根大学和国际系统工程协会（INCOSE）空间系统工作组（SSWG）主要负责。项目实施包括以下几个阶段。

（1）第一阶段：RAX CubeSat 模型开发

第一阶段创建了一个立方体卫星参考模型，并应用于无线电极光探测（RAX）。这是一个由斯坦福国际研究所和密歇根大学的密歇根探索实验室开发的 3U CubeSat。

① CubeSat 术语和 CubeSat 元模型（Meta-model）的模式基础

一些特定领域的术语，通常用于描述 CubeSat 系统和任务。可通过 SysML，采用这些通用术语，并提供具体的语法和语义，从而构建用于对 CubeSat 系统建模的框架，见表 8-1。

表 8-1　CubeSat-SysML 术语

CubeSat 术语	术语含义	SysML 概念	
		SysML 元素	SysML 图类型
部件 Part(子系统 Subsystem，系统 System 等)	航天器的组成部分(子系统有对状态进行操作的功能)	Part	内部模块图(IBD)，模块定义图(BDD)
功能 Function(输入 Input，输出 Output)	部件的一种行为，它根据功能 Function 的输入 Input 和输出 Output 状态修改部件的状态 输入：用于影响部件状态的值 输出：用于报告功能对部件状态影响的结果值	Operation(Input Parameter: Parameter Type, Output Parameter: Parameter Type)	模块定义图(BDD)，活动图(ACT)，序列图(SD)
状态 State	一个变量的值，它描述了系统 System 在给定时间段内的状态 State	Value Specification	模块定义图(BDD)，状态机图(STM)
接口 Interface	部件 Part 上的一个考虑区域，其交互是一个工程问题。它通常需要协调或标准化才能正常工作	Flow Port, Flow Specification	模块定义图(BDD)
场景 Scenario	完成任务目标的一系列功能	Interaction	序列图(SD)

通过正式捕获这种语法和语义（即元建模），就有了派生通用系统工程模式的基础。模式通常是描述系统某些方面反复出现的概念和关系的集合。后续将使用这些立方体模型的模式，来搭建立方体建模框架，简明地描述一种一致、连贯的模式，精确地捕获航天器的规格。

②立方体卫星建模框架相关概念

创建 CubeSat 建模框架主要采用面向对象的系统工程方法（OOSEM）和 CubeSat 元模型一起使用的方式实现。OOSEM 为描述特定领域中的系统及其部件的组合提供了基础。CubeSat 建模框架提供了结构和行为建模工具。

如表 8-2 所示，OOSEM 将领域分解为任务要素（Mission Elements），在 CubeSat 的情况下是任务。Mission 模块捕获模型中所有内容的范围，包括系统模型、系统运行环境的模型，以及 CubeSat 系统如何与其他系统交互的模型。任务要素是包含实现任务目标的解决方案的系统。

表 8-2　CubeSat-OOSEM 概念映射

CubeSat 概念	OOSEM 概念
任务 Mission	领域 Domain
任务目标 Mission Objective	用例 Use Case
环境 Environment	环境 Environment

续表

CubeSat 概念	OOSEM 概念
飞行系统 Flight System， 地面系统 Ground System	目标系统 System of Interest， 物理系统 Physical System， 逻辑系统 Logical System
子系统 Subsystem	逻辑系统 Logical System

在任务要素中，飞行系统和地面系统被识别，并进一步分解为逻辑和物理模型。CubeSat 系统的设计倾向于将功能分配至与逻辑概念相对应的子系统。在 CubeSat 模型中，逻辑模型或子系统模型描述了定义系统期望行为所需的不同概念。

系统的物理模型着重于系统的有形实现，使其能够发挥功能。这些模型代表了指定系统如何实现的硬件和软件。例如，能源子系统的功能之一是存储能量，物理电池硬件则实现了该功能。将 CubeSat 子系统模型和实现模型分配到这些要素中，允许 CubeSat 系统工程师提供一个非常具体的分配定义，即需要什么功能以及如何提供该功能。

③ CubeSat 框架中的模型要素

对 CubeSat 任务进行建模，首先要根据其结构和行为定义任务体系结构。图 8－2 中的模块定义图说明了 CubeSat 任务如何分解为 CubeSat 任务要素、空间环境、利益相关者和一组任务目标。

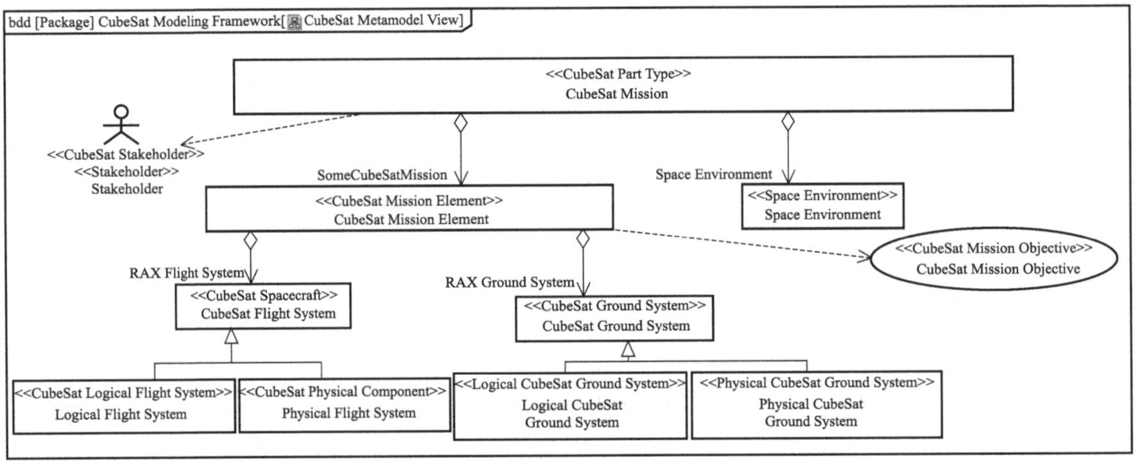

图 8－2　CubeSat 任务环境

将领域划分为任务要素和空间环境，识别领域中的关键元素，允许根据支持任务目标的功能显式地对每个要素的角色进行建模，同时允许描述性能和交互。这是理解航天器与环境交互作用时功能和性能的关键。

采用 CubeSat 建模框架对 RAX 任务建模，需要定义 RAX 任务元素和地球轨道空间环境。任务要素以许多不同的方式与地球轨道环境交互（见图 8－3）。飞行系统在科学任务观测以及利用和容忍其他环境影响方面与环境直接交互。地面系统与飞行系统通信，并与环境现象交互。地面系统的其他部分不直接受环境影响，而专注于地面指挥和控制任务的建模。

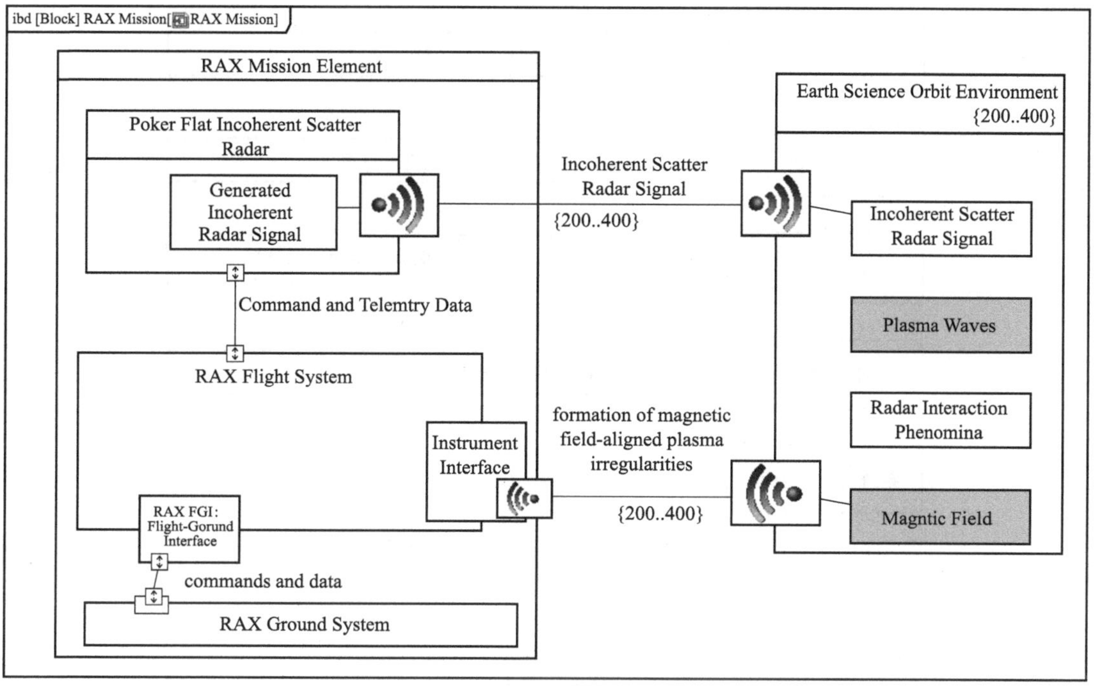

图 8－3　RAX 任务要素和地球轨道环境

(2) 第二阶段：RAX CubeSat 模型集成

第二阶段的重点是扩展 RAX CubeSat 模型，从需求、行为、结构、参数四个方面对 CubeSat 进行任务建模，包括建模结构和与几个 COTS 构件仿真工具的接口。

在静态层面，描述了任务的组织结构、CubeSat 结构、参数约束；在动态层面，描述了任务的功能逻辑、状态变化，以及一些任务分析层面的工程分析算法；在具体计算层面，以 ModelCenter 为枢纽集成了 STK、Matlab 等工具进行了数值仿真分析，对任务设计进行验证，回答系统论证层面的问题，实现了任务级的模型化需求-设计-验证的闭环（见图 8－4、图 8－5）。

Cubesat 任务架构包括地面网络、飞行器、姿态规划、轨道、运行控制软件、外部环境，以及这些组件之间的关联关系（见图 8－6）。

CubeSat 任务中卫星架构包括通信、能量收集、能量管理、载荷、数据管理、总线等部分，以及这些部分之间的关联关系（见图 8－7）。

载具中包含物理量指标（总重量、能量下界限、最大能量储量、最大数据储量、最慢下载速度），任务对这些指标提出需求，以及从物理指标到任务需求的满足关系（见图 8－8）。

用活动图的形式表示“发送信号”的行为过程，确定了基于时间步的当前状态，进而将相关信息发送到状态机中（见图 8－9）。

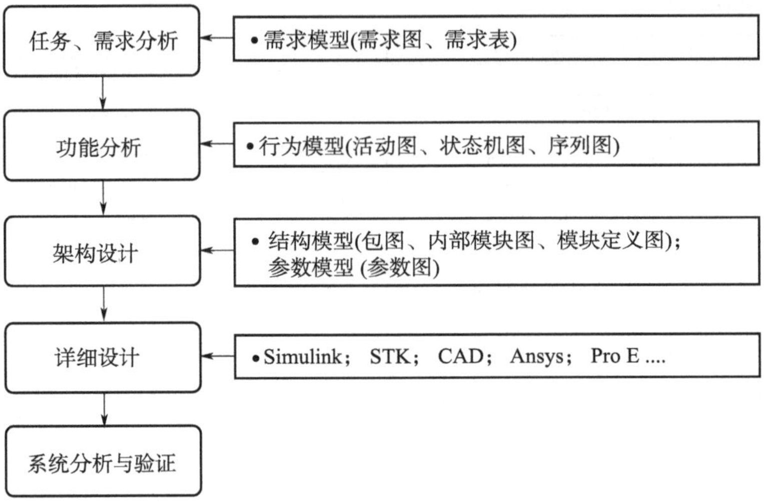

图 8-4　CubeSat 建模实现步骤

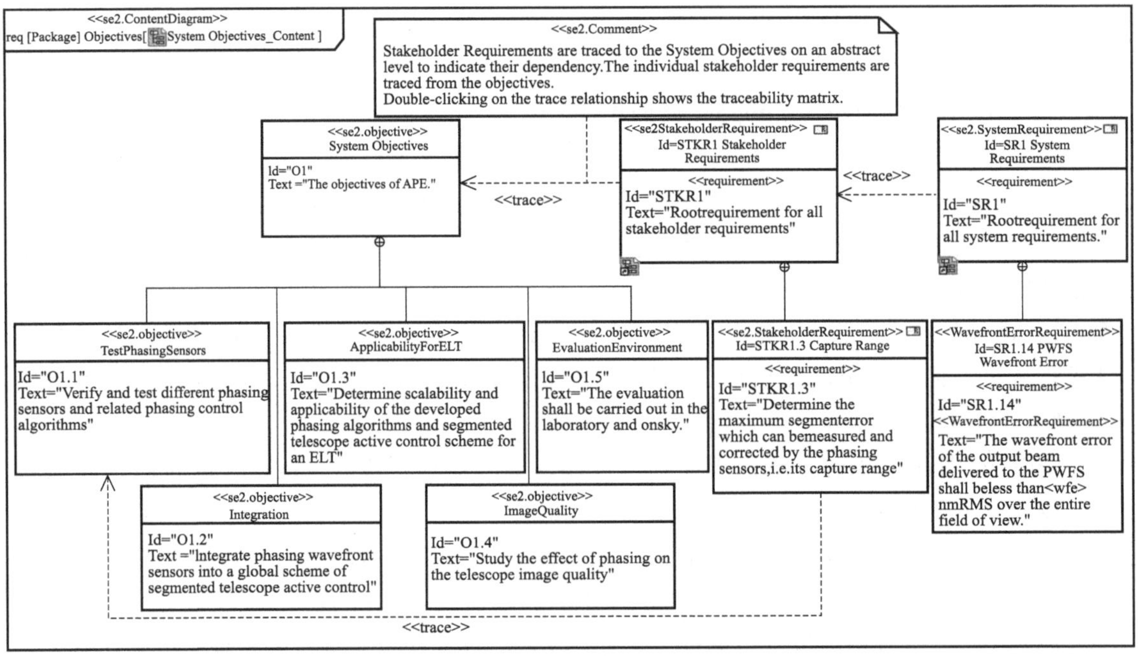

图 8-5　系统总体目标的分解

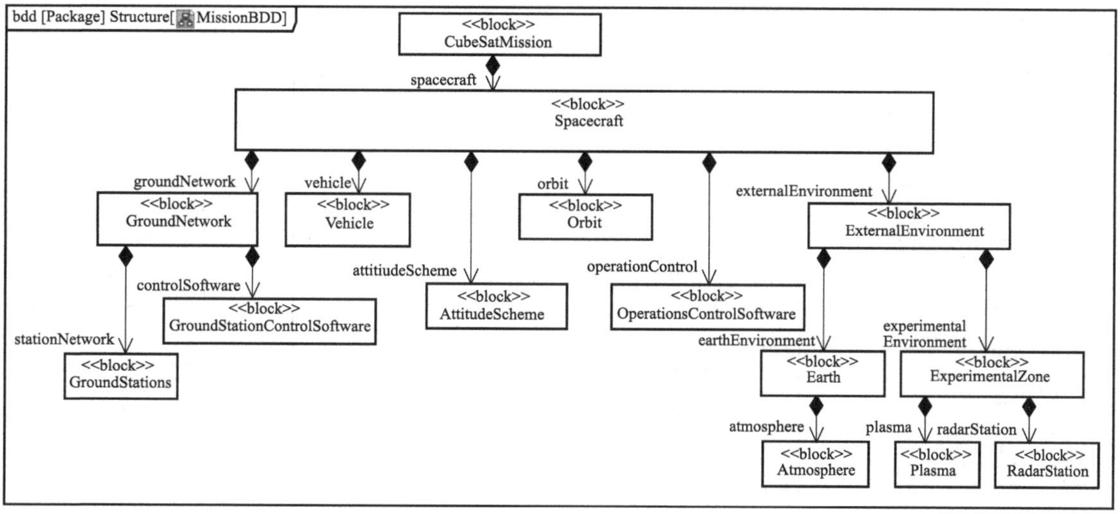

图 8－6　CubeSat 任务架构

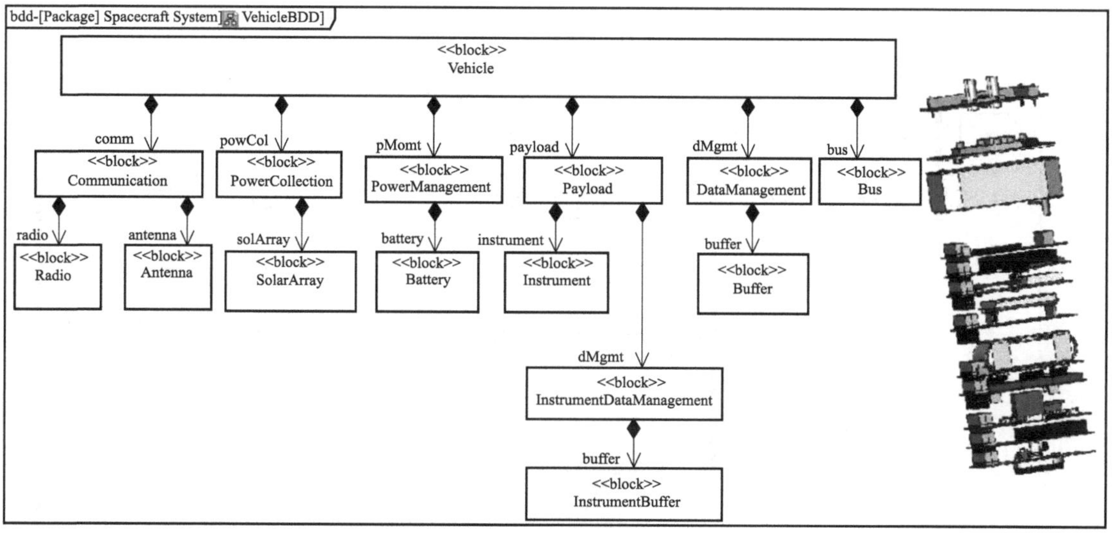

图 8－7　卫星架构

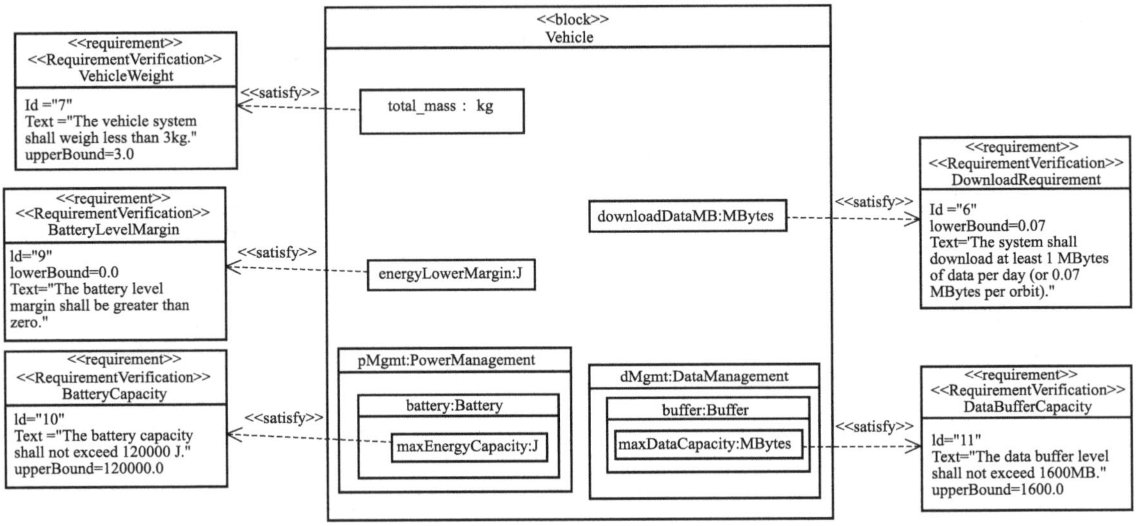

图 8－8　卫星值属性与任务需求的满足关系

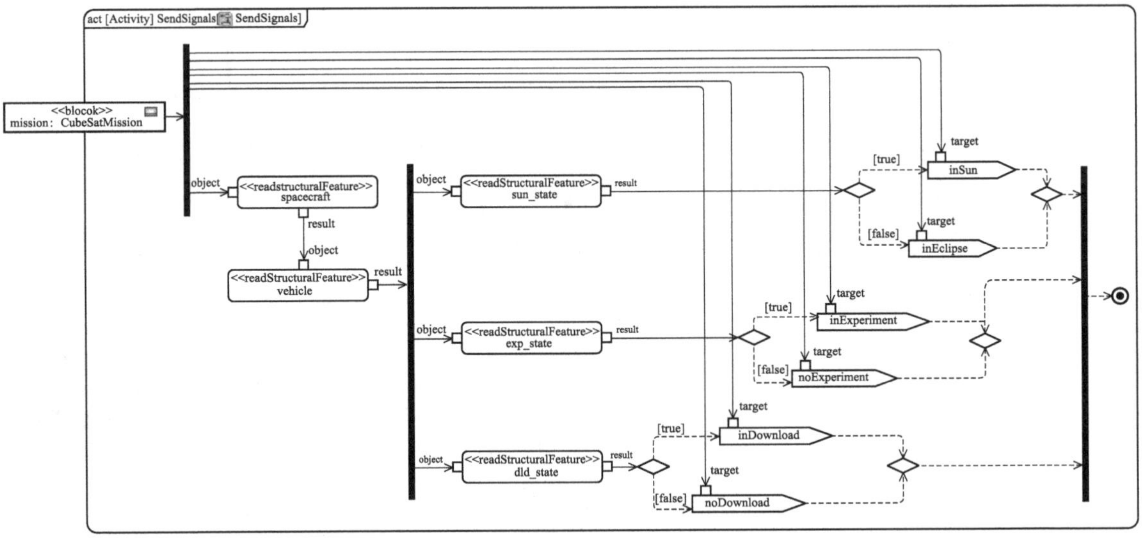

图 8－9　行为建模：发送信号

状态机图用来为一些状态进行建模，轨道状态能够揭示出飞行器是否已完成发动，是否在轨运行。太阳能状态揭示出飞行器是处于阳光照射还是无光。试验状态揭示出飞行器是否正在收集数据。下载状态揭示出飞行器是否正在向地传输（见图 8－10）。

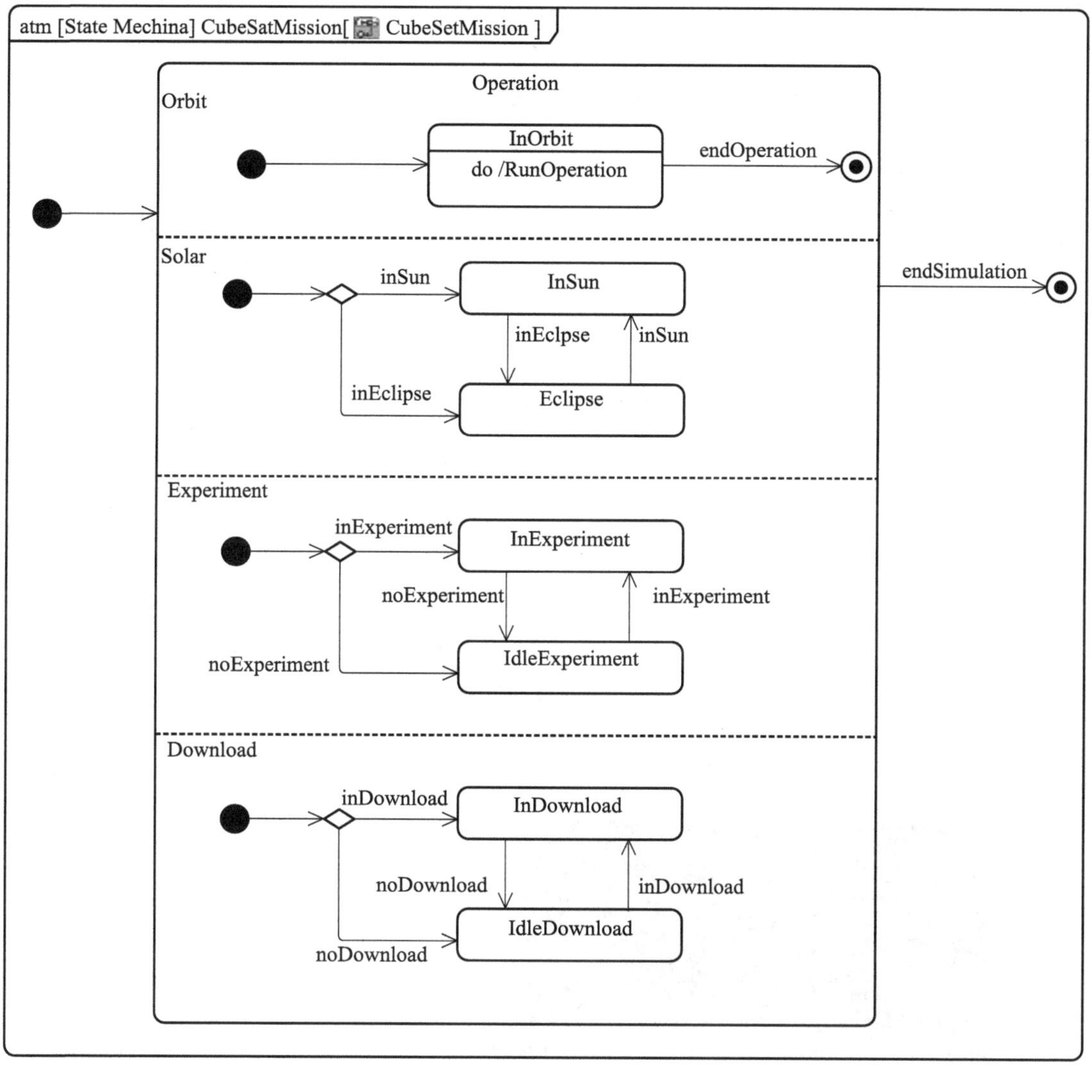

图 8－10　CubeSat 任务状态

用参数图的形式表示了有关 RAX 能量度量的工程分析方法，描述出如何将一些直接测得的输入和一些已知量通过相应的工程分析函数得出能量上传过程中飞行器储存的能量量级（见图 8－11）。ModelCenter 将 STK，Matlab 中的分析模型进行集成打包，SysML 中的参数约束模块读取运行 ModelCenter 模型。

具体的轨道计算（见图 8－12）和分析由卫星工具包 STK 完成（阳光照射情况，太阳能面板角度，与试验区域的交互情况，与地面站的交互，测算实验数据收集的时机以及何时传送数据给地面站）。STK 得到的结果用来测算 RAX 的太阳能板收集到的能量量级。

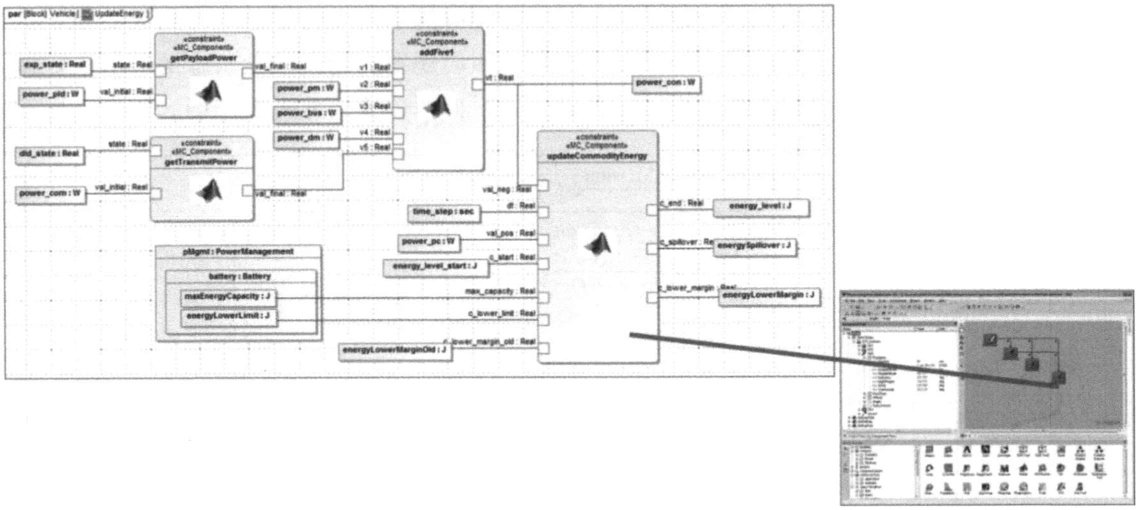

图 8-11　能量计算

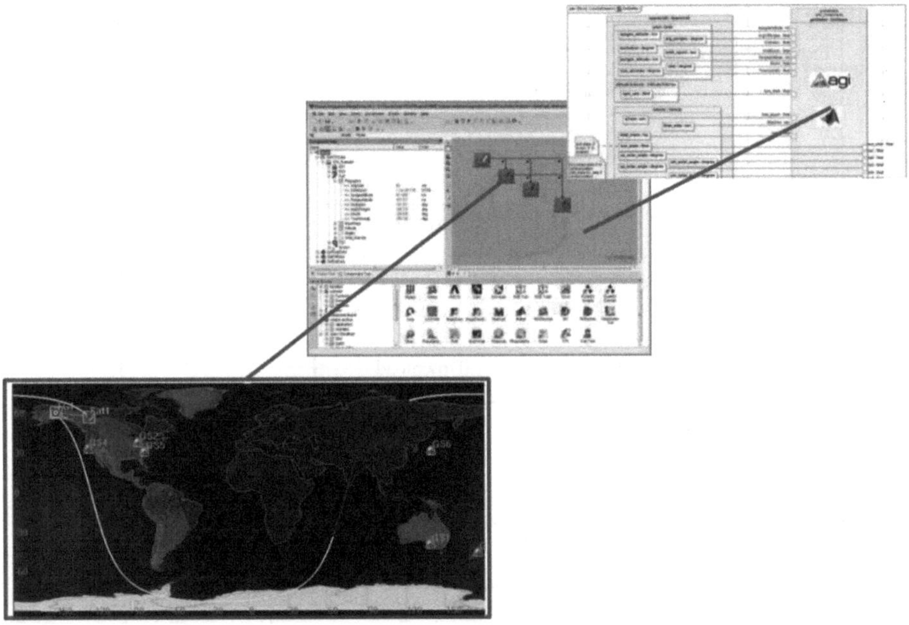

图 8-12　卫星运行轨道计算

①在任务进行过程中，卫星的状态会如何变化

基于时间轴的能量变化情况，虚线用 0-1 状态表示卫星是否处于阳光照射，实线表示能量情况。由图 8-13 得知在阳光照射下能量上升，反之则下降。但是在 90 min 左右能量水平出现轻微下降，接下来会提供解释。

基于时间轴的数据下载情况，虚线用 0-1 状态表示卫星是否处于数据下载状态，实线表示数据下载量。由图 8-13 得知在 90 min 左右启动数据下载，而显然数据下载会消耗能量，所以在左图中在相应的时间出现能量水平下降。

图 8－13 充分反映出真实的能量获取与数据下载的活动及其之间的联动影响关系。

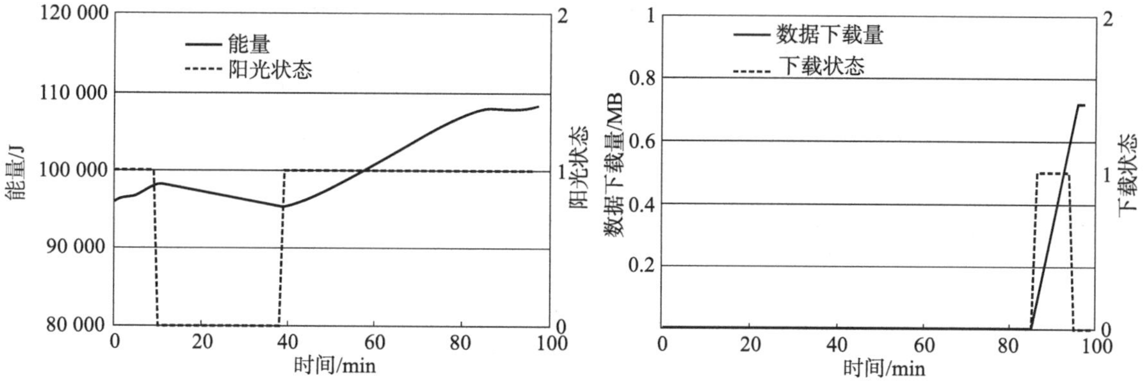

图 8－13　RAX 能量状态和数据收集分析

②系统的设计和运行情况能否满足需求

太阳能板面积和电池容量是重要的设计参数，但是这样的参数方案比较难以在设计初期就确定，因为这需要理解星上能量情况。星上能量几乎为所有分系统供能，并且卫星与分系统之间的动态运行情况也必须被充分理解，问题比较复杂，需要权衡研究（见图 8－14）。

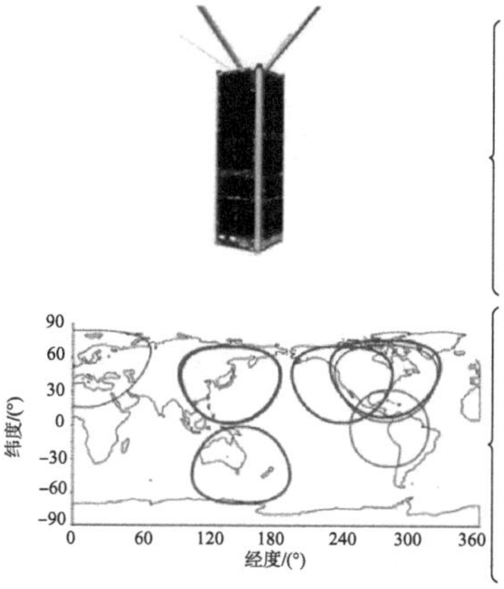

权衡分析	研究价值	性能指标
太阳能板面积	• 标称：18.2 cm^2/面 • 1/2 标称值 • 1/4 标称值	星载能量水平
最大电池容量	• 额定：115 000 J • 缩减的：100 000 J	星载能量水平
轨道高度	• 标称：811 km × 457 km • 低：593 km×250 km • 高：1 311 km×932 km	数据下载量
地面网络站	• Ann Arbor & Menlo Park • Ann Arbor & Fairbanks • Fairbanks & Menlo Park	数据下载量

图 8－14　权衡分析

为确定太阳能板面积，三种不同尺寸备选。系统需求已经确定了能量的上下限，能够看出第三种方案没法满足任务需要（见图 8－15）。

③任务参数的变化如何影响运行性能

三种轨道方案的数据下载量，标称轨道方案和低轨道方案表现差不多，高轨道下载量显著增加，可能是由于高轨道卫星能够拥有更多同地面站和实验区域的通路（见图 8－16）。

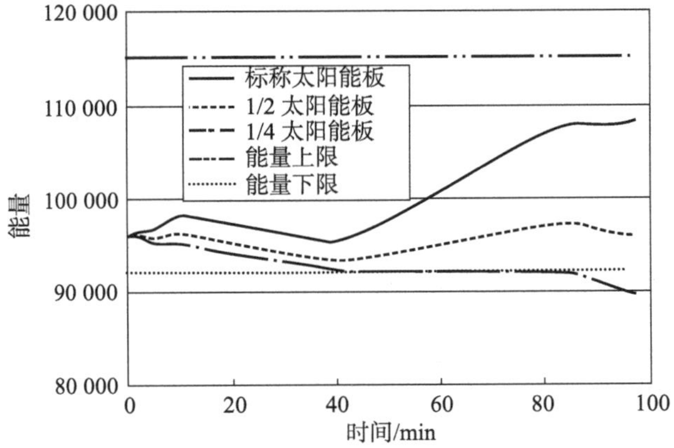

图 8－15　不同太阳能板面积方案对比

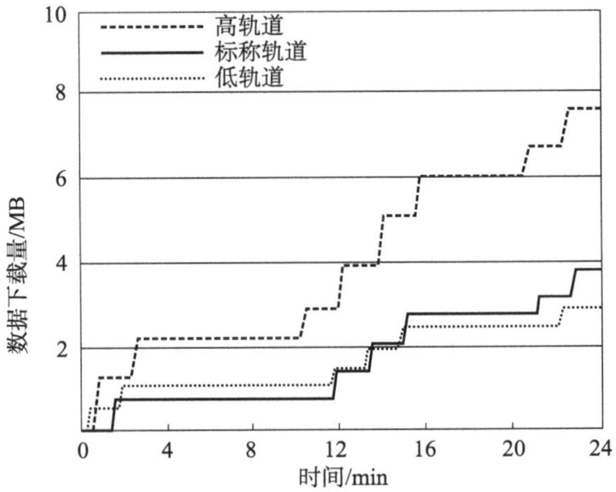

图 8－16　不同轨道方案对比

能够看出后两种方案显著增加数据量，但是三种方案从性能上来说都可以满足需求，这样的话就需要从成本等方面进行综合权衡来选择最佳方案。

(3) 第三阶段：CubeSat 企业模型开发

第三阶段包括两项活动，第一是 CubeSat 企业模型的开发，用于捕获任务航天器和问题领域的成本和产品生命周期方面；第二是在 RAX 模型中加入了额外的设计和操作特性。

该部分使用 MBSE 经典实践方法论——Harmony－SE，用以支持模型驱动开发流程，即在复杂产品设计过程中，构建需求模型、功能模型、架构模型以及权衡分析模型，实现需求、功能到架构的分解和分配，并且对组件和任务的关键设计参数进行了权衡分析，初步研究评估了设计空间，以确定对任务性能有重大影响的设计参数，通过模型执行实现系统需求和功能逻辑的“验证”和“确认”，方法本质上是针对 CubeSat 任务级的可行性论证。

大多数太空任务的根本问题是信息的生成或流动。无论任务是拍摄地球图像、测量空间天气现象，还是展示微型推进器等新技术的进步，CubeSat 都必须能够收集所需的任务数据，并确保将数据分发给需要的人。这导致了收集任务数据与分发任务数据两个示例任务需求的开发，以指定其独特任务的实际任务数据收集和分发需求，见表 8-3。

表 8-3　CubeSat 任务要求

标识符	名称	文本要求
1	收集任务数据	CubeSat Mission Enterprise 应收集满足需要的任务数据
2	分发任务数据	CubeSat Mission Enterprise 应将任务数据分发给所有需要该数据的任务数据用户

在图 8-17 的用例图中，系统被视为一个黑盒，任务数据用户是首席科学家，他启动了两个用例以获得支持研究工作所需的任务数据。该系统是负责收集任务数据并将其分发给需要它的首席科学家的 CubeSat 企业。

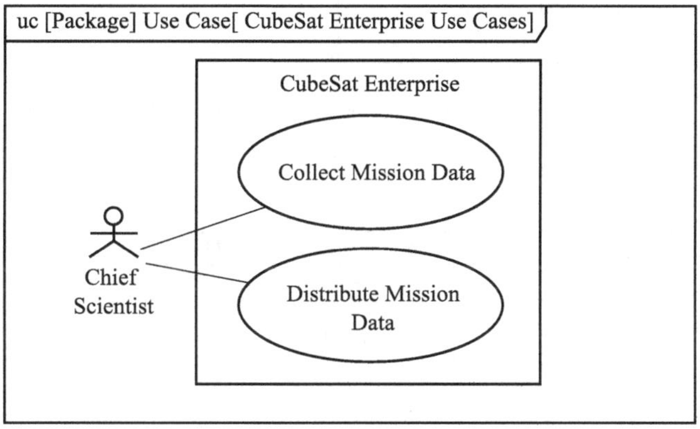

图 8-17　CubeSat 企业级用例

一个普遍的观点是用例是需求的精化。SysML 中的精化关系用于将需求与阐明需求的另一个模型元素相关联，以减少需求中的歧义。上面定义的任务要求通过名为“收集任务数据”和“分发任务数据”的用例进一步细化。SysML 中的需求图用于显示基于文本的需求、需求之间的关系以及需求与其他模型元素（如用例）之间的关系。图 8-18 显示了表 8-3 中的两个任务需求以及这些需求与两个用例（收集任务数据和分发任务数据）之间的精化关系。

用例场景捕获满足参与者目标所需的功能以及系统如何与其参与者交互。它表示用例从开始到结束的完整路径。主要成功场景代表一个典型案例，其中没有任何问题，主要参与者的目标已实现，所有利益相关者的利益都得到满足。用例将所有场景组合在一起，而 SysML 活动图可用于描述用例场景。

图 8-19 显示了收集任务数据活动的分解。

此时，已经定义了表示用例功能的活动，但尚未建立这些活动与其相应用例之间的关系。对于用例场景，活动提供了用例本身无法表达的细节和清晰度。图 8-20 在图 8-17～图 8-19 的基础上添加了活动及其相应用例之间的细化关系。

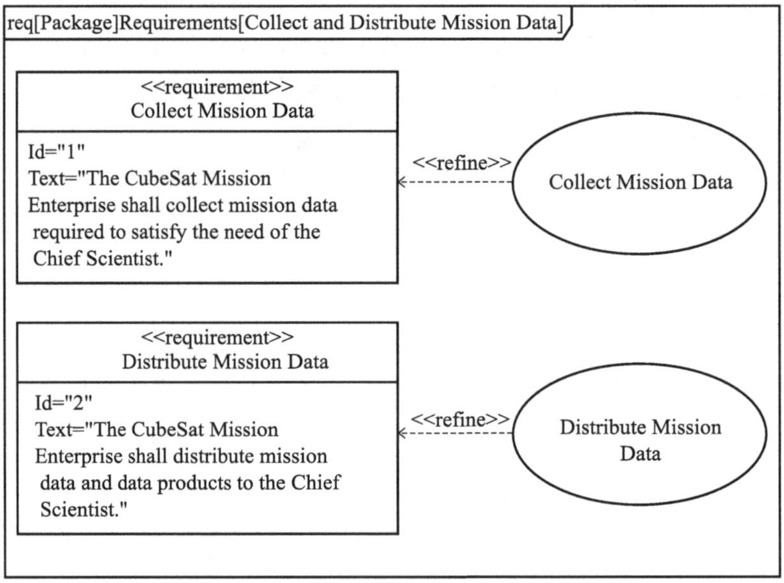

图 8-18　通过收集和分发任务数据用例精化 CubeSat 任务要求

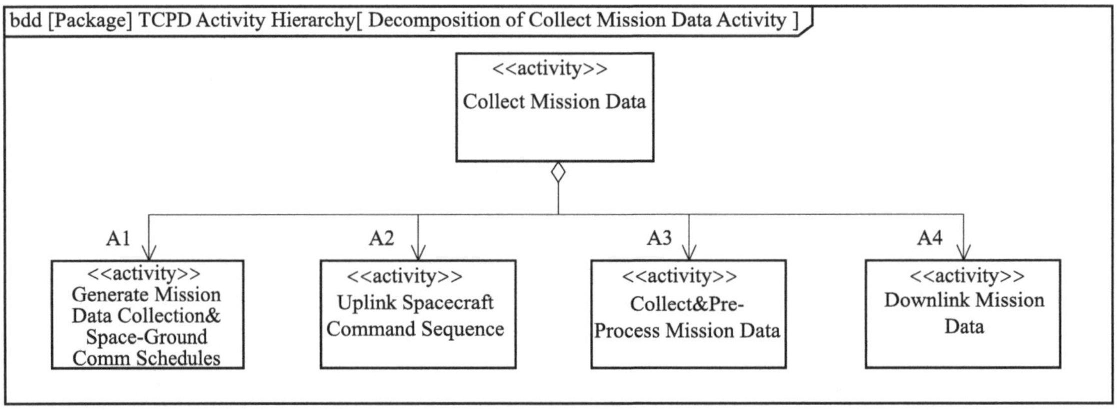

图 8-19　收集任务数据活动的分解

使用图 8-19 中的操作为收集任务数据活动开发活动图，传达操作之间的执行顺序和输入/输出流，如图 8-21 所示。

将较高级别的活动分解为较低级别的操作，然后创建活动图的过程会根据需要继续进行，直到达到系统层次结构的适当级别。在图 8-22 中，生成任务数据收集和空间-地面通信计划活动、上行链路航天器命令序列活动被进一步分解，并为每个活动创建活动图。如前所述，任务分配被转换为航天器命令序列，该命令序列被上行链路到 CubeSat，后者在下行数据之前收集和预处理任务数据。

在图 8-22 中，CubeSat 负责以下操作：1）确定何时开始准备任务数据的上传；2）检索存储的空对地通信命令序列（A2.2）；3）配置通信设备接收上行链路（A2.3）；

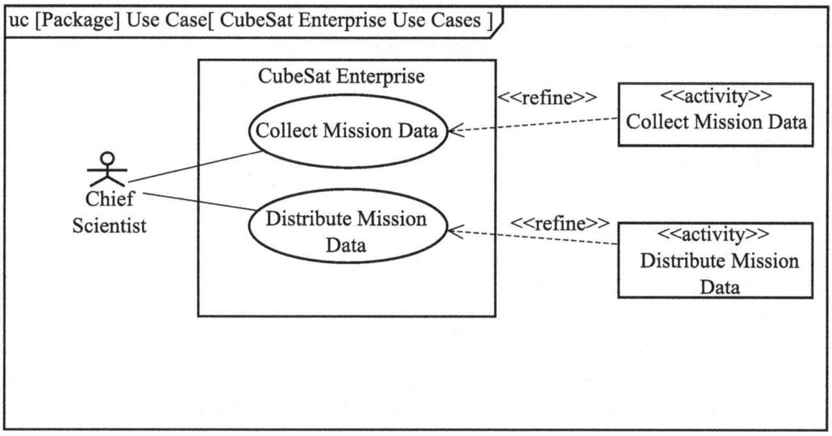

图 8－20　按活动细化的 CubeSat 企业级用例

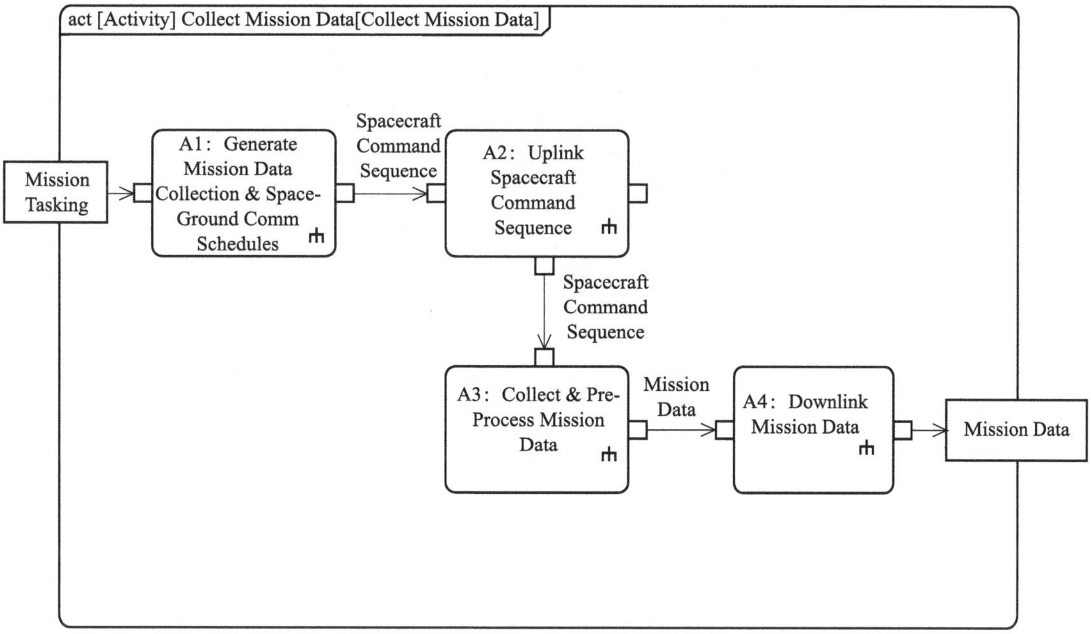

图 8－21　收集任务数据活动

4）接收上行链路命令序列（A2.5）。

这些动作可以作为 CubeSat 的功能要求来捕获，就像在任务要求中所做的那样。然后可以在 CubeSat 级别递归应用该方法。将活动分解为动作可以继续向下到 CubeSat 的子系统级别。最终结果可以在表示完整功能分解和生成的功能架构的活动层次结构中显示。图 8－23 显示了收集任务数据活动的持续分解。

根据项目整体运行情况及上述分析，其运行环境的架构模型如图 8－24 所示，实体架构如图 8－25 所示。

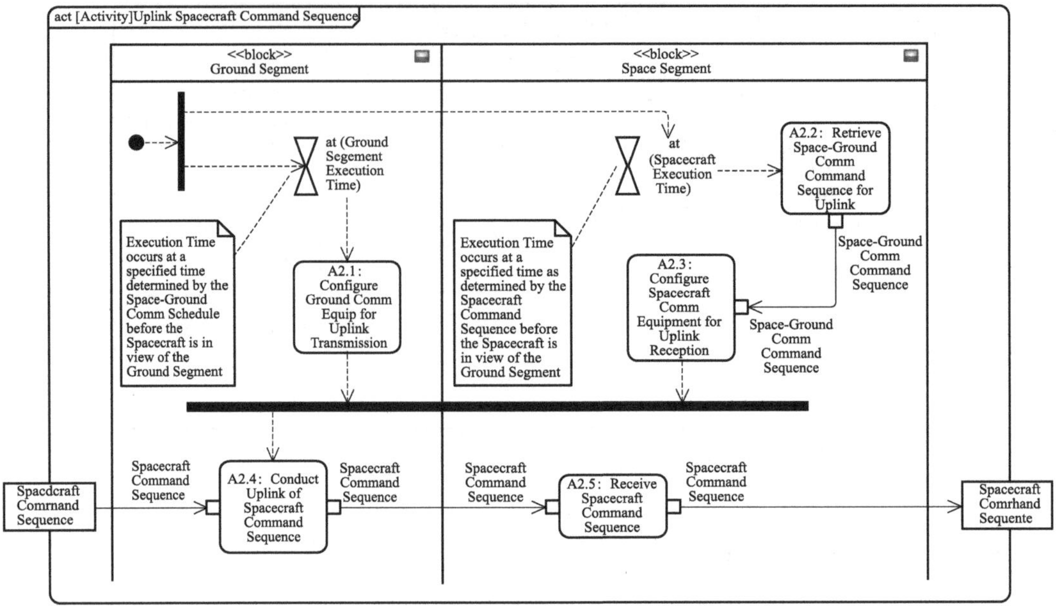

图 8－22　上行链路航天器命令序列活动

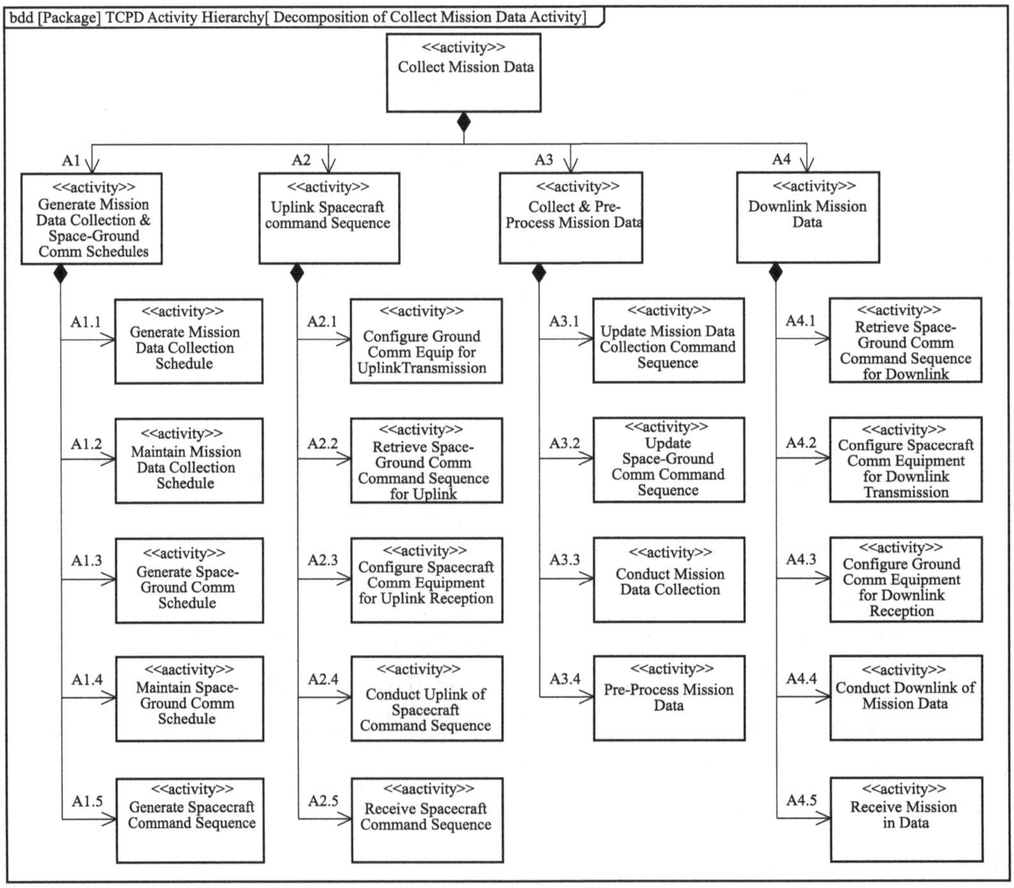

图 8－23　收集任务数据活动的活动层次结构

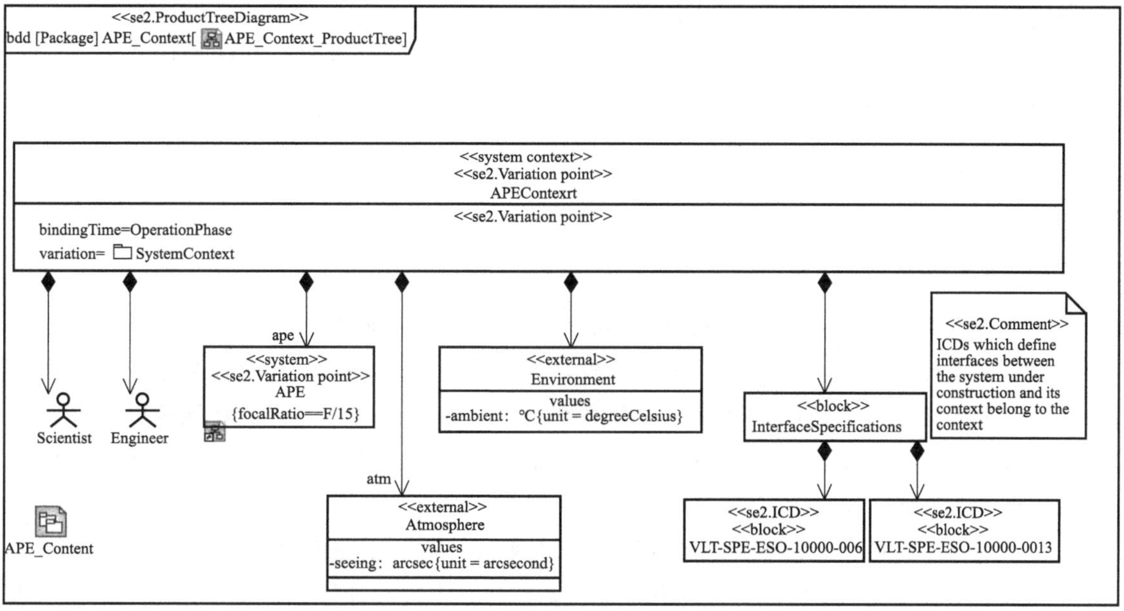

图 8-24　项目整体运行环境的架构模型

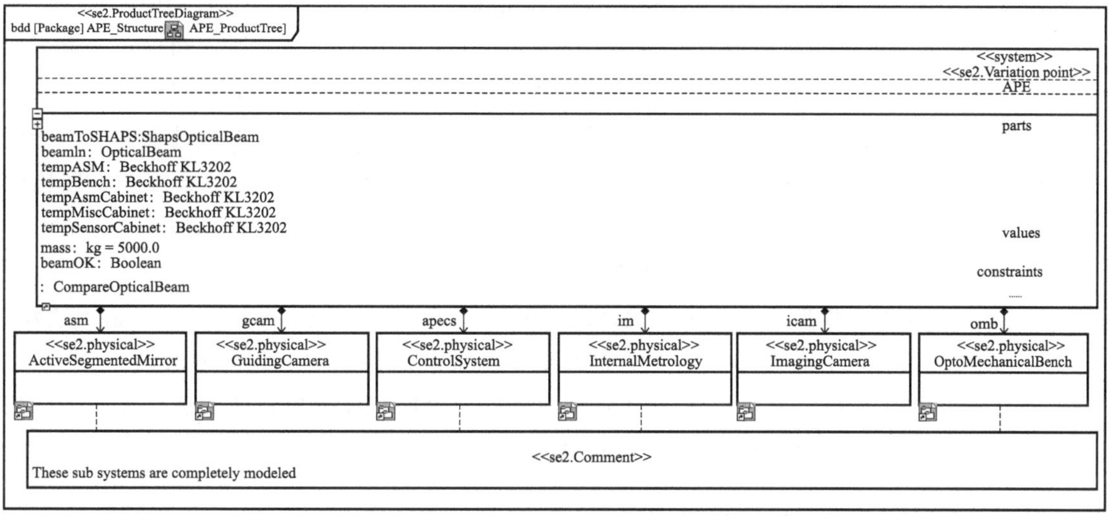

图 8-25　项目实体架构模型

8.1.3　实施效果

该部分介绍了用于定义 CubeSat 行为的 MBSE 方法。该方法以一组明确定义的任务要求开始，以捕获为活动层次结构的功能架构表示结束。在 SysML 活动图中捕获每个活动的执行顺序和操作之间的输入/输出流。这种方法具有以下优点。

1）可追溯性：从任务要求到满足这些要求所需的功能都有明确的可追溯性。

2）递归：该方法可以递归地应用于任务层次结构的所有级别，较高级别的输出成为较低级别的输入。

3）通用性：这种方法不依赖于任何特定工具，并且足够通用，可以轻松地纳入许多系统工程方法。

8.2 航天器 MBSE 应用实践

8.2.1 任务背景

随着载人航天、深空探测等领域的不断拓展，航天型号研制又呈现出新任务技术难度大、创新要求高等新特点，在早期论证阶段，需求迭代十分频繁，对设计数据的一致性要求越来越高。且航天器面临的环境条件和系统行为日趋复杂，其运行的功能逻辑已经难以用文档来梳理清楚，早期验证手段不足，只能依赖于系统集成后的物理验证，因此，传统的研制模式越来越“力不从心”。

近年来，国内在航天领域开展了 MBSE 应用实践，初期重点围绕 MBSE 语言工具培训、型号试点应用、建模方法研究等方面开展工作，在过程中统一理解和认知；在广泛调研与理论探索的过程中不断与现有流程相印证，梳理、总结、提炼出了基于模型的航天器系统设计与验证过程及 MBSE 初步工作指南；将 MBSE 正向设计流程逐步引入型号研制中，在典型应用实践中不断完善航天领域的 MBSE 方法，为后续的推广应用打下了基础。目前，某航天研究院以月球探测飞行器研制实践为例，探索并验证 MBSE 方法在其中的应用实施。

月球探测飞行器具有系统复杂度高的特点，在初期开展 MBSE 实践的过程中，由于建模工作量大、周期长，导致应用效果不容易体现，推广过程中不可避免地会存在一些质疑与异议，主要体现在以下方面：

1）语言过于抽象，工程人员学习和理解困难，未掌握前反而影响设计效率；

2）工具难掌握，模型资源匮乏，设计缺少基础库的支撑导致设计效率低、模型质量差；

3）方法普适性强，但专业性不足，缺少针对行业领域特点本地化的方法论。

为了进一步促进 MBSE 在航天领域的应用推广，迫切需要解决在研制管理流程、队伍组织、方法论、工具和模型库等多个方面存在的问题。

8.2.2 基于 MBSE 的型号研发方案设计

（1）基于 MBSE 的航天器创新研发模式构建

据统计，80%以上的创新是产品概念形成阶段完成的，而这一阶段目前是较为薄弱的环节，设计师缺乏有效的数字化手段，主要以文档的形式对设计过程进行描述。与传统的基于文档的研发模式相比，基于 MBSE 的创新研发模式是以模型为核心，围绕飞行任务和工作场景，通过基于模型的航天器系统需求分析、功能分解和架构设计，实现需求、功能向架构的分解、分配，利用结构化的需求追踪矩阵和模型连续传递链路，能够支持需求和架构的验证与确认。通过系统模型与专业分析模型的集成，实现航天器多学科、多层级的性能/功能仿真验证。最终建立“多级需求可追溯、系统功能早验证、信息传递无二义、数字模型贯全程”的研发新模式（见图 8－26）。

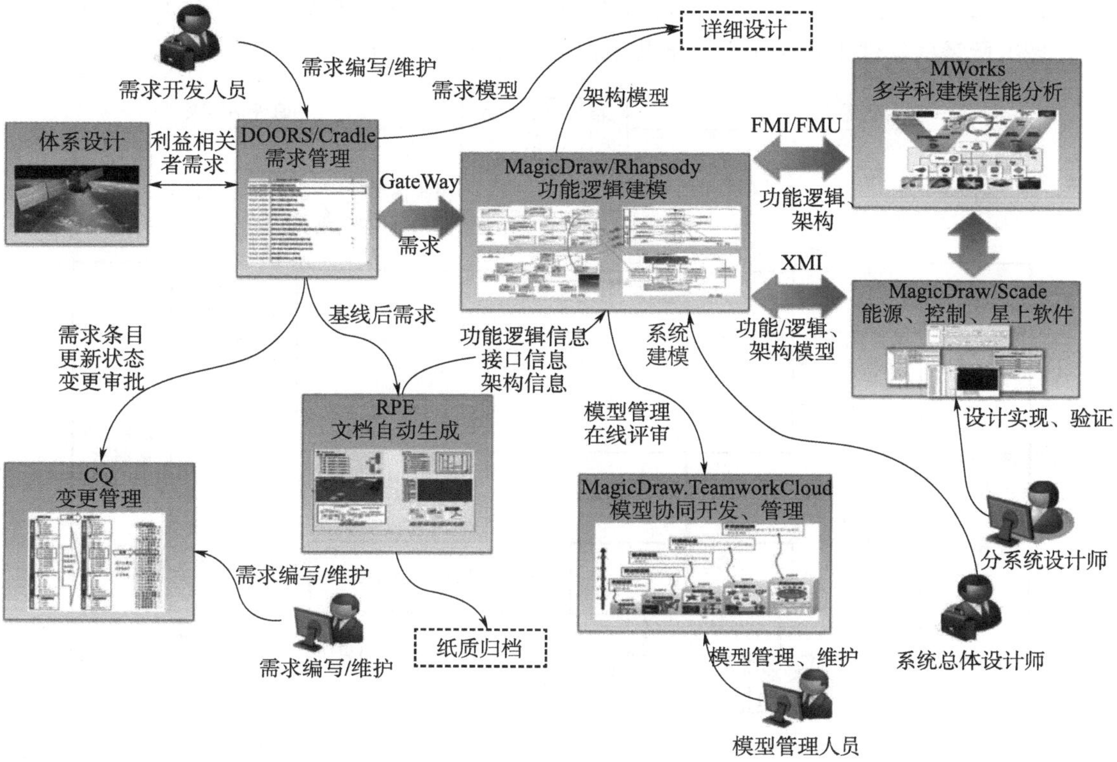

图 8－26　基于 MBSE 的航天器创新研发模式

（2）基于 MBSE 的航天器创新研发环境建设

在参考 JPL 的基础上，提出从软件工具、设计过程、标准规范（知识库）等内容开展协同设计环境建设（见图 8－27）。

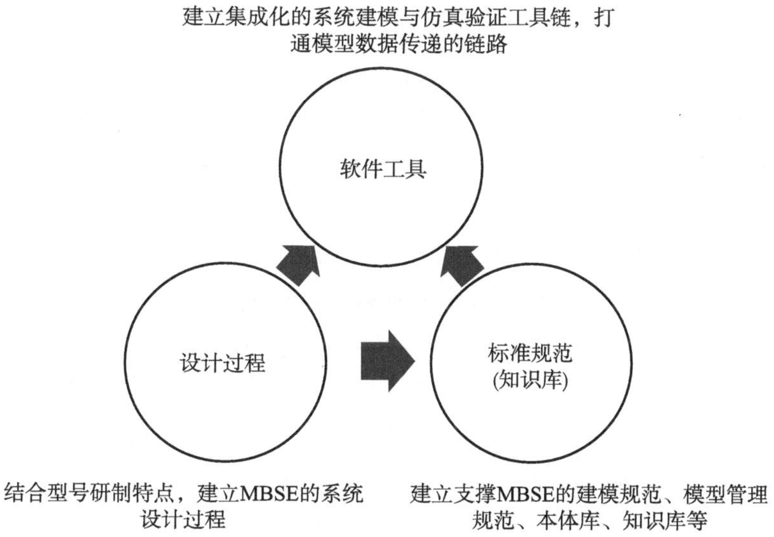

图 8－27　基于 MBSE 的航天器创新研发环境组成

①软件工具构成

软件工具是构建基于 MBSE 的航天器创新研发环境的重要基础。结合航天器研制特点，提出所需的软件工具应包含以下几个部分（见图 8－28）。

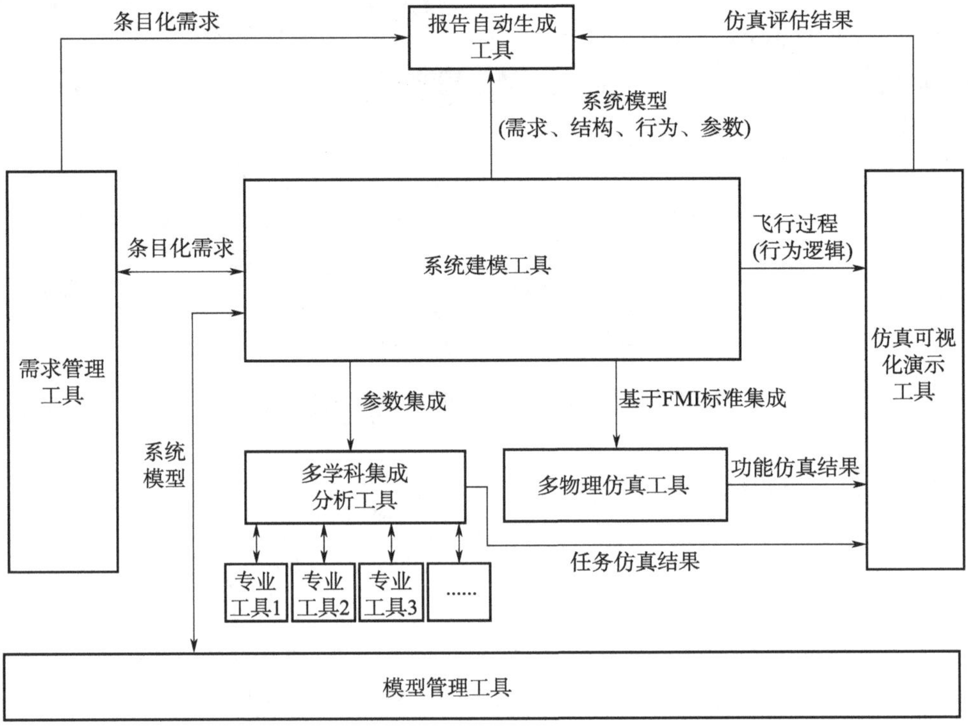

图 8－28　软件工具构成

1）系统建模工具。系统建模工具以需求为输入，根据航天器任务场景，重点对行为、结构、参数进行图形化建模，通过模型的运行，支持动态的功能逻辑验证。

2）需求管理工具。需求管理工具是对需求分析的结果进行管理，重点包括需求链接关系建立、需求基线管理、需求变更管理和多视图管理等内容。

3）多学科集成分析工具。多学科集成分析工具用来实现系统建模工具与各专业工具（如 CAD、Matlab 等工具）的集成，通过功能逻辑的运行，可实现系统级任务仿真。

4）多物理仿真工具。多物理仿真工具用来支持系统的物理域仿真，主要是基于 Modelica 语言，实现机械、控制、能源等多领域的功能仿真验证。

5）仿真可视化演示工具。仿真可视化演示工具用来对任务飞行过程和仿真结果进行可视化展示，以可视化（三维、曲线等）的方式直观、清晰地展示系统仿真验证过程。

6）报告自动生成工具。报告自动生成工具用来实现报告生成，通过定义报告生成模板，支持基于各类模型的报告自动生成，用来归档、查阅等。

7）模型管理工具。模型管理工具用来对系统模型进行管理，支持基于 Web 网页的模型文档生成，重点包括模型的统一存储、版本管理、流程管理、模型查看、模型评审等内容。

②基于 MBSE 的航天器系统设计过程

基于 MBSE 的航天器创新研发过程如下：以用户需求为输入，开展任务边界定义，定义大系统组成及与航天器之间的接口；基于航天器任务场景，定义航天器任务运行的阶段和用例，通过对任务过程进行层层分解，最终建立航天器功能树；根据功能分析的结果，定义系统/分系统级组成，将功能活动分配到各分系统/单机中，定义各分系统/单机之间的接口；在功能分析和架构设计基础上，明确航天器指标体系，定义功能、性能、约束、接口等各类指标，并基于该指标，开展各类工程分析和仿真验证，最终形成下一阶段的技术要求（需求）。在整个设计过程中，始终围绕“需求进、需求出”的原则，利用模型的一致性和关联矩阵，确保设计结果的一致、可追溯。整个研发过程如图 8 - 29 所示。

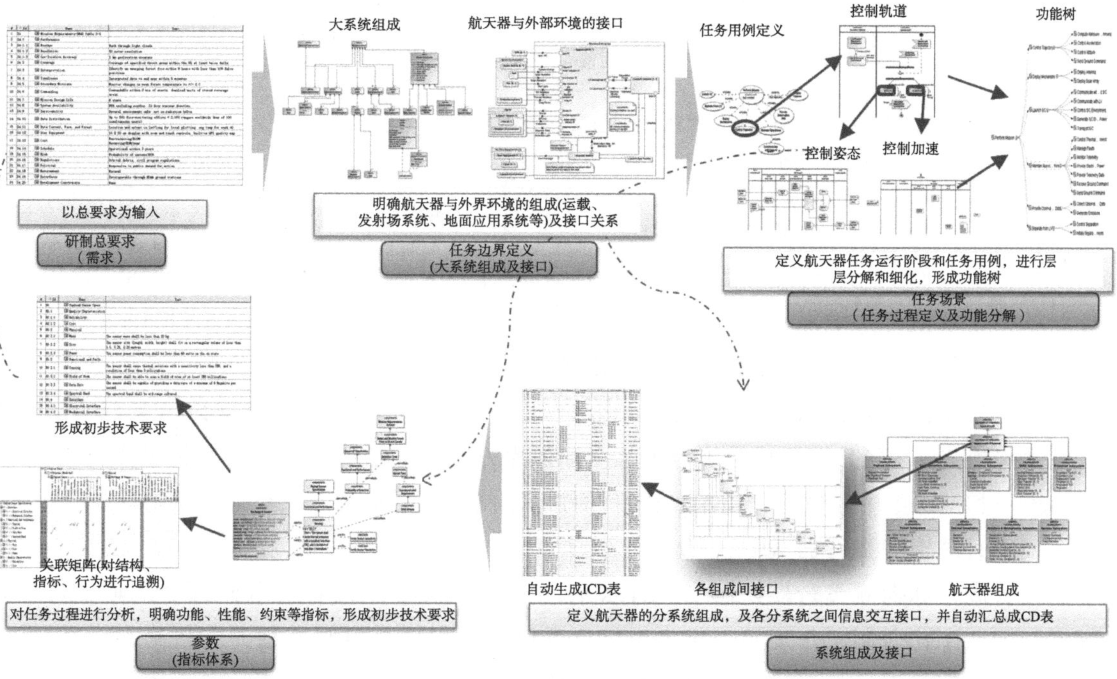

图 8 - 29　基于 MBSE 的航天器系统设计过程

在建模过程中，为了确保模型构建准确、颗粒度合理，围绕需求、功能、架构、参数等四个方面，提出了一套模型的判定标准，见表 8 - 4，同时，该表格也可以作为后续模型评审的参考依据。

表 8 - 4　模型构建判定标准

序号	模型类型	判定依据	技术途径
1	需求	每条需求都至少与一个利益相关方关联？	分配关联矩阵，确保每一条需求都与对应的利益相关方关联
		在后续设计中，每条需求都得到满足？	满足关联矩阵，确保每一条需求都得到满足

续表

序号	模型类型	判定依据	技术途径
2	功能	每个功能都有相应的需求？	满足关联矩阵，确保所有活动都有相应的需求对应（满足关系）
		每个功能都能够分配到所属的系统/分系统中？	分配矩阵、带泳道的活动图，确保所有的功能都分配到对应的系统/分系统中
3	架构	物理/逻辑架构向下一层级是否分解正确？	模块定义图，确保架构层次描述清晰、准确
		物理/逻辑架构的部件组成定义是否正确？	模块定义图，确保部件组成清晰、准确
		架构每个元素是否分配相应的功能？	分配矩阵，确保架构每个元素均对应某一个或几个功能
4	参数	系统功能逻辑能够按照预想方式运行？	逻辑仿真验证，确保逻辑正确
		仿真参数结果准确？	参数仿真，确保参数获取、传递正确
		对需求的验证/确认是否通过？	逻辑仿真、参数仿真，确保对需求实现100%验证通过

③标准规范（知识库）

航天器创新研发环境建设，离不开标准规范、知识库的支撑。在标准规范方面，需要建立MBSE模型体系，包括需求/功能/架构/物理等建模规范、MBSE模型命名规范、MBSE模型管理规范、MBSE模型检查规范等。在知识库方面，包括构建本体库、模型库，支持语义的统一和模型重用，另外，还需要进行插件的定制开发，实现知识经验的固化。

（3）月球探测飞行器MBSE数字化设计

为提高月球探测飞行器研制与管理水平，推行MBSE方法在型号研制全周期的应用，探索制定数字化研制工作规范，推进数字化手段与工程现有研制流程的有机融合。初步开展了基于模型的需求分析、系统设计与仿真验证工作。需求建模方面，实现了多级需求的分解和追溯关系的建立；系统设计方面完成了基于模型的功能、架构分解和飞行方案设计，并开展了基于模型的设计评审；系统级仿真验证方面，正在开展基于Modelica语言的多学科建模和多专业耦合仿真验证工作，目标是在方案阶段完成基于MBSE的数字化设计闭环仿真验证（见图8-30）。

①需求建模

通过体系论证与效能仿真工作，形成用户需求指标，作为开展航天器系统需求分析的输入，通过用户、系统、子系统需求的结构化定义与分解，实现总体设计需求的规范化，确保各级需求和指标表述清晰、完整准确，消除二义性；建立各级需求间的关联关系，有效识别各层次需求间的相互耦合和影响关系，实现需求变更影响域的动态分析；建立各级需求模型及相互之间的关联关系，建立需求与测试验证的紧密关联，实现测试覆盖性分析与早期的验证规划，最终实现对需求的全生命周期管理。

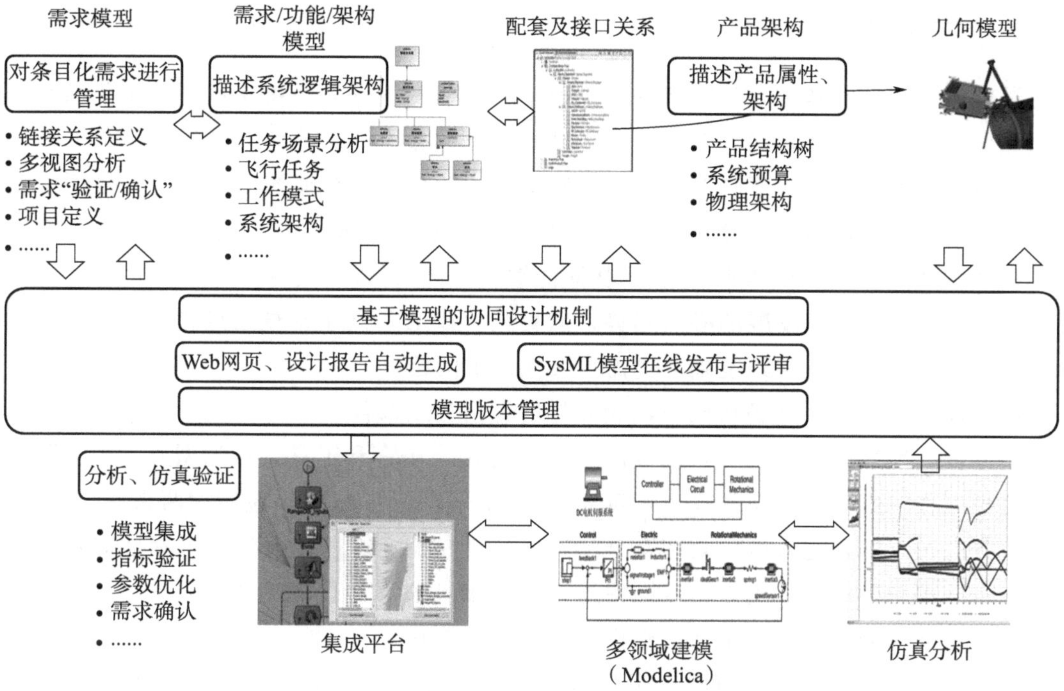

图 8-30　月球探测飞行器 MBSE 数字化设计工作模式

②系统设计

以需求模型为输入，建立航天器功能模型，利用系统动态视图描述用例、活动、时序和状态等行为，利用系统静态视图描述系统功能参数、接口等；建立功能与需求之间的关联，确保对多级需求的全覆盖，通过用例图、活动图、时序图、状态图对系统功能进行逻辑验证，同时指导后续的综合测试和在轨管理工作，包括测试细则的编制、在轨故障模式的诊断和故障模式的判据，最终确定系统功能基线。

③系统级仿真

以飞行任务为依据，在构建功能模型的过程中开展航天器功能设计工作，描述航天器在轨飞行过程，与"任务需求→系统级功能/性能→分系统功能/性能→单机级功能/性能"建立起完整的逻辑关系，伴随研制阶段深入细化，将任务需求转化为系统级、分系统级、单机级技术活动及相关接口的活动，形成能覆盖所有层级和场景的功能体系结构，并通过模型的"执行"进行功能的"验证"和"确认"，确保系统功能的正确和对需求的覆盖。同时，开展基于模型的仿真验证，利用 Modelica 物理建模机制，将专业领域连接关系转换为多学科系统仿真模型框架，完成多学科建模和多专业耦合仿真验证工作。

上述过程需要在总体、分系统、单机等几个层级反复迭代，不断细化，直至能清晰描述整个设计、验证及工作过程，实现从"黑盒"向"白盒"的转变（"黑盒"分析过程明确系统要干什么，确定了系统的输入输出端口，但不包括系统的内部组成；"白盒"分析过程主要确定如何实现，明确了系统的内部组成）。

8.2.3 实施效果

通过实施航天器基于MBSE的系统设计，提供了一套融合系统工程和数字化的有效的方法和手段，以模型的方式“自顶向下”描述复杂系统的研发过程，实现了系统工程过程中信息传递的模型化，为不同专业设计师提供了一种高效、准确的交流方式，保证了设计结果的一致性、可追溯性，并且通过与各专业模型进行集成，实现设计—仿真的闭环验证，做到“知其然，且知其所以然”，从而能够支持航天器的创新研发。

MBSE是系统工程发展的必然趋势，但实施MBSE不同于常规信息化工作，而是系统工程和方法的变革，在实践基础上仍需要关注以下问题。

（1）设计与建模人员必须统一，业务与信息化有效融合

一方面，型号设计师团队必须掌握MBSE方法、语言和工具，伴随型号研制实际进展开展建模工作，避免设计与建模“两班人马”，型号研制与MBSE应用“两张皮”。另一方面，业务人员与信息化人员应紧密融合，发挥各自专长，信息化人员侧重标准规范、工具软件、基础模型库的建设工作，共同促进MBSE真正在型号研制中落地。

（2）总体与分系统协同论证，建模方法论因地制宜

为保障总体的集成设计与验证工作有序开展，需要各分系统共同开展MBSE建模工作，总体与分系统的技术状态管理应该一致推进，在总体与分系统协同设计与建模过程中，要对设计流程进行针对性的设计和区分。在总体层面，侧重多专业的协同和设计权衡；在分系统层面，侧重变更管理和快速方案的设计迭代。

（3）MBSE与MBD打通，虚实验证完整闭环

在未来基于模型的数字化研制体系下，在每个阶段都要进行相应的仿真迭代，充分验证，然后再向下一个环节推进，将问题提前暴露和解决，模型相互关联，逐步细化完善，最终形成型号模型库，形成可复用的知识。模型的贯通能力至关重要，包括系统设计模型（SysML语言）与系统验证模型（Modelica语言）的打通、系统设计模型与CAD模型的打通、系统设计模型与CAE专业仿真模型的指标验证打通、系统设计模型与CAM实做模型的打通，以及各模型间数据的同源贯通，从而形成一个以模型为牵引的数字主线，让工程数据都有源可依，设计变更都有据可查，虚实测试都能闭环验证。

（4）模型库统一规划建设，知识经验充分复用

由总体单位牵头统一规划和建设基础共用的模型库，对航天领域标准和规范进行模型化呈现，包括：基础模型库（接口、量纲、信息流、物质等基础元素）、飞行时序库、任务场景分析库和约束规则库的建设等。总体和分系统研制人员基于这些共性的基础模型库来进行MBSE模型的构建，从根本上保证设计术语的统一。

（5）培育自主可控生态，掌握核心发展竞争力

MBSE工具软件在工业软件领域属于新兴板块，目前国内具备一些功能完善的MBSE建模工具。立足长远，从工具语言的原生适用性、安全性和自主定制的可控性等方面，自主软件都有着超越国外软件的优势。建议在MBSE系统建模与仿真领域，结合行业应用，

在使用国际主流工具的同时，支持和培育国产自主可控工具生态，加强自主工具的应用验证和型号应用，通过工具固化工程知识经验。

8.3　火星探测器 MBSE 应用实践

8.3.1　任务背景

（1）问题与挑战

2012 年 8 月 6 日，NASA JPL 的探测器——火星科学实验室（MSL），又名“好奇号”（Curiosity），成功登陆火星表面，开始对火星进行地质和环境研究，以寻找过去适合微生物生存环境的证据。“好奇号”已经完成了它的主要科学目标，并继续分析从岩石中钻取的火星样本，或通过分析仪器内的机载测试室从地面上挖出的样本。

“好奇号”任务成功之后，NASA 要求以更低的成本建立第二个探测器，这项新的任务被命名为 Mars2020。Mars2020 继承了 MSL 飞行系统的大部分设计，但创新设计了科学仪器，旨在寻找火星上过去的生命迹象。此外，该任务将收集和存储将来可能返回地球的土壤和岩石样本，并测试有利于未来机器人和人类探索火星的新技术。与传统范式相结合，Mars2020 还必须应对与新的科学仪器、技术演示以及引入前所未有的样本缓存系统相关的新风险。2021 年 2 月 19 日，美国 Mars2020，即“毅力号”（Perseverance）火星探测器成功着陆。

作为美国火星探测计划中的一环，“毅力号”是迄今为止最复杂的火星探测器。Mars2020 的总体要求包括：更低的成本完成任务，最大限度地利用 MSL 已有成果，包括早期购买的传统硬件和可重用软件，以及获取使任务成功的学科相关专业知识。作为 MBSE 实践的先行者，此次“毅力号”探测器设计又是一次 MBSE 在火星探测任务中的成功落地（见图 8－31）。

图 8－31　“毅力号”火星探测器

研发团队分析了好奇号MSL研制中曾经存在的系统工程问题，大多涉及的是信息获取能力的不足。MSL项目研制过程的技术基线是基于“盒子”模式获取的，并且都是以幻灯片和视图的方式进行记录和存储，由于缺乏严谨的或通用的术语，经常存在多个版本的时效问题。系统工程设计文档，如系统模块图表和电气互连清单、最新的配置单等重要资料的获取非常困难。此外，MSL两年的发射周期存在重大的人为因素和人员不连续性，导致很难把从项目开始到结束所有的数据资料都恢复过来。在Mars2020研制过程中，总结出面临的系统工程挑战如下。

1）“盒子”模式的技术基线。技术基线是使用无关联的视图创建的，它们都无法用于解释设计中的技术内聚；一个演示文稿中的矩形可以在另一个演示文稿中用线条表示，在二者之间没有明确的说明解释。技术基线中各种表格和视图的使用，使问题更加复杂。各种视图/表格的解释权留给了信息的使用者，导致开发后期发现设计问题的风险增加。

2）信息孤岛。团队成员在本地管理信息，然后定期向管理层和其他团队成员传递他们对航天器的认知。本地设计存储的存在导致了信息孤岛。虽然有团队成员贡献的共享存储库，但信息的时效性问题始终存在，典型的操作方法是通过电子邮件与信息所有者联系，以获取最新的知识。信息孤岛也导致在描述航天器的设计时缺乏一致性，研制中将消耗信息使用者大量的时间和精力来协调信息的不一致之处。

3）人员/工作不连续性。MSL在2008年经历了一次发射失败，结果大多数从事该任务的工作人员被转移到不同的项目中，导致集体知识的丢失。当MSL开始重新安排人员时，在理解完成的工作、先前记录的文件、文件的位置以及待完成的工作上，都存在很大的不连续性。这种不同文档的正确性方面的不确定性和不连续性，增加了项目风险。

4）权衡/并行工程。随着航天器设计的推进，工作的全部范围难以量化。困难部分归因于航天器系统设计的成熟度在整个系统中各不相同，很难执行权衡分析和并行工程。

5）系统工程产品一致性和相关性。通常情况下，系统工程所关注的工作与需要交付的系统工程产品并不相关。管理或审查所需的产品技术状态与实际设计工作之间的分歧，导致了系统工程团队不得不定期停止或减少他们的工程工作，以专注于手工创建必要的表格、图和图表。系统工程的产品信息没有相互集成，已经构建的信息存储在不同的数据库中。这种障碍在发射任务的前几个月里变得尤为明显，该阶段工作重点是航天器的测试和发射，而没有人关注技术状态是否记录在文件或者表格中。因此在最终的技术状态信息与实际航天器的一致性上存在风险。

（2）应对思路

认识到这些困难后，飞行系统的系统工程（FSSE）团队希望创建一个综合的技术基线，并提供一个权威的飞行系统（FS）信息源，使整个项目都可以轻松访问，从而消除信息孤岛，并提高技术基线变更的可见性和可追溯性，以改善FS设计的沟通、理解和可见性。

Mars2020 FS由巡航级、下降级和探测飞行器组成。探测器是FS的主要组成部分，它与MSL传统设计不同，原因是要适应新的科学仪器和样品缓存系统，这导致该探测器成为 MBSE 最初工作的主要焦点。飞行器系统设计模型（Flight System Design Model，FSDM）最初的重点是对 MSL 传统设计的更改。Mars2020 FSSE 团队的技术基线沟通目标是，充分利用 MBSE 的技术，采用 SysML 构建系统模型，来表达 FS 设计中的信息模型，包括模型创建和维护。通过构建建模框架，实现系统语言统一，确保产品一致性的实现；通过飞行系统设计模型的构建，确保统一的技术基线和权威的统一数据来源，并通过集成减少信息孤岛；通过模型自动生成文档，防止系统工程交付物的不连续，并将交付物和系统工程设计工作协同一致，增加信息一致性；通过模型的可视化，确保各系统工程过程的设计协同和可见。

基于 SysML 的系统模型的访问方式如图 8－32 所示。权威数据源可以通过基于 Web 的可视化程序和文档储存库访问。

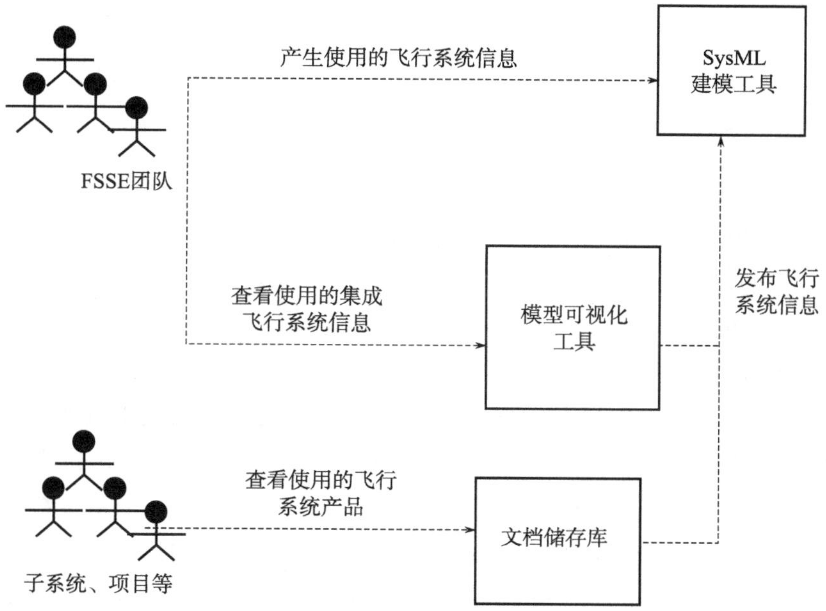

图 8－32　基于 SysML 的系统模型的访问方式

8.3.2　基于 MBSE 的火星探测器应用实践

（1）Mars2020 建模框架

大多数 MSL 的设计交付物都是在非集成的表格视图中捕获的。因此，理解视图中包含的信息之间的关系对于飞行系统设计模型（FSDM）的创建变得非常重要。

为了满足对描述系统的通用语言的需求，创建了基于 SysML 的 Mars2020 建模框架（见图 8－33）。该框架基于扩展的 SysML，定义了预期的模型元素以及允许的模型元素之间的关联关系。该框架也创建了 Mars2020 具体术语的基准规定。

框架中的模式定义，是使用构造型和这些构造型的应用的组合，以此引用模型元素（也称为基本元素）。

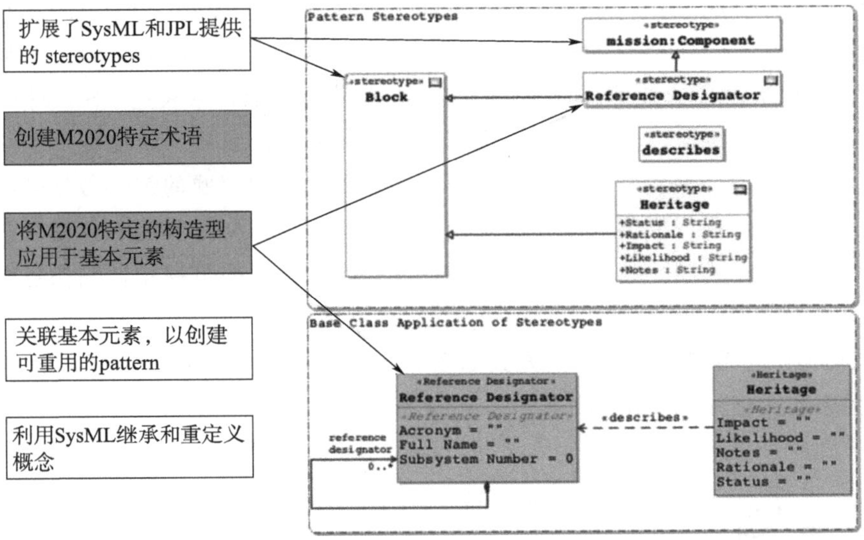

图 8-33　Mars2020 建模框架（黄色的构造型是 Mars2020 特定的构造型，从其他领域扩展而来，即白色的构造型；基类应用说明了使用构造型的模型元素模式）（见彩插）

Mars2020 建模框架的构建，使其可以随着 Mars2020 在其生命周期中的进展而进行扩展，以满足项目的需求。该框架的当前内容，侧重于支持需要在任务的早期开发阶段交付的 FSSE 产品所需的模式（Pattern）。随着设计的成熟和系统工程产品从权衡研究和基线设计识别转变为设计分析时，该框架将进一步扩展。

Reference Designator 是 Mars2020 用于描述物理飞行系统的主要组件。它允许设计时参考物理组件，而无需完全指定物理对象。利用 Reference Designator 作为主要组件的概念，为项目提供了使用公共线程描述设计多方面的能力，如接口、质量、继承，甚至变更控制都与 Reference Designator 有关。按照这种思路，建模框架将 Reference Designator 定义为模式的主要对象，并且所有其他对象都定义了模式，以将它们与一个或多个 Reference Designator 相关联。该框架允许 Reference Designator 以两种方式相互关联：一是通过航天器上的物理组成及其电气连接，二是通过其各自的质量和 MSL 传统遗留的标识关系来表征。此外，框架还提供了一种模式，用于对每个 MSL 指定遗产表达的规范性进行检查。

该建模框架还包括一组用于验证 FSDM 中模式实现的 Python 脚本。对框架中定义的模式进行验证，一是系统工程师确认团队正确地实现了 Reference Designator 模式，二是系统工程师可以用量化的方式，询问关于设计模型的完整性和剩余工作量问题。所有这些都允许 FSSE 团队对技术基线进行设计管控。例如，编写一个验证规则，检查给定的 SysML 模型中是否存在与另一个 Reference Designator 没有关系的 Reference Designator。就技术设计而言，这意味着物理组件在物理硬件体系结构中的位置是未知的，并且可能缺少电气连接。FSSE 可以运行验证规则，检查验证错误日志，并对错误是否是设计或已知工作的误解或缺陷进行工程评估。

（2）M2020 Model 系统模型的构建

系统模型是一组相互连接的模型元素，它们表示关键的系统方面，包括结构、行为、需求和参数。根据 Mars2020 建模框架，构建了 M2020 Model 系统模型如图 8－34 所示。

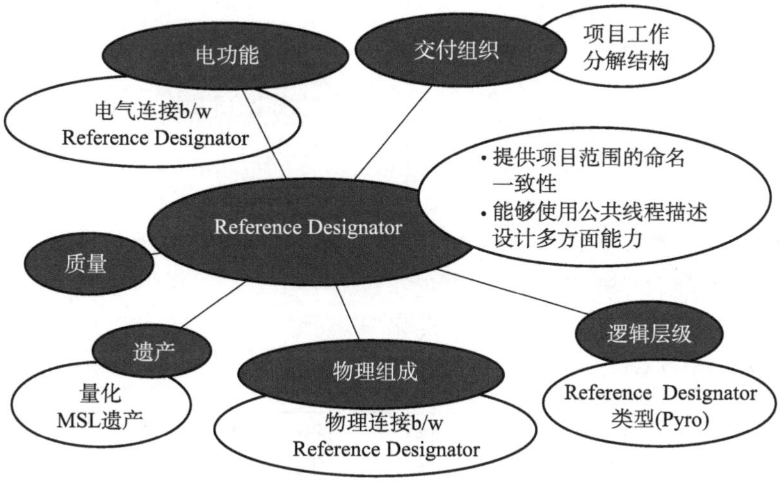

图 8－34　M2020 Model 系统模型

在该系统模型构建的基础上，支持并实现系统模型与学科特定模型交换信息，形成系统级权威、最新的信息源，并以此支持集成的流程/策略。

“好奇号”探测器的设计数据全部以文档形式存储，包含 Word、Excel 或 PPT 等，且在表达方面缺乏统一标准，同一个概念可能会使用不同的“形状”表达。“毅力号”的设计以这些文档形式的数据为基础，进行了模型化的表征，形成了基于标准 SysML 语言的设计模型。以 SysML 设计模型为基础，继而开展了以下工作。

①设计数据的正确性验证

对于复杂系统设计，不同设计团队/领域之间的设计信息往往会出现不一致的现象，原因在于基于文档的设计方式无法实现不同文档中数据的一致性检查。“毅力号”探测器设计中采用模型集成的方式进行一致性检查，并基于集成模型生成不同领域需要的文档、报告，确保不同文档之间数据一致性。

②自动生成不同项目节点的交付物，可访问的 Web 形式报告，作为跨团队协同设计的信息载体

对于项目的关键审批节点，传统设计方式下，设计人员必须停止设计工作，专心准备审批节点所必须的各类审批材料，包括各类 Word 文档、PPT 报告材料等，这类工作通常会拖后项目节点，但又是必须执行的活动，因为这些材料是最重要的项目交付物之一。为有效解决这一问题，“毅力号”使用基于模型的设计方法，尽可能多地从模型中自动生成项目交付所需的文档，节省项目评审所需的准备时间（但并非所有的交付物全部自动生成）（见图 8－35）。

对于复杂系统设计，不同设计团队/领域之间的设计信息往往会出现不一致的现象，

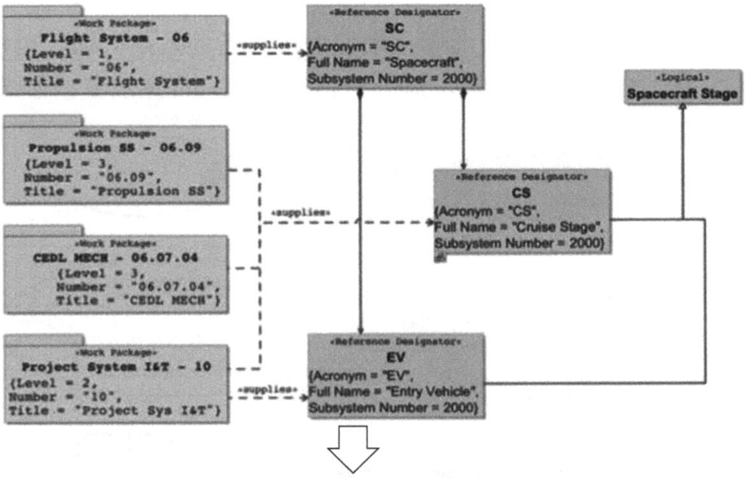

	Subsys Number	ACRONYM	NAME	PHYSICAL HIERARCHY	LOGICAL HIERARCHY	DELIVERY ORGANIZATION
	2000	FS	Flight System			
Ref Des	2000	BS	Backshell	EV	Stage Element	CED LMECH-06.07.04 & Propulsion SS-06.09
Ref Des	2000	CS	Cruise Stage	SC	Spacecraft Stage	Project System I&T-10 & CEDL MECH-06.07.04 & Propulsion SS-06.09
Ref Des	2000	EV	Entry Vehicle	SC	Spacecraft Stage	Project System I&T-10

图 8-35　基于模型的产品自动生成

原因在于基于文档的设计方式无法实现不同文档中数据的一致性检查。“毅力号”探测器设计中采用模型集成的方式进行一致性检查，并基于集成模型生成不同领域需要的文档、报告，确保不同文档之间数据一致性（见图 8-36）。

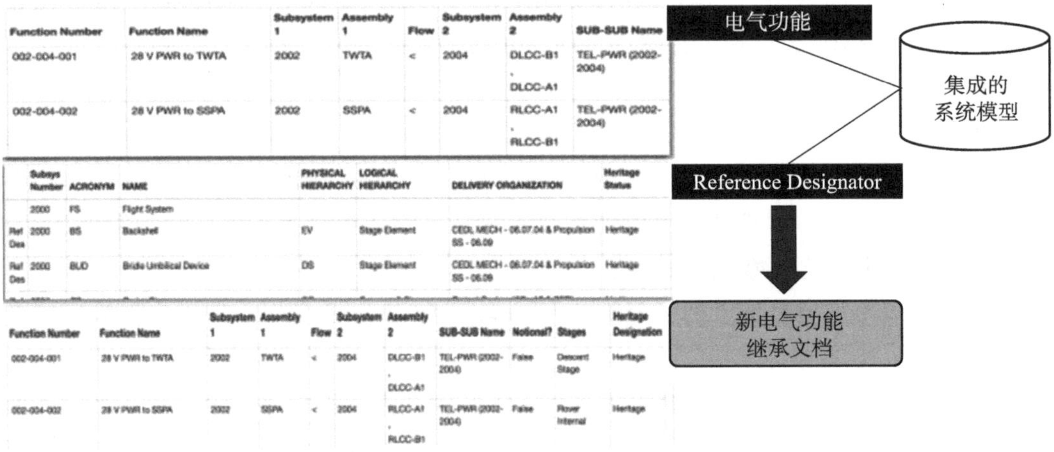

图 8-36　基于模型的跨域集成文档生成

③复杂模型自动排版布局，供不同利益相关者查阅

FSSE 团队在理解如何利用 SysML 来生成 FSDM 的基于模型的图表视图方面做了大量工作。当前的 MBSE 实践大多把精力放在如何用 SysML 软件工具创建各种 SysML 视

图，例如内部模块图。这种方法的缺点是图表仍然需要手工维护。当技术信息在模型内发生变化时，图表表示就会衰减，更新图表的耗时过程就留给了 FSSE。目前还不存在允许 FSSE 保证图表产品的一致性或完整性的能力。FSSE 团队发现，当前 MBSE 实践的另一个弊端是 SysML 视图不能有效地将 FS 设计意图传达给更广泛的受众。如，在查看电气连接视图时，大多数项目成员都不希望看到 SysML 端口。虽然端口在语义上是正确的，并且有利于对电气功能进行建模，但是在视图中出现端口并不是与更多的受众一起审查 FS 设计的必要条件。单独使用 SysML 和 SysML 工具是不可能为受众提供正确的 FS 设计抽象级别的，因此团队仍然需要返回到非语义驱动的工具（例如 PowerPoint）来生成审查或演示所需的内容。

FSSE 团队已经开始使用商用图形建模软件，来实现图表的自动生成和布局（见图 8 - 37）。通过使用 Tom Sawyer 工具，团队能够强制执行元素的表示规则（例如，所有 1553 个数据连接都应该用蓝色虚线表示）以及元素的布局规则（例如，所有探测器航空电子设备盒都应该在探测器结构内部）。另一个好处是，这些图既可以作为文档包含的图片静态部署，也可以作为基于 Web 的交互式应用程序动态部署。将模型生成的图添加到 Mars2020 MBSE 工具箱中，减少了 FSSEs（FS 系统工程师）在维护这种典型的“PowerPoint”系统视图上花费的时间，并提供了一个可以向更广泛的受众展示技术设计的场所，而不需要了解 SysML 或 MBSE 的任何知识。

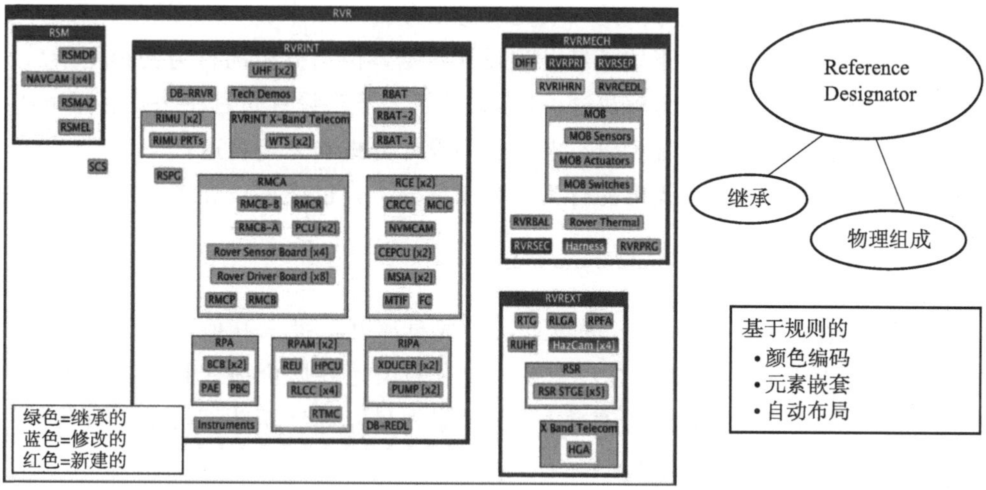

图 8 - 37　基于规则的图表（见彩插）

在更新了模型中的技术设计信息之后，只需按一下按钮，就可以用新的工程内容更新模型生成的产品。提供时间戳可以让更广泛的受众了解他们正在查看的设计信息是否过时，并使他们能够使用自己的工程判断来决定如何处理这些信息。已经实现的流程用以确保生成基于模型的文档的节奏，反映了技术信息变化的节奏。

（3）模型生成的系统工程交付物

在 SysML 模型中维护飞行系统设计技术状态，允许 FSSE 团队根据集成信息查看和设计，通过生成基于模型的 FSSE 产品，信息孤岛、信息不一致和缺乏产品一致性的问题即使不能完全消除，也会大大减少。通过 SysML 模型视图和 Python 脚本，FSSE 团队能够将 FSDM“投影”到表格视图中，这是 FS 设计信息的广泛客户所期望和熟悉的。

每次执行信息数据转换时，都会验证模型信息，以确保产生的技术文档与 Mars2020 建模框架一致、正确且完整。目前正在生成的此类产品的示例有 Reference Designator Table、Electrical Function List（电气功能表）和 Mass Equipment List（质量设备表）。用于生成这些列表的相同信息，也用于派生摘要报告，例如 Interface Resource Metrics List（接口资源指标表，标识备用和连接的电气接口）和 Mass Trending Report（质量趋势报告，总结航天器的当前质量并显示航天器质量随时间变化的图）。然后，这些基于 SysML 模型生成的交付物可以通过 Web 界面访问，且 Web 界面提供了按需或按计划生成文档、以 pdf 或 html 格式查看文档的功能，并允许标记特定的文档生成以进行存档。文档生成还被用作推断模型状态的方法，无法生成的文档，或带有验证错误日志的文档，意味着需要检查 FSDM 是否存在错误。根据需要和计划生成这些文档的能力，允许及时发现 FSDM 中的问题。

（4）基于模型的复杂行为分析

“毅力号”在火星上与地球通信时间每天仅 5 h，相对于“好奇号”大为缩短，有效协调探测器与地面控制人员在这 5 h 中的各种行为，分析不同行为中的角色，分析不同活动之间的信息交互、关键决策点等，是一项复杂的任务。

之前 MSL 项目通过 PPT 形式承载此类设计数据，但当分析的行为变得复杂后，PPT 无法有效表达详细活动分析。为解决这一问题，“毅力号”设计过程中采用标准 BPMN 语言对这一活动进行了描述，实现了对复杂活动的设计分析和完整表达。

通过模型对探测器运行过程中的行为进行完整分析，也使得设计团队对设计的完整性有了更大的信心。

（5）知识资产复用

“好奇号”发射完成后，大多数的设计团队成员离开，投入其他项目中，这就导致了“好奇号”的设计信息没有人能够进行交接，所有的设计数据全部存储在前期项目的个人计算机上，这些设计信息很难进行有效复用。“毅力号”设计团队不得不花费几个月的时间理解 MSL 项目遗留下来的设计文档。

但是通过文档无法准确知晓设计进展、完整度、一致性，为避免类似的问题重复发生，Mars 2020“毅力号”在设计之初便选择了基于模型的设计方式，设计文档基于模型自动生成。

模型化的设计方式带来的另外一个优势是可以对设计模型的完整性进行校核，通过模型检查规则的定制，可以实时监控模型中存在的设计问题，以及这些问题的解决情况，从而确保在设计结束时所有问题都能够得到有效解决。

（6）定制化模型信息展示

对设计信息进行选择性展示是设计交流过程中的必要环节，而当模型复杂度到一定程度后，SysML 设计工具本身提供的排版功能就难以满足一些信息过滤和个性化展示需求了。“毅力号”项目基于完整的 SysML 模型，借助第三方工具提供的数据过滤和自动排版功能完成了这一工作。

8.3.3 实施效果

FSDM 已经使用建模框架来表达新的飞行系统硬件设计，即科学仪器和样品缓存系统，并已扩展到考虑电气符合等具有概念性的功能，同时还能够为更广泛的团队成员生成产品技术文档。

事实上，这样的努力已经变成了设计表达、接口和质量的标准，允许 FSSE 团队把大部分时间花在设计新元素上。此外，设计团队开始将 FSDM 扩展到他们特定的主题领域。目前已经有一个端到端的信息系统（EEIS）原型工作正在进行中，希望连接 FSDM 的数据接口，将其进一步扩展以连接到地面数据系统（GDS）模型。最终的 EEIS 模型将用来更加精准地评估 MSL 和 Mars2020 运行差异。

当 FSDM 工作开始时，FSSE 团队的很大一部分人不熟悉 SysML 和与之配套的建模软件。6 位 MBSE 专业人员加入团队引导设计实践。首先，6 名专业人员用 MSL 的历史数据填充了 FSDM 的飞行设计信息。在 6 个月的时间里，确定整体框架，梳理并创建大量的模型，并生成初步文件。FSSE 团队使用 MBSE 的一个障碍是，所有人员不能每天都有时间开展 MBSE 的学习。该小组尝试通过利用公司的 MBSE wiki 门户，其中包含 MBSE 相关软件、网站、文档和视频的链接来实现成员的培训，以及发布学习计划、制定个人目标、学习成果分享等。此外，MBSE 培训师也要负责模型设计的具体工作。

在系统工程师的日常工作流程中引入 MBSE 还有很多工作要做。而模型作为设计的权威来源，FSSE 团队成员仍在探索其他辅助工具来提高他们的工作效率。基于模型的协作性是人们希望多人使用模型的动机之一。在当前工具集中，一个团队成员可以锁定限制其他人对模型进行编辑。模型信息的静态报告文档生成是另一个动机，团队目前正在评估与在线模型编辑工具集成的潜在解决方案。

MBSE 方法能够让团队更加关注其工作的困难和复杂的工程方面，并让团队更确信他们所使用的信息是完整的和最新的。Mars2020 框架促进了 MSL 遗留的数据作为飞行工程产品被协调成一个有凝聚力的飞行系统模型，它的好处是在任务生命周期的早期能够修复设计误解/错误。不一致的地方就会被识别和发现，如果做不到这一点，修复成本或任务风险可能会更大，因为很可能在制造或集成之前不会被发现。

从模型生成文档和可视化的能力也使 FSSE 团队能够快速地回答、追踪可行性研究管理者的各种询问，而这以往通常需要耗费大量时间。这类问题的一个例子是电气功能设计，现在工程师可以将更多精力关注那些没有被归类为规范的电气功能。线束设计者和电路数据表设计者都在使用此电气功能模型告知他们的工作日程。

Mars2020 飞行系统采用了 MBSE 方法，首先提供了一个通用的命名法，可以用来描述整个项目的飞行系统，从而提供了精确、明确的设计通信。该模式提供了一种轻松扩展和添加飞行系统设计信息的机制，以及一种从模型中提取交付物的机制。验证规则提供了一种识别跨设计信息的不一致或不连续的机制。

在“毅力号”设计过程中，Mars2020 基于扩展的 SysML 系统建模框架，定义了模型元素以及元素间的关联关系表达，提供了一种模式来对抽象符号表达的规范性进行检查，同时允许抽象符号之间以两种方式相互关联。实践表明，“毅力号”探测器设计任务较为全面且系统地进行了 MBSE 技术的工程应用，通过构建 Mars2020 系统建模框架、建造 SysML 设计模型库、实现基于模型的文档自动生成等技术，形成了基于模型的规范验证体系，增强了系统识别信息不一致或不连续设计信息的能力，减少了信息孤岛问题，同时使得团队成员以多种视角访问模型，有效提升沟通协作效率。

MBSE 在“毅力号”探测器项目的成功实践是对该技术的一次有力验证，同时也意味着 MBSE 在 NASA 后续火星探测项目中会有更大范围的推广和应用。值得注意的是，纵览整个“毅力号”探测器项目中的 MBSE 应用点，其实本身并没有特别多让人“眼前一亮”或“晦涩高深”的地方，但脚踏实地的技术落地带来的价值却是实实在在的。

8.4 本章小结

本章介绍的三个案例都是工程实践中实施 MBSE 后对项目和公司发展带来改变的例子，无论是 CubeSat 立方体卫星的成功实践，还是 NASA“毅力号”火星探测项目在总结出之前“好奇号”项目中的问题并使用 MBSE 方式进行解决，亦或是国内航天领域的 MBSE 实践探索，它们都是我们以后实施 MBSE 项目可进行参考的成功案例，大大增加了我们对在项目中施行 MBSE 的信心。

参考文献

[1] SPANGELO S, KASLOW D, DELP C, et al. Applying Model Based Systems Engineering (MBSE) to a Standard CubeSat [C] // Proceedings of IEEE Aerospace Conference, Big Sky, MT, 2012.

[2] KASLOW D, SPANGELO S, SOREMEKUN G, et al, MBSE Applied to RAX CubeSat Mission Operational Scenarios [C] // Proceedings of IEEE Aerospace Conference, Big Sky, MT, 2013.

[3] KASLOW D, SOREMEKUN G, KIM H, et al, Integrated Model - Based Systems Engineering (MBSE) Applied to the Simulation of a CubeSat Mission [C] // Proceedings of IEEE Aerospace Conference, Big Sky, MT, 2014.

[4] KASLOW D, MADNI A. Validation and Verification of MBSE Compliant CubeSat Reference Model [C] // Proceedings of 15th Annual Conference on Systems Engineering Research, 2017.

[5] KASLOW D, AYRES B, CAHILL P, et al. A Model - Based Systems Engineering (MBSE) Approach for Defining the Behaviors of CubeSats [C] // Proceedings of IEEE Aerospace Conference, Big Sky, MT, 2017.

[6] KASLOW D, AYRES B, CAHILL P, et al. Developing a CubeSat Model - Based Systems Engineering (MBSE) Reference Model [C] // Interim Status # 4, Proceedings of AIAA Space Forum, Orlando, FL, 2018.

[7] KASLOW D, AYRES B, CAHILL P, et al. A Model - Based Systems Engineering Approach for Technical Measurement with Application to a CubeSat [C] // Proceedings of IEEE Aerospace Conference, Big Sky, MT, 2018.

[8] KASLOW D, CAHILL P, FRANK R. Developing a CubeSat System MBSE Reference Model [C] // Interim Status # 5, Proceeding of AIAA/USU Conference on Small Satellites, Logan, UT, 2019.

[9] KASLOW D, CAHILL P, AYRES B. Development and Application of the CubeSat System Reference Model [C] // Proceedings of IEEE Aerospace Conference, Big Sky, MT, 2020.

[10] KASLOW D, LEVI A, CAHILL P, et al. Mission Engineering and the CubeSat System Reference Model [C] // Proceedings of IEEE Aerospace Conference, Big Sky, MT, 2021.

[11] 范海涛，刘霞，赵伶丰，等．运用 MBSE 理论和方法实现航天器创新研发 [J]. 网信军民融合，2020 (7)：22 - 26.

[12] FRIEDENTHAL S, CHRISTOPHER O. Architecting Spacecraft with SysML: A Model - based Systems Engineering Approach [M]. Charleston: Createspace Independent Publishing Platform, 2017.

[13] FOSSE E, DEVEREAUX A, HARMON C, et al. Inheriting Curiosity: Leveraging MBSE to Build Mars2020 [C] // AIAA SPACE 2015 Conference and Exposition. 2015.

[14] MARS SCIENCE LABORATORY/CURIOSITY. National Aeronautics and Space Information Fact Sheet [OL]. http: //www. jpl. nasa. gov/news/fact _ sheets/mars - science - laboratory. pdf

[retrieved 1 October, 2022].
[15] MISSION CONCEPT: MARS2020. National Aeronautics and Space Information Fact Sheet [OL]. http://www.jpl.nasa.gov/news/fact_sheets/mars2020factsheet.pdf [retrieved 1October, 2022].
[16] 数字化从业笔记．毅力号成功着陆火星，MBSE 功劳几分？[CP/OL]. https://mp.weixin.qq.com/s/YZ7YMNj0WgvUQMzx_eDGGg.
[17] NTRS - NASA TECHNICAL REPORTS SERVER. Mars 2020 Model Based Systems Engineering Pilot [CP/OL]. https://ntrs.nasa.gov/citations/20170007463.
[18] FOSSE E. From SysML to Mars: Mars2020's MBSE Infusion [J/OL]. NAFEMS Model-Based Engineering, 2019. https://www.nafems.org/publications/resource_center/w_oct_19_americas_1.

第 9 章　发展与展望

当前，复杂产品研发的数字化、模型化、智能化趋势为制造业带来了全新变革，在按时、按成本设计，制造和交付能够满足客户性能预期产品的同时，制造企业面临着前所未有的挑战。在这种环境下，进行科技创新和制造仍需要以数字化、模型化、智能化的思维方式，通过将系统工程理论方法与产品研制相结合，为产品需求、设计、分析、验证和确认工作提供支持，推进制造业数字化转型升级。

随着技术的演进和应用的深化，企业需要保持灵活性，紧跟潮流，以确保能够在数字化时代蓬勃发展。当前复杂产品研制模式转型是企业和组织面临的重要挑战和机遇之一。通过对复杂产品设计、开发和管理方法的更新和改进，利用数字技术来提升组织的运营效率、创新能力和客户体验，使企业更好地适应日益复杂、互联和快速变化的环境，推动企业不断提升其竞争力，实现可持续的创新和发展。

9.1　复杂产品研制的发展环境

9.1.1　发达国家制定发展战略重视制造创新

新一代信息技术的跨越式发展推动了复杂产品研制过程的革命性创新，产品复杂性、集成性和综合性特征日益提升，多学科融合的工程实践面临巨大挑战。传统烟囱式的信息传递方式以及线性的、以文本为中心的流程，导致复杂系统的设计、交付、维护等环节难以灵活有效应对快速变化的不确定性需求，甚至成为阻碍业务模式变革及业务能力提升的主要因素。此外，基于文档的工程实践会在采办活动和决策过程中使用和产生大量非连续、非结构化的静态数据，造成数据冗余，甚至数据爆炸。

从国际上看，各主要经济体纷纷出台数字化战略（见表 9 - 1），期望利用数字化转型增强传统产业竞争力。2010 年 10 月，美国出台《关键与新兴技术国家战略》，旨在促进保护美国在人工智能、能源、量子信息科学、通信和网络、半导体、军事以及太空技术等尖端科技领域的竞争优势。该战略制定了两个主要支柱，即促进国家安全创新基础和保护技术优势。具体措施包括支持发展强大的国家安全创新基地，以集结学术机构、实验室、支持基础设施、风险投资及提供支持的商业和产业的智慧和力量，在政府预算中提高研发资金的优先权，培育高质量的科技劳动力等。该战略列出的美国政府所谓的 20 项关键和新兴技术包括：先进计算，先进传统武器技术，先进工程材料，先进制造，先进传感，航空发动机材料，农业技术，人工智能，自动系统，生物技术，化学、生物与放射学和核缓解技术，通信和网络技术，数据科学和存储技术，分布式记账技术，能源技术，人机交互，医学和公共健康技术，量子信息科学，半导体和微电子技术，太空技术等。

2018 年 7 月 5 日，美国国防部正式对外发布“国防部数字工程战略”。数字工程战略旨在推进数字工程转型，将国防部以往线性、以文档为中心的采办流程转变为动态、以数字模型为中心的数字工程生态系统，完成以模型和数据为核心谋事做事的范式转移。数字工程是一种集成的数字化方法，使用系统的权威模型源和数据源，以在生命周期内可跨学科、跨领域连续传递的模型和数据，支撑系统从概念开发到报废处置的所有活动。美国国防部将转型为以数字化连接的端到端复杂组织体（Enterprise），通过安全手段将人员、流程、数据和能力进行无缝集成，实现利用模型对兴趣系统（System of Interest，如系统之系统、系统、流程、设备、产品、零件）跨生命周期的权威数字化表达，并且融入先进计算、大数据分析、人工智能、自主系统和机器人等技术提升工程能力。数字工程战略的重要内容包括：1）规范模型的开发、集成和使用，以支撑复杂组织体和项目群的决策；2）提供一个持久、权威的真相源；3）融入技术创新以提升工程实践；4）建立支撑的基础设施和环境以跨利益相关方实施各项活动、协作和沟通；5）转型为一种文化使人员队伍接受并支持跨生命周期的数字工程。国防部数字工程战略提供了 5 个战略目标，将这些目标结合起来，构成了促进数字工程实践使用所必需的“什么”。国防部数字工程战略还指出，军事部门必须制定“如何”——及时应用数字工程所必需的步骤。

欧洲方面，2021 年 3 月，欧盟实行“2030 数字轮盘”（Digital Compass）计划，旨在：1）拥有大量能熟练使用数字技术的公民和高度专业的数字人才队伍；2）构建安全、高性能和可持续的数字基础设施；3）致力于企业数字化转型。到 2030 年，四分之三的欧盟企业应使用云计算服务、大数据和人工智能；4）大力推进公共服务的数字化；到 2030 年，所有关键公共服务都应提供在线服务，所有公民都将能访问自己的电子医疗记录。2020 年 9 月，英国发布《国家数据战略》，拟通过数据的使用改善公共服务。2020 年 6 月，德国出台《未来一揽子计划》，拟定至 2025 年，对人工智能的投入从原计划的 30 亿欧元增加到 50 亿欧元。借助《德国人工智能战略》为欧洲人工智能网络和“人工智能欧洲制造”的竞争力奠定基础。

亚洲方面，2021 年 3 月，日本发布《科学与技术基本计划第六版》，以适应新形势并推进数字化转型，构建富有韧性的经济结构，在世界范围内率先实现超智能社会 5.0 为目标。2020 年 8 月，韩国出台《基于数字的产业创新发展战略》，通过制定“数字＋制造业”创新发展战略，将重点放在韩国的优势产业——制造业上，提高制造业中产业数据（产品开发、生产、流通、消费等产业活动全过程中产生的数据）的利用率。

表 9－1 世界各主要经济体数字化战略布局

国家和地区	政策	目标
美国	《关键与新兴技术国家战略》2020.10	美国要成为关键和新兴技术的世界领导者，并构建技术同盟，实现技术风险管理
美国	《国防部数字工程战略》2018.07	推进数字工程转型，将国防部以往线性、以文档为中心的采办流程转变为动态、以数字模型为中心的数字工程生态系统，完成以模型和数据为核心谋事做事的范式转移

续表

国家和地区	政策	目标
欧盟	“2030 数字轮盘”(Digital Compass)计划 2021.03	为未来十年欧洲实现数字化转型指明方向:数字人才队伍、数字基础设施、企业数字化转型、数字化公共服务
英国	《国家数据战略》2020.09	推动数据在政府、企业、社会中的使用,并通过数据的使用推动创新,提高生产力,创造新的创业和就业机会
德国	《未来一揽子计划》2020.06	投资科学、研究和未来技术,同时借助《德国人工智能战略》提升德国和欧洲人工智能技术的竞争力
日本	《科学与技术基本计划第六版》2021.03	适应新形势并推进数字化转型,构建富有韧性的经济结构,在世界范围内率先实现超智能社会 5.0
韩国	《基于数字的产业创新发展战略》2020.08	以“数字+制造业”为核心,提高韩国优势制造中产业数据利用率,增强韩国制造业的竞争力

9.1.2 数字化转型成为重要驱动力

为了应对日益激烈的市场竞争和适应现代经济环境中的变化，企业数字化转型已成为推动企业提高生产效率、降低成本、提升质量，从而适应市场快速变化的重要战略。数字化转型是在数字化技术的推动下进行的，目的是实现竞争优势。此外，数字化转型通过改变价值创造流程、组织任务和业务制造方式等，改变了公司的业务模式。

数字化转型涉及将数字技术应用于系统工程的各个方面，以提高效率、降低成本、增强创新力，并更好地满足组织的业务需求。在数字化转型中，系统工程的方法可以用于详细的需求分析和系统设计。这有助于确保数字化解决方案与组织的战略目标和业务需求相一致。而系统工程的方法和原则可以为数字化转型提供框架和支持，确保变革的成功实施和系统的协同运作。

NASA 于 2017 年制定了信息技术战略规划，之后，NASA 不断完善数字化转型战略，逐步明确了数字化转型的远景目标，即改变工作方式、提高劳动技能、创新工作环境。确定了四个转型目标：工程转型，决策转型，科学发现的转型和运作转型等。确定了 6 个方面的技术发展基础，包括：1）智能自动化，重点在于消除、优化和自动化流程，使其成为跨企业平台的同步工作流，以最大限度地提高效率和有效性，更快地实现更大胆的任务；2）人工智能/机器学习（AI/ML）技术，重点在于利用机器能力增强大数据时代的人类智慧；3）MBx 技术，重点在于采用数字模型（包括跨任何功能领域的数字孪生），使员工能够应对日益增加的复杂性、范围、速度、不确定性和变化；4）零信任架构技术，重点在于利用安全的基础设施、身份、网络和数据架构，在团队需要工作的任何地方实现动态的内部/外部协作；5）扩展现实技术，重点在于通过无缝、沉浸式、安全的可视化和协作，增强敏捷的内部/外部团队协作；6）物联网技术，重点在于大规模集成无线、联网传感器和控制，实现智能资产的实时后见之明，洞察力和远见。

为应对全球安全环境更复杂、面临挑战更大的形势，洛马公司作为全球最大、最具创新能力的军工巨头之一，提出全新的“任务驱动的转型”战略，在流程、技术和工具方面进行颠覆性创新，“任务驱动的转型”战略重点关注5大领域：数字工程、下一代软件、先进生产制造、数字赋能、数据作为战略资产，充分体现了数字化手段推动转型的理念，与美国国防部数字化转型战略保持高度一致。基于该数字化转型战略，洛马公司完成了4家新的数字化工厂，即太空团队在佛罗里达州泰特斯维尔开设的航天器、测试、组装和资源中心（STAR Center），Aeronautics在加利福尼亚州帕姆代尔开设的skunk works，太空、导弹和火控（MFC）在亚拉巴马州特洛伊开设的联合空对地防区外导弹（JASSM®）总装的Strike Systems工厂，MFC在亚拉巴马州考特兰开设的高超声速批生产的Missile Assembly Building。这些数字化工厂连接到基于智能工厂框架（IFF）的边缘计算平台，通过物联网（IoT）实践来保护、扩展和标准化设备连接（见图9-1）。

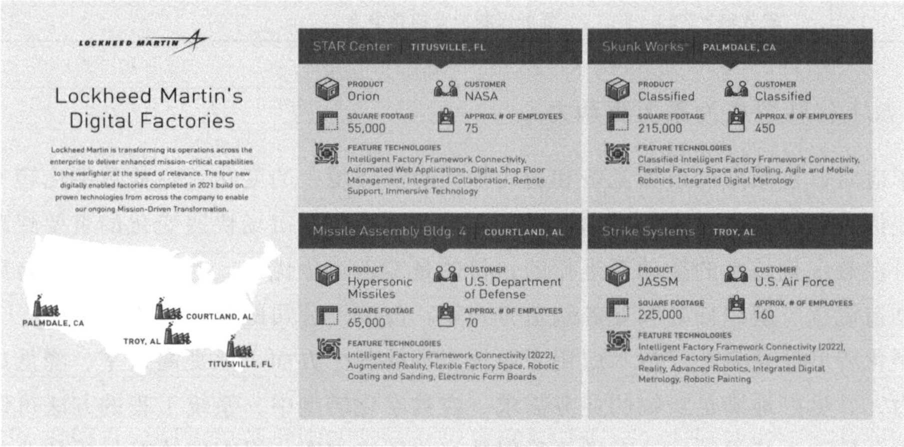

图9-1　洛马公司任务驱动转型的数字化工厂概况

商业技术变革的速度，再加上全球连通性、计算速度的指数级提高以及基于软件的数字控制系统，使合作伙伴或者竞争都能非常快速地进行创新。随着所需或所需的能力变得更具挑战性，并且随着潜在解决方案数量的增加，系统工程师需要工具来帮助他们更快地解决复杂问题。系统工程师协调和整合由不同技术学科的执行者组成的团队，以提供解决方案，同时应对日益增加的系统复杂性的挑战。美国海军和海军陆战队为响应国防部数字工程战略，实施数字系统工程转型战略，将系统工程实践从传统的以文档为中心的活动转变为以数字为中心的活动。它支持整个海军和海军陆战队的通用应用，包括提供和访问在MBSE方法中应用的数字模型和数据，以提高对所有领域作战人员能力的理解、质量、一致性和及时交付，并跨越程序生命周期的所有阶段。

其战略可以概括为：以建设目标和预期效益为引领，以计算机网络安全为基础，以各军种、工业部门、学术界单位等为参与方，构建可配置多用户的分类数字应用环境和可共享的数字生态环境，培养与数字工程实践相适应、具备数字化专业技能的人力资源，通过技术创新和协作，综合实现研制采办程序由“静态基于文本的人工作业程序”向“基于数字模型方法和自动化程序”转变的数字化综合体系架构。图9-2为企业的集成建模环境。

集成建模环境中，数字模型能够支撑项目从需求分析、系统概念设计到建模仿真分析

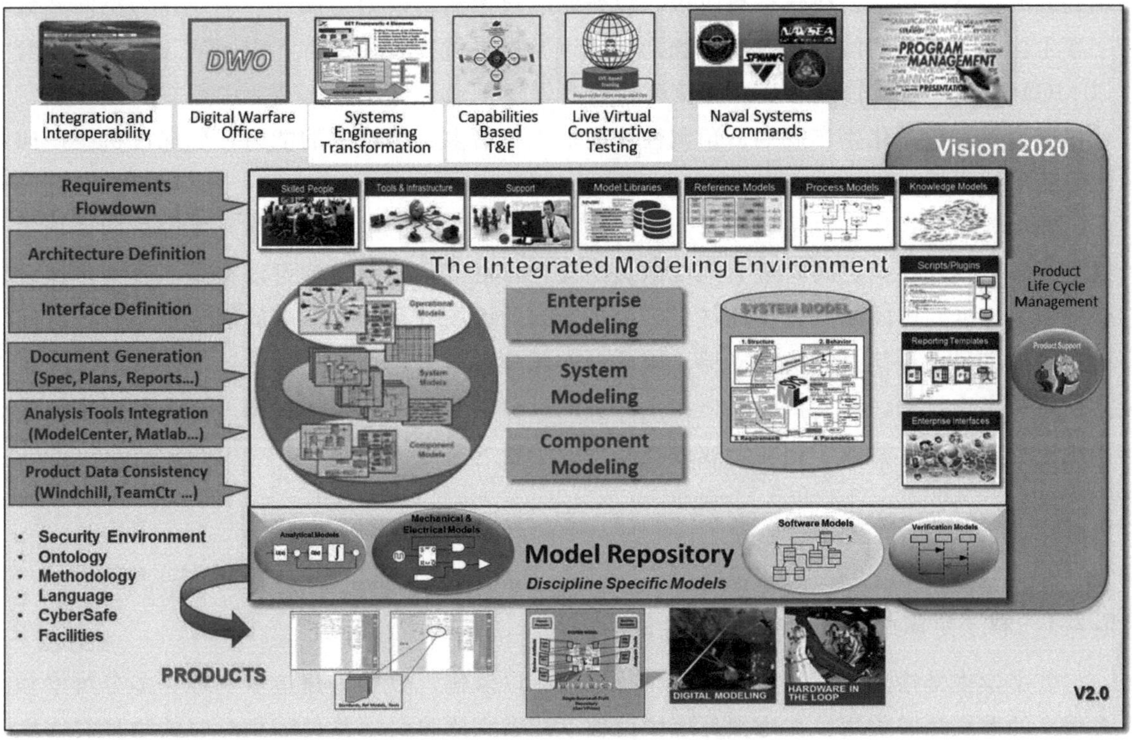

图 9-2　海军企业的集成建模环境

等的全流程工作，以及基于虚拟现实硬件设备进行所有阶段的工作。此外，在集成建模环境中使用统一的系统建模语言 SysML 和标准建模语言 UML 来构建关键工具集，用以支撑基于数字模型的其他系统工程程序研发也是十分重要的。基于此环境，用户能够在模型级层面进行交互，互相支撑项目的设计、构造、管理、跟踪等过程，不断更新记录满足合同数据要求的清单条目。

在该建模环境下，支持数字模型构建与应用。将装备研发的全流程各阶段的数字模型进行科学化分类与精确化集成，构成权威可信的联合模型。使其可作为装备在全生命周期内执行评估分析、优化设计、比较决策等过程的唯一基础。同时，构建了数字资源管理授权机制。该“资源库”应包含过去已完成项目和新技术领域的数据、模型、工程信息、能力要求和功能定位等关键信息，以及项目进度的历史记录和技术决策情况等。将原本分散的数字资源链接在一个通用的数字架构内，使参与项目的各方能够通过加密或非密网络，安全地获取和使用数字资源，用于装备的研制设计、生产制造和试验验证等关键环节。

为了响应国家号召，国内相关军工企业也纷纷做出调整。中国航天科技集团发起了“数字航天”计划，旨在在产品、研发和管理方面实现航天数字化发展与探索。以天宫空间站为例，在研制与在轨运行阶段进行了数字化道路的实践与探索：研制阶段，以在轨飞行为目标，每个环节都同步构建数字化模型，以实物数据驱动模型，以模型结果验证实物，模型与实物同建设、同交付、同更新、同传递，将模型与实物的关联关系作为研制管理提升的信息化抓手；在轨运行阶段，以研制阶段构建的模型为基础，构建作为空间站数字孪生体的数字空间站，为空间站长期在轨运行提供仿真验证支持。中国商飞建立起一套以MOM（制造运营管理系统）为核心的生产管控平台，可实现制造业中数据传递、数字化协调容差、节拍化生产规划、预测性修配加工等诸多运筹帷幄的能力，确保民机生产向汽车流水线看齐。

数字化转型，核心也是要构建数字工程的生态系统，这允许在产品开发的早期做出关键且一致的设计决策，同时最大限度地提高设计自由度。使用模型可以提高工程师传递设计知识的速度，同时减少设计的歧义。由于知识的增加以及相互依赖的属性被整合，时间的进步保证了大量信息的决策支持。因此，在风险和不确定性较高的设计中，采用MBSE并使用数字交付物，将支持在多个相互冲突的目标和约束之间进行权衡。通过基于模型的系统工程的应用，将数字化转型成效提高到一个新的高度。

9.2 新兴技术发展趋势

9.2.1 数字孪生与数字主线技术

数字孪生是指充分利用可用模型、感知信息以及输入数据，建造多物理、多分辨率和多概率的系统集成仿真，在虚拟环境中由数字线索完成映射，并预测相对应的物理实体生命周期过程。NASA在阿波罗项目中首先提出产品“孪生体/双胞胎（Twins）”的概念。2003年，美国密歇根大学教授Grieves首次提出了数字孪生（Digital Twin）的概念，即“一种与特定实体等价的虚拟数字化表达”。随后，美国国防部在航天产品健康监测、维保等过程中引入了这一概念。数字孪生是在基于模型的定义（MBD）基础上深入发展起来的，企业在实施MBSE的过程中产生了大量物理的、数学的模型，这些模型为数字孪生的发展奠定了基础。

将数字孪生应用于复杂产品研制过程中，可以实现对复杂产品的物理状态进行描述，通过快速构想并填充缺失的碎片化信息，在生产制造车间现有实物产品及其虚拟产品信息基础上实现对实物产品的优化；其次，数字孪生通过不断扩展、积累相关知识，能够及时发现虚拟状态与物理状态复杂产品间的差距，并根据动态变化及时调整；再者，数字孪生通过对物理空间生产制造系统行为进行模拟复现，将复杂产品与其生产制造系统在物理空间模型与数字空间模型中进行实时交互。如在以工业互联网为架构平台的智能制造系统中，数字孪生体主要生存在云平台层，其面向控制维度的模型布置在边缘层，参与实时控制。在产品维修保障阶段，厂商在提供产品的同时，也提供产品的数字孪生体，用户可在工业互联网虚拟空间中根据厂商提供的数字孪生模板，创建激活产品的虚体，如是一个部件，就可在虚拟空间中开始装配工艺、装配过程等仿真优化研究；如是完整产品，可进行使用环境、工作过程的仿真优化，并在使用过程中进行虚实互动。

数字主线（Digital thread）是一种可进行配置以及拓展的分析架构，主要应用于企业级的复杂组织体。在整个复杂产品系统全生命周期中，研发人员需要将整个研制过程中的零散数据进行整合，转化成有效信息并将其传递给各工序管理者或负责人以便决策。数字主线可以加速这一过程中数据、信息和知识之间的可控相互作用。同时，数字主线能够提供集成的企业级视角，利用工艺技术相关数据与信息的无缝交互与集成分析，对复杂产品制造存在的问题与风险进行动态分析与评估，最终达到缩短复杂产品制造生命周期各流程迭代时间的目的。此外，数字主线也是一种可连接数据流的通信框架，能够为复杂产品全生命周期中孤立视图提供集成视图，它可以使产品模型在获取关键数据的同时进行双向同步，最终实现模型在产品全生命周期的有效传递、引用与反馈。

目前，数字主线和数字孪生通过具体活动技术数据集成，为产品全生命周期提供更高效和更灵活的数字化手段，为项目验证提供更好的决策依据。数字主线由原来的复杂产品设计与服务阶段开始向生产制造阶段延伸，并为数字孪生提供访问、整合和转换能力，实现贯通复杂产品运行概念、解决方案和研制的全生命周期业务过程的数字空间和物理空间信息的双向共享/交互和全面追溯。通过采用基于数字、基于模型的方法来改进数据和信息在产品整个生命周期中的创建、管理和使用，加快数据和信息之间的相互作用，数字主线与数字孪生技术正在被逐步应用于产品全生命周期的各个环节，这对于提高复杂产品的研发质量、制造的生产效率、设备的预测性维护具有重要意义，使决策者能够更高效地将数据转换成有效信息，提升决策能力，将对航天武器装备、复杂产品等在迭代更新、设计研制、生产过程中的缺陷规避与处理，以及维修保障工作效率和产品的质量产生很大影响。

综合而言，以系统工程为基础的数字主线和数字孪生已经成为军工数字工程概念的关键实现要素，随着数字仿真等信息技术的发展，数字主线与数字孪生作为可以实现物理实体空间与数字虚拟空间的信息智能交互的数字工程技术，已成为复杂产品研制与系统管理控制领域的热点，也是下一代工业生产制造智能化转型发展的重要方向。

9.2.2　人工智能技术

现代复杂系统工程进一步表现为“多个系统组成的更大规模的系统组合”，复杂的技术集成和系统管理问题日渐突出，各类复杂系统比以往任何时候的规模更大，内涵更加丰富，边界更加模糊，复杂程度更高。随着信息技术的发展与融合应用，以人工智能为代表的前沿技术与理论也在快速发展与迭代创新。人工智能概念自 1956 年首次被提出，至今已经历了 3 次发展浪潮，并在自然语言理解、类脑计算、机器学习、人机交互、运动控制等多项关键技术方面取得丰硕成果，并呈现出向自主无人化、人机结合、分布式群体智能、多语言处理等跨媒体方向发展。目前从人工智能应用于复杂产品研制领域的技术途径来看，以机器学习尤其是深度学习、强化学习为主，且应用最为成熟，可在复杂装备研制过程中从大量原始数据提取深层次特征，并提升决策能力。

在复杂产品研制中通过将人工智能技术应用于 MBSE，可以提高系统工程的效率，加速系统开发，并提供更好的决策支持，从而使复杂系统的设计、开发和管理变得更为可靠和可控。在系统需求分析阶段可以通过采用自然语言处理（NLP）等方法分析和理解自然语言的需求规范，并将需求转化为系统模型中的可操作元素，在完成需求建模后可以根据系统模型中的信息进行需求验证和一致性检查，还可以通过利用自然语言生成（NLG）技术从系统模型中自动生成文档，包括设计文档、用户手册等，还可利用 AI 生成图形化的系统模型表示，使复杂的系统结构更容易理解。在系统建模与仿真中可以利用各种智能算法在系统模型中搜索最佳设计参数，分析系统模型性能，提取潜在的优化方案以满足特定的性能指标，帮助工程师改进系统设计和性能，还可以使用智能代理模型来模拟系统中的各个组件和子系统，验证系统模型是否满足特定的性能要求，以评估整体系统性能，当不满足设计要求时，可以使用 AI 技术调整系统模型，以满足动态变化的需求和约束。当系统开始使用后，可以利用机器学习和数据挖掘技术分析系统模型中的数据，使用机器学习算法监测系统在运行时的状态，以及根据变化的环境条件进行适应性调整，为决策提供支持。还可以基于系统模型和历史数据建立智能推荐系统，为工程师提供优化建议和决策支持，这有助于发现潜在问题、减少试错成本，并加速产品研发。

虽然目前主流人工智能技术仍处于依赖大量数据、基于统计方法、适用于特定任务的弱人工智能阶段，但是强人工智能布局已初现。强人工智能（Artificial General Intelligence，AGI）是指能够在所有与人类智能相关的任务上表现出与人类相当水平的智能的人工智能系统。美国国防高级研究计划局（DARPA）于 2018 年启动“下一代人工智能”（AI Next）项目，开启强人工智能探索，计划 5 年内投资 20 亿美元，旨在构建具备自我意识和逻辑推理能力的人工智能工具。此外，美国等发达国家积极开展类脑科学研究，通过开发类脑新型计算芯片等硬件手段和使智能计算模型在结构或认知/学习行为上更加类脑等软件手段，推动强人工智能探索。目前，强人工智能仍处于研究和探索阶段，尚未完全实现。然而，如果强人工智能能够成功开发，它可能在复杂产品研制中发挥关键作用。首先强人工智能有望在产品设计阶段发挥关键作用，不仅能够进行优化，还能提出创新性的设计方案，可以理解复杂的需求，并生成符合多个方面标准的设计方案；在复杂问题求解方面，强人工智能能够应对更为复杂和多变的问题，从而更有效地解决产品研制中的挑战，包括材料选择、结构优化、性能平衡等方面的问题；在自主决策和自动化生产研制方面，强人工智能系统具有更高级别的智能，可以在产品研制和生产的各个阶段做出自主决策，如管理生产流程、调整参数，并进行实时优化，从而提高生产效率；在复杂系统的协同工作方面，强人工智能可以在复杂产品的研制中实现不同部分之间的协同工作，它能够理解系统的整体结构，协调不同部分之间的工作，以达到整体性能的最佳化；并且强人工智能系统具有更强的学习能力和适应性，可以通过不断的经验积累和学习来提高性能，这对于面对不断变化的环境和需求是至关重要的；强人工智能系统还可以提供更深层次的智能决策支持，包括战略性的决策、长期规划等，有助于企业更好地应对市场和技术的变化。

9.2.3 基于 VR/AR 的虚实融合技术

虚拟现实（Virtual Reality，VR）技术利用计算机创造一个逼真的虚拟环境，给用户提供视觉、听觉、触觉等各种直观而又自然的实时感知交互手段，使用户能够和虚拟环境产生自然的交互，达到身临其境的效果。增强现实（Augmented Reality，AR）技术可以将计算机生成的虚拟信息（图形、文字注释等）叠加到用户所处的真实环境中，对人的视觉系统进行影像增强或扩张，从而达到支持人们获得丰富信息、辅助工作的目的。基于虚拟现实/增强现实的设计技术就是利用虚拟现实和数字化仿真技术，以可视化交互为手段，在虚拟环境中通过对现实环境的对象进行三维设计和运动仿真，及时并行模拟出产品未来的制造过程乃至全生命周期中各种活动对产品的影响的一种方法。虚拟现实/增强现实从技术特征角度，按照不同处理阶段可以分为获取与建模、分析与利用、交换与分发、展示与交互以及技术标准与评价体系等五个方面。获取与建模技术研究如何把物理世界或者人类的创意进行数字化和模型化，难点是三维物理世界的数字化和模型化技术；分析与利用技术重点研究对数字内容进行分析、理解、搜索和知识化方法，其难点在于内容的语义表示和分析；交换与分发技术主要强调各种网络环境下大规模的数字化内容流通、转换、集成和面向不同终端用户的个性化服务等，其核心是开放的内容交换和版权管理技术；展示与交互技术重点研究符合人类习惯数字内容的各种显示技术及交互方法，以期提高人对复杂信息的认知能力，其难点在于建立自然和谐的人机交互环境；标准与评价体系重点研究虚拟现实/增强现实基础资源、内容编目、信源编码等的规范标准以及相应的评估技术。

目前，虚拟现实/增强现实面临的挑战主要体现在智能获取、普适设备、自由交互和感知融合四个方面。在硬件平台与装置、核心芯片与器件、软件平台与工具、相关标准与规范等方面存在一系列科学技术问题。总体来说虚拟现实/增强现实呈现虚拟现实系统智能化、虚实环境对象无缝融合、自然交互全方位与舒适化的发展趋势。增强现实有时与虚拟现实混淆。然而，AR 层叠现有现实的虚拟增强，VR 是虚拟模拟或现实生活环境的再现。AR 和 VR 都具有影响制造业的巨大潜力，但前者更多，因为它与物理世界联系更紧密。AR 技术可以通过智能眼镜、移动计算机（如智能手机和平板电脑）或通过投影仪技术提供。在任何情况下，AR 都需要适当的产品 3D CAD 模型和支持 AR 软件。在复杂产品研发过程中，通过虚拟现实技术（如部署沉浸式解决方案、可视化系统、人机交互设备等）进行产品设计的优化、升级和验证，不断增强显示和感知的逼真度，提高协同性、可视性和灵活性，已成为发达国家国防工业提高核心竞争力的重要手段，在典型型号武器装备研制生产中得到进一步发展和应用。随着虚拟现实技术的发展和日益成熟，未来的虚拟现实人机交互设备将向着更加轻便化、大视野、高精度、高亮度、真彩色等方向发展，用户对距离感的体验将越来越受到关注和重视，虚拟现实场景和表达将越来越真实，沉浸程度将逐渐提高，在武器装备产品设计过程中将越来越多地结合人工智能技术，提升效率和质量。未来更具真实感的虚拟设计技术必将成为武器装备数字化研制技术的重要发展趋势。

9.3 未来展望

9.3.1 以数字模型为基础，实现研制链条模型贯穿

在当今信息时代，实现信息世界与物理世界的双向动态实时交互成为推动复杂产品研制与信息化深度融合的迫切需求。这一挑战不仅存在于国内外各领域，而且被视为复杂产品研制的核心瓶颈之一。尽管许多研制单位已经采用了模型和系统工程方法，但在不同行业部门和组织内部，采用的情况并不均衡。当前，许多项目仍然依赖于一次性仿真，而模型的重复使用在系统架构和设计验证的关键早期阶段仍然有限。

为解决这一问题，未来的发展应将重心放在建立统一、集成的MBSE系统建模与仿真框架上。这一框架将利用数字孪生的概念，完全集成到产品研制的全周期数字主线基础中。通过基于模式的高效模型组合，从任务分析到回收利用的无缝虚拟探索将成为现实。这些相连的模型将实时更新，提供一个基于虚拟现实的沉浸式设计和探索空间。基于云技术，这个虚拟的全球协作空间可通过建模即服务的方式实现，同时支持利用基于云的大容量计算基础设施进行大规模仿真，这一统一的框架系列将使研制单位能够更加高效地进行协作，实现信息世界与物理世界的融合与协同。

9.3.2 以平台构建为手段，赋能研制能力提升

支持复杂产品研制的全生命周期平台是实现复杂产品研制赋能提升的重要手段。通过开展基于模型的装备总体方案设计、设计/生产/试验模型智能关联与自动生成、模型驱动的系统设计验证、仿真分析等技术研究，建立模型驱动的复杂产品设计集成平台，实现系统的提前验证与确认，确保设计、分析、制造模型技术状态的一致性。

运用工业互联网、数字孪生、人工智能等手段，开展基于模型的工艺设计与仿真、基于大数据的制造物联感知、基于赛博物理融合的制造执行等技术研究，构建型号研制全环节的模型体系，打造具备“泛在感知、实时分析、优化决策、动态执行”等功能的智能工厂/车间，实现虚拟世界与物理世界深度融合映射的智能生产新模式。

面向试验测试全过程，开展复杂产品数字化模型构建、虚拟融合的数字化虚拟试验等技术研究，建设装备领域全任务剖面虚拟试验测试体系，实现试验测试过程的自动化远程执行和数据采集分析，推动试验测试模式从实物验证为主向虚实结合综合验证转变。同时，充分应用数字孪生技术，构建基于数字孪生的装备维修保障平台，跟踪装备运行状态，实现装备服务及时有效，为产品反馈优化、设计维保提供决策分析，大幅提高运营性能。

9.3.3 以数据集成为目标，深化MBSE全周期、全价值链延伸

在当今复杂产品研制过程中，复杂产品参研人员面临着日益庞大且相互关联的数据集的挑战。为解决这一问题，各种工具和技术得以应用，包括仿真平台、电子表格、自编代

码以及最新的数据科学工具和技术。这些工具的引入使得复杂产品参研人员能够更全面地分析系统，通过持续监控系统行为，有效地收集和探索庞大的、相互关联的数据集，为对未来日益复杂的系统进行深入理解提供了有力支持。

通过大数据、云计算、物联网、数字化表达、移动互联、人工智能等先进技术的融合，复杂产品系统工程的研制不再局限于传统的虚实空间、生命周期、产品结构等维度，而是在多个维度上进行综合。这包括从系统工程、涉及学科、工程要素到地缘分布等多个角度的灵活量化。对于非确定性系统的性能和风险，复杂产品参研人员通过这一综合方法可以更好地适应系统在不同时间推移下的变化。并且使全过程的异地、多产品、多学科、多要素、多源数据的统一管理和有效融合成为可能，为反复优化产品设计和生产过程提供了强大的支持。状态检测、数据采集与传输、实时显示、动态分析、多维度设计、多视角仿真、关键参数优化、性能与行为预测、任务评估、控制决策、驱动输出等功能在复杂产品系统工程的不同阶段都得到了覆盖。

此外，通过对生命周期、产品结构层级和地缘分布的聚合，多学科、多要素异地数据被融入项目计划与控制中，实现了设计、工艺、制造/装配、试验/测试、在轨运行、管理等产品全生命周期过程的高度模块化、可视化、模型化、数据化、互联化及智慧化。这使得复杂产品研制不再仅仅是工具的操作，而是通过提供设计意图，让工具来指导和支持领域专家们进行高质量的规范设计。这一全方位的智能化转型推动了整个产品系统工程向数字化、网络化和智能化的方向发展，极大地提高了研制过程的效率和管理水平，确保了产品在大规模互联的环境中的安全、可靠运行。未来的系统工程将在这一不断发展的技术和方法的引领下，更好地满足日益复杂的产品研制需求，确保其在各个方面的高效运作。

参 考 文 献

［1］ GRIEVES M，VICKERS J. Digital Twin：Mitigating Unpredictable，Undesirable Emergent Behavior in Complex Systems [M]. Cham：Springer，2017（4）：85－113.

［2］ SCHLUSE M，ATORF L，ROSSMANN J. Experimentable digital twins for model－based systems engineering and simulation－based development [C]. 2017 Annual IEEE International Systems Conference（SysCon），Montreal，QC，Canada，2017：1－8.

［3］ MADNI AM，MADNI CC，LUCERO SD. Leveraging digital twin technology in model－based systems engineering [J]. Systems，2019，7（1）：7.

［4］ TAN C H，YAP H J，MUSA S N，et al. Augmented reality assisted facility layout digitization and planning [J]. Journal of Mechanical Science and Technology，2021（35）：4115－4123.

［5］ JANGRA S，SINGH G，MANTRI A. A Systematic Review of Applications and Tools Used in Virtual Reality and Augmented Reality [J]. ECS Transactions，2022（107）：6781－6788.

［6］ DOD. System of Systems Engineering in Defense Acquisition Guidebook [R]. Department of Defense 2004.

［7］ JAMSHIDI M. System of Systems Engineering：Innovations for the 21st Century [M]. New York：John Wiley & Sons，2009.

［8］ GIANNI D，D'AMBROGIO A，TOLK A. Modeling and Simulation－Based Systems Engineering Handbook [M]. Abingdon：Taylor & Francis Group，2015.

［9］ 余南平，王德恒．中国制造2025 [M]. 上海：上海人民出版社，2017：225.

［10］ BROY M，BHM W，RUMPE B. Advanced systems engineering [M]. 2021：5－36.

［11］ 仝自强，李补喜，杨磊．数字化转型、竞争战略与价值创造：基于企业生命周期理论的检验 [J]. 科技进步与对策，2024（14）.

［12］ 孙坦，张智雄，周力虹，等．人工智能驱动的第五科研范式（AI4S）变革与观察 [J]. 农业图书情报学报，2024（14）.

［13］ 王建军，向永清，何正文．基于数字孪生的航天器系统工程模型与实现 [J]. 计算机集成制造系统，2019，25（6）：1348－1360.

［14］ 任璐英，张海峰，王庆国，等．数字主线与数字孪生技术发展及在复杂产品研制中的应用 [J]. 国防科技，2023，44（2）：75－81.

［15］ 张雪．美军数字化转型发展分析与启示 [J]. 空天防御，2023，6（4）：12－16.

［16］ 袁刚，刘晓军．基于文献计量的数字工程研究进展与趋势分析 [J/OL]. 计算机集成制造系统，1－14 [2024－01－29]. http：//kns. cnki. net/kcms/detail/11. 5946. TP. 20230927. 1137. 006. html.

［17］ 王晨，赵博，宁伟航．数字工程发展综述及启示 [J]. 导弹与航天运载技术（中英文），2023（5）：153－158.

［18］ GLASSGEN E H，STARGEL D S. The Digital Twin paradigm for future NASA and U S air force vehicles [C] // Proceedings of 53rd Structures，Structural Dynamics & Materials Conference：

Special Session on the Digital Twin. Reston：AIAA，2012：1 - 14.

[19] ROSEN R，WICHERT G V，LO G，et al. About The Importance of Autonomy and Digital Twins for the Future of Manufacturing [J]. IFAC - PapersOnLine，2015，48 (3)：567 - 572.

[20] GRIEVES M. Digital Twin：Manufacturing excellence through virtual factory replication [R]. Florida：Florida Institute of Technology，2015.

[21] 钱学森．论系统工程 [M]. 上海：上海交通大学出版社，2007.

[22] TUEGEL E J，INGRAFFEA A R，EASON G，et al. Reengineering aircraft structural life prediction using a Digital Twin [J]. International Journal of Aerospace Engineering，2011.

[23] LI H Y，TOPPUTO F，BAOYIN H X. Autonomoustime - Optimal Many - Revolution Orbit Raising for Electric Propulsion Geosatellites Via Neural Networks [DB/OL]. (2019 - 09 - 19) [2023 - 10 - 24]. https：//arxiv. org/abs/1909. 08768.

[24] DARPA. AI Next [EB/OL]. [2022 - 10 - 24]. https：//www. darpa. mil/about - us/ai - next.

[25] VERHOEF P C，THIJS B，BART Y，et al. Digital transformation：A multidisciplinary reflection and research agenda [J]. Journal of Business Research，2021 (122)：889 - 901.

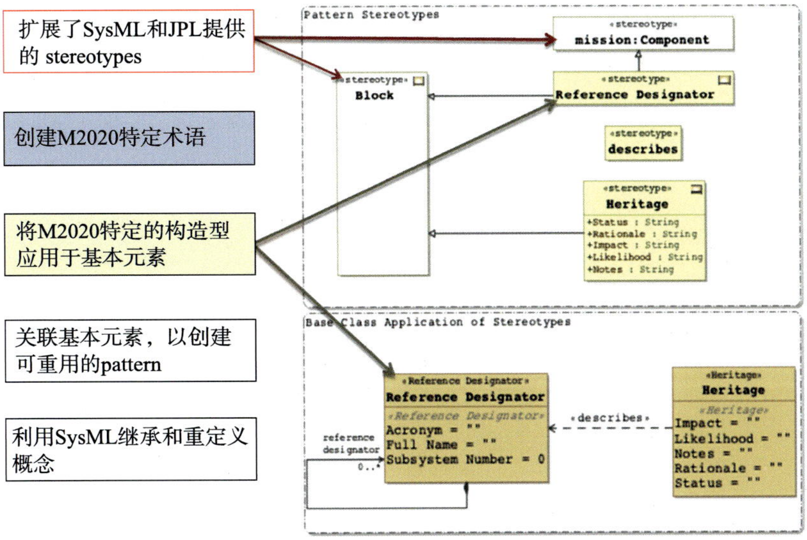

图 8-33　Mars2020 建模框架（黄色的构造型是 Mars2020 特定的构造型，从其他领域扩展而来，即白色的构造型；基类应用说明了使用构造型的模型元素模式）（P238）

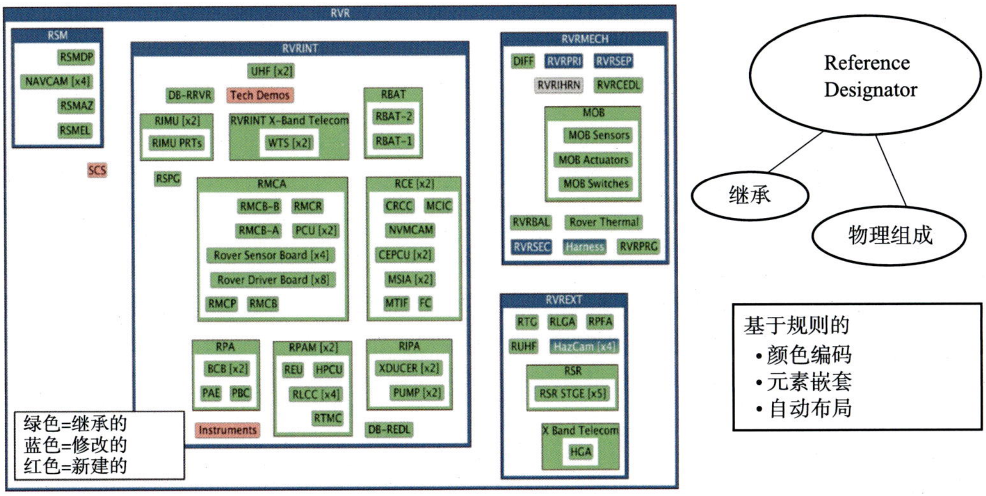

图 8-37　基于规则的图表（P241）